KB252339

깡패국가

Rogue Nation
American Unilateralism and the Failure of Good Intentions

깡패국가

클라이드 프레스토위츠 지음 · **김성균** 옮김

한겨레신문사

한국어판 서문

미국은 지난 수십 년간 외교적인 노력을 통해 '미국은 난폭하다'는 이미지를 세계에 심어왔다. 하지만 그런 노력이 초래한 뜻밖의 결과들에 대한 미국인의 무관심, 미국적 이상의 실현에 실패함으로써 나타난 자멸적 결과들은 미국의 외교적인 노력을 교란시켜 왔다. 이런 사정을 가장 완벽하게 보여주는 사례가 한미관계라고 할 수 있다. 미군이 36년간 한반도를 식민 지배한 일본을 한반도에서 몰아낸 이래, 한미관계는 남한에 민주적 자본주의 체제를 이식하려는 미국의 욕망과 미국의 지정학적 전략 및 책임이라는 현실 사이의 긴장에 의해 규정되었다.

한국의 역대 정권과 미국

미국은 일본이나 독일에서 그랬듯이 대한민국에서도 산파역을 맡았다. 또 미국은 소련의 야심에 맞서 자유진영을 지키기 위해 노력했다. 1950년 북한이 남한을 침공하자 미국은 북한에 대한 소련의 배후 지원을 저지하기 위해 참전하면서 남한에 꼭 필요한 보호자의 입지를 굳히게 되었다. 그런데 서너 달 만에 북한군을 완전히 격퇴한 미군 지휘관들은 중국의 국경선까지 북진하는 불필요한 실책을 저지르고 만다. 그로 인해 미국은 중국의 '인해전술'을 초래하여 유엔의 신탁통치 하에서 한반도를 통일할 기회를 상실했을 뿐 아니라, 3년 동안이나 전쟁을 지속시킴으로써 수십만 명의 전사자만 양산하고 말았다. 물론 한국전쟁에 참전한 미국은 신뢰를 유지할 수 있었지만, 전시에 보여준 미국의 행동은 50년이 넘도록 한반도를 괴롭힌 분단과 긴장을 야기했다. 그런 오판은 오늘날 북핵문제를 비롯하여 숱한 갈등을 양산해 낸 원인이 되고 있다.

반세기 동안 미국이 담당해 온, 한반도 안정을 위한 보증인 역할은 미국이 전세계를 상대로 떠맡은 책임과 비슷한 책임을 한반도에서도 지고 있음을 반영하는 거울이었다. 한국에서 미국의 역할은 1953년 판문점에서 체결한 휴전협정, 1954년 체결한 한미상호방위조약, 1966년 체결한 한미주둔군지위협정(SOFA)에 따라 공식화되면서 전시는 물론이고 평시에도 한국군의 작전지휘권과 수만 명에 달하는 주한미군의 주둔지를 제공받게 되었다. 이러한 일련의 협정들은 이승만, 박정희, 전두환 같은 독재자들이 정권을 장악할 수 있는 버팀목이 되었다. 미국은 한국인의 민주주의운동을 탄압하는 그들을 때때로 묵인 내지 후원함으로써 한미관계를 악화시켰다. 물론 그러한 한미관계가 한국 경제의 성장에 견인차가 되면서 한국의 대미수출을 위한 기반 역할을 했지만 말이다. 미국은 독재적이지만 믿을 만한 한국의 지도자들과 우호적인 관계를 맺기 위해 한국의 민주주의를 희생시켰다. 그런 희생은 냉전기간 동안 많은 나라가 미국에 증오심을 품게 된 원인 중 하나였다. 그것은 자유를 실현한다는 미국의 이상이 안정되고 강력한 반공전선을 유지하기 위한 실용주의 노선에 자리를 내주는 경우가 많았기 때문이다.

한편 동유럽과 소련을 강타한 민주화의 열풍이 1987년 한국의 대통령 직선제로 이어지면서 미국은 대중적으로 더 많은 지지를 받는 정부, 그리하여 워싱턴과의 협상에 좀더 단호하게 임할 수 있고 분단문제 해결을 위해서도 좀더 독자적인 요구를 제시할 수 있게 된 정부를 상대해야 했다. 이것은 미국의 지지를 얻은 전두환의 계엄사령부로부터 고문과 감금을 당하고 사형선고까지 받은 평화운동가 김대중이 1998년 대통령에 당선되면서 가장 명백한 역사의 성과로 자리매김되었다. 김대중은 미국의 반대를 무릅쓰고 북한과의 관계 개선과 협력을 위한 방편으로, 나아가 한반도 통일을 목표로 '햇볕정책'을 추진했다.

김대중의 접근법은 2002년 대선에서 노무현의 승리를 결코 보장하지 못했다. 노무현은 미국의 맹렬한 비공식적 반대를 무릅쓰고, 혹은 그런 반대 덕분에 선거에서 승리했다. 그는 미군의 대규모 추가 파병에 반대하는 일본 오키나와 섬 주민들과 같은 처지에 놓인 한국인들의 반발심을 자극한, 한미주둔군지위협정을 개정하겠다는 공약을 내세워 청와대에 입성한 것이다. 노무현은 주한미군 주둔에 따른 비용 부담을 줄이고, 많은 미군 범죄자가 한국의 법이 아니라 미국의 법에 따라 처벌받는 한미행정협정의 맹점들을 없애겠다고 공약했다. 한국군에 대한 작전지휘권을 장악하고 있는 미군에 반감을 가지고 있던 사람들은 이러한 노무현을 지지했다. 그 결과 2004년 1월 미국은 용산 미군기지를 서울시민들에게 반환할 용의가 있다고 발표했다. 지대한 역사적 의미와 상징적 의미를 지닌 용산 미군기지의 반환은 한미관계를 좀더 우호적이고 공고한 방향으로 발전시키는 데 중요한 기여를 할 것이다.

북한을 바라보는 미국의 시각

최근 10여 년간 한미관계와 관련하여 가장 큰 논쟁을 불러일으키고 있는 문제는 북한의 군사적 행보와 대량 살상무기 증산에 관한 논란이었다. 미국은 분명히 주한미군과 한미상호방위조약 이행의무에 커다란 관심을 가지고 있을 뿐 아니라, 이런 문제들의 해결과 관련하여 "한반도 평화와 안보의 문제는 무엇보다도, 또 최우선적으로 한국인들이 결정해야 할 문제"라고 밝혔다. 하지만 그와 같은 미국의 태도는 흔히 '이 문제들과 관련하여 남한이 확실히 중요한 이해 당사자이긴 하지만 거부권을 행사할 수 있는 파트너는 아니다'라는 인상과 더불어 '북한이 서울을 폭격함으로써 대란을 야기하는 최악의 사태를 배제할 수 없다'는 인상을 주고 있다. 한국인의 생사여탈권을 쥐고 있는 자신의 위치를 이용하여 긴장을 증폭시켜 한반도를 대란으로 몰고 가는 듯한 자신의 행보에 쏟아지는 한국인의 증오를 피해가고 있는 것이다.

북한문제는 미국의 선제공습론이 유발할 수도 있는 전면전의 가능성으로 1994년 벽두부터 한반도를 긴장시켰다. 하지만 미국과 북한은 극적으로 잠정협정을 체결했고, 미국은 북한에 대해 외교적 승인과 경제적 원조, 핵발전소 건설 포기를 대가로 한 전력난 해결을 약속했다. 불행히도 양측이 겪은 악운과 상대에 대한 의심은 중요한 진전이 가능했던 협상의 진척을 방해하고 말았다. 워싱턴은 평양 측이 은밀히 핵개발을 추진하고 있다면서 외교적 승인도, 추가적인 전력 지원도 하지 않았다. 더구나 클린턴의 대통령 임기가 끝나면서 북한은 이러지도 저러지도 못할 처지에 놓이게 되었다.

비록 실제로 행동으로 옮기진 않았다 해도, 부시 행정부는 클린턴의 접근법을 과감히 포기하고 '악의 축'으로 지목한 김정일 정권을 무너뜨리겠다는 희망을 공공연히 표명했다. 부시 대통령은 2002년 연두교서에서 "세계에서 가장 위험한 무기를 개발"하고 있는 "세계에서 가장 위험한 체제" 가운데 하나가 북한이라고 말하면서 북한의 핵 개발을 기필코 저지하겠다고 서약했다. 하지만 북한은 그런 부시의 협박에는 아랑곳하지 않고 3년 가까이 자유롭게 핵무기를 개발하고 있었다.

그러던 부시 행정부가 강경노선과 이데올로기적 입장을 포기하고 과거 클린턴 행정부와 유사한 접근법을 취하기 시작했다. 그런 접근법은 북한의 실질적인 무장 해제를 목표로 하고 있었지만, 목표 달성 여부를 장담할 수 없는, 길고 험난한 협상과정이 필요한 것이었다. 더욱이 그토록 확실한 것으로 여겨지던 '미국의 확실한 첩보'에 대한 통념은 이라크의 대량살상무기를 찾아내는 데 완전히 실패한 이후 코미디의 소재로 전락하고 말았다. 마찬가지로 2003년 미국, 남한, 북한, 러시아, 일본, 중국이 베이징에 모여 개최한 제1차 '6자회담'에 공식적으로 참가하기 전에 미국의 공화당 의원들과 부시는 북한이 플루토늄과 우라늄을 비축하고 있다고 주장했지만, 확실한 물증을 하나도 제시하지 못했다. 2004년 2월 제2차 6자회담 역시 아무런 성과 없이 막을 내렸다. 그리하여 실질적인 결과를 얻을 수 있는 유일한 길은 "강경한 태도를 취하는 것"이라고 주장하던 부시 행정부는 결국 일부나마 성과를 올린 바 있는 클린턴 행정부와 똑같이 북한과의 협상에 나설 수밖에 없는 처지에 몰렸다. 관측통들이 대부분 2004년 미국 대선이 끝나기 전에는 획기적인 돌파구를 발견하지 못할 것이라고 말했고, 그 결과 북한은 그때까지 핵 개발을 추진할 수 있는 시간을 번 셈이었다.

이렇듯 두 차례의 '6자회담'은 비록 휴전선의 긴장 완화에는 실패했지만, 또다른 두 가지 결과를 낳았다. 첫째, 그러한 회담이 신보수주의자와 탐욕의 대가들을 대변하던 부시 행정부가 결국 냉엄한 현실에 적응하게 만들었다는 것이다. 부시 행정부는 북한을 아프가니스탄이나, 심지어 미국의 51번째 주와 같은 처지로 전락한 이라크처럼 만들고 싶어하지 않는 한 과거의 모욕감을 버리고 클린턴식 국가 건설을 위해 노력해야 한다. 북한을 마치 교전 상대국처럼 대하거나 존재 유무조차 불확실한 핵무기의 폐기를 빌미로 석유와 식량을 무기화하는 태도를 버려야 한다. 물론 부시 행정부는 여전히 때때로 한 발이라도 앞서기 위해 시합을 불사하는 위험한 요소들을 가지고 있다.

그런 위험한 시합은, 많은 이들에 따르면, 2003년 7월 한 달 뒤에 열릴 회담을 무산시킬 의도를 품고 있던 존 볼턴 미 국무부차관이 김정일을 혹평하고 나섰을 때부터 시작되었다. 그는 김정일을 "북한 주민 수백만 명을 수용소에 감금하고 수천만 명을 빈곤과 기아에 허덕이게 만들면서도 자신은 평양에서 갖은 호사를 누리며 사는 잔인하고 사악한 지도자"라고 비난했다. 딕 체니 부통령도 "제2차 6자회담이 막바지에 이르기 직전에 북한이 핵개발 계획을 완전히, 확실히, 돌이킬 수 없도록 포기하라는 미국의 요구를 받아들이지 않는 한 전면전에 버금가는 위험한 사태가 발생할 수 있다"고 부시 대통령을 설득하기 위해 노력했다는 의혹을 받았다. 콜린 파월 미 국무장관도 그런 위험한 사태의 발생 가능성을 대통령이 수긍하도록 수사학적 과장을 동원하여 체니의 설득에 개입한 것처럼 보였다.

중국의 등장과 한미관계의 새로운 미래

북한과의 회담은 예기치 않은 또다른 결과를 낳았다. 즉 회담이 진행되는 과정에서 중국이 아시아의 전략적 판도를 가름하는 중심 국가로 부상하면서 입지가 강화된 것이다. 중국은 회담의 좌장 역할을 함과 동시에 평양 측과의 특별한 관계를 이용하여 회담을 조정하는 결정적인 중재자 역할도 수행하였다. 중국의 이런 입장은 회담의 역학이나 중국과 북한의 관계에서 적지 않은 중요성을 띤다. 한반도와 관련하여 중국은 전략적으로 분쟁의 예방과 안정에 가장 큰 관심을 보였다. 그것은 한국의 관심과도 맞물려 있지만, 북한의 핵무장 해제를 원하는 워싱턴의 요구에는 못 미치는 것이다. 특히 중국이 미국의 고집스런 요청에 따라 회담에 참가한 것은 아이러니였다. 중국은 직접적이고 쌍무적인 미북 협상을 통해 북한이 입을 수도 있는 손해를 '보상'하고 싶어하지 않았다. 더구나 한국전쟁 이후 중국의 한반도 진출을 저지하기 위해 애써온 미국이 중국을 초빙했다는 것은 더욱 아이러니했다.

남한은 이제 중국을 멀리하기는커녕 중국의 매력에 갈수록 강하게 이끌리고 있다. 다른 많은 아시아 국가들과 마찬가지로 중국은 남한의 새로운 활로가 되었다. 중국은 남한 대외투자의 절반을 흡수하고 있으며, 남한의 철강제품을 미국보다 4배나 더 수입하고 있다. 이런 사실은 결정적으로 2003년 중국의 남한 조선업체에 대한 선박 주문량을 2배나 늘어나게 만들었고, 남한의 최대 무역 파트너를 미국에서 중국으로 대체하는 결과를 낳았다. 이런 추세는 남한 경제에 중대한 변화를 일으켰고, 그것은 남한 경제가 아직은 중국에 추월당하지 않으면서도 중국에서 이익을 얻을 수 있다는 사실을 분명히 증명하는 듯 보였다. 삼성, 현대, 기아를 비롯한 한국의 재벌기업들은 이미 오래 전부터 생산·연구·개발 시설들을 중국으로 이전해 왔다. 그 덕분에 양국의 기술적인 격차가 급속도로 줄었지만, 남한 기업들은 임금 면에서 아직도 경쟁력이 높은 중국을 편하게 느끼고 있다. 또 남한 기업들은 저임금에 대량 생산이 가능한 북한 진출도 노릴 수 있게 되었다. 그러나 이런 전망은 어떤 면에서는 상당히 요원해 보이기 때문에 중국 진출에 좀더 힘을 집중하면서 이미 한창 기능 중인 북미자유무역협정(NAFTA)처럼 중국-한국-일본을 잇는 자유무역지대를 구성하려는 움직임을 보이고 있다.

　한반도의 분단이 지속되는 한, 현실적으로 단기간에 사태를 변화시킬 희망이 보이지 않는 한, 남한에게 미국은 불가피하고 필수적인 파트너로 남을 수밖에 없다. 그러나 남한은 민주주의가 발전하면서 미국의 지배력을 어느 정도 흔들어왔을 뿐 아니라 과거보다는 더 분명하게 의사를 밝히면서 한미관계를 재조정하고 있다. 앞으로 한미관계는 과연 어떻게 될까?

추천의 글

문정인(연세대 정치외교학과 교수)

'깡패국가(rogue nation)'는 부시 행정부가 이라크, 북한, 리비아 등 대량살상무기의 확산과 국제 테러리즘에 연루되어 있는 독재국가들을 지칭하기 위해 만들어낸 신조어다. 그런데 미국인이, 그것도 한때 공화당 골수파로 활약했던 지도급 인사가 미국을 '깡패국가'로 규정하는 책자를 냈다는 것은 참으로 역설적이라 아니할 수 없다.

이 책의 저자 클라이드 프레스토위츠는 독실한 기독교 가정에서 태어나 젊은 시절을 열렬한 공화당원으로 보냈고, 레이건 행정부 상무부 고위관리로서 일본과의 통상협상을 주도했던 인사다. 이런 배경을 가진 필자가 부시 행정부 하의 미국을 깡패국가로 비판하는 책자를 집필했다는 것은 예사로운 일이 아니다. 특히 9·11사태 이후 맹목적 애국주의와 매카시즘이 판을 치는 미국의 국내 정서를 감안할 때 이는 가히 혁명적 사건이라 할 수 있다.

"왜 세상 사람들은 미국을 싫어하는가?"

이 책자가 던지고 있는 화두다. 필자는 세 가지 시각에서 반미정서의 지구적 확산 원인을 찾고 있는데, 그 첫째가 미국의 도덕적 우월주의다. 부시 행정부 하의 미국은 하나님으로부터 선택받은 나라이기 때문에 미국의 가치만이 절대 선이며 보편적인 것이라 믿고 있다는 것이다. 바로 이런 이유로 미국적 가치에 동조하는 국가는 우방으로, 반대하는 국가는 적으로 규정하고 있는 것이다. 필자는 미국이 '깡패국가' 또는 '악의 축'이라는 선악의 이분법에 기초한 외교정책을 전개하는 한 반미감정의 심화를 피할 수 없다고 진단하고 있다.

둘째, 도덕적 우월주의가 패권적 일방주의로 나타나고 있다는 것이다. 미국은 입으로는 국제법과 규범의 준수를 외치면서도 실제로는 자국의 가치와 국익에 따라 일방적으로 행동해 왔다. 부시 행정부 출범 이후 미국은 교토의정서와 탄도요격미사일협정 등의 일방적 파기는 물론, 국제사회에서 이미 공론화된 소형무기 거래규제협약, 대인지뢰 금지협정, 국제형사재판소 설립 등에 대해서도 반대 입장을 취해왔다. 이라크 침공은 미국의 패권적 일방주의를 가장 명시적으로 보여준 예라고 할 수 있다. 필자는 이러한 일방주의적 태도가 오늘날 미국의 재앙을 가져왔다고 주장하고 있다.

마지막으로 필자는 이러한 일방주의가 공세적 현실주의로 구체화되고 있다고 설파하고 있다. 미국은 1648년 이후 국제사회 안정의 기제로 작동해 온 베스트팔렌적 주권 개념을 깡그리 무시하고 있는가 하면, 잠재적 위협이 되는 국가들에 대해서까지도 선제공격을 통해 위협의 근원을 제거해야 한다는 입장을 취하고 있다.

프레스토위츠는 미국이 이러한 정책을 유지하는 한 반미감정은 더욱 거세지고, 미국에 대한 지구적 차원의 위협은 가중될 수밖에 없다고 예측하고 있다. 미국이 선택받은 국가가 아니라 저주받은 국가가 될 가능성이 높다는 것이다.

필자의 해법은 명료하다. 타문화와 종교에 대한 이해를 통해 지금의 오만과 편견, 무지에서 벗어나야 한다고 처방하고 있다. 그리고 일방적 설교보다는 남의 말을 경청할 수 있는 지혜와 관용이 있어야 한다고 주장한다. 즉 패권적 일방주의의 함정에서 벗어나 인도주의와 자유주의에 기초한 다자주의 외교를 전개해야 한다는 것이다. 또 국제 테러와 대량살상무기 못지않게 세계화의 부정적 유산을 비롯하여 환경과 생태 문제 등 지구적 차원의 주요 현안에 관심을 기울여야 한다고 주문하고 있다.

이 책자는 부시 행정부와 네오콘의 사상과 정책을 예리한 필치로 통렬하게 해부하고 있다. 그리고 부시 행정부가 미국의 전부가 아니며, 아직도 외교적 다자주의, 문화적 다원주의, 관용과 공존을 표방하는 자유주의 세력들이 미국 내에 건재하다는 것을 웅변적으로 보여준다. 또 오늘의 미국과 세계, 반미주의의 흐름을 한눈에 조망케 해준다. 우리의 운명을 좌우하게 될지도 모르는 부시 행정부의 진면목을 이해하는 데 필히 권하고 싶은 책자다. 우리 국민 모두에게 권하고 싶다.

차례

1

세계와의 불화

rogue 형용사. 유순하지 않은, 어디에도 속하기 어렵거나 받아들여지지 않는, 통제 불능이거나 대책 없는, 엇나간, 돼먹지 못하고 사나운, 무슨 짓을 할지 모르는.

— 웹스터 대백과사전

우리가 저 언덕 위의 행복한 도시에서 살고자 한다면 우리를 내려다보는 만인의 눈을 기억해야 할 것이다.

— 존 윈스럽

나는 이 책에 의도적으로 도발적인 제목을 붙였다. 사담 후세인의 이라크처럼 폭압적인 독재체제와 미국을 동일시할 수 있는 근거가 어디에도 없다는 점을 강조하고 싶었기 때문이다. 내가 항상 나의 조국을 때로는 구름이 끼기도 하지만 '행복한 언덕 위의 도시'로 생각하고 싶어한 것은 사실이다. 그렇기에 정말 나를 고민하게 만들고, 또 이 책의 제목을 떠올리게 한 것은 오랫동안 미국을 지지해 온 우방국들을 비롯하여 갈수록 더 많은 외국인이 미국을, 사담이나 기타 독재자들 같이는 아니지만, 『웹스터 대백과사전』에 나오는 어휘 설명처럼 "더 이상…… 어디에도 속하기 어려운, 통제 불능이거나 대책 없는, 그리고 무슨 짓을 할지 모르는" 나라로 바라보기 시작했다는 사실이다. 실제로 오늘자 (2003년 2월 24일 월요일) 〈워싱턴포스트〉 1면에는 세계 각국의 많은 사람이 조지 W. 부시 대통령을 사담보다 더 세계평화를 위협하는 존재로 생각한다는 기사가 실렸다. 물론 이런 생각이 최근 이라크 문제에 관한 논쟁 때문에 불거진 것은 아니다. 런던의 〈가디언〉에는 이런 기사가 실려 있다.

‘안하무인의 나라’ 미국은 이제 완전히 불량국가가 되어버렸다. 부시의 미국은 국제공동체를 주도하고 있으면서도 갈수록 불량기를 억제하지 못하고 있다. 저 행복한 언덕 위의 도시는…… 이제…… ‘우리는 우리가 하고 싶은 대로 한다…… 당신네들이 아무리 싫어해도 상관없다……’ 는 국수주의의 방울만 흔들어대고 있다.[1]

미국에 대한 이런 비판이 등장한 것은 어제오늘의 일이 아니다. 미국이 지구온난화 방지를 위한 교토 의정서에 서명하기를 거부한 2001년 봄부터 이런 비판이 일기 시작했다. 세계 각국의 지도자들을 인터뷰하기 위해 세계 각지를 여행할 당시 나는 미국이 다른 나라로부터 얼마나 심각하게 소외당하고 있는지, 그런 소외가 얼마나 빨리 확산되고 있는지 알게 되었다.

그들은 왜 미국을 증오하는가

2001년 9월 10일 오후 3시 45분, 나는 이 인터뷰 여행의 마지막 목적지인 워싱턴으로 가는 샌프란시스코발 오후 4시 비행기를 타기 위해 걸음을 재촉하고 있었다. 그 비행기는 저 공포의 ‘비행기 자살 폭탄 테러’가 있기 바로 전날 저녁에 출발하는 마지막 비행기였다. 나는 피곤에 지쳐 있었고 기분도 그리 좋은 편이 아니었지만, 그 비행기를 놓치고 싶지 않았다. 나는 거의 뛰다시피 하여 문이 막 닫히려는 보잉 777기에 겨우 올라탔다. 나는 세계화와 미국의 역할을 주제로 한 일련의 회의를 참관하고 참석자들을 인터뷰하기 위해 도쿄, 싱가포르, 자카르타, 호놀룰루를 여행하고 온 참이었다. 때때로 해외 주재 사무관이나 대외정책

연구소 소장으로도 일한 적이 있는 나는 미국과 오랜 우방국들의 사이가 점점 소원해지고 있다는 기사나 뉴스를 접할 때면 마음이 편치 않았다.

여행 도중 나의 관심은 오직 이 문제에 집중되어 있었다. 외국인들이 바라보는 미국의 초상은 갈수록 추악해져 갔다. 유럽과 라틴아메리카를 거쳐 아시아로 간 나는 지금껏 자랑해 온 이상(理想)을 잊고 다른 세계와 빈번하게 불화를 겪고 있는 미국에 대한 비판과 두려움이 커져가고 있다는 소식을 들었다. 탄도요격미사일협정(Anti-Ballistic Missile Treaty)에서 탈퇴하고 국가미사일방위(National Missile Defense) 계획의 추진을 가속화하면서 중국을 '전략적 경쟁국'으로 선포한 미국의 행보가 아시아인에게 새로운 냉전의 공포를 불러일으킨 것이다. 게다가 미국이 설교하는 경제적 세계화의 복음은 수많은 아시아인에게 미국이 1997년부터 1998년까지 세계를 휩쓴 금융위기를 다시 원하고 있다는 인상을 주었다. 아시아와 라틴아메리카의 개발도상국들은 당시 미국의 헤지펀드와 은행들이 이윤만 빨아먹고 철수해 버리는 과정에서 엄청난 피해를 입은 바 있다. 어떤 이는 세계화를 새로운 형태의 제국주의라고까지 비난하기도 했다. 또 나는 전통적인 동맹국과 우방국을 포함하여 거의 모든 나라가 서명한, 지구온난화 방지를 위한 교토 의정서와 대인지뢰 금지협정에 서명하기를 거부한 미국이 너무 일방주의적인 경향으로 흐른다는 비판의 목소리를 접했다.

내가 이런저런 비판들을 곱씹으며 귀가를 서두르는 동안, 불행히도 지금은 모두 너무도 잘 알고 있는 바로 그 세기적인 사건이 발생했다. 그 사건을 계기로 세계 속에서의 미국의 역할과 행동에 관한, 앞서 언급한 문제의식이 극적으로 증폭되었다. 내가 탄 비행기가 샌프란시스코 국제공항을 출발할 즈음 미국에 은밀히 잠입한 모하메드 아타(Mohammed Atta)와 압둘 아지즈 알오마리(Abdul Aziz Al-Omari)는 보스턴 중심가에 있는 밀너 호텔을 출발하여 메인 주 남쪽에 자리잡은 포틀랜드의 한 여관으로 차를 몰고 있었다. 그리고 바로 그 시간에 오사마 빈 라덴과 알 카에다 조직에 대한 군사 및 첩보 작전 실행 여부를 결정하기 위해 소집된 국가안보회의(NSC)가 대통령의 결단을 기다리며 국가안보 담당 대통령 보좌관 콘돌리자 라이스(Condoleeza Rice)의 주재로 열리고 있었다. 나는 아타와 알오마리 등이 잠들어 있던 9월 11일 새벽 12시 30분 워싱턴 덜레스 공항에 도착하여 집으로 차를 몰았다.

아침 9시 15분에 전화가 걸려왔고, 나는 일전에 박사학위 논문을 검토해 달라던 나의 조교 해리슨 양이 전화를 했으리라 생각하며 더듬더듬 전화기를 찾았다. 물론 전화를 건 사람은 해리슨 양이었지만, 박사학위 논문 때문에 전화를 한 것이 아니었다. 그녀는 어서 텔레비전을 켜보라며 나를 재촉했다. 최초의 공포를 맛본 후 나는 미국이 내가 지금까지 생각했던 것보다 훨씬 더 심각하게 따돌림을 당하고 있다고 생각할 수밖에 없었다.

조지 W. 부시 대통령은 테러공격 직후 가진 짤막한 기자회견에서 "그들은 왜 우리를 증오하는가?"라고 물었다. 그 물음에 포함된 '그들'이란 이른바 '불량국가'라고 불리다가 후에 부시가 '악의 축'이라고 낙인 찍은 국가의 테러리스트들과 그 후원자들을 가리키는 말이었다. 하지만 그 물음에 대한 즉각적인 답변은 예상과는 달리 증오와는 거리가 먼, 지금까지 미국을 극적으로 사랑해 온(loved) 훨씬 더 중요하고 훨씬 더 수가 많은 '그들'로부터 나왔다. 오랫동안 미국과 냉전을 벌인 러시아의 블라디미르 푸틴 대통령이 가장 먼저 백악관에 애도의 전화를 걸었다. 그리고 이에 질세라 역사적으로 미국과 갈등관계를 유지해 온 중국의 장쩌민(江澤民) 주석도 애도 뜻을 전해왔다. 프랑스의 자크 시라크 대통령은 급히 뉴욕으로 날아와 '그라운드 제로' 지대를 참관한 첫 외국 지도자가 되었다. 그렇게 애도 전문과 방문이 속속 이어졌다. 물론 이런 것들은 관례적으로, 심지어 계산적으로 이루어진 외교적인 언사들이었다. 하지만 전세계 민간인들이 전해온 애도의 표현만큼은 진심이었음을 결코 부정할 수 없다. 런던에서 모스크바, 싱가포르에 이르는 미국의 대사관들은 조화(弔花)로 뒤덮였다. 파리에서는 프랑스 국기가 세느 강변을 따라 조기로 게양되었으며, 〈르 몽드〉는 1면 머리기사를 '우리는 모두 미국인'이라는 제목으로 장식했다.[2]

지금까지 이와 비슷한 공격을 받은 다른 어떤 나라에 대해서도 이번처럼 엄청난 애도의 물결이 봇물처럼 터져나온 적은 없었다. 마치 전세계가 미국인들과 똑같이 순결을 상실한 듯한 비애감에 휩싸인 것처럼 보였다. 내가 들어온 비판의 목소리에도 불구하고 아직까지는 세계의 거의 모든 사람이 미국을 '행복한 언덕 위의 도시'로 알고 있었다. 나아가 역사가 증명하듯이, 미국이 원하기만 하면 두려움을 극복하고 희망의 영광을 이룩할 잠재력을 가지고 있다는 이유 때문에 만인의 '눈길'은 여전히 그 행복의 도시를 향하고 있었다. 한편 세계의 거의 모든 사람이 지구의 또다른 지역에서 먹이를 찾아 어슬렁거리고 있을 테러리스트와 같은 괴물들에게서 최소한 한 군데라도 약점을 발견하기를 필사적으로 염원하고 있는 듯 보였다. 그렇게 세계인들은 미국인과 함께 애통해하면서 다시는 그런 재앙이 발생하지 않도록 대책을 강구했다.

이것이 바로 2001년 9월 11일의 먹구름 뒤에서 발견한 빛이었다. 그 빛은 미국과 우방국들에게 지난날 미국의 잘못을 잊고 미국에 대한 의심을 일소하며 미국으로부터 받은 상처를 치유할 수 있는 계기를 마련해 주었으며, 린든 존슨 전 대통령이 말했고 성경에도 나오듯이 "모두 함께 의논하여" 하나 된 마음으로 복수에 나서서 새로운 세계질서를 창조할 수 있는 기회를 제공하는 듯했다.

하지만 그런 일은 일어나지 않았다. 1년 반이 지난 후, 대량살상무기 폐기와 개발 중단을 요구하는 유엔 결의안 1441항을 완전히 이행하지 않고 있던 이라크에 대한 대응조치를 토의하기 위해 유엔 안전보장이사회가 소집되었다. 대량살상무기 폐기와 개발 중단의 증거를 제시하라고 요구한 결의안도, 증거를 찾기 위해 이라크의 사막을 이 잡듯 뒤지고 다니던 유엔 사찰단도 아무런 성과를 올리지 못하자, 콜린 파월 국무장관은 이라크 정권을 붕괴시킬 수도 있다는 최후통첩을 사담 후세인에게 전달함으로써 유엔의 확고한 결의를 보여야 한다고 안전보장이사회에 강력하게 요구했다.

물론 파월은 사막을 수색하기 위해서는 좀더 많은 사찰단원과 좀더 많은 시간이 필요하다는, 프랑스 외무장관 도미니크 드빌팽(Dominique de Villepin)의 의견을 존중했다. 감정의 표현을 유례없이 엄격하게 금지한 회의였음에도 방청객들은 드빌팽의 발언에 기립박수를 보냈다. 그리고 바로 그 다음주 주말 전세계에서 수백만 명이 반전시위에 나섰고, 미국 내에서도 미국을 '불량국가'라고 쓴 시위용 피켓이 등장했다. 그에 따라 새로운 시작을 위한 기회는 물 건너 가버린 듯 보였다. 우리는 '모두 함께 의논하기'보다는 갈수록 다른 나라로부터 소외당하고 오해받을 뿐 아니라, 그럴수록 더 다른 나라를 오해하고 있는 우리 자신을 발견했다. 그리하여 세계는 미국과 점점 더 깊은 반목의 길로 들어서고 있었다.

2003년이 되자 이라크 문제가 당면 현안으로 부상했다. 그와 함께 미국의 소외를 초래한 원인들은 더 깊이 뿌리를 내렸고, 훗날 사담이 축출된 뒤에도 오랫동안 해소되지 않았다. 나는 이처럼 세계가 미국을 외면한다고 해서 왜 미국인들이 자괴감을 느끼고 속상해하는지 설명하고, 또 외국인들이 얼마나 자주 미국의 선의를 오해하고 있는지 보여주기 위해 이 책을 썼다. 나는 이 책을 통해서 미국을 냉정하게 바라보려는 것이지 비난의 화살을 쏘아댈 생각은 없다.

나는 생애의 많은 나날을 아시아에서 보냈다. 그런 점에서 나는 오히려 부시 대통령보다 북한의 김정일을 더 싫어할 수도 있다. 나는 프랑스식 사회주의자도 아니고, 1960년대에 유행한 히피족도 아니다. 사실 나는 이런 종류의 책을 쓸 만한 사람이 아닐지도 모른다. 강한 애국심으로 열렬히 공화당을 지지하는, 보수적인 중산층 기독교 가정에서 태어난 나는 자유주의 전통이 지배하는(누가 보면 빨갱이들이라고 치부할 수도 있는) 스워스모어 대학에 다녔다. 나는 이런 자유주의적인 분위기에 맞서 학내에 보수주의자들의 동아리를 만들기도 했다. 그후 나는 일본으로 유학을 다녀와서 외무부에서 외교관으로 일하게 되었다. 나는 베트남전쟁에 지원했지만, 네덜란드로 발령을 받았다. 미국의 베트남 정책을 변호하는 임무를 띠고 네덜란드 헤이그의 미국 대사관에 파견된 나는 많은 보수주의자들이 이미 포기한 베트남전쟁 지원활동을 계속했다. 그후 나는 여러 다국적기업에서 일했고, 세계 곳곳을 여행하면서 브뤼셀이나 도쿄에서 사업가로 생활하기도 했다. 나는 결정적으로 일본과 체결한 수많은 통상협정을 주도적으로 이끄는 등 광범위하고 다양한 국제 무역협상에 참여하면서 '협상의 귀재'라는 명성까지 얻었다. 특히 1981년에 이러한 나의 경력을 인정한 레이건 행정부에 참여하여 통상부장관 자문위원으로도 활동했다. 이후 나는 세계적인 현안을 분석하는 데 주력하는 비영리 연구조직 혹은 '두뇌집단'을 설립하여 이끌어왔다.

내가 현재 미국의 앞길을 깊이 우려하게 된 것도 바로 이런 국제적인 경험과 분석 때문이다. 물론 나는 미국이 사담만큼이나 사악하고 불량하다고는 믿지 않는다. 하지만 미국은 정상적인 방향으로 밀려가는 파도들을 거슬러 항해사를 당혹스럽게 만들고 배를 난파시켜 버릴 수도 있는, 거대하고 '불량한 파도' 같은 나라가 될 수도 있다. 그만큼 미국은 거대하면서도 예측 불가능한 국가다. 미국은 또한 역사적으로 오랫동안 아량과 안하무인이라는 두 가지 상반된 태도로 다른 나라들을 상대해 왔다. 미국인들은 자신을 '선량한 사람'이라고 생각하는 동안, 한편으로 자신이 이룩한 신화의 강력함과 문화의 지배력에 스스로 눈 멀어 자신이 때때로 저지르는 잘못된 행위를 망각하곤 한다.

나는 미국과 우방국들 간의 거리가 위험하리만치 벌어지고 있다는 사실에 우려를 금할 수 없다. 그것은 미국인들이 다른 나라의 관심사와 견해를 그저 듣기만 할 뿐 헤아리려 하지 않고, 그저 보기만 할 뿐 이해하려고 하지 않으며, 때로는 자신이 하는 행동이 자신의 가치를 얼마나 땅에 떨어뜨리는지조차 인식하지 못하기 때문이다. 바로 지금 그들은 미국의 정책을 비난하는 사람들을 자신의 성공과 자신이 가진 힘을 질투하는 골수 반미주의자로 매도하고 있다. 물론 그런 책임 전가가 전혀 일리가 없는 것은 아니지만, 그렇다고 해서 전적으로 옳은 것도 아니다. 어쩌면 그들은 지금 자신이 핵심적인 현안들을 어떻게 처리하는지, 자신의 행동이 남들에게 어떻게 인식되는지, 자신이 얼마나 자신의 처지에 맞게 처신하는지를 반성하고 이해하기보다는 그냥 멍하니 바라보고만 있는지도 모른다.

여기서 우리가 가장 신경 써야 할 문제는 무엇보다도 미국의 일방주의적인 태도다. 세계는 미국이 보이는, 이런 특이한 태도를 '부드러운 제국주의'로 간주하고 있다. 이런 인식과 맞물리는 것은 미국화가 곧 세계화인지 여부, 나아가 그런 세계화를 수용할 것인지 여부와 관련된 문제의식이다. 이와 더불어 에너지 소비와 지구온난화 역시 매우 상이

한 관점들이 서로 갈등하고 있는 세계적으로 중요한 두 가지 문제다. 특히 에너지 소비와 관련하여 갈수록 늘어나는 미국의 해외 석유의존도는 다른 나라에게 중대한 영향을 미칠 수 있는 전쟁과 평화와 밀접한 관계가 있다. 전쟁과 평화라는 중대한 사안은 국가주권, 행동의 자유, 군사력의 우열에 대한 미국의 견해와도 밀접한 관계가 있다.

또 이스라엘과 팔레스타인 문제 역시 빠뜨릴 수 없으며, 이라크 문제나 한국 문제 역시 결코 간과할 수 없다. 게다가 미국과 중국이 친구가 될 것이냐 적으로 남을 것이냐 하는 문제도 중요하긴 마찬가지다. 실제로 지금 우리의 친구냐 적이냐 하는 질문을 던지는 나라들이 점점 더 늘어나고 있는 추세다. 냉전이 종식되고 테러에 대한 전쟁이 시작되면서 변하고 있는 국제관계에서 이전의 적대국들은 서로 상대의 숨겨진 매력을 발견하고 있는 반면에 이전의 우방국들 간의 긴장은 점점 더 커져가고 있다. 결국 가장 중요한 문제는, 콜린 파월 미 합참의장의 말처럼 미국이 불량한 골목대장이 되기를 원하느냐, 아니면 우리들이 대부분 생각하듯이 행복한 언덕 위의 도시가 되기를 원하느냐 하는 것이다.

변덕스럽고 부주의하고 믿을 수 없고 이기적인 나라

나는 2002년 여름부터 가을 사이에 아시아, 라틴아메리카, 유럽, 중동을 순방하면서 14개국 지도자들과 이런 현안들을 놓고 의견을 교환했다. 나는 가는 곳마다 미국이 다른 나라들을 심하게 무시해 왔고, 미국의 우세한 권한을 뻔뻔스러울 정도로 내세워왔다는 느낌을 받았다. 북대서양조약기구(NATO)가 보여주는 태도는 그런 상황을 보여주는 가장 좋은 예다. 최근 미국에서는 북대서양조약기구 회원국 중 몇 나라가 이라크의 체제 변화를 추진하려는 미국에 대한 지원을 꺼린다는 이유로 북대서양조약기구에 대한 비난을 쏟아냈다. 하지만 50년이 넘도록 미국은 북대서양조약기구를 안보전략의 초석으로 삼아왔다. 9·11 테러가 발생하자 북대서양조약기구는 사상 처음으로 조약규정 제5조의 발효를 검토했다. 제5조란 회원국 중 한 나라가 공격을 당하면 다른 모든 나라가 공격당한 것으로 간주하여 필요에 따라 군사적 대응조치를 취할 수 있고, 모든 회원국에 군사적 지원을 요구할 수 있다는 조항이다. 결국 만장일치로 이 조항의 발효가 결정되었다(여기서 당시 미국이 프랑스, 독일과 껄끄러운 관계에 있었다는 사실을 기억하는 것이 중요하다). 하지만 북대서양조약기구의 규정상 비정부조직 테러리스트의 공격은 사실 해당사항이 될 수 없었다. 그럼에도 미국이 기술적으로나마 만장일치의 찬성을 얻어낼 수 있었던 것은 무엇보다도 아프가니스탄에서 진행 중이던 미국의 탈레반(Taleban) 소탕작전에 프랑스, 벨기에, 영국을 포함한 여러 북대서양조약기구 회원국이 파병할 수 있다는 뜻을 밝히거나 오히려 파병을 간절히 원하기까지 했기 때문이다. 그런데 미국 방부는 영국의 몇몇 특수부대의 파병의사만 수용하면서, 나머지 회원국들에게는 이런 의사를 전달했다.

"여러분의 뜻은 고마우나 아직은 문제가 없습니다. 동맹국들의 지원 없이도 간단히 문제를 해결할 수 있는 상황입니다. 이 작전은 지금 우리 병사들만으로도 충분합니다. 차후에 필요하면 여러분들을 부르겠으니 안심하십시오."

탄도요격미사일협정 탈퇴와 국가미사일방어부대 배치에 따라 확연해진 미국의 일방주의적인 태도는 세계 곳곳에서 거센 저항을 야기했다. 실제로 말레이시아 수상은 나에게 "미국이 그처럼 과격하게 일을 처리한다면 전세계의 저항을 받게 될 것"이라고 충고했다. 미국이 말하는 '자발적인 협조'와 예방공격 혹은 선제공격은 미국에 버금가는 세력의 등장을 저지하려는 국가적인 전략과 짝을 이루고 있으며, 그것은 미국에 적대적인 세력들을 위협하여 은신처로 숨어들 생각을 품게 하거나, 어쩌면 은신처에서 결코 밖으로 나오지 않게 만들려는 의도를 담고 있다. 그들에게 미국은 이처럼 두려움을 자아내는 제국주의 국가로 비친다. 중국은 이런 미국의 행보를 패권주의로 간주한다. 특히 "우리를 지지하라. 그렇지 않으면 어찌되든 상관하지 않겠다"는 투로 해석할 수 있는 미국의 무도함에 대한, 이런 두려움은 파월이 강요하는 논리를 유엔 안전보장이사회가 저어하게 만드는 숨은 이유들 중 하나다. 바로 여기에 실로 커다란 아이러니가 존재한다. 즉 사담 후세인 같은 불한당을 너무 철저히 제거하려는 노력이 오히려 미국에 대한 두려움을 야기하고, 그 두려움이 거꾸로 세계의 불한당들에 대한 두려움을 완화시키는 역효과를 초래한 것이다.

미국의 확실한 친구이자 유럽에서 오랫동안 지도적인 영향력을 발휘해 온 에티엔 다비뇽(Etienne Davignon)은 이런 역설적인 정서를 가장 잘 설명하고 있다. 그는 내게 이렇게 말했다.

2차 대전 후 초강대국으로 부상한 미국은 미국의 이익을 광범위하게 규정함으로써 새로운 세계질서를 창출했습니다. 이를 위해 미국은 다른 나라들이 미국의 이익에 부응하면 그들에게도 이익이 될 것이라고 유혹했습니다. 특히 미국은 세계적인 현안을 처리할 수 있는 세계적인 기구와 법규의 창설을 후원하기도 했습니다. 그런데 당신네 미국은 지금 다시금 초강대국으로 부상했고, 세계는 근본적으로 재조직되어야 할 상황에 처해 있습니다. 따라서 아무리 당신네 미국이 지난 반 세기 동안 누려온 특권을 포기하고, 또 미국의 이익을 오로지 군사적 안보에만 국한하는 듯한 태도를 보이더라도 그것을 곧이곧대로 믿을 나라는 없을 것입니다.[3]

또 삼각위원회(Trilateral Commission)의 공동의장이자 세계무역기구(WTO) 이사를 역임한 바 있는 또다른 범대서양주의자 피터 서덜랜드(Peter Sutherland) 장군은 나와 가진 비공식회담에서 "당신네 미국은 지금껏 그렇게 심혈을 기울여 정착시키려 해온 다국간 상호자유무역의 원칙을 더 이상 따를 생각이 없는 것처럼 보이더군요"라고 말하기도 했다. 나아가 미국 주재 유럽연합 대사를 역임한 또다른 유럽인인 위고 파에망(Hugo Paemen)은 이렇게 상소했다.

"국내적으로 볼 때 당신네 미국은 견제와 균형이라는 멋들어진 체계를 견지해 왔습니다. 그런데 지금의 미국 외교정책은 도무지 예측할 수가 없을 만큼 변덕스러움이 극에 이르고 있습니다. 미국의 그런 전횡에 영향을 받을 수밖에 없는 우리 같은 나라들은 이제 영향력을 발휘하는 것은 고사하고 우리의 의사를 제대로 표현할 기회조차 없는 실정입니다. 이런 상황은 실로 유감스런 상황이라 하지 않을 수 없습니다. 아무리 당신네 미국이 좋은 의도로 행동한다고 해도, 결국 그런 행동은 무지나 이데올로기 혹은 특수한 이익에 좌우되는 경우가 비일비재할 뿐 아니라 미국을 제외한 다른 나라들에게 매우 심각한 피해를 줄 수도 있기 때문입니다."

미국인들은 이런 생각을 오히려 이상하게 생각할지 모른다. 하지만 다른 나라 사람들은 민주주의, 인권, 자유무역을 강조하는 미국의 진정한 의도가 눈앞의 이익 추구, 나아가 이데올로기적 우세를 점하기 위해 다른 나라들의 운명을 조종하고 통제하는 것이라고 생각한다. 그런 예는 세계 곳곳에서 찾아볼 수 있다. 아마도 미국은 그런 의도를 깔고 세계 여러 나라에 투자했을 것이다. 남한도 대표적인 사례라 할 수 있다. 미국인들은 한국을 미국으로부터 대단한 은혜를 입은 나라로 보는 경향이 있다. 1950년대 초반에 북한과 중국의 침략으로부터 한국인을 지켜주기 위해 3만 6,000명의 미군이 희생되었고, 한강의 기적을 이룩하는 데 일조한 엄청난 원조를 제공했기 때문이다. 또 최근 들어 미국은 북한을 악의 축으로 지목하고 북한이 핵개발 계획을 포기할 때까지 식량 및 전력 지원 약속을 보류함으로써 한국의 변호자로 자처하고 있다.

하지만 미국인들에게 만족과 설명의 근거를 제공하는 이런 그림도 다른 각도에서 보면 전혀 다르게 보일 수 있다. 물론 한국인들은 자신들을 지켜주기 위해 미국이 희생을 했다는 사실을 인정하고 감사하게 생각한다. 하지만 그들은 미국이 전적으로 이타적인 의도에서 그들을 지켜준 것이라기보다는 미국의 이익을 지키기 위해 공산주의 세력을 봉쇄한다는 좀더 광범위한 정책에 따라 행동해 왔음을 알고 있다. 그들은 또한 전쟁 후 그들의 권리를 체계적으로 탄압한 일련의 잔혹한 군사독재정권을 미국이 묵인하고 지원했다는 점을 지적한다. 최근 임기를 마친 김대중 대통령은 지난 군사독재정권 시절 받은 고문과 옥중생활로 인해 잘 걷지를 못한다.

주한미군이 지금도 북한과 휴전선을 사이에 두고 대치하고 있는 것도 사실이지만, 미군이 마치 제국의 병사와 같은 지위를 누리고 있는 것 역시 사실이다. 세계 최대의 미군기지 중 한 곳이 바로 민감한 문제가 끊이지 않고 발생하는 서울 한복판에 자리잡고 있다. 교통사고, 강간, 공공연한 한국 법규 위반, 우발적인 한국인 살해 등 미군 관련 사건들이 연신 재발하고 있지만, 한국의 감옥에 투옥되거나 한국의 법정에서 재판을 받는 미군은 거의 찾아보기 힘들다. 한미주둔군지위협정(SOFA)에 미군이 임무 수행 도중 저지른 범죄의 재판권이 미국에 있다고 명시되어 있기 때문이다(따라서 원칙적으로 한국은 임무 수행과 관계 없는 미군 범죄를 재판할 수 있지만, 실제로는 이 권한 역시 지극히 제한적이다).

북한의 체제를 동요시키려는 미국의 노력에 대해서도 남한 국민들은 미국에 그런 요구를 한 적이 없다는 사실을 강조한다. 또 그들은 남북관계의 점진적인 개선을 위해 남한이 추진해 온 '햇볕정책'을 미국이 저해할 수도 있다는 사실을 강조한다. 작년에 만난 한국의 한 외교정책 담당 고위 실무자는 나에게 북한체제의 갑작스런 붕괴를 두고 볼 수 없는 남한의 입장을 워싱턴에 잘 전달해 달라며 이렇게 말했다.

"우리는 서독과 다릅니다. 서독은 동독을 흡수할 능력이 있었지만, 우리에게는 북한을 흡수할 능력이 없습니다."

세계적인 차원에서 볼 때 좀더 중요하게 부각되는 주제인 중국과 미국의 관계 역시 그리 원만해 보이지 않는다. 대(對)알 카에다 연합전선을 구축하여 양국 관계가 개선의 조짐을 보이고 있다는 것은 테러와의 전쟁이 낳은 밝은 측면 중 하나이긴 하지만, 미국의 태도는 여전히 이중적이다. 미국은 한편으로는 과거 일본보다 더 많은 사상 최대의 무역 적자를 안겨주고 있는 중국에 순수 투자액만 100억 달러를 쏟아붓고도 투자와 무역을 오히려 더욱 확대하고 있으면서도, 다른 한편으로는 구소련의 해체 이후 잠재적으로 위협이 될 수 있는 중국에 대한 방어전선 구축으로 전략적 초점을 이동시키고 있다. 중국의 급속한 경제성장, 세계 속에서 '합당한 역할'을 되찾겠다는 의도가 담긴 발언들, 핵무기의 보유로 더욱 강화된 군사력, 나아가 대만(타이완)을 반도(叛徒)들의 성(省)으로 간주하면서 합병하려는 집요한 야욕이 미국에 위협요소가 되고 있기 때문이다.

특히 대만에 대한 미국의 태도는 더 이중적이다. 미국은 1972년 닉슨 대통령이 중국과 수교한 이후 대만과 외교관계를 끊고 '하나의 중국' 정책을 고수해 오면서도 대만과의 경제적인 교류만큼은 긴밀하게 유지해 왔다. 무엇보다도 최근 독재정권을 무너뜨리고 민주화를 이룩한 대만이 독립을 선포하자 미국은 대만에 대한 지지를 강화했다. 부시 대통령은 대만에 주요 신무기를 판매할 것이라고 공언하면서 대만의 방위를 위해 "필요하다면 어떤 무기든 판매할"[4] 수 있다고 강조했다.

아시아를 여행하면서 나는 이런 미국의 행동이 안정보다는 더 큰 불안만 야기한다는 것을 발견했다. 보유하고 있는 대륙간 탄도미사일이 18기에 불과하고, 운용하고 있는 국방예산도 펜타곤의 10분의 1에 불과한 중국이 어떤 의미심장한 시기에 미국의 전략적 경쟁국이 될 의향이나 능력을 구비하고 있다고 생각하는 사람은 소수에 지나지 않는다. 내가 만나본 중국의 지도자들은 지금 미국은 중국이 과거의 소련을 대신하여 악역을 맡기를 원하고 있으며, 그런 "중국이 무릎 꿇기"를 바라고 있다면서 연신 두려움을 표시하고 있었다. 그들은 미국의 신경을 건드리거나 첩보기를 날려 미국의 해안을 정탐하고 있는 것은 근본적으로 중국이 아니라고 강조했다. 그리고 미국 정부와 산업계의 열렬한 후원에 힘입어 막대한 군사비 지출을 억제하면서 오로지 경제발전에만 매진하고 있음을 강조했다. 상하이의 한 관료는 나에게 "우리는 미국에 우리 상품을 팔고 싶을 뿐 미국을 공격하려는 의도는 없다"고 말해주었다. 전직 미 국방부장관 등 많은 사람들도 미국이 중국을 적국으로 대한다면 중국 역시 미국을 적국으로 생각할 것이라고 지적하면서 자아도취적인 예측의 위험성을 상기시켰다.

한편 많은 아시아인들은 대만과 관련하여 '하나의 중국' 정책을 30년간이나 신중하게 유지해 온 미국이 지금껏 미중관계의 토대가 되어온 기존의 태도를 언제든 뒤집고 동아시아의 안정을 위협할 수 있다는 사실에 충격을 금치 못했다. 심지어 대만 내에서도 다수의 국민이 독립을 지지하지 않을 뿐 아니라 중국공산당의 침략에 대해서도 그리 큰 두려움을 갖고 있지 않았다. 오히려 대만인들이 중국 본토에 진출하여 600억 달러가 넘는 거금을 투자하고 있고, 상하이만 해도 50만 명에 가까운 대만 사람이 살고 있다. 실제로 내가 이야기를 나누어본 아시아인 중에는 미국에게는 지금 당장 상대할 적이 필요한 것 아니냐고 묻는 사람들도 있었다.

외국의 지도자들은 변덕스럽고 부주의한 미국의 일방주의적 태도 때문에 발생한 또다른 문제들을 언급했다. 그들은 1976년 소련이 아프가니스탄을 침공하여 공산 괴뢰정부를 세울 때까지 아프가니스탄에는 미국인이 거의 존재하지 않았다는 사실을 지적했다. 소련의 침공을 계기로 미국은 이슬람 원리주의자들의 지하드를 부추겼고, 소련에 대항하는, 오사마 빈 라덴이 포함된 무자헤딘에 활동자금과 무기를 지원했다. 소련이 철수하고 나자 미국은 아프가니스탄에 흥미를 잃었고, 이후 아프가니스탄을 장악한 탈레반 정권이 여성의 학교교육과 취업을 금지하고 차도르의 착용을 강제할 때에도 그냥 보고만 있었다. 하지만 지금 미국은 당연하다는 듯이 아프가니스탄에 강한 관심을 보이고 있다. 이런 관점에서 보면 미국은 믿을 수 없고 이기적이며 비도덕적인 국가로 보일 수 있다.

귀기울여 듣지 못한 말

야누스를 방불케 하는 미국의 얼굴은 세계화에서도 찾아볼 수 있다. 미국의 경제력은 지정학정 입지만큼이나 강대하다. 지난 50여 년간 미국은 자유무역, 시장개방, 사적 자유의 존중, 탈규제, 상호의존을 설교하면서 세계화를 선도한 최고의 사제(司祭)였다. 실제로 인도네시아, 브라질, 말레이시아의 경제가 혼란에 빠지자 미국은 긴밀한 관계에 있는 (IMF와 같은) 국제적인 단체들과 제휴하여 기업에 대한 정부보조금 지급을 중단하라며 이른바 '연고자본주의(crony capitalism)'를 종식시켜야 한다는 조건으로 긴급차관을 제공했다. 또 미국은 일본, 한국, 유럽과 끝없는 협상을 통해 이른바 민감한 산업을 보호하기 위한 정책과 정부보조금 지급을 중단하라고 집요하게 주장하면서 쌀, 소고기, 과일을 비롯하여 다양한 제품의 시장개방을 요구했다. 이른바 '보호 없는 무역'을 하라고 설교하면서 NAFTA와 같은 자유무역협정을 체결하는 것이 경제 발전과 성장을 위한 최선의 길이라고 강조해 온 것이다.

그러던 2001년 미국이 수입 철강제품에 전격적으로 보호관세를 부과하자 세계는 완전히 실망하고 말았다. 더구나 이런 조치에 대한 미국의 변명은 실망을 넘어 분노를 샀다. 미국 정부의 표현에 따르면 철강산업이 급증하는 수입으로 인해 곤란을 겪고 있는 '민감한 산업'이라는 것이다. 고압적인 미국 무역상들의 오만함에 치를 떨어온 많은 나라들은 이제 쓴웃음밖에 나오지 않았다. 게다가 미국이 자국 농산품을 보호하기 위해 정부보조금을 전격적으로 증액한다고 발표함으로써 사태는 더욱 심각해졌다. 이런 충격적인 긴급관세 부과와 정부보조금 인상으로 인해 브라질 같은 나라는 70%에 가까운 수출품이 미국 시장에서 더 이상 경쟁을 할 수 없을 정도의 타격을 입었다. 브라질 사람들은 "보호 없는 무역은 이제 끝났다"고 말했다. 멕시코의 상황은 브라질보다 훨씬 더 심각했다. NAFTA협정에도 불구하고 미국은 멕시코산 설탕의 수입을 엄격히 제한했다. 그러면서 미국 정부는 청량음료에 들어가는 멕시코산 설탕을 대신할 미국의 옥수수감미료 제조업자들에게 막대한 보조금을 지원했고, 그에 따라 멕시코의 설탕제조업 노동자들은 일자리를 잃고 말았다.

무역문제와 마찬가지로 지구온난화 문제 역시 지난 20여 년간 광범위한 협상의 대상이 되어왔다. 지구온난화를 유발하는 온실가스 배출량이 세계 최대인 미국은 협상을 좌우하는 핵심국가 역할을 해왔다. 그런데 지구의 온도가 상승하고 있다는 사실만큼은 대체로 인정하면서도 지구온난화의 원인, 확산의 범위, 예상되는 결과에 대해서는 논란이 분분했다. 미국은 온실가스 배출량을 줄이면 경제성장이 둔화될 수 있다는 이유로 좀더 정확한 사실이 확인되기 전까지는 배출량 제한에 주력하기보다는 신중한 관심을 경주할 필요가 있다는 의견을 표해왔다. 1992년 미국은 지구온난화 방지협약 체결을 위해 개최된 리우회의에 참가했으나, 결정적으로 온실가스 배출량을 국가별로 제한하여 할당하는 데는 동의하지 않았다. 그후 2001년 부시 행정부는 결국 지구온난화 방지를 위한 교토 의정서의 비준을 거부함으로써 모든 협약을 외면해 버렸다.

이런 미국 정부의 행보로 인해 미국인들은 다른 여러 나라 사람들에게 광범위한 지탄을 받을 수밖에 없었다. 특히 온실가스 배출량을 줄여서 앞으로 발생할지 모를 심각한 환경파괴를 막으려는 다른 나라의 노력에 세계에서 가장 부유한 나라가 경제적으로 약간 부담이 된다는 이유로 동참할 수 없다는 논리는 문제가 될 수밖에 없었다.

2001년 6월 14일 스웨덴 예테보리에서 개최된 유럽연합 15개국 정상회담에 참석한 부시 대통령은 공항에 내리자마자 수백 명의 시위대와 마주쳐야 했다.[5] 또 예란 페르손(Goeran Persson) 스웨덴 수상은 유럽의 지도자들을 대표하여 가진 기자회견에서 미국이 "환경을 위협할 수도 있는 유감스런 정책"[6]을 추구하고 있다는 의견을 피력했다.

미국과 다른 나라들이 가장 큰 견해차를 보이는 문제는 바로 이스라엘-팔레스타인 문제다. 미국인들에게 이스라엘은 절친한 우방이자 동맹국이다. 수백만 명의 미국인이 이스라엘 관광을 즐기고 있으며, 또 수십만 명은 직접 이스라엘에서 살고 있거나 친구나 친지들이 살고 있다. 유대교나 기독교를 믿는 많은 미국인들이 이스라엘을 성경에 나오는, 유대인들을 위한 약속의 땅으로 여긴다. 미국의 첨단기업들은 이스라엘의 최첨단공장에 막대한 투자를 해왔다. 지난 40여 년간 미국은 이스라엘의 주력무기 공급국이자 보호자인 동시에 재정적인 후원국이었다. 무엇보다도 9·11테러 이후 알 카에다의 테러에 맞서 전쟁을 선포한 미국인들은 자살폭탄 테러리스트들과 싸우고 있는 이스라엘인들을 동병상련의 시선으로 바라보게 되었다. 그에 따라 미국인들은 팔레스타인의 폭력을 종식시키고 야시르 아라파트(Yassar Arafat) 같은 현 팔레스타인 지도자를 대신할 새로운 지도자를 뽑기 위해 선거를 실시하자는 부시 대통령의 요구를 매우 자연스럽고 타당한 것으로 받아들이고 있다. 하지만 미국의 몇몇 동맹국들은 민주적인 선거를 통해서라면 팔레스타인 사람들이 야시르 아라파트든 누구든 원하는 인물을 지도자로 뽑을 수도 있다는 입장을 밝혔다. 다른 나라들도 물론 자살 폭탄테러를 지탄하기는 마찬가지지만, 한편으로 팔레스타인 사람들이 40여 년간 이스라엘에 점령당한 채 살아왔을 뿐 아니라 점령지에 대한 이스라엘의 식민정책 역시 최근 10여 년간 그 가혹함을 더해왔다는 사실을 강조한다. 많은 이들은 이러한 정책이 은밀하고 조용한 폭력을 제도화시켰다고 말한다. 실제로 어떤 이들은 이스라엘의 팔레스타인 점령정책을 19세기에서 20세기 초반까지 아메리카 원주민을 식민화했던 미국의 정책에 비견하기도 했다. 2002년 여름 내가 인터뷰한 많은 외국 지도자가 강조한 것은 이스라엘의 식민정책을 문제 삼지 않고 팔레스타인의 폭력대응만 중단하라고 요구하는 것은 부당할 뿐 아니라 역효과를 낳을 수도 있다는 것이었다.

이 문제는 이스라엘과 팔레스타인을 넘어서 미국이 외교정책적 관심을 보이는 광범위한 영역으로 확산되고 있다. 나는 최근 동남아시아를 여행하면서 인도네시아와 말레이시아 등지에서 과격한 근본주의가 빠르게 확산되고 있는 것을 발견했다. 전략적으로 중요할 뿐 아니라 전통적으로 자유로운 이들 나라의 이슬람 문화는 중동국가들의 이슬람 문화와 어떤 의미 있는 연결고리도 없다. 하지만 나는 동남아시아 사람들과 몇 차례 대화를 나누면서 이스라엘-팔레스타인 분쟁이 단순한 과거의 문제가 아닐 수도 있다는 말을 들었다. 그들은 미국의 지도자들이 이스라엘의 지도자들과 결속을 다지기 위해 갖는 각종 모임과 팔레스타인을 공격하기 위해 미국산 무기를 사용하는 이스라엘 군인들의 모습을 매일 밤 텔레비전으로 확인하고 있다. 그 결과 미국의 많은 우방국들이 미국이 이슬람 문화권 전체를 공격하고 있다는 결론을 내리게 되었다는 것이다.

한편 유럽 쪽 분위기는 그처럼 감정적이지는 않았다. 하지만 프랑스 파리의 한 공무원은 프랑스에 있는 소수파 이슬람교도들을 고려한 듯 나에게 "미국의 중동정책은 프랑스 정부가 보기에 프랑스의 안보를 위협할 수 있는 요소로 비칠 수 있다"는 점을 강조하기도 했다.

이처럼 많은 우방국과 동맹국들이 이런 현안들을 미국과는 거의 정반대의 시각에서 바라보고 있다. 왜 그럴까? 그들이 바보라서? 겁쟁이라서? 타락해서? 혹자는 그렇게 생각하는 것이 편할 수도 있겠지만, 사실은 미국이야말로 늘 따돌림당하고 있는 나라다. 하나의 국가로서 미국은 이미 다른 나라들의 눈 밖에 나버린 것이다. 미국은 다른 나라에 눈을 돌릴 필요가 없을 만큼 엄청나게 큰 크기로 인해, 자신의 기준이나 관점이 세계를 지배하거나 또는 지배해야 마땅하다는 생각을 허용하는 막강한 국력으로 인해 자신이 고립되고 있다는 사실을 깨닫지 못한다(가령 다른 나라들은 오래 전부터 훨씬 더 간단한 '미터법'을 사용해 왔음에도 미국만은 편협하게도 마일, 인치, 화씨와 같은 단위를 고집스럽게 사용하고 있다). 이처럼 편협하기 그지없는 미국의 태도는 다른 나라들이 미국의 눈치를 보게 만들고, 그럼으로써 미국을 계속 눈먼 봉사로 머물게 하는 막강한 국력에 매달리게 만든다.

다른 나라들이 미국을 예의 주시하며 조심스럽게 미국의 견해를 살피는 동안에도 미국인들은 흔히 자신들의 견해와 다른 견해가 존재한다는 것조차 깨닫지 못하며, 혹시 깨닫는다 하더라도 대수롭지 않게 여긴다. 미국의 일방주의적 태도를 상대해야 하는 다른 나라들을 가장 속상하게 만드는 것은 미국의 의도적인 정책 결정이 아니라 그런 정책들의 저변에 깔린 미국의 부주의함이다.

나아가 나는 여기서 미국인들이 타국인의 견해를 귀담아듣기 어렵게 만드는 미국인 특유의 사명감과 독선을 거론하고자 한다. 미국인들은 일면 어떤 경우에도 자신들에게 충고를 할 만큼 탁월한 나라가 존재하리라고는 결코 믿지 않을 뿐 아니라 설사 있다손 치더라도 믿지 않으려는 경향이 있기 때문에 다른 나라의 말을 귀담아듣지 않는다. 반면에 다른 나라들은 미국의 심기를 건드리는 것이 두려워 불쾌한 진실들을 말하기 꺼린다.

미국인이 얼마나 눈먼 봉사였는지는 퓨(Pew) 연구소가 2002년 세계의 대중과 언론을 대상으로 실시한 대규모 여론조사 결과를 보면 잘 알 수 있다. 이 여론조사 결과는 내가 인터뷰 여행을 하면서 들어왔던 바와 거의 일치했다. 겉보기에는 아직 미국에 대한 다른 나라들의 호의가 남아 있는 듯 보이지만, 실제로 그 호의의 수위는 급격히 낮아지고 있다. 특히 이 여론조사를 통해서 드러난 두 가지 결과는 내가 이 책을 통해서 진행할 논의와 관련하여 중요한 의미를 지닌다.

미국이 정책을 결정할 때 다른 나라들을 고려하느냐 하는 첫 번째 질문에 미국인의 75%는 그렇다고 대답한 반면에, 다른 나라 사람들은 대부분 그렇지 않다고 답했다. 두 번째로 우선 인간으로서의 미국인에 대한 의견을 물은 다음 하나의 국가로서의 미국에 대한 의견을 물었다. 응답자들은 대부분 국가로서의 미국보다는 개인으로서의 미국인을 더 긍정적으로 바라본다고 답했다. 예컨대 조사에 응한 요르단인 중 25%는 미국이라는 나라를 호의적으로 생각한다고 대답한 반면에, 53%는 미국인을 좋아한다고 대답했다. 또 거의 모든 중동국가에서도 이와 유사한 결과가 나왔다. 이 모든 사례를 통해서 우리는 외국인이 미국이라는 국가가 취하는 행동보다는 인간으로서의 미국인을 더 좋아한다는 사실을 확인할 수 있다.

따라서 미국의 의도가 아무리 존경받을 만한 것이라 해도 그들의 행동은 매우 잔혹한 결과를 초래할 수도 있다. 9·11테러가 단적인 예다. 돌이켜보면 당시 저 유명한 셜록 홈스가 나서서 국가안보 담당 대통령 보좌관의 책상은 물론 그의 사무실에 흩어져 있던 실마리들을 발견했다손 치더라도 그런 어처구니없는 위기가 닥칠 정확한 시간과 장소까지 추리해 낼 수는 없었을 것이다. 더구나 우리는 그의 말을 귀담아들어야 한다는 생각도 하지 않았을 것이기에 그의 경고를 들을 수도 없었을 것이다.

또다른 예로 베트남을 들 수 있다. 프랑스인들은 비록 미국보다 앞서 베트남을 식민통치했지만 미국인들과는 달랐다. 프랑스는 독일의 독재자가 2차 대전을 일으키자마자 베트남을 포기하지 않았던가? 그에 비해 미국은 어떤 형태의 제국을 건설하고자 하지 않았을 뿐 아니라 동기도 순수했다. 미국은 신을 믿지 않는 공산주의자들과 싸웠고, 베트남의 공산화를 막기 위해 노력했을 뿐이었다. 하지만 거기에는 한 가지 문제가 있었다. 미국은 베트남 문제와 공산주의가 무관하다는 사실을 잘 몰랐다. 그것은 전적으로 민족주의와 독립의 문제였다. 미국은 그런 사실을 이해해야만 했지만, 그만큼 주의를 기울이지 않았기 때문에 그런 사실을 이해하지 못했던 것이다.

불량국가가 될 것인가, 이상향이 될 것인가

1960년대 초 일본에서 대학원에 다니고 있던 나는 개인적으로 비슷한 경험을 한 적이 있다. 2년 동안 일본을 공부한 나는 일본을 완전히 알지는 못했지만 전혀 모르는 것도 아니었다. 어느 날 나는 도쿄 하네다 공항의 여행안내소 여직원에게 '일본어로' 길을 물었다. 그녀는 자기가 영어를 잘 못한다면서 내 물음에 답할 수 없다고 '영어로' 대답했다. 그래서 나는 결국 '일본어를 할 줄 모르는 나의 중국인 아내'에게 나를 대신하여 여직원과 이야기를 좀 해보라고 부탁했다. 아내가 서툰 일본어로 질문을 하자 그 여직원은 곧장 '일본어로' 우리가 원하던 정보를 알려주었다. 이 일화를 통해서 내가 말하고 싶은 것은 그 여직원이 외국인은 일본어를 할 줄 모른다고 알고 있었기 때문에 일본인으로 보이지 않는 사람이 하는 일본어를 이해할 수 없었다는 사실이다. 이와 마찬가지로 미국인들도 흔히 그렇게 알고 있기 때문에 외국인들의 말을 이해하지 못한다.

물론 다른 나라들이 옳고 미국이 항상 틀렸다는 것은 아니다. 가령 교토 의정서와 관련하여 처음에는 의논을 계속하겠다는 부시 행정부의 입장 표명에 힘입어 전향적인 논의들이 이루어진 바 있다. 하지만 미국은 흔히 '설명'하기보다는 '주장'하려고만 하거나, 미국의 정당한 관심사를 다른 나라들이 인정하기만 촉구했기 때문에, 미국이 옳은 주장을 내세워도 다른 나라의 동의를 얻지 못하는 경우가 많았다. 교토 의정서에 대한, 이러한 미국의 일방적인 접근법은 지금이라면 무난히 받아들일 수 있는 수정동의안에 미국이 서명을 거부하는 골치 아픈 결과를 낳고 말았다. 더구나 그런 미국의 태도는 이라크 사태나 테러와의 전쟁 등 좀더 중요하고 긴박한 현안들과 관련하여 다른 나라의 지지와 협조를 구하려는 미국의 노력에 커다란 걸림돌이 되고 말았다. 실제로 미국이 이처럼 일방적인 행동을 계속 고수한다면 미국은 늘 결코 무마할 수 없는 저항에 부딪힐 수밖에 없을 것이고, 그런 저항을 최소화하기 위한 다각적인 노력을 필사적으로 하지 않으면 안 되는 상황에 봉착할 수밖에 없을 것이다.

한편 미국이 왜 다른 나라가 미국에 상처를 주지 않는 한 그들의 생각에 전혀 관심을 보이지 않는지 궁금해하는 사람들도 있다. 주목해야 할 것은 바로 이런 미국의 태도다. 다른 나라들은 수천 가지 방식으로 미국에 상처를 줄 수 있다. 가령 테러리스트 소탕을 위한 첩보활동에 협조하지 않는다든지, 미국의 첩보활동에 편의를 제공하지 않거나 미국 첩보기의 자국 영공 통과를 허용하지 않는다든지, 미국 상품의 수입을 거부하거나 대체상품의 개발에 주력한다든지 방법은 무수하다. 지구촌 곳곳에서 미국이 수행해 온 역할의 진실을 누구나 알 수 있게 되었을 뿐 아니라, 다른 나라들이 해온 역할을 오해할 수 없으리만치 세계가 좁아졌고 위험해진 것이 사실이다. 바야흐로 다른 나라들이 미국을 이해하는 방식으로 미국을 이해할 필요성이 절실해진 것이다. 또 미국은 진실로 "더 이상 통제 불가능하고 대책 없는 불량국가에 속하거나 그렇게 인식되기를" 스스로 원하는지 아닌지 결정해야 할 순간이 임박했다. 나아가 미국인들은 지금 당장 자신을 레이건 대통령이 인용한, 존 윈스럽(John Winthrop)의 이상향에서 살고 있는 국민으로 상상하기를 원하는지 아닌지 결정해야 한다.

앞으로 살펴볼 이러한 선택의 의미와 그 중요성은 미국의 대외관계뿐 아니라 미국 자체를 위해서도 미국인들이 명심해야 할 것이다. 그것은 9·11테러 이후 미국의 해외대사관을 뒤덮은, 수많은 조화가 담고 있는 이상(理想)에 우리가 부응해야 하기 때문이다. 나아가 미국인들은 평소에는 잘 언급되지 않는, 윈스럽이 한 다음과 같은 설교도 마음에 새겨야 할 것이다.

우리가 지금 맡은 바 과업을 수행한다는 이유로 우리의 신을 참칭하며 지금 우리를 돕고 있는 신을 스스로 저버린다면, 우리는 전세계인들의 농담거리나 웃음거리로 전락하여 우리의 적들로 하여금 우리의 신이 하는 일들을 저주하게 만들고, 우리의 신의 뜻을 가르치려는 모든 이들에게 악담을 퍼붓게 만들 것이다. 그리하여 우리는 신의 뜻을 따르는 수많은 훌륭한 신도들의 얼굴을 보기가 부끄러워질 것이고, 그들의 기도는 우리가 들어가 살려는 행복의 땅에서 우리가 완전히 사라질 때까지 우리에게 퍼부어질 저주로 변하고 말 것이다.

1. "A Dirty Business: Mr. Bush Has Put U.S. Credibility on the Line." *Guardian*. March 30, 2001. p. 21.

2. Colombani, Jean-Marie. "Nous sommes tous Américains." *Le Monde*. Paris, France, September 13, 2001.

3. 이 책에 언급된 인터뷰는 내가 2001년 4월부터 2002년 10월에 걸쳐 미국, 유럽, 라틴아메리카, 아시아의 여러 나라를 여행하면서 행한 인터뷰들이다. 인터뷰 중에서 이름을 밝히지 않은 경우는 인터뷰하는 사람이 익명을 요구했기 때문이다.

4. Constantine, Gus. "Taiwan Praised Bush Vow To Do 'Whatever It Takes.'" *Washington Times*, May 4, 2001. p. A1.

5. "Swedish Host Blasts Wrong Policies on Environment." AP Canadian Press. June 14, 2001.

6. Pew Research Center for the People and the Press. *What the World Thinks in 2002: How Global Publics View: Their Lives, Their Countries, The World, America*. December 2002.

2

미지의 제국

미국인은 선택받은 사람, 곧 우리 시대의 유대인이다.
미국은 세계의 자유를 실은 방주(方舟)와 같다.

—허먼 멜빌

　버지니아 산맥에서 발원하여 메릴랜드 주의 산야를 따라 거침없이 흐르다가 갑자기 방향을 튼 뒤 폭을 넓혀 유유히 대서양으로 미끄러져 들어가는 포토맥 강 주변 언덕에 자리잡은 워싱턴 D.C.는 미국에서 가장 사랑스런 도시 중 하나다. 에움길과 우아한 기념건축물, 광장들이 어우러진 도시의 중앙에서 사방으로 퍼져나가는 널따란 가로수길들을 보노라면 처음 이 도시를 설계한 프랑스의 도시계획가 피에르 랑팡(Pierre L' Enfant)의 취향이 은근히 깃든 유럽적인 분위기를 느낄 수 있다.

　이러한 워싱턴은 다른 나라의 수도에 비해 넓으나 규모 면에서 비교적 소박하다고 할 수 있다. 법적으로 비행금지 구역으로 지정되어 있고, 60만 명을 넘지 않는 인구에 면적이 약 180평방킬로미터밖에 안 되는 워싱턴은 세계적인 기준에서 보면 상대적으로 작은 도시라 할 수 있다. 그래서 워싱턴은 뉴욕이나 로스앤젤레스처럼 강력한 문화적 영향력과 파급력을 자랑하고 있지도 않고, 프랑스 파리처럼 우아한 장관을 연출하지도 못하며, 도쿄나 런던처럼 복잡다단하지도 않다. 특히 수많은 공공건물과 기념건축물에서 볼 수 있는 그리스로마 양식은 과거의 제국들이나 제국주의 전통과는 다른 위대한 공화국들과 공화주의체제를 모범으로 삼아 건국된 미국의 영광을 대변하고 있다.

또 워싱턴 시내에서는 미국 역사에서 핵심적인 역할을 한 위인들을 기념하기 위해 세운 동상과 기념비, 기념관들을 볼 수 있다. 그 위인들 중에는 미국인이 아닌 사람도 많은데, 조지 워싱턴의 절친한 친구로서 독립전쟁에 참전하기도 했던 프랑스인 라파예트 후작의 동상은 백악관이 가장 잘 보이는 펜실베이니아 가(街) 건너편에 자리잡은, 자신의 이름을 딴 공원에 세워져 있다. 물론 미국의 기틀을 다진 제퍼슨, 워싱턴, 링컨 같은 위인들의 연설문을 새겨놓은, 대리석으로 만든 훌륭한 기념관들도 있다. 워싱턴 기념관은 자유와 인권을 옹호하는 정치인과 철학자들의 신념과 이상의 귀감이 되고 있다. 하지만 워싱턴에는 정복전쟁과 정복자들을 기념하기 위한 건물이나 동상이 없다. 또 파리나 브란덴부르크의 개선문, 런던의 버킹엄 궁전, 베이징의 자금성처럼 거대하고 고색창연한 건축물도 없다.

그런데 워싱턴을 방문한 미국인들이 대부분 찾는 곳 중 하나가 역사상 단 한 번 미국이 패배한 전쟁을 기념하기 위해 세운 베트남 참전 기념관이다. '반성의 우물' 근처에 있는 기념관으로 이어지는, 완만한 내리막길에는 추도행렬이 끊이지 않는다. 그곳에서는 전사자들을 위한 나팔소리가 들려오고, 현무암으로 만든 벽에는 전사자들의 친구, 아들, 딸, 남편, 아내, 연인의 이름이 새겨져 있다. 하지만 그처럼 끝없이 이어지는 방문자의 행렬 속에서도 미군 장성들의 모습은 전혀 찾아볼 수 없다. 또 베이징이나 빈이나 로마에서는 누구나 자부심에 찬 제국의 전통을 느낄 수 있지만, 워싱턴은 결코 제국의 수도로 설계된 적이 없는 훨씬 더 소박하고 간소한 도시다.

베트남 참전 기념관에서 몇 블록 떨어진 국회의사당으로 이어지는 의사당로를 따라 천천히 걷다보면 왼편으로 백악관의 뒤뜰을 볼 수 있다. 백악관은 분명 세계에서 가장 유명한 관저지만 명성만큼 볼거리는 별로 없다. 하지만 넓이만큼은 시애틀의 워싱턴 호숫가에 자리잡은, 1,850평에 달하는 마이크로소프트 사 회장 빌 게이츠의 저택에 버금간다. 백악관의 뜰과 정원 역시 매우 깔끔하게 잘 가꾸어져 있다. 그래도 포칸티고 언덕에 있는 록펠러 저택의 정원이나, 해자와 성곽, 울창한 숲으로 둘러싸인, 도쿄에 있는 일본 천황의 궁전에 비하면 보잘것없는 수준이다.

백악관의 집무실은 훨씬 더 소박하다. 백악관의 대통령 집무실에 처음 들어갔을 때 나는 그곳이 너무 좁은 것을 보고 놀라고 말았다. 주요 기업의 최고경영자들이 사용하는 집무실보다 훨씬 좁았기 때문이다. 백악관 내의 다른 사무실들도 솔직히 웃음이 나올 정도로 비좁았다. 예를 들어 국방 담당 대통령 보좌관의 사무실은 티테이블 하나와 방문객용 의자 하나를 놓을 자리밖에 없었고, 부보좌관 사무실은 책상 한 개만 놓으면 꽉 차버릴 정도였다. 이처럼 백악관을 궁궐로 사용하기 위해 짓지 않은 것만은 분명하다.

미국인들은 학교에서 반(反)제국주의자들에게 반(反)제국주의 전통을 배웠다. 그리고 그들의 조상이 유럽의 왕국과 제국들의 억압적이고 부도덕한 권력정치를 피해 이 땅에 왔다고 배웠다. 한편 이들은 조지 워싱턴이 몬머스와 요크타운에서 벌인 독립전쟁에 민병대로 참가하면서도 전투와 농사와 사냥을 병행했다고 한다. 에머슨은 그들을 "언제든 싸울 준비가 되어 있는 농부들"[1]이라고 부르기도 했다. 벤저민 프랭클린은 그만의 솔직한 연설을 통해 유럽 궁정풍의 화려한 의복과 예법을 거부하고 신생 미합중국의 영토를 넘보는 프랑스와 영국의 지배력에서 벗어나 자유의 우수함을 증명하자고 역설했다. 이처럼 초기의 미국인들은 있으나마나 한 "오합지졸 동맹국들"(제퍼슨의 표현)과 연합한 유럽의 상비군 정도는 충분히 상대할 수 있다는 믿음을 가지고 있었다.

미국에서는 이처럼 일단 위기가 발생하면 결성되었다가 위기를 극복하고 나면 해산하는 시민군의 전통이 오랫동안 이어져왔다. 미국인들은 제국(empire)을 다른 나라를 정복하여 그 나라 국민을 강제로 복종시키는 나라로 이해한다. 그래서 제국을 미국의 근간을 이루는 이상과는 완전히 반대되는 것으로, 자신들이 실현하려는 이상의 빛으로 완전히 증발시켜 버려야 할 낡은 세계를 대표하는 절대적인 악의 본질로 여긴다.

20세기 동안 괄목할 만큼 국력을 키워온 미국은 자신이 이른바 "마지못해 하는 초강대국"[2]의 역할을 감당해 왔다고 여긴다. 이러한 미국의 생각을 가장 잘 표현한 것이 역사가 어니스트 메이(Earnest May)의 다음과 같은 문장이다.

역사적으로 몇몇 나라가 위대한 국가의 반열에 올랐다. 하지만 미국은 그 나라들을 완전히 압도할 만큼 위대해졌다.[3]

미국은 이런 관점에서 권력이나 영토의 확대를 추구하기보다는 오직 평화와 민주주의를 수호한다는, 자신의 숭고한 목적이 위협당할 경우에만 실력을 행사할 뿐이라고 주장한다. 민주당과 공화당의 지도자들도 미국의 이런 입장을 분명히 언명한 바 있다. 클린턴 행정부에서 국무부 차관을 역임한 스트로브 탈보트(Strobe Talbott)는 이렇게 말했다.

과거의 위대한 국가들은 힘을 행사하는 독특한 방식과 범위를 정해두고

있었다. 하지만 미국은 힘을 행사하는 방식과 범위뿐 아니라 강도까지
정해두고 있다. 그것이 진정 위대한 국가의 면모이기 때문이다. 이런
미국의 힘은 다른 나라에 대한 지배권을 확립하고 유지하는 능력이라
기보다 국제공동체 전체의 이익을 위해 다른 나라들과 함께 일하는 능
력이다.

여기에 재무부 차관 래리 서머스(Larry Summers)는 미국이 "최초의
비제국주의적 초강대국"[4]이라고 덧붙였다. 이들과 생각이 별반 다르지
않은 텍사스 주지사 조지 W. 부시는 1999년 가을 캘리포니아에서 한
연설에서 "미국은 결코 제국이 아닙니다. 사실 우리는 마음만 먹었다면
사상 초유의 강대국이 될 수 있었지만 그렇게 되기를 거부했습니다. 그
것은 미국이 권력보다는 위대함을 선호하고, 영광보다는 정의를 추구
했기 때문입니다"[5]라고 주장했다. 이 연설을 계기로 부시는 자신의 지
역구에서 엄청난 지지를 확보하게 되었다.[6]

3년 후 대통령에 당선되어 2002년 6월 1일 육군사관학교 졸업식에
서 연설을 하게 된 부시는 여기에서 미국이 200년간 고수해 온 전략을
뒤집어엎는 듯한 견해를 선보인다. 그는 당시 충분히 예상 가능한 말로
연설을 시작했다. "미국은 확장해야 할 제국도, 건설해야 할 유토피아
도 아닙니다." 그러고는 "우리가 다른 나라에 바라는 것은 단지 폭력으
로부터 우리를 지키고, 우리의 자유를 수호하고, 좀더 나은 삶에 대한
우리의 희망을 지키기 위해 우리 자신에게 바라는 것, 오직 그것뿐입니
다"라고 주장했다. 하지만 부시는 곧 오랫동안 미국이 지켜온 억제와
봉쇄를 위주로 한 국가방위 정책이 아직 어느 정도 유효할지 모르지만,
"새로운 종류의 위협요인이 등장할 경우 기존의 정책을 새롭게 재고할
필요가 있다"고 강조했다. 이어서 그는 "우리는 적과 싸워야 합니다. 그

래서 우리는 그런 적이 등장하지 못하도록 사전에 최악의 위협요인들을 상대해야 합니다. 우리가 살고 있는 세계에서 우리의 안전을 지키는 유일한 길은 행동하는 길밖에 없기 때문입니다"[7]라고 역설했다.

이 연설을 한 지 2주도 안 돼 부시는 최초의 행동을 감행했다. 6월 13일 탄도요격미사일금지협정에서 공식적으로 탈퇴한 것이다. 그뿐만 아니라 9월 20일 지금은 널리 알려진 이른바 '선제행동권'이라는 새로운 방침을 미국의 연간 국가방위 전략을 통해 좀더 확실히 구체화하기에 이른다. 이와 관련하여 대통령의 권한을 의회의 권한에 복종시킬 필요가 있다는 내용의 보고서가 의회에 제출되기도 했다. 그 보고서는 우선 미국이 보유한 사상 최강의 군사력을 일방적인 우위를 지키기 위해 다른 나라를 압박하는 데 사용하기보다는 인류의 자유를 위한 세력 균형을 정착시키는 데 사용해야 한다고 주장했다. 그리고 오직 국가만이 "미래의 번영을 기약할 수 있는, 인권을 보호하고 정치적·경제적 자유를 보장하기 위한" 활동을 전개할 수 있다는 사실을 강조했다.

사람들은 남녀노소 할 것 없이 자신의 생각을 표현하고 싶어하고, 자신을 이끌어주고 기꺼이 따를 수 있으며 아이들을 교육시키고 재산을 보호해 주며 각자 열심히 일해서 번 돈으로 즐길 수 있게 만들어주는 지도자와 정부를 선택하고 싶어한다. 모든 개인과 사회는 이러한 자유를 진정 옳고 참된 자유라고 생각한다. 마찬가지로, 사랑하는 사람들의 자유를 지키고자 한다면 누구든 이처럼 값진 자유를 적들로부터 지켜야 할 공통된 의무를 져야 한다. 미국은 이러한 자유의 이점을 전세계에 전파하기 위해 이 순간을 절호의 기회로 활용할 것이다. 그리하여 미국은 국가권력을 제한하는 법과 규범, 언론의 자유, 종교의 자유, 평등, 정의, 여성에 대한 존중, 종교적·윤리적 관용, 사유재산의 보호에 최

선을 다함으로써 결코 양보할 수 없는 인간의 존엄성을 굳건히 지켜갈 것이다.[8]

이처럼 그리 특별하지도 않은 내용을 담고 있는 이 보고서는 미국이 이런 목표들을 추구해 온 과정만큼은 분명히 밝히고 있다. 부시 대통령은 이제 "단지 행동에만 머물지 않을 것이다", "필요하다면 선제공격을 해서라도 미국을 지킬 것"이라고 주장한 바 있다. 의회보고서는 이러한 부시의 발언 취지를 잘 이해하지 못하는 사람들을 위해 "미국은 잠재적인 적국들이 미국을 능가하거나 동등한 군사력을 키우려는 어떤 시도도 단념시킬 수 있을 만큼 강력한 군사력을 구축할 것"이라고 강조했다. 다시 말해서 이미 세계 최강인 미국은 당연히 그럴 만한 자격을 갖추고 있을 뿐 아니라 앞으로도 최강의 지위를 고수하고자 한다는 것이다.

이처럼 극단적인 패권주의와 선제공격론으로 대변되는 미국의 새로운 정책은 지난 몇 년간 미국의 국가안보 정책을 주도했을 뿐 아니라 지난 300여 년간 근현대 국민국가들이 준수해 온, 국제질서의 버팀목이었던 베스트팔렌 조약에 결정적인 타격을 가했다. 30년 전쟁이 끝난 1648년에 체결된 이 조약은 국가주권의 존중과 내정불간섭주의를 국제관계의 기본원칙으로 채택하고 있다. 그런데 부시의 정책은 "영토와 정치적 독립을 지키려는 타국에 대한 군사적 위협 또는 군사행동"을 불법으로 명시하고 있는 유엔헌장마저 무시하는 듯이 보였을 뿐 아니라 '선제공격'을 전쟁범죄로 간주한 뉘른베르크 국제재판의 판결에도 어긋나는 것으로 보였다.

이러한 미국의 새로운 정책은 세계를 경악하게 만들었다. 하지만 실질적으로는 몇 차례의 논란만 낳았을 뿐이다. 소련이 붕괴하고 전(前)

부시 행정부의 임기가 끝나자 미국의 방위체제는 갑작스런 존폐위기에 봉착했다. '악의 제국'이 해체된 마당에 미국이 과연 범세계적인 대규모 군사력을 유지하고, 또 그런 군사력을 유지하기 위해 엄청난 예산을 계속 쏟아부을 적확한 이유를 발견할 수 있었을까? 당시 국방부 장관이던 딕 체니(Dick Cheney)는 폴 월포위츠(Paul Wolfowitz) 국방부 차관에게 합참의장 콜린 파월과 협조하여 미국의 새로운 방위전략 지침을 마련하라고 요청했다. 파월은 자신이 1992년 초 미 하원 국방위원회에 증인으로 출석하여 했던 발언에서 새로운 전략의 힌트를 얻었다. 그는 국방위원회에서 미국은 "세계무대에서 우리에게 도전하려는 도전자는 누구든 억지할 수 있을 만큼의 충분한 힘"을 갖출 필요가 있다고 말했다. 그는 나아가 "나는 차라리 벽을 향해 돌진하는 성난 황소가 되고 싶습니다. 그래야만 앞으로 아무도 미국의 군사력에 도전할 엄두를 내지 못할 테니까요"[9]라고 덧붙였다.

1992년 3월 〈뉴욕타임스〉가 독점 취재한 미국의 새로운 방위정책 지침 초안에 따르면, 미국 방위전략의 제1 목표는 "새로운 경쟁국의 등장을 예방하는 것"으로, 이 목표를 달성하기 위해 동맹국이나 적국이 "좀더 큰 역할을 하고 싶다는 기대를 가져서는 안 된다"는 사실을 깨닫게 해야 한다는 것이다. 그러나 이런 예방력은 선택사항에 불과하기 때문에, 다른 나라들에게 핵무기의 감축이나 포기를 권고하는 동안에는 주요 핵무기시설을 계속 유지해야 한다는 것이다. 이 새로운 지침들은 끝으로 향후 "위기가 발생할 경우 그 위기를 조속히 해결하고, 또 달성 가능한 여러 목표들에 대한 일반적인 합의를 도출할 목적으로 특별회의"를 열어 동맹국들을 소집할 수도 있다는 취지의 내용을 담고 있었다.

이러한 비밀 초안의 누출로 인해 비난의 화살이 쏟아지자 국방부

대변인은 그 초안을 장관도 아직 본 적이 없는 '저급한 초안'이라고 부르면서 체니와는 무관하다는 점을 부각시키기 위해 노력했다. 더 나아가 국방부는 1993년 1월 대대적인 '물 타기 작전'을 감행했다. 하지만 그 작전은 결국 부시 전 대통령이 클린턴에게 정권을 내주는 빌미만 제공했을 뿐이었다. 새로운 지침은 그 길로 폐기되고 말았다. 하지만 그로부터 9년 후 두 번째 부시 행정부가 들어서자 그 지침들은 다시 모습을 드러내어 미국의 새로운 국가안보 전략으로 채택되기에 이른다.

이런 미국의 움직임은 어쩌면 그리 놀라운 것도 아니다. 지난 10년 동안 미국을 주도한 집단들의 행보가 미국을 새로운 제국의 길로 이끌었기 때문이다. 이와 관련하여 〈월스트리트저널〉의 전직 편집국장 맥스 부트(Max Boot)는 2차 대전 후 일본의 도쿄나 서독의 본에서 그랬듯이 미국이 아프가니스탄과 이라크를 비롯하여 점령 가능한 다른 지역들을 점령한 뒤 그곳에 자유민주주의 정권을 수립하기 위해 노력해야 한다고 주장했다. 브루킹스연구소의 연구원으로 재직하다가 미국 국무부 정책기획 담당자가 된 리처드 하스(Richard Haass)는 1997년『마지못해 하는 보안관 *The Reluctant Sheriff*』이란 제목의 책을 쓰기도 했다. 2002년 여름 그는 자신이 책제목에 다른 형용사를 썼더라도,[10] 보수적인 해설가 어빙 크리스톨(Irving Kristol)이 단언했듯이 "여론과 미국의 모든 정치적 전통이 아무리 강하게 반대하더라도, 미국 국민은 미국이 제국주의적인 나라로 변해왔다는 사실을 깨닫게 될 것"[11]이라고 말했다.

아마도 새로운 질서를 가장 잘 대변하는 장면은 새로운 전략보고서가 출간된 뒤인 2002년 10월 말 멕시코에서 찾아볼 수 있다. 그 즈음 아시아태평양경제협력(APEC) 포럼을 구성한 경제 강국의 지도자들은 태평양 연안 국가의 핵심 기업들을 이끄는 최고경영자회의와 병행하여 멕시코 로스카보스에서 연례모임을 개최했다. 회의가 끝난 후 비센테 폭스(Vicente Fox) 멕시코 대통령의 주최로 저녁만찬이 열린 커다란 홀의 한쪽 연단에는 각국 대통령과 수상들이 자리하고, 그 맞은편 무대에서는 연예인들의 노래와 춤이 펼쳐졌으며, 가운데 위치한 둥근 테이블에는 기업인들이 자리를 잡았다. 이 만찬은 저녁 9시까지 이어졌는데, 내가 연단 쪽을 흘긋 본 바로는 많은 지도자들이 고역스러워하고 있는 듯했다. 특히 전날 베이징을 떠나온 76세의 고령인 장쩌민 중국 주석은 일본의 고이즈미 수상과 마찬가지로 시차 적응을 못해 힘들어하고 있는 것이 분명했다. 다른 지도자들 역시 차이는 있지만 피로를 느끼고 있었다. 텍사스 크로퍼드 목장에서 아침 일찍 전용기로 3시간 만에 도착한 부시 대통령만 비교적 양호해 보였다. 그는 베트남 국가 주석 바로 옆에 앉아 있었다. 그들은 그리 특별한 대화를 나눈 것 같지 않았다. 실제로 그들은 아무 대화도 나누지 않은 것처럼 보였다.

그런데 저녁 10시가 되어서도 음식이 나오지 않았다. 기업인들과 같은 테이블에 앉아 있던 우리는 마지막 남은 과자를 먹으며 물병을 비우고 있었다. 그때는 나는 (일찍 잠자리에 들기로 유명한) 부시 대통령이 저녁식사가 나올 때까지 참지 못하고 자리에서 일어나 밖으로 나가버리면 어쩌나 걱정이 되었다. 그는 항상 아침 6시면 일어나서 조깅을 했고, 그러려면 일찍 자야만 했기 때문이다. 나는 멕시코 관리들이 부시 대통령이 먼저 자리를 뜰지도 모르기 때문에 신경을 곤두세우고 있을 것이라고 확신했다. 하지만 기업인들은 전혀 그런 기색을 보이지 않았는데, 부시 대통령이 자리를 떠도 장쩌민 주석이나 고이즈미 수상을 비롯하여 다른 지도자들은 그 자리를 지킬 것임을 알고 있었기 때문이다. 그때 멕시코의 한 고위 실무자가 이렇게 물었다.

"누가 부시를 황제라고 생각하겠습니까?"

제국의 면모

이 질문은 기업인들이 지금껏 알고 있던 것보다 훨씬 훌륭한 질문이다. 나는 부시가 자신을 황제로 생각하지는 않는다고 확신한다. 황제는 역사적으로 유럽이나 중국, 일본에 존재했지 미국에는 없었다. 하지만 오리처럼 보이고 오리처럼 걷고 오리처럼 꽥꽥거리다 보면 오리 취급을 받을 수도 있다. 물론 미국이 과거 영국이나 일본처럼 직접 식민지를 경영하거나 영토 확장을 꾀한 경우는 드물다. 그러나 제국이란 한편으로는 다른 나라에 국력을 행사할 수 있는 능력, 다시 말해서 다른 나라를 자국의 명령에 복종하게 만들어 자국의 규칙을 이식하고 강제할 수 있는 능력과 그런 명령과 규칙을 다른 나라가 사회적 규범으로 확립하도록 강제하거나 유혹할 수 있는 능력을 가진 나라이기도 하다. 우리가 만일 이런 제국관으로 미국을 바라본다면 미국은 영락없이 제국으로 보이기 시작할 것이다.

일본 요코스카 항구를 기지로 서태평양 지역을 정기적으로 순찰하는 미국의 원자력 항공모함 키티 호크(Kitty Hawk) 호는 단순한 군함이라기보다는 핵무기를 탑재하고 대양을 떠다니는 하나의 도시로 더욱 잘 알려져 있다. 이 항공모함은 길이가 335미터에 이르고, 높이가 20층 빌딩 높이와 맞먹으며, 활주로의 폭만 해도 76미터에 이른다. 첨단전투기 70대를 탑재한 이 거대한 괴물에는 승무원, 전투기 조종사, 정비공을 포함하여 6,000여 명이 탑승하고 있다. 그 항공모함은 세계 어디를 가든 적의 미사일을 요격할 수 있는 장비를 구비한 순양함 한 대와 몇 대의 프리깃함과 구축함, 한두 대의 대잠수함 공격선과 보급선단을 대동하고 다닌다. 키티 호크 호는 최대시속 50킬로미터로 항해할 수 있다. 미국이 아프가니스탄을 공격했을 때는 요코스카 항구를 출발하여 인도양까지 12일 동안 장장 9,700킬로미터를 항해하기도 했다. 이 항해는 정말 놀라울 정도로 미군의 군사력 집중을 이끌어냈다.

세계에는 항공모함이 한 대도 없는 나라가 태반인데도 미국은 이처럼 거대한 항공모함을 13대나 보유하고 있다.[12] 또 다소간의 차이는 있을지 모르지만, 미국은 폭격기, 탄도미사일, 전략 핵잠수함, 스마트 폭탄, 크루즈 미사일, 무인정찰기, 각종 전함 등을 비롯하여 어떤 무기에서든 전반적인 우위를 점하고 있다. 무엇보다도 중요한 것은 이러한 무기들이 전세계 700여 곳의 미군 기지에 배치되어 있다는 사실이다.[13] 그리고 유럽에 12만 명, 동아시아 및 태평양에 9만 2,000명, 북아프리카·중동·남아시아에 3만 명, 기타 미국 본토를 제외한 서반구에 1만 5,000명 등 세계 곳곳에 배치된 미군의 수가 상상을 초월한다는 점이다.[14] 더욱이 미국의 방위비는 세계 전체 방위비의 40%에 이를 뿐 아니라 그 비율이 계속 늘어나고 있다. 이처럼 미국이 지출하고 있는 방위비는 나머지 9대 군사대국의 방위비를 합한 것과 맞먹을 정도다.[15] 군사력만 본다면 세계는 일찍이 미국만큼 압도적인 군사대국을 경험하지 못했다.

경제적으로도 미국은 거대한 위용을 자랑하고 있다. 10조 달러에 달하는 미국의 GDP는 전세계 GDP의 30%가 넘으며, 세계 2위의 경제대국인 일본의 2배가 넘는다. 물론 유럽연합이 새로 참가한 나라들을 포함하면 GDP가 총 9조 달러에 이르지만, 이 국가연합체는 아직 하나의 국가도 아닐뿐더러 유엔에서도 제한된 영역에서만 다른 회원국들과 동등한 지위를 누릴 수 있을 뿐이다. 설령 유럽연합이 비록 하나의 국가로 인정받는다 해도, 경제규모가 유럽에서 가장 규모가 큰 독일의 4배에 이르는 미국에는 미치지 못한다. 또 중국의 경제 역시 시장가격 면에서 볼 때 미국 경제의 10분의 1에 불과하며, 러시아 역시 미국의 반에도 못 미친다. 최근 기술적 거품현상의 붕괴로 미국 시장의 가치가 7조 달러나 격감했음에도 전세계 투자자본의 36%가 여전히 미국 증권가로 몰려들고 있다.[16] 더욱 눈여겨볼 점은 최근 미국이 이룩한 50%의 생산성 향상으로, 이것은 다른 개발도상국들의 상승률을 훨씬 앞지르는 수치다. 무엇보다도 이 모든 수치가 미국의 이익이 늘어나고 있음을 반영한다는 것이다. 이처럼 미국의 GDP가 세계 GDP에서 차지하는 비율, 자산가치, 생산성의 지속적인 상승은 미국 경제를 갈수록 거대하게 만들 것이다. 여기서 한 가지 중요한 사실은 미국의 GDP 대비 방위비가 줄어드는 상황에서도 이런 추세가 이미 압도적인 미군의 규모와 파괴력의 향상으로 이어질 수 있다는 것이다.

우리는 바야흐로 미국이 세계의 핵심기술을 선도하고 있을 뿐 아니라 지적·문화적 지배권마저 장악하고 있다는 사실을 더는 부정할 수 없게 되었다. 미국은 전세계 연구개발비의 40%를 사용하고 있으며, 특히 의학과 생명공학에 투입하는 연구개발비는 나머지 나라들의 연구개발비를 상회한다.[17] 그리고 이를 바탕으로 막대한 이익이 나는 의약산업과 의료기기 산업을 주도하고 있다. 그뿐만 아니라 전세계 컴퓨터의 85% 이상이 마이크로소프트 사나 유닉스 사의 소프트웨어와 인텔 사나 모토롤라 사의 마이크로프로세서로 운용되고 있다. 소프트웨어와 운용체계를 통합하는 사업도 마이크로소프트, 오라클, EDS, IBM 같은 미국 기업이 장악하고 있으며, 전세계에 개설된 인터넷 커뮤니티의 75%가 미국을 거점으로 사용하고 있다. 또 미국산 영화들이 유럽 박스오피스 수입의 85%를 점하고 있으며, 전세계 영화시장의 80%를 차지하고 있다. 최근 조사에 따르면 22개국에서 인기리에 상영 중인 영화 중 톱 10에 드는 영화는 모두 미국 영화로, 이들이 220개 주요 상영관 중 191개 상영관을 점령하고 있다고 한다.[18]

　　이러한 지배력은 유례를 찾아볼 수 없는 것이다. 19세기 후반 전성기를 누린 대영제국의 GDP조차도 미국에 미치지 못했으며, 방위비 역시 러시아와 프랑스의 방위비를 합친 것보다는 적었다.[19) 더구나 대영제국은 문화적으로도 그만한 지배력을 발휘하지 못했다. 당시 프랑스인은 생선튀김이나 감자튀김으로 저녁만찬을 즐기거나 영국인이 주최하는 연회에 참석하기조차 어려운 형편이었다. 심지어 고대 로마제국의 영광조차 대영제국에 비하면 초라할 정도였다. 로마가 위대했다면 단지 제한된 지역에서만 위대했을 뿐이었다. 페르시아제국이라면 비교할 만한데, 당시 중국보다도 GDP가 많았고 기술 또한 훨씬 더 발달되어 있었기 때문이다.

　　물론 크고, 강하고, 영향력이 있다고 해서 반드시 제국이라는 보장은 없으며, 설령 그렇다고 하더라도 제국주의는 어쩌면 강압보다는 유혹과 관련된 문제일 것이다. 실제로 미국의 국력은 적어도 세 가지 특징을 지닌 힘으로 인정받고 있다. 즉 강압력, 유혹력, 설득력이 그것이다.

　　강압력이란 물론 가장 직접적인 힘으로서, 우리는 최근 특히 이런 힘이 초래한 분노의 충격적인 본보기를 목도한 바 있다. 2002년 6월 13일 미군 두 명이 지뢰제거용 장갑차를 몰고 미군 주둔지를 출발하여 서울 중심가를 지나 도시 외곽의 훈련장으로 이동하고 있었다. 그들은 장갑차 한 대가 겨우 지나갈 수 있는 좁은 길을 빠른 속도로 달리느라 급커브 길에서 전방을 제대로 확인하지 못하고 도로변을 걸어서 하교 중이던 10대 소녀 두 명을 친 뒤 장갑차 바퀴로 그대로 밟고 지나갔다. 하지만 두 미군 병사는 한미주둔군지위협정에 따라 한국 당국의 조사를 받지 않고 미군의 군사법정에서 재판을 받았고, 11월 하순 무죄 판결을 받고 한국을 떠났다.

이러한 사건은 미군이 한국에 주둔하면서 심심찮게 일어나고 있는데, 이 사건은 특히 발생한 시기 때문에 중요한 의미를 갖는다. 두 미군 병사가 석방된 것은 한국의 대통령선거가 실시되기 2주 전이었다. 미군의 재판 결과가 발표된 지 얼마 지나지 않아 서울에서는 분노한 5만여 명의 시민이 가두시위에 나섰고, 이것이 노무현 후보 진영의 선거운동에 탄력을 제공하게 된다. 검정고시 출신 인권변호사로 유명한 노무현은 당시 미국의 대북정책에 반대하면서 불평등한 한미행정협정의 개정을 주장하고 있었다. 반면에 노무현과 경쟁하고 있던 이회창은 전통적인 한미동맹과 미국의 노선을 적극 지지한다는 입장을 견지했다. 하지만 한국의 유권자 중 60%를 차지하는 20~30대 유권자들이 노무현에게 극적인 승리를 안겨주자 워싱턴은 한국의 반미감정에 촉각을 곤두세우기 시작했다.[20] 노무현이 대선에서 승리할 수 있었던 것은 한국이 미국의 속국으로 전락하는 것에 분노한 젊은 유권자들의 전폭적인 지지가 있었기 때문이다.

문제의 핵심은 바로 반미감정에 있다. 대다수 미국인은 한국을 용감하고 근면하며 독립적인 동맹국으로 생각하고 있지만, 한편으로는 많은 면에서 미국의 위성국가로 여기기도 한다. 물론 그런 나라가 한국만 있는 것은 아니다. 대한해협을 사이에 두고 채 150킬로미터도 안 되는 거리에 있는 일본도 다분히 위성국가의 면모를 띠고 있다. 몇 년 전 일본을 이끄는 정치인 중 한 명인 오자와 이치로(小澤一郎)는 일본이 '정상적인 국가'가 되어야 한다고 줄기차게 주장하여 논쟁을 촉발하기도 했다.[21] 대다수 미국인은 일본이 비정상적인 국가라는 사실을 분명히 깨닫지 못하고 있었다. 그러나 오자와가 지적하고자 한 것은 일본도 분명히 미국의 속국이라는 것이었다. 한국과 마찬가지로 일본도 많은 부분을 미국에 의존하고 있고, 또 한국에서처럼 미군 장갑차에 치이는 사람들이 속출하고 현지 주민과 미군 병사의 싸움이 끊이지 않고 있으며, 강간사건도 연일 발생하고 있다. 그런데도 일본 당국에는 미군에 대한 수사권과 재판권이 없다.

이러한 관계의 본질을 분명하게 목격할 수 있었던 사건이 1980년대 중반 내가 부시 부통령을 수행하여 도쿄를 방문했을 때 발생했다. 당시 부통령이 탄 비행기가 일본 영공에 진입하기 직전에 누군가가 일본 관제 당국의 허가를 받지 않아도 되는지 물었다. 그때 담당자는 즉시 "그곳도 우리 영공"이기 때문에 허가를 받을 필요가 없다고 대답했다.

영어로 기록된 일본 헌법은 일본이 전쟁을 일으키는 것을 금지하고, 엄격하게 제한된 범위 내에서만 '일본 자위대'의 활동을 인정하고 있다. 일본과 한국이 미국과 체결한 안보협정은 둘 다 일방적인 협정이다. 미국은 한국과 일본이 적국의 공격을 받을 경우 양국의 방어에 나설 수 있지만, 한국과 일본은 미국의 방위에 상호적인 책임을 질 필요가 없다. 마찬가지로 한국군은 전쟁 발발시 미국의 작전명령에 따라야 하며, 일본도 그렇게 해야 한다.

그러나 이와 관련하여 대두되는 국가주권의 문제는 군사적인 문제를 넘어서는 사안이다. 1997년 아시아에 금융위기가 닥쳤을 때 일본은 독자적으로 동남아시아 국가들에 대한 원조를 늘리기 위해 노력했지만, 미국 재무부의 개입 때문에 중단하고 말았다. 한국도 IMF의 보호·감독하에 경제 재건을 위해 매진했지만, IMF 역시 미국 재무부의 강력한 영향력 아래 놓여 있었다. 오자와가 분명히 밝히고자 한 것은 이처럼 일본이 완전한 조건을 구비하지 못한 채 세계 각국과 경쟁을 시작했다는 사실이었다.

이러한 일본의 유일한 이점은 혼자가 아니라는 사실이다. 어빙 크리스톨은 이렇게 논평한 바 있다.

> 지금의 유럽 국가들이 아무도 독자적인 외교정책을 가질 수 없고, 또 실제로도 갖기를 원치 않는다는 것은 공식적으로 드러나지 않을 뿐 공공연한 사실이다. 그래서 유럽 국가들은 비록 지역적으로는 매우 커다란 자율성을 누리고 있지만, 세계적으로는 의존적인 국가일 수밖에 없다.[22]

두 번째 측면에서 볼 때 미국의 국력은 유혹적이다. 그런 유혹의 힘은 무엇보다도 미국의 우수성에 대한 선망을 유발하고 기업인들에게 이익을 줄 수 있다. 미국의 교육체계가 많은 문제점을 안고 있지만, 세계 최고의 대학들을 보유하고 있고 그 대학들이 국적과 상관없이 모두에게 개방되어 있다는 것은 의심할 여지가 없는 사실이다. 실제로 많은 대학이 해외에서 학생을 모집하고 있다. 그 결과 무려 60만 명에 이르는 유학생이 미국의 대학에서 공부하던 시절도 있었고, 몇 년 동안 말 그대로 수백만 명에 이르는 유학생이 미국의 대학과정을 마치기도 했다.[23] 그리고 지금도 버클리와 MIT 등 최고의 대학에서 시행하고 있는, 과학 및 공학 분야의 지도적 인재를 양성하기 위한 프로그램이 많은 유학생을 끌어들이고 있다.

미국은 또한 전세계 기업인들의 메카라고 할 수 있다. 실리콘밸리는 미국 정부가 나서서 좋은 아이디어에 자금과 시설을 지원함으로써 해외 기업인들을 끌어들이기 위해 조성한 미끼라 할 수 있다. 예컨대 2000년에 실리콘밸리에 새로 입주한 기업 중 40% 이상이 인도 출신 기업인들이 설립한 것으로, 그것을 기반으로 성장한 많은 기업이 향후 본국에도 주요 기업들을 설립하게 될 것이다.[24] 미국의 이러한 계획은 기업인뿐 아니라 미국과 인도에도 이익이었다. 만일 여러분이 회사를 설립하기보다는 야구나 농구를 하고자 했더라도 미국은 여러분에게 야구장이나 농구장을 제공했을 것이다.

유혹의 힘의 두 번째 미덕은 탁월함에 대한 선망 유발을 넘어서 설득력을 제공할 수 있다는 데 있다. 전세계적으로 가장 성공한 국제적인 기업으로 코카콜라 사를 들 수 있을 것이다. 연간 매출액이 200억 달러에 달하고, 총수입의 3분의 2를 국제시장에서 벌어들이는 코카콜라 사가 걱정할 일은 거의 없을 것처럼 보인다. 하지만 의외로 신경을 써야 할 일이 많다고 한다. 지속적으로 투자자들을 끌어들이고 유능한 인재를 확보하기 위해서는 끊임없이 성장해야 하기 때문이다. 따라서 코카콜라 사 같은 거대 기업의 직원이라면 매년 수십억 달러의 판매고 향상을 위해 노력해야 할 것이고, 또 이미 세계시장을 장악했다면 새로운 시장 개척을 위한 고민을 시작해야 할 것이다. 다행히 인도나 인도네시아 같은 나라에서는 사람들이 대부분 아직도 음료수로 차나 물만 마시고 있고, 또 "갈증은 대량으로 생산할 수 없지만, 맛과 취향은 그럴 수 있다……."[25] 따라서 코카콜라는 인도와 인도네시아 사람들에게 코카콜라가 세계적인 음료수라는 사실을 설득하기 위해 막대한 광고비를 쏟아붓고 있다. 차가 건강에 좋을지는 몰라도 미국의 성공적인 이미지가 담겨 있지는 않다. 그래서 전세계 사람들은 그런 이미지를 소비하기 위해 코카콜라를 마시게 되고, 그럴수록 코카콜라 사는 성장을 지속할 수 있게 되는 것이다.

미국은 이처럼 막강한 군사력, 불평등조약, 지적인 우수성, 기업의 이익, 친절한 설득력을 통해서 전세계를 대상으로 한 미증유의 공동통치권(condominium)을 구축했다. 그래서 나는 멕시코 기업인 친구에게 부시가 자신을 어떻게 생각하든 결국 부시는 제국의 황제라고 대답할 수밖에 없었다.

제국의 건설과정

제국에 대한 반역으로 탄생한 미국이지만, 그 태동의 씨앗들은 제국에 있었다. 17세기 초 두 부류의 사람들이 자신들의 운명을 건 식민지 건설을 위해 신대륙을 향한 모험에 나섰다. 존 스미스(John Smith) 선장을 위시한 모험가와 기술자들은 행운을 찾아서 버지니아로 향했다. 그리고 존 윈스럽을 대장으로 한 순례자와 청교도들은 낙원을 찾아서 매사추세츠로 향했다. 두 가지 꿈을 좇던, 이들 두 부류의 사람들은 이후 미국의 확장을 이끄는 데서 견인차 역할을 했다.

미국을 건설한 사람들의 마음속에는 처음부터 어떤 이중성이 자리하고 있었다. 한편에서 워싱턴과 제퍼슨은 상대편과의 동맹이 초래할 분규를 경고했으며, 존 퀸시 애덤스(John Quincy Adams)는 다음과 같은 유명한 말을 남기기도 했다.

미국이라는 여인은 파멸을 초래할 수 있는 괴물들을 찾아서 해외로 나가지 말아야 한다……. 그녀가 세계를 지배하는 독재자가 될 수 있기 때문이다. 그렇게 되면 그녀는 더 이상 자기 영혼의 지배자가 될 수 없다.

하지만 제퍼슨은 '자유의 제국'을 건설할 꿈을 가지고 있었다. 그는 과감히 루이지애나를 사들여 영토를 두 배로 늘렸고, "남아메리카 대륙을 제외한 북아메리카 대륙 전체를 우리가 지배하게 될" 그날을 상상했다. 애덤스는 이런 말로 그에게 호응했다.

북아메리카는 한 국가의 국민이 살아갈 신의 나라가 될 운명을 띠고 있다.

•

실제로 다른 나라에 대한 일방주의적 태도와 확장 일변도로 치닫는 미국인의 영혼은 이른바 미국 예외주의(American Exceptionalism)라고 불리는 검(劍)의 양날이었다.[26]

미국인은 처음부터 자신들을 다른 일반적인 국가와는 다른 예외적인 국가의 국민으로 이해했다. 미국인은 자신들이 고대 이후 처음으로 공화주의 정치체제를 형성한 선구자로서, 완전히 새로운 인류의 역사를 개척했다고 생각했다. 그에 따라 미국인은 옛 사람들이 사용하던 방법에 기대지도, 그런 방법을 채택하지도 않았다. 그와 동시에 미국인은 자신들을 인류의 횃불로 확신하면서 자신들을 마치 어떤 책의 권두언으로 삼아도 무방할 "특별히 선택받은 사람들, 곧 우리 시대의 유대인들"로 생각했다. 미국인이 선택받은 사람이었다면, 미국은 약속의 땅이었다. 그처럼 '명백한 신의 뜻'은 미국인에게는 대서양에서 태평양에 이르는 드넓은 대륙에 하나의 국가를 건설해야 한다는 교리와 다름없었다. 1885년 결국 이 교리가 실현되기에 이른다. 물론 미국의 건국은 미국인들이 먼저 일으킨 전쟁으로 영토의 반을 잃은 멕시코의 희생과 거의 몰살지경에 이른 아메리카 원주민의 희생을 발판으로 이루어진 것이었다. 하지만 건국과정에서 발생한 그러한 희생은 당시에는 거의 무시되었을 뿐 아니라, 앤드루 잭슨 전 대통령이 비유했듯 "자유의 영역의 확장"으로 윤색되었다.

이러한 자유의 영역은 19세기 말엽 획기적으로 확장되기에 이른다. 그렇듯 명백한 신의 뜻의 실현과 더불어 미국의 확장주의가 해외로까지 눈을 돌리게 된 것이다. 실제로 당시 미국은 이미 다른 나라와 100

번도 넘는 전투를 치른 뒤였기 때문에 해외에서도 더 이상 낯선 나라가 아니었다. 1840년대 이후 미 해군은 중국 양쯔 강에 대한 정찰을 계속했다. 또 1898년 매킨리 대통령은 미국의 이익을 지키고 쿠바에 대한 스페인의 탄압을 저지하기 위해 의회에 군 통수권을 요구하면서 이렇게 말했다.

우리가 하려는 것은 정복이 아니라 간섭입니다. 우리는 인간의 권리를 되찾기 위해서…… 자유를 사랑하는 전세계 모든 사람들의 칭찬을 받기 위해서 간섭하려는 것입니다.

그러나 전쟁이 끝나고 스페인의 식민지였던 필리핀이 미국의 관할로 남게 되자 매킨리는 이른바 '깊은 신앙에 기초한 장고' 끝에 "모든 것을 필리핀 사람들에게 맡기고, 그들을 교육하고, 생활을 향상시키고, 문명화시키고, 기독교도로 만드는 일을 제외하면 우리가 필리핀에서 할 일은 아무것도 없습니다"[27]라고 말했다. 400여 년 동안 스페인의 식민통치를 받았던 필리핀은 그렇게 미국의 식민지가 되었다.

우드로 윌슨은 미국에게 더 이상의 대규모 영토 확장은 없다고 공언했지만, 오늘날까지 영향을 미치게 될, 근본적인 의미를 내포한 새로운 방식으로 매킨리의 전도정신을 더욱 분명히 천명한 바 있다. 먼저 그는 미국에 대한 독일 잠수함의 공격이 미국을 1차 대전에 참전할 수밖에 없는 상황으로 '밀어붙일' 때까지 기다렸다. 그렇게 미국을 전쟁으로 이끈 그는 참전의 목적이 세계를 '민주주의의 안전지대'로 만들기 위한 것이라고 주장했다. 그가 주도한 국제연맹은 흔히 상원에 포진한 고립주의자들 때문에 실패했다고 전해진다. 그러나 실제로 윌슨을 반대한 상원의원들 역시 미국의 식민지 확장을 열렬히 지지하고 있었다.

그들은 고립주의자가 아니었다. 그들이 국제연맹에 반대한 것은 그들이 일방주의자였기 때문이다. 따라서 국제연맹의 실패는 어찌 보면 미국 예외주의가 초래한 결과로 볼 수 있지만, 또 어찌 보면 미국 예외주의의 반면효과로도 볼 수 있다. 그래서 윌슨이 아무리 첫 번째 대결에서 패했다 하더라도 향후 20세기 미국 외교정책의 기조와 기틀을 완성한 그의 업적만큼은 부정하기 힘들다.

2차 대전에 참전한 미국의 정책과 목표는 거의 완전히 윌슨주의에서 비롯된 것이다. 루스벨트 대통령은 선전포고를 하면서 이렇게 강조했다.

우리는 정복하기 위해 싸우는 것이 아닙니다. 우리 자녀늘의 안전이 보장될 수 있는 세계를 지키기 위해 우리 나라와 우리 나라를 대표하는 모든 것을 동원하여 싸우는 것입니다.[28]

미국은 바로 이 2차 대전을 통해 압도적으로 우월한 힘을 가진 국가로 등장했다. 하지만 미국은 아직까지 이 미증유의 힘을 실제로 행사하지는 않았다. 미국은 일방주의적인 전통을 부정하고 다원주의로 대표되는 새로운 세계의 기초를 다졌다. 아직 냉전이 시작되지 않은 상황에서 새로운 세계질서를 모색한다는 것은 매력적인 일이었다. 그러나 트루먼 대통령은 지금은 잘 알려진, 다음과 같은 입장을 표명하게 된다.

우리가 리더십을 행사하는 데 주저한다면 세계평화를 위험에 빠뜨릴 수 있을 뿐 아니라 분명 이 나라의 안녕마저 위협받게 될 것입니다.[29]

　　미국이 동맹국들과 더불어 공산국가들에 대항하여 냉전을 지속하면서 주력한 봉쇄정책은 여러 나라의 지지를 기반으로 추진되었다. 우선 미국은 공산주의의 확산을 막고 가능한 한 넓은 지역에 민주주의와 세계적인 법질서, 불가침조약, 정당한 법적인 절차를 유지·확산시킨다는 명목하에 미국의 국가이익을 동맹국 및 다국적 기구들의 이익과 한데 섞어서 규정했다.

　　다음으로, 미국은 대규모 상비군을 유지하고 외관상 영속성을 보장하기 위해 GDP 대비 3~10%의 방위비를 지출하고, 강력한 군산복합체를 창설한다.[30] 그러나 군산복합체는 편의주의와 사리사욕의 관행을 낳고 만다. 그런 식의 행동이 자유를 수호한다는 명목으로 국가의 신뢰성을 훼손할 수 있다는 것을 확연히 알아차린 미국이 반공을 표방하는 독재자와 권위주의적인 통치자들을 빈번하게 막후 지원하기에 이른 것이다(이란의 왕, 필리핀의 페르디난드 마르코스, 남아메리카·남한·파키스탄·대만 등의 군사독재자들은 처음부터 물망에 올라 있었다).

　　마지막으로, 자유무역과 시장 개방은 민주주의의 발전과 불가분의 관계로 얽히게 되는데, 그것은 자유시장 경제정책이 정치적 자유화를 선도한다는 견해에서 비롯되었기 때문이다. 이런 정책들은 당연하게도 미국의 상업적 이익을 위해서도 환영할 만한 일이었다. 내가 이 책의 서두에서 언급했듯, 냉전은 횡재와 낙원을 모두 요구하는 미국의 오랜 염원에 그런 식으로 부응했다.

　　미국의 안보를 위협하는 존재가 어느날 갑자기 사라지고, 전세계 거의 모든 나라가 앞다투어 민주정치와 자유무역에 기초한 시장자본주의를 채택하기 시작하면서 분쟁의 여지는 더 이상 남아 있지 않은 듯 보였다. 프랜시스 후쿠야마는 자신의 유명한 저서 『역사의 종말 *The End of History*』을 통해서 새로운 시대의 도래를 예고했다. 그는 다가올 새 시대에는 보편적인 미국화(americanization)와 더불어, 혹은 좀더 광범위하게는 '서구적' 가치와 시스템의 확산과 더불어 세계의 번영과 평화가 실현될 수 있다고 내다보았다. 오늘날 미국적 가치들은 분명히 영광을 누리고 있다. 따라서 미국은 이제 한 걸음 뒤로 물러서서 극적으로 군사력을 감축하고 수많은 해외 군사기지를 폐쇄하면서 대외적인 활동을 재점검하여 세계의 모범국가로 거듭날 수 있게 되었다. 미국은 수세기 전의 지도자 존 윈스럽이 꿈꾼 '행복한 언덕 위의 도시'로서의 입지를 굳건히 다질 수 있게 되었고, "우리를 주시하는 모든 이의 눈길"을 받으면서도 기뻐할 수 있게 되었다.

그러나 미국이 군대와 방위비를 줄여왔음에도 해외에는 여전히 대규모 군대가 배치되어 있고, 구소련이나 여타 다른 나라의 군대가 완전 해산된 현재 세계 전체의 군대와 방위비에 견주어보면 그 비율은 실질적으로 증가했다. 미국이 냉전시기에 행사한 헤게모니는 이제 패권적인 모습을 띠기 시작했다. 냉전시기에도 미국은 같은 진영 내에서 1인자의 위치를 유지했다. 다시 말해 냉전시기에도 다양한 동맹국을 이끄는 리더였지만, 그때에는 어느 정도 여론을 참고해야만 목적하는 바를 달성할 수 있었다. 그러나 지금은 완전한 독주체제로 나아가고 있다. 미국을 주도하고 있는 것은 이제 관성과 습관의 힘인 동시에 대규모 직업군인들이 노리는 이익, 미국 예외주의와 일방주의가 야기하는 윌슨주의적 긴장의 시기적절한 부활에 따른 이익, 1991년 발발한 걸프전이 가져다준 이익, 증대된 경제적 문제 해결에 필요한 이익이다.

그런데 강력한 적대세력이 사라지면서 잠재되어 있던 모순들이 일부 표면화되기 시작했다. 미국이 모범을 보인다면 왜 이처럼 많은 군인과 무기가 필요할까? 전략가들이 가장 먼저 내세우는 대답은 소련의 약화로 인해 오직 미국만이 관리할 수 있는 불안과 지역분쟁이 일어날 수 있기 때문이라는 것이다. 작금의 세계질서를 미국의 이익에 맞게끔 재편하기 위해서는 반드시 압도적인 미군의 힘이 전제되어야 한다는 것이다. 걸프전은 이런 생각을 강화시켰다.

그러나 그런 생각의 이면에는 좀더 광범위한 이유가 도사리고 있다. 역사가 끝났다면 남은 것은 승자와 패자다. 1997년 클린턴 대통령은 기자회견에서 중국을 "역사적으로 잘못된 길을 걸어온"[31) 나라로 폄하한 바 있다. 그후 1998년 홍콩에서 행한 연설에서 그는 미국을 "역사적으로 올바른 길을 걸어온"[32) 나라로 정의할 수 있다고 발언했다. 조지아 주 출신의 공화당 의원 뉴트 깅리치(Newt Gingrich) 하원의장의 표현을 빌리면, 미국은 지금 세계의 운명을 좌우할 수 있는 "비할 데 없는 부와 권력과 기회"를 누리고 있으며, 그런 기회를 헛되이 낭비하지 말아야 한다는 것이다.[33) 클린턴은 미래의 국가안보 보좌관 콘돌리자 라이스의 영향을 받았다. 그녀는 1991년 로스앤젤레스 외무위원회에 참석한 자리에서 근본적인 문제는 미국이 "역사적으로 올바른 길을 걷기 위해 책임을 지느냐 마느냐" 여부에 있다고 역설한 바 있다.[34)

'역사적으로 올바른 길을 걷기' 위한 커다란 행보 중 하나가 상품·정보·자금·인력의 유통을 방해하는 장벽을 없애고, 하나로 통합된 범세계적인 통상체계를 구축하기 위한 세계화였다. 〈뉴욕타임스〉의 칼럼니스트 톰 프리드먼(Tom Friedman)은 "우리는 우리의 가치관과 우리의 피자헛이 함께 확산되기를 원한다"[35) 고 말하기도 했다. 클린턴 대통령에 따르면, 미국의 역할은 "평화·인권·안정을 추구하는 사람들과 더불어 활동할 우리의 세력을 극적으로 증대시키는 데서 꼭 필요한 세계적인 네트워크의 핵심"을 차지하는 것이다. 이런 맥락에서 미국이 보유한 막대한 군사장비의 운용전략은 '역사의 올바른 길'을 선도하고 전파할 '국제적인 환경의 조성'을 위한 하나의 '약속'이 되었다.[36)

　　2000년 부시는 대통령으로 선출되면서 새로운 방향을 내세웠다. 선거기간 동안 부시는 "우리가 거만한 국민으로 보이는 것은 그들이 우리를 거만하게 보기 때문입니다. 그러나 우리가 겸손하다면 그들은 우리를 존경하게 될 것입니다"라고 말했다. 또 그는 미국이 해외에서 수행해 온 많은 활동의 축소를 지지하면서 이른바 '국가재건론(nation building)'[37)]의 위험성을 경고하기도 했다. 그러나 일단 부시 행정부가 들어서자 중국을 표현하는 용어가 '파트너'에서 '전략적 경쟁국'으로 바뀌면서 탄도요격미사일협정의 무효화와 국가미사일방어체제의 구축이 시급한 요구로 다시 강조되기 시작했다.

　　그러나 9·11테러는 새로운 방향에 맞추어 준비되고 있던 모든 가능성을 일시에 제거해 버렸다. 9월 20일 부시 대통령은 의회연설에서 "자유 그 자체가 공격받았습니다"라고 선포했다. 그는 또 미 육군사관학교에서 행한 연설에서 "인간의 존엄성, 법치주의, 국가권력의 제한, 여성·사유재산·표현의 자유·평등·정의·종교적 관용 같은 결코 타협할 수 없는 요구에 바탕을 둔" 인류의 진화 모델을 찬양하면서 "우리는 세계에 만연한 빈곤, 억압, 적개심을 좀더 나은 시대에 대한 희망으로 대체함으로써 곧장 평화를 확산시킬 수 있는 위대한 기회를 맞이하고 있습니다"라고 덧붙였다. 그 과정에서 부시는 어리석게도 자신을, 프로테스탄트 신학자 라인홀드 니부어(Reinhold Niebuhr)의 표현처럼, 지금도 우리가 "질색을 하며 기피하는"[38)] 패권적 인간형인 황제라고 선언해 버렸다.

제국의 정신

"이데올로기를 갖기보다는 한 명의 국민이 되어야 하는 것, 그것이 우리
의 운명이었다."

—리처드 호프스타더(Richard Hofstarder)

미국은 그 국명에 '주의(ism)'란 접미사가 붙는 유일한 국가다. '미
국주의(Americanism)'란 말은 이미 친숙한 말이 되었으며, 더구나 '반미
주의(anti-Americanism)'란 부정적인 말은 일반인들에게 훨씬 더 친숙하
다. 하지만 우리는 '반일주의(anti-Japaneseism)'나 '반독주의(anti-
Germanism)'란 말은 들어본 적이 없다. 다른 나라들은 같은 역사와 관습
을 바탕으로 형성된 정체성을 지닌, 전형적인 생득공동체들이다. 그러
나 미국은 여러 가지 이상을 종합한 하나의 이념을 기초로 건국되었기
때문에, 에머슨이 '종교적 체험'이라 부른 주제들을 수용함으로써만 비
로소 미국인이 될 수 있었다. 이와 관련하여 영국의 작가 체스터턴(G.
K. Chesterton)은 "미국은 세계에서 하나의 교의를 바탕으로 건국된 유
일한 나라"[39]라고 논평하기도 했다. 리처드 호프스타더는 한 술 더 떠
서 위와 같은 제사(題詞)로 미국의 성격을 요약하기도 했다.[40] 그런 이
념의 핵심을 구성하는 원칙들은 자유, 평등, 개인주의, 민본주의, 제한
된 정부였다.[41] 미국인들은 자신을 새롭고 완전한 사회를 건설하기 위
해 신의 밭을 일구는 데 종사하는 선택받은 국민으로 이해하고, 이런
가치들 가운데서 그들의 진정한 종교를 발견한다. 그리고 신으로부터
축구에 이르는 모든 것을 과감히 미국식으로 개조하면서도 그런 개조
작업의 진실성이나 보편성에 대해서는 추호도 의심하지 않았다.

9·11테러 이후 미국의 국기는 걸릴 수 있는 곳이면 어디나 걸려

있는 듯 보였다. 모든 연설은 "미국에 신의 가호가 있기를"이란 후렴구로 끝을 맺었다. 당시 해외여행을 마치고 미국으로 돌아오면서 나는 이 후렴구가 외국인들에게는 분명 이상하고 짜증스럽게 들릴 것이라는 사실을 알게 되었다. 아일랜드공화국의 무장 테러리스트들이 영국을 공격했을 때, 알제리의 테러리스트들이 프랑스를 공격했을 때, 옴진리교도들이 일본에 독가스 테러를 가했을 때, 그 나라 국민들은 그처럼 대대적으로 국기를 나부끼지도 않았고, 그 나라의 최고지도자들 역시 신에게 특별한 은총을 호소하지도 않았다.

미국인들은 혹시 자신을 다른 나라 국민들보다 더 신성한 존재로 생각하는 것은 아닐까? 확실히 미국인들은 자신을 다른 나라 국민들보다 더 선하고 더 신성한 존재로 사부했다. 부시 대통령은 그런 생각을 확연히 대변했다. 그는 "자유 그 자체가 공격받았다"고 표현했다. 세계무역센터도, 펜타곤도, 미국도 아닌, 어떤 면에서 더 중요할 수도 있는 자유, 즉 좀더 나은 세계에 대한 희망을 제공하는 유일한 교리이자 진정한 종교인 자유가 공격받았다는 것이다.[42]

미국인들은 미국주의의 보편성을 믿기 때문에 자신들을 세계의 선봉장이라기보다는 더욱 선하고, 더욱 신성한 존재로 생각한다. 이런 종교와 관련하여 미국은 흔히 어떤 신앙과 단체든 모두 포용할 수 있는 초교회(超敎會, super church)로 회자된다. 실제로 미국인들이 미국이 이미 제국이라는 사실에 대해 눈을 감는 가장 큰 이유는, 모든 인간은 잠재적인 미국인이며, 다른 나라 사람들이 현재 속한 국가나 문화 역시 그것들을 전복할 만한 사건이 발생하지 않는 한 불행의 원인일 뿐이라는 맹목적인 믿음을 가지고 있기 때문이다. 에머슨은 미국이 "사람들이 살기에 가장 좋은 나라", 즉 명맥조차 유지하기 힘든 왕이나 계급보다는 개인이 살기에 가장 좋은 나라가 될 수 있다고 쓴 바 있다.[43] 미국인들은 자신을 다른 나라 사람들에게 그들이 나아가야 할 길을 보여주는 국민으로 이해하고 있으며, 그런 관점에 따라 나머지 세계인들이 자신을 따라야 한다고 생각한다. 미국의 지도자들이 전 지구적인 자유의 확대를 위해 노력하겠다고 약속할 때 미국인들이 생각하는 자유란 바로 미국주의다.

이 교의는 많은 측면에서 강력한 매력을 지니고 있는 듯하지만, 실제로는 평등에 대한 주장 외에는 볼 것이 없다. 그런데 미국인의 신조에 따르면, 평등은 동등한 사회적 지위나 동등한 보상을 의미하지 않는다. 동등한 기회를 의미할 뿐이다. 최초의 식민지 개척자들은 부를 얻기 위해 신대륙으로 왔는데, 그들은 자신들의 신조에 동조하는 모든 이에게는 앞으로 똑같은 기회가 부여될 것이라고 약속했다. 미국의 역사가 프레더릭 잭슨 터너(Frederick Jackson Turner)는 이렇게 쓰고 있다.

콜럼버스의 함대가 대서양을 건너 신대륙으로 항해하기 시작한 그날 이후 미국은 기회의 땅이라는 또다른 이름을 얻었다. 그리하여 미합중국 국민들은 그들에게 열려 있었을 뿐 아니라 그들을 강제하기도 한, 끝없는 영토 확장의 역사를 통해 미국인의 기질을 획득했다……. 그러한 미국의 에너지는 그런 에너지를 사용할 수 있는 좀더 넓은 영토를 지속적으로 요구할 것이다.[44]

미국은 그 역사의 대부분의 기간 동안 미국으로 오려는 사람들에게 문호를 개방했다. 미국은 재능과 기량을 유감없이 발휘하고 열심히 일하면 그에 합당한 (혹은 더 많은) 보상을 받을 수 있는, 불가능이 없는 땅이었다. 나는 한때 일본과 미국을 비교하면서 "일본에서는 특별히 허락된 것 외에는 모든 것이 금지되어 있지만, 미국에서는 특별히 금지된 것 외에는 모든 것이 허락된다"는 글을 쓴 적이 있다. 미국으로 이민자들을 끌어들이고 전세계 사람들에게 미국을 희망의 땅으로 비치게 한 것은 자유, 아마도 정치적 자유를 넘어서는 자유였다. 그러한 미국의 매력에는 이민사회에 대한 미국인의 관용과 포용력도 포함될 수 있을 것이다. 미국에서는 이러한 미국의 교리를 준수하는 한 누구든 원하는 바를 거의 다 이룰 수 있다.

다른 종교를 가진 사람들에게 미국은 특히 더 자유로운 나라다. 건국 초기부터 반대파의 위협에도 굴하지 않고 견지된 교회와 국가의 분리주의는 교회의 활력과 권력을 보장하기 위한 천재적인 노력의 발로였다. 유럽의 교회들이 귀족과 권위적인 위정자들이 얽히고설키는 사교장으로 전락하면서 생명력을 상실해 간 데 반해, 독립적인 미국의 교회들은 번영 일로를 걸었다. 1830년대 미국인을 가장 종교적인 사람들이라고 평한 토크빌(Alexis de Tocqueville)의 견해는 오늘날까지도 유효하다. 주일날이면 미국 인구의 반 이상이 교회나 성당에 갈 테지만, 대다수 유럽인과 캐나다 사람 중 교회에 나가는 사람은 10~20% 정도에 머물 것이다. 이렇게 볼 때 미국은 가히 이슬람 사회와 다를 바 없다 해도 과언이 아니다.

미국에서 종교적 생활양식을 주도해 온 것은 언제나 개인과 신의 인간적인 관계를 강조하면서 인간과 신 사이에 직접적으로 확립된 도덕적 규범에 철저히 순종하기를 요구하는 프로테스탄트 교리였다. 그 결과 미국 역사 전체를 관통하면서 특히 다른 나라에 대한 미국의 시각을 규정해 온 강력한 도덕주의 경향이 정착되었다.

누구든 동등한 기회를 가진다는 정신과 결합된 이러한 종교 지향성은 복잡한 결과를 낳았다. 그중에서도 가장 극적이고 강력한 결과는 미국의 거대한 부를 생산하고 과학기술, 의학, 예술, 대학교육을 세계 최고의 수준을 끌어올린 재능의 만화방창(萬化方暢)이었다. 미국인들은 그 덕분에 세계 최고의 생활수준을 누리고, 세계적인 부자들을 압도적으로 많이 배출하게 되었다. 그뿐 아니라 기부금 역시 단연 세계 최대를 자랑한다. 스탠퍼드, 하버드, 예일 같은 커다란 종합대학교들 역시 자선가들의 풍부한 기부금으로 설립되고 운영될 수 있었다. "부자가 되기보다는 명예를 소중히 하는 사람이 되라"고 말한 카네기(Andrew Carnegie)는 자신의 말을 생활에서 실천했다. 개인재산이 천만 달러가 넘는 미국인들은 매년 소득의 9%를 기부하고, 평균적인 미국인들 역시 소득의 2.2% 이상을 교회나 자선단체에 기부하고 있다. 그럼에도 미국 전체 기부금 총액은 전체 국민소득의 1% 정도에 머물러왔는데, 비율 면에서 보면 유럽의 절반 정도밖에 안 될 뿐 아니라 그 밖의 다른 나라들보다도 낮다.[45] 그러나 수년간 미국의 사회정의가 꾸준히 향상될 수 있었던 것은 바로 이런 기부문화의 정착과 기회균등화에 성공했기 때문이다.

그런데 이처럼 오랫동안 자선문화가 유지되어 오고, 실질적으로 자행되고 있는 인종차별 역시 궁극적으로는 유지될 수 없었는데도 종교계에서만은 평등의 논리에 대한 반대가 끊이지 않았다. 하지만 인종차별 행위는 서서히 중단되어야 할 것으로 결론이 났고, 종교적 논쟁 역시 자체적으로 일단락됨으로써 폭넓고 평화적인 해결을 볼 수 있었다. 왜냐하면 미국인들의 도덕성이 끝내 야만적인 폭력을 받아들일 수 없었기 때문이다.

한편 선(善)의 신화는 여러 가지 죄악을 담고 있었다. 어떤 지역에서는 종교적 관점에서 낙태를 금지하면서도 그것을 어긴 자에게 흔히 사형을 선고하는 경우가 많았는데, 이것은 흥미로운 모순이라 할 수 있다. 이러한 미스터리는 미국 사회의 또다른 특이한 측면들을 대표한다.

미국에서는 매년 1만 5,000명이 넘는 사람이 살해당하는데, 그 비율은 다른 어떤 산업국가보다 높다. 그것은 아마도 미국 시민이라면 거의 누구나 무기를 소지하고 있다는 사실과 어느 정도 관련이 있는 것으로 보인다.[46] 미국의 교도소들 역시 다른 어떤 주요 국가들보다 많은 죄수를 수감하고 있다. 미국 남자 8명 중 1명이 중범죄로 유죄 판결을 받고, 12명 중 1명은 감옥에 수감된다. 그리고 그렇게 수감된 죄수 중 5분의 1이 흑인 남자다.[47] 전세계 인구의 5%를 차지하는 미국이 전세계 죄수의 4분의 1을 차지하고 있는 것이다.[48]

경제적인 모순 역시 심각하다. 미국의 빈부격차는 다른 부국들에 비해 매우 크다. 예컨대 1998년에는 미국인 8명 중 1명이 최저생계 수준의 삶을 살고 있었고, 그들 중 20%가 어린이였는데, 그 각각의 비율은 서유럽의 두 배에 이른다.[49] 또 국민보건계획의 부재로 4,000만 명의 미국인이 건강보험 혜택을 받지 못하고 있는 반면에 부자들이 누리는 혜택은 과도할 정도다. 그리고 전체 가구(家口) 중 최상위 1%가 나머지 95%를 합친 것보다 더 많은 부를 축적하고 있다. 흥미로운 것은 미국인들이 이러한 사실 때문에 크게 불행해하지 않는다는 사실이다. 그것은 기회균등의 신화가 미국인들에게 부자들을 타도할 마음이 생기지 않게 할 만큼 깊이 뿌리 내리고 있기 때문이다. 미국인들은 그런 전복을 도모하기보다는 차라리 자발적으로 부를 획득할 수 있는 방법을 찾는 데 신경을 집중할 뿐이다.

그렇다면 미국의 지도자들이 자유의 왕국을 확대하자고 역설할 때, 그것이 결국 제국의 판도를 최대한 넓히기 위해 할 일이 무엇인지 묻고 있는 것은 아닐까?

미국의 신조는 본래부터 풍부한 의미를 담고 있다. 그런 신조를 마음에 품고 있는 미국인이라면 미국뿐만 아니라 세계를 장악할 기회를 원한다. 불행히도 미국인은 자신들만이 세계적인 문제를 다룰 수 있다고 생각하기 때문에 세계에 대한 관심이 그만큼 적다. 베트남 전쟁 기간 동안 미군들이 귀국하는 것을 "세계로 돌아가는 것"이라고 말할 수 있었던 것도 전혀 이상한 일이 아니다. 미국인은 대개 외국어를 배우지 않으며(일례로 2002년 미국 대학졸업생 가운데 9명만이 아랍어를 구사할 줄 알았다고 한다),[50] 해외여행도 잘 하지 않는다. 대다수 미국인이 이른바 '악의 축'이라 불리는 이라크, 이란, 북한의 위치를 지도를 펴놓고도 찾지 못할 정도다.

그러나 미국은 기회의 땅이자 새로운 사상이 집결하는 땅인 동시에, 어떤 분야에 종사하든 스타가 될 수 있고, 상궤를 벗어나는 어떤 것도 한계만 정해지면 거의 다 포용할 수 있는 그런 곳이다. 미국을 제국으로 간주할 수 있는 한 가지 중요한 이유는, 미국인이 미국을 제국으로 이해하지 않을 뿐 아니라, 세계 전체를 조망하거나 미국이 어디로 가고 있으며 무엇을 원하고 있는지를 거의 생각하지 않는 데다가 아무도 제국이 져야 할 책임을 지려 하지 않기 때문이다. 이러한 부주의와 무관심이 때때로 모순적인 정책을 유발하는 태만과 변덕을 낳게 되는 것이다.

예컨대 인도네시아는 세계에서 가장 큰 이슬람 국가이면서 출범한 지 얼마 되지 않은, 세속적이고 민주적인 정부를 가진 몇몇 이슬람 국가 중 하나다. 2002년 여름에 만난 인도네시아 지도층 인사들은 헌법, 시의회, 비무장 경찰조직, 독립적인 사법부 및 행정부와 같은 민주주의의 근간이 되는 체제를 확립하는 데 전력을 기울이고 있었다. 인도네시아의 일부 고위관리들은 미국의 도움을 간절히 요청했고, 랠프 보이스(Ralph L. Boyce) 미국 대사는 최선을 다하겠다고 답했다. 그러나 냉전이 끝나면서 인도네시아 주재 미국 외교대표부에 대한 미국 정부의 지원금이 절반 넘게 삭감되자 보이스의 외교력도 심각한 한계에 부딪히고 말았다.

이런 변화는 비단 인도네시아에 국한되지 않는다. 2002년 7월 〈뉴욕타임스〉는 사우디아라비아에서 중국, 러시아, 파키스탄에 이르는 미국 외교의 거점에서 활동하던 직원을 상당수 줄였다고 보도했다.[51] 그러기 몇 달 전 〈타임스〉는 파키스탄에서 정부의 파산으로 텅 빈 관공서들을 이용하여 이슬람 근본주의자들이 세운 학교가 급증하고 있다고 보도한 바 있다. 이에 캐나다는 파키스탄 정부가 캐나다의 차관을 교육비로 사용할 경우 상환을 독촉하지 않겠다고 밝혔지만, 미국은 그러지 않았다.[52]

〈타임스〉는 또한 2002년 7월 미국이 중국 정부의 강제 낙태 프로그램 실행에 도움이 될 수 있다는 이유로 유엔 인구관리국에 지원을 약속한 3,400만 달러의 지불을 보류했다고 보도했다.[53] 그러나 그 자금 중에서 단 300만 달러도 중국이 사용할 가능성은 없었다. 그뿐만 아니라 자발적인 가족계획의 효과를 증명하거나 하여 강제 낙태를 반대하는 데 사용될 리도 없었다. 마찬가지로 미국 보건부가 인구 관리 자금을 지원받지 못하게 된 중국 보건부와 협력 프로그램을 추진하겠다고 발표할 리도 만무했다. 유엔에 대한 자금 지원 거부는 지금 보아도 정치적 인기를 노린 조치로밖에는 보이지 않는다. 미국의 작가 개리 윌스(Gary Wills)는 "우리 나라에서는 합법적인 낙태를 어떻게 다른 나라에서는 하면 안 된다고 충고할 수 있는가?"[54]라고 물은 적이 있다. 미국에서는 낙태가 종교적인 의미와 맞물린 사안이다. 따라서 미국인은 낙태를 할 수 있고, 또 하고 있다. 그럼에도 미국인은 낙태를 하는 다른 나라 사람들을 싸잡아서 마치 미국의 유명 선수를 쫓아다니며 성교섭을 원하는 극성 여성 팬처럼 취급하고 있다. 미국인이 이런 점을 깨닫지 못하는 한 아무도 다른 나라 사람들을 제대로 이해할 수 없을 것이다.

그런 몰이해 상태에서는 기회를 제대로 살리지 못하거나, 불쾌한 일을 당하거나, 불가피하게 집중적인 대응을 유발하게 마련이다. 기회를 봉쇄당한 이들의 대응은 엄청난 파급효과를 낳을 수 있다. 그 일례로 1990년대 중반 중국에서 마이크로소프트 사의 윈도우 소프트웨어가 대규모로 불법 복제되면서 중국은 물론 세계 여러 나라에서 진행하고 있던 마이크로소프트 사의 사업을 망쳐버린 사건이 발생했다. 인도네시아 주재 미국 대표부에 대한 정부지원금을 반으로 줄이고, 학교를 세우려는 파키스탄 정부의 노력을 완전히 무시한 바 있는 미국 정부는 당연히 중국의 저작권 침해에 대응하여 사용 가능한 제재조치를 모두 동원하는 등 강경하게 대처했다. 나는 한때 미국 정부의 자문위원으로 일한 적이 있기 때문에 이런 사정을 잘 알고 있다. 이처럼 미국은 불쾌한 사건을 겪을수록 점점 더 과격한 대응을 해왔다.

새뮤얼 헌팅턴은 미국의 신조와 정체성이 크게는 미국이 언제나 자유의 적대세력으로 규정해 온 달갑잖은 '타자'에 대한 적대감을 바탕으로 발전해 왔다고 지적했다.[55] 이러한 미국 최초의 타자는 귀족의식에 사로잡힌 억압적인 영국이었고, 좀더 넓게는 봉건적이고 권위적이며 제국주의적인 유럽이었다. 이후 미국은 독일제국, 나치즘, 파시즘, 일본의 군국주의로 대변되는 제국주의 문명의 위협에 맞서 유럽-미국 문명의 선도자를 자임하다가 냉전의 시작과 함께 스스로 소련 및 다른 공산국가들과 싸우는 자유진영의 지도자로 자처하게 된다.

한편 그러한 변화의 시기마다 미국의 종교 지향성은 도덕적 십자군 논쟁을 야기했다. 미국인은 자신의 양심에 따라 행동해야 한다고 믿었기 때문에, 부당하게 보이거나 세속적이고 이기적인 목적을 위한 전쟁을 지지하기는 곤란하다고 느꼈다. 그 때문에 미국인이 전쟁을 시인하려면 자신들을 신의 편에 서서 선을 위해 악과 싸우는 존재로 생각해야만 했다. 더 나아가 악에 맞서 싸우기 때문에 승리는 절대적인 것이어야 했으며, 패자는 무조건 항복해야만 했다.

이런 논리는 9·11테러 사건에도 똑같이 적용되었다. 또 부시 대통령이 "저들은 우리의 친구가 아니면 적입니다. ……우리는 친구는 살리고 적은 멸할 것입니다"라고 말하며 로널드 레이건이 말한 '악의 제국'을 원용하여 '악의 축'이라는 표현을 사용할 수 있었던 것도 바로 이런 논리 덕분이다. 싸움이 명분을 얻으려면 적이 절대적으로 악해야 하기 때문이다.

이런 사정과는 반대로 미국은 국무부 정책기획실장 리처드 하스가 주장한 통합정책을 추구하고 있다. 그것은 "세계를 미국의 이익과 가치관에 부응하게끔 유지하고, 평화·번영·정의를 고양하기 위해 다른 나라와 단체들을 일련의 정돈된 체제로" 통합하는 것을 목표로 한다. 그런 정책은 "결코 타협할 수 없는 인간의 존엄성, 법치주의, 국가권력의 제한, 여성과 사유재산의 존중, 평등과 정의, 종교적 관용"에 세계 각국 정부와 국민들이 동참할 수 있도록 설득하는 작업을 기초로 하고 있다. 그리고 이러한 가치야말로 "미국인에게만 이익이 되는 협소한 가치가 아니라 전세계 모든 사람에게 이익이 되는 보편적인 가치"[56]라고 주장한다.

그런 발언들은 분명 여러 가지 질문을 유발할 수밖에 없는데, 그중에서도 가장 중요한 질문은 어떻게 그 모든 것을 실현할 수 있느냐 하는 것이다. 그 해답은 위험하다고 판단되는 체제의 변화를 이끌 수 있도록 '자발적인 협력국가들'과 함께 지속적으로 세계화를 추진하는 것이다. 이런 맥락에서 세계화는 미국이 원하는 일을 다른 나라들도 자발적으로 원하게 만들어 제국에 통합되도록 유도하는 '부드러운 힘'[57] 으로 이해된다. 그리고 사람들은 통합을 번영의 길로, 번영이 자유화와 민주화를 촉진할 것으로, 이러한 통합과 번영이 항구적인 평화와 안정을 가져올 것으로 믿고 있다.

전문가들은 미국의 시장, 문화, 제도가 발휘하는 이 부드러운 힘을 로마제국이나 대영제국과는 대조적으로 미국을 널리 공인받지 못하는, 자생적인 제국으로 만드는 비밀스럽고 독특한 종류의 무기로 이해한다. 왜냐하면 미국이라는 공인되지 않은 제국은 미국 자신이 주도하고, 또 미국 자신의 부드러운 힘이 지닌 접착력을 바탕으로 결속된 세계 각국의 협조체제를 기초로 성립될 것이기 때문이다. 지난 50년간의 경험이 이러한 유혹의 시나리오를 입증하는 증거를 제공하고 있지만, 거기에는 두 가지 단서가 더 존재한다.

첫째, 미국이 다른 제국들과 다르다는 인식이 역사에 대한 오해에서 비롯되었다는 점이다. 로마제국은 원칙적으로 무력보다는 법률체계와 문화체계, 다른 나라 국민들에 대해 로마 시민이 가져야 할 권리체계 및 의무체계의 확산을 통해 제국을 통치했다. 로마는 주로 간접통치를 선호했고, 무력은 최후의 수단으로 사용했다. 몽테스키외는 "로마는 느긋하게 정복의 길을 걸었다"[58]고 평한 바 있다. 그런 의미에서 대영제국 역시 "방심했다"[59]는 평을 듣는 것으로 유명하다. 또 영국의 정치인 조지 캐닝(George Canning)은 "우리는 힘 없이도 어디에서든 상업을 할 수 있지만, 이왕이면 힘을 가지고 상업을 하는 것이 좋다"[60]고 말한 바 있다. 로마인과 영국인도 결국 강력한 힘이야말로 확실한 지도력이라는 것을, 강력한 힘이 있어야 부드러운 힘도 뒷받침할 수 있다는 것을 깨달은 것이다.

두 번째 단서는 첫 번째 단서를 뒷받침한다. 톰 프리드먼은 세계화를 냉전을 대체하는 국제시스템이라고 부른다. 세계화가 부를 창출하고, 상호의존성을 진작하며, 낡은 관념들에 강력한 도전장을 내밀고 새로운 사고를 확산시킬 수 있다는 것은 의심의 여지가 없다. 프랑스 외무장관을 지낸 위베르 베드린(Hubert Vedrine)은 "미국은, 세계의 이미지들을 지배하고 있는 자신을 선망의 눈초리로 바라보는 다른 나라들의 꿈과 욕망을 자극할 수 있다"고 말하기도 했다. 그러나 그런 꿈과 욕망은 어떤 것이고, 어떤 가치에 기반을 두고 있으며, 어떤 정치적 · 사회적 구조에 들어맞는 것일까? (최근 자카르타의 한 호텔방에서 텔레비전을 틀자마자 나온 방송도 〈데이워치 Daywatch〉라는 미국 방송이었다.) 홍콩의 증권거래위원장 앤드루 셍(Andrew Sheng)은 최근 나에게 이런 말을 해주었다.

"미국의 가치들은 당신들이 마음대로 처분할 수 있는 막대한 자원 없이는 결코 번영할 수 없습니다. 당신이 미국에서 얻을 수 있는 것을 우리도 얻을 수 있다고 생각하는 것은 어리석은 짓일 겁니다. 하지만 모든 사람이 미국인처럼 소비해 왔다고 가정해 봅시다. 아마 환경대재앙을 낳고 말았을 겁니다."

세계화를 주도하는 것은 시장이지만, 시장은 비도덕적인 적자생존의 장이 아니다. 그리고 그 시장, 곧 신의 뜻을 거스르는 것은 소비활동이다. 마이클 프로우즈(Michael Prowse)는 "도덕이 존재하지 않는 곳에서는 많은 사람이 효용의 극대화를 꾀해야 한다는 인생철학을 신봉해 왔을 것이나, 선량한 사회인이 행동으로 옮길 만한 철학은 아니다"[61]라고 말했다. 지난 10여 년 동안 맥도널드가 입점한 나라끼리 싸울 일은 결코 없을 것이라는 환상이 굳게 유지되어 왔다. 하지만 세르비아인이 코소보 난민을 핍박하면서, 또 좋아하는 미국 스포츠 팀의 상징이 그려진 운동복을 입은 시에라리온 소년병이 죄수들의 손목을 자르기 시작하면서 그런 환상은 자취를 감추었다.

　현대 민주주의 국민국가들은 "공공선은 개인의 이익을 최우선으로 한다"는 정신을 반영하는 가치들의 시험대였다. 그러나 자본주의는 본래 국민국가와 그런 국가들이 추구하는 가치와는 무관하게 탄생했다. 지금까지 국민국가들은 자본주의의 특정한 가치들을 규제함으로써 자본주의를 길들여왔다. 그러나 세계화는 국민국가와 그 가치들을 공격하고 침식한다. 아이러니한 것은 세계화가 어떤 면에서는 상호의존과 국제협력을 고무하지만, 다른 한편으로는 작가 벤저민 바버(Benjamin Barber)가 '지하드(聖戰)'라고 부른, 분열을 낳는 폭력을 강화하고 있다는 사실이다. 실제로 테러리스트들의 폭력은 현대 통합주의자들의 주장보다 더 효과적으로 세계화의 길을 걷고 있으며, 미국이 추진하고 있는 세계 개방 정책은 오히려 미국의 국가안보를 더욱 불안하게 만들고 말았다.

　지하드는 심지어 제국의 심장부에서도 심각하지는 않지만 까다로운 방식으로 파문을 일으키고 있다. 미국에서는 가정학습 관련 사업이 붐을 일으켜 현재 약 150만 명의 학생이 다양한 가정학습 프로그램을 이용하고 있는데, 그 숫자는 매년 7~15%씩 증가하고 있다.[62] 이런 현상이 확산되는 일차적인 원인은 세계화의 기반인 물질주의적 가치관에 자녀들이 동화되지 않기를 바라는 종교적인 부모들의 욕망이다. 이 문제는 부시 대통령이 어리석게도 미국은 지금 전쟁을 치르고 있으며, 소비를 더욱 늘려 경제를 살리는 것이 애국하는 길이라고 미국인들에게 역설했을 때 완전히 뼈대를 갖춘 수수께끼가 되어버렸다. 톰 프리드먼은 "새로운 세계질서는 그것을 강제할 주체를 요구하고 있다"면서 이런 과업이 바로 "미국이 져야 할 새로운 책임"이라고 주장했다.[63] 그러나 그는 미국이 정확히 무엇을 어떻게 강제해야 하는지에 대해서는 한마디도 언급하지 않았다. 미국이 과연 〈데이워치〉 같은 방송 프로그램이나 팔기 위해 무력을 사용할 것인가? 또 미국은 그런 행동을 단독으로 할 것인가, 아니면 동맹국들과 함께 할 것인가?

추측컨대 미국은 결코 타협할 수 없는 보편적인 요구들을 '자발적인 협력국가들'의 도움을 받아 강제할 것이다. 그러나 이 경우 대두되는 문제는 그런 요구들이 진정 보편적인 요구냐 하는 것이다. 부시의 요구사항은 1917년이었다면 충격적이었을 여성 존중 정신을 빼면 우드로 윌슨의 요구사항과 거의 일치한다. 특히 여성 존중이라는 새롭고 보편적인 가치는 미국인들이 최근에야 발견한 것이다. 미국 여성들은 미국이 결코 양보할 수 없는 권리로 규정한 여성 존중 정신을 보편적인 가치로서 실제로 만끽하고 있을까? 국가권력에 대한 제한규성은? 진실을 말하자면 세계 거의 모든 나라가 미국이 이런 국가권력 제한규정을 지키고 있다는 데 동의하지 않고 있다. 미국은 예컨대 총기 사용을 엄격히 제한하는 등 다양한 분야에서 국가권력을 강화해 가고 있으며, 사형제도를 철폐하는 등 미국을 더욱더 인간적 국가로 보이게 하려는 노력을 배가하고 있다. 미국이 자신에게 자발적으로 협력할 국가를 찾고 있다는 사실은 오히려 많은 나라가 미국의 가치를 보편적으로 인정하지 않고 미국에 점점 더 비협조적으로 변해간다는 사실을 보여주는 증거일 뿐이다.

제국에 대한 감정

추위가 맹위를 떨친 1948년 겨울, 냉전의 주요 당사자 중 한 사람이 서베를린에 도착했다. 서베를린은 소련 점령지 한복판에 자리잡은 고립된 자유지대로서 미군, 영국군, 프랑스군이 점령하고 있었다. 베를린을 직접 공격하기보다 전체를 양도받기 원하던 소련의 권력자들은 서베를린 봉쇄작전에 주력했다. 소련은 고립된 서베를린에 물자를 지원하지 않는 것은 물론, 서구진영의 지원 물자를 실은 트럭이 그들의 점령지역을 통과하는 것도 허락하지 않을 작정이었다. 절박해진 미군은 긴급작전을 통해 오늘날 전설이 되어버린 베를린 공수작전을 전격 감행하여 소련의 저지를 뚫고 매일 수천 톤의 보급물자를 템플로프 공군기지에서 서베를린으로 공수했다. 그런 노력의 결과 서베를린은 베를린 장벽이 무너지고 동서 베를린이 재통합될 때까지 40여 년 동안 자유의 등대로 남을 수 있었다.

베를린 사람들과 미국 대통령은 언제나 특별한 관계를 유지해 왔다. 1963년 케네디 대통령은 베를린 시민들에게 "저도 베를린 사람입니다(Ich bin ein Berliner)"라는 인사말을 던져 열렬한 환영을 받았고, 1987년 레이건 대통령도 소련의 지도자 고르바초프에게 "이 장벽을 부숴버립시다"라고 제안하여 환호에 휩싸였다. 그러나 2002년 부시 대통령이 베를린을 방문했을 때 그가 들어야 했던 것은 환영의 목소리가 아니라 야유와 조롱의 목소리였다. 그 동안 무엇이 달라졌을까?

그것을 알려면 2002년 봄부터 여름 사이에 퓨 연구소(Pew Research Center)가 전세계 사람들이 미국을 어떻게 생각하고 있는지 알아보기 위해 전세계 44개국 3만 8,000명이 넘는 사람을 대상으로 실시한 대규모 여론조사 결과를 살펴볼 필요가 있다. 그 결과를 접한 어떤 미국인은 안도와 불안이 교차하는 기분을 느꼈다고 한다. 조사 결과는 전세계 사람들이 미국이 이룩한 막대한 부를 부러워하고 칭찬하고 있다는 사실을 보여줌과 동시에, 미국에 대한 불신과 혐오가 커지면서 미국을 긍정적으로 바라보는 태도가 줄어들고 있다는 사실을 보여주었다.

　　그중에서도 가장 의미심장한 결과는 실제로 미국인의 견해가 많은 부분에서 다른 나라 사람의 견해와 근본적으로 엇갈릴 뿐 아니라, 미국을 최고로 알고 있는 사람들의 우호적인 감정조차도 급격히 감소하고 있다는 것이다. 물론 아직은 아르헨티나와 몇몇 중동국가를 제외한 대다수 조사 대상국 국민의 과반수가 미국에 호감을 보이고 있다는 결과가 나왔다. 예컨대 2002년 조사 당시 독일인 중 61%가 미국에 호감을 가지고 있다는 조사결과가 나왔지만, 1998년에는 그 비율이 78%에 이르기도 했다. 영국은 83%에서 75%로, 인도네시아는 75%에서 61%로, 일본은 77%에서 72%로 다소 낮아졌지만, 아직 반 이상이 미국에 호감을 가지고 있는 것으로 나타난 것이다. 단, 아르헨티나만은 50%에서 34%로 급락했다. 그런데 흥미로운 것은 프랑스의 경우 오히려 62%에서 63%로 약간 상승했고, 러시아는 37%에서 무려 61%로, 나이지리아는 46%에서 77%로 미국에 호감을 느끼는 국민의 비율이 크게 늘었다는 사실이다. 그러나 전반적으로 그 비율은 낮아지고 있으며, 특히 터키, 파키스탄, 요르단, 이집트, 레바논 같은 나라에서는 70%에 이르는 답변자가 미국을 좋게 보지 않는 것으로 나타났다. 앞장에서 보았듯이, 조사에 응한 사람들은 미국이라는 국가보다는 미국인을 훨씬 더 선호하고 있다. 즉 요르단 사람 중 25%만이 미국이라는 국가를 선호하는 반면, 미국인에 대해서는 53%가 호감을 가지고 있는 것으로 나타난 것이다.

　　세계에서 가장 위험한 문제에 대한 미국과 우방국들의 시각 차이는 상당히 크다. 미국인이 보기에 가장 위험한 문제는 핵문제다. 일본 역시 다른 어느 나라보다 핵문제에 신경을 곤두세우고 있다. 그러나 환경오염 문제는 다른 지역, 특히 아시아에서는 심각한 문제로 여기지만, 미국은 아직 그리 중요하게 여기지 않고 있다. 에이즈와 같은 치명적인 전염병에 대해서도 미국은 다른 나라들만큼 중요한 관심사로 여기지 않는다. 또 종교적·윤리적 적개심도 유럽과 중동, 동남아시아와 아프리카의 많은 나라에게는 중요한 관심사지만, 미국은 과거만큼 큰 관심을 보이지 않는다.

미국이 제일 크게 인정받는 것은 과학기술과 학문분야로, 거의 모든 국가의 많은 국민들도 이 점에 대해서만큼은 미국에 상당한 호감을 보이고 있다. 미국의 대중문화도 인도와 방글라데시, 몇몇 중동국가를 제외한 유럽과 라틴아메리카 사람들의 3분의 2와 아시아인의 과반수가 좋아한다고 말할 정도로 세계 각지에서 큰 성공을 거두고 있다. 그럼에도 미국의 관습이나 사상이 세계로 확산되는 것에 찬성하는 사람은 아무도 없는 듯하다. 캐나다인 중 반 이상, 유럽과 아시아인 중 3분의 2, 중동 사람들 중 4분의 3이 이런 미국의 관습이나 사상을 혐오하고 있다. 그에 비해 미국의 민주주의 사상만큼은 몇 가지 거부반응을 제외하면 복잡하나마 그런 대로 잘 수용되고 있는 편이다. 인도를 제외한 아시아와 아프리카에서는 미국식 민주주의 사상에 적극적으로 호응하고 있는 반면, 유럽과 라틴아메리카에서는 의견이 거의 반반으로 갈린다. 예컨대 영국에서는 미국식 민주주의 사상을 선호하는 사람이 43%, 싫어하는 사람이 42%로 거의 백중세를 이루고 있다. 캐나다에서는 50% 대 40%로 나타났다.

퓨 연구소는 다음과 같은 세 가지 핵심적인 질문을 했다.

첫째, 미국은 빈부격차 해소에 실패하여 그 격차를 더 크게 만들지는 않았는가?

둘째, 미국은 다른 나라의 견해를 고려하여 국제정책을 입안하는가?

셋째, 제2의 초강대국이 등장한다면 세계의 사정이 더 좋아질 것인가?

첫 번째 질문에 대해서는 압도적인 다수가 미국이 빈부격차를 해소하지 못했으며, 이집트와 파키스탄을 비롯하여 대부분의 아프리카 국가들을 예외로 하면, 미국이 빈부격차를 오히려 심화시켜 왔다고 답했다.

두 번째 질문에 대해서는 많은 사람이 미국이 다른 나라의 견해에 관심을 기울이지 않았다고 대답했다. 단, 미국인만큼은 답변자 중 75%가 미국이 다른 나라의 관심사에 상당한 주의를 기울이고 있다고 답변했다. 이러한 견해차는 여러 면에서 예견된 것이지만, 차이의 규모와 보편성만큼은 예상 외로 컸다.

마찬가지로 거의 모든 나라의 국민들이 대부분 미국과 동등한 군사력을 보유한 제2의 초강대국이 등장하면 세계는 오히려 훨씬 더 위험해질 것이라고 답했다. 그것이 일시적인 위안을 줄지는 모르나 근본적인 불만의 씨앗을 제거하지는 못할 것이라고 보았다. 특히 결정적인 걸림돌은 캐나다인과 영국인을 비롯하여 여타 서유럽인들처럼 미국을 최고로 알고 있는 사람들이 제2의 강대국의 등장 가능성을 아예 철저히 무시하거나 그런 나라의 등장을 쌍수를 들고 환영한다는 극단적인 반응을 보였다는 사실이다.[64]

물론 이런 통계들은 제국의 노예들이 미국에 환호한다는 사실, 또 내가 세계를 돌아다니며 수천 번 대화를 나눈 끝에 알게 된 사실을 단순히 숫자로 확인시켜 주고 있을 뿐이다. 빌더베르그회(the Bilderberg Meeting)는 미국과 유럽의 정부, 기업, 학계, 언론계의 지도급 인사들이 매년 봄 한 곳에 모여 일주일간 범대서양 관련 현안을 놓고 토론을 벌이는 연례 춘계모임의 일종이다. 2002년 모임은 부시 대통령이 미 육군 사관학교에서 연설을 하기로 한 주말에 워싱턴에서 열렸다. 하지만 모임에 참석한 유럽인들은 불신과 분노와 절망과 배신감과 모욕감이 뒤섞인 감정을 감추지 못했다. 프랑스의 전직 북대서양조약기구(NATO) 대표는 미국이 섭정관계에서나 있을 법한, "유럽을 지키는 보호자"가 될 수도 있다는 뜻을 교묘하게 전달했다고 논평했다. 전직 유럽 각료회의 회장은 또 이렇게 강조했다.

"우리는 지난 50여 년간 지금과 같은 세계질서를 창출하기 위해 고투해 왔다. 그런데 만일 미국이 그런 여론을 낙관적으로 바라본다면 향후 세계질서를 심각하게 훼손하는 일이 될 것이다. 그것은 단지 세계화를 반대하는 것에 머물지 않고 실질적으로 미국이라는 모델 자체까지도 반대하는 여론을 자극하게 될 것이다."

세계 최대의 자본가 중 한 사람은 또 이렇게 덧붙였다.

"미국이 추구해 온 견제와 균형 정책 및 법치주의를 스스로 배반하는 낙관적 일방주의는 그 동안 지지를 호소해 온 국가들의 지지를 약화시킬 것이다. 의식적으로든 아니든 미국은 근본적으로 힘이 곧 정의라고 말하고 있는 것이다."

또 미국의 주요 동맹국 워싱턴 주재 대사는 선제공격론은 위험한 선례를 만들 수 있다고 지적했다. 그리고 그는 "핵무기를 보유한 인도나 파키스탄도 당신들과 똑같은 전략을 채택하기로 결정한다면 어떻게 할 것인가?"라고 물었다.

단지 유럽인들만 이런 반응을 보인 것은 아니었다. 빌더베르그회 모임이 끝난 지 얼마 지나지 않아 나는 뉴욕에서 유엔 주재 멕시코, 브라질, 프랑스, 스위스, 유럽연합, 싱가포르, 일본, 이집트, 나이지리아 대사들과 저녁을 함께 했다. 그들은 모두 약속시간인 오후 8시가 한참 지나서야 약속장소에 도착했다. 그들이 그렇게 늦은 것은 미국이 자신이 맨 처음 제안한 국제형사재판소의 창설에 동의하는 대신, 미국 시민에 한해 특별대우를 해달라는 요구사항을 내놓는 통에 논쟁을 벌이느라 안전보장이사회가 예정보다 늦게 끝났기 때문이었다.

그들은 약속장소에 도착할 때까지도 흥분을 감추지 못한 채 토론을 벌이고 있었다. 그들은 정치적인 이유로 기소된 미국인을 보호하기 위해 구체적인 조치를 고려하는 데는 이미 동의했지만, 더 많은 예외조항을 요구하는 미국의 처사는 모욕적인 행위로서 더 이상 고려할 가치가 없다고 여겼다. 라틴아메리카의 한 대사는 "미국은 전세계를 불신하고 있다. 미국은 오직 군사력에만 의존한 채 자신이 다른 나라를 어떻게 대하는지는 전혀 되돌아보지 않는다. 만사가 다 미국 마음대로다"라고 토로했다. 유럽의 한 대사는 흥분에 사로잡혀 이렇게 말했다.

"지난날 미국은 세계의 등불이었다. 하지만 다른 나라의 의견, 심지어 자신을 세계의 등불로 만들어준 원칙마저 무시하는 행동이 날로 심해지고 있다. 이러한 미국의 행동은 우리를 참담하고 절망적인 심경으로 몰아가고 있다."

그들은 마치 적을 대하듯 미국에 대한 반대의사를 피력하면서 미국의 태도에 넌더리를 냈다. 하지만 그들은 대부분 본국 정부가 그들에게 미국에 협조하라는 지시를 내리리란 것을 잘 알고 있었다. 왜 그럴까? 그것은 미국이 이들 나라 국민의 생활수준을 떨어뜨릴 수 있는 다양한 수단을 보유하고 있기 때문이며, 또 세계 최강국 미국이 아무리 비판받을 만한 짓을 할지언정 아무도 감히 대놓고 반감을 드러내고 싶어하지 않기 때문이다. 그래서 협정상 특별대우를 원하는 미국의 요구안은 결국 안전보장이사회의 표결에 부쳐졌고, 나머지 모든 이사국 대사들은 울며 겨자 먹기로 '찬성'표를 던질 수밖에 없었다. 그러나 그들은 결코 미국으로부터 받은 모욕을 잊지 못할 것이다.

이와 비슷한 원한의 감정은 좀더 광범위한 국제단체에서도 발견된다. 2002년 10월 로스카보스에서 열린 아시아태평양경제협력체 최고경영자회의의 특징은 즉석표결 방식을 채택하여 사회자가 던지는 다양한 질문에 경영자들이 어떻게 응답하는지 그 자리에 참가한 모든 사람이 곧바로 알 수 있게 한 것이었다. 그런데 여러 질문 중에서도 특히 두 가지 질문에 대한 응답 결과가 흥미로웠다.

먼저 일본, 한국, 기타 아시아 각지에서 50년 이상 주둔해 온 10만 명의 미군이 앞으로 10년을 더 주둔해야 할지, 아니면 25년 내지 50년을 더 주둔해야 할지 물었을 때, 참석자 중 거의 3분의 2가 25년 내지 50년 쪽에 손을 들었다는 사실이다. 그리고 테러리즘, 중국의 부상, 일본의 재무장, 국경을 초월하는 대규모 대중운동, 물 부족, 에이즈, 미국의 패권주의 중에서 지역안보를 가장 크게 위협하는 요인이 무엇이라고 생각하느냐는 질문에 60%가 넘는 답변자가 테러리즘을 꼽아, 두 번째로 많은 표(30%)를 얻은 미국의 패권주의보다 테러리즘을 훨씬 더 위험하게 생각하는 것으로 나타났다.[65] 물론 이 회의에 참가한 사람들은 좌파 급진주의자 집단이 아니었다. 그들은 800명에 이르는 아시아·태평양 연안국 기업의 최고경영자들이었다. 하지만 그들조차도 테러리즘을 제외하면 미국의 패권주의가 가장 위험한 요인이라는 데 모두 공감하고 있었다.

세계가 진실로 염원하는 것은, 미국이 마이클 허시(Michael Hirsh)가 말한 이른바 '포괄적인 이상주의'를 추구하는 한, 톰 프리드먼의 표현처럼 실질적인 문제가 무엇이고 미국이 무엇을 잘못하고 있는지에 관심을 기울이는 것이다. 그러나 중국의 한 외교관은 "미국은 자신이 하고 있는 행동은 돌아보지 않은 채 자신의 방식만 강요하고 있다"고 일침을 놓는다. 그런 미국의 태도를 여실히 보여주는 사례를 우리는 2002년 12월 〈뉴욕타임스〉에 실린 나이지리아의 석유부자들에 관한 기사에서 엿볼 수 있다.

그 기사는 나이지리아 우그보로도에 있는 미국 석유회사 셰브런/텍스코 사 현장관리인들의 호화주택과 평화시위의 일환으로 그런 호화주택을 점거하여 농성을 벌이고 있는, 시내 변두리에 살고 있는 현장노동자들의 초라한 오두막을 극명하게 대비시켰다. 그러면서 사태는 갈수록 복잡해져 가는데 정작 나이지리아 정부는 부패에 찌들어 무능하기 짝이 없다고 전했다. 그러나 나이지리아 지방도시의 현직 공무원인 빅토르 오무누(Victor Omunu)가 한 다음과 같은 말은 현지인들의 감정을 잘 표현하고 있다.

> 그렇다. 나이지리아 정부는 실패했다. 하지만 우리는 미국인이 이 나라 정부정책에 영향력을 행사하고 있다는 사실도 잘 알고 있다. 미국인이 진심으로 양국의 이익을 위해 노력해 왔다면, 그들은 왜 나이지리아 정부가 안고 있는 문제에는 관심을 기울이지 않는가? ……자신들은 자유로운 투사가 되기를 원하면서 다른 사람들은 좀더 선해지기를 바라는 미국인이 우리에게는 악마처럼 보인다. 당신들은 과연 미국인이 사담 후세인이나 오사마 빈 라덴보다 나쁘지 않다고 장담할 수 있는가? 미국인은 이 나라에 몰려와 단물을 다 빨아먹은 다음에는 뒤도 돌아보지 않고 떠나버린다.

오랫동안 미 국무부 관리로 재직하며 사우디아라비아 주재 대사를 역임하기도 한 채스 프리먼(Chas Freeman)은 좀더 외교적인 어투로 "미국은 행복한 언덕 위의 도시다. 그러나 그 언덕으로 어둠이 점점 드리워지고 있다"고 말하면서 "우리에게는 테러에 대한 전쟁만이 아니라 오만함에 대한 전쟁도 필요하다"고 덧붙였다.

주(註)

1. Bacevich, Andrew J. *American Empire: The Realities and Consequences of U.S. Diplomacy*. Cambrige, MA: Harvard University Press, 2002, p. 122.
2. Ibid., p. 8.
3. Ibid., p. 7.
4. Huntington, Samuel P. "The Lonely Superpower." *Foreign Affairs*. March/April 1999, p. 38.
5. Speech by George W. Bush. "A Distinctly American Internationalism." Simi Valley, California, November 19, 1999; and Bacevich, p. 201.
6. Pew Research Center for the People & the Press. What the World Thinks in 2002. p. 70-71.
7. President Bush commencement speech at West Point Academy, June 1, 2002; www.whitehouse.gov/news/releases/2002/06/20020601-3.html.
8. The National Security Strategy of the United States of America. The White House, September 2002; http://usinfo.state.gov/topical/pol/terror/secstrat.htm#nssintro.
9. Armstrong David. "Dick Cheney's Song of America: Drafting a Plan for Global Dominance." *Harper's*. October 1, 2002. Vol. 305, No. 1824, p. 76-82.
10. "Present at the Creation: A Survey of America's World Role." *The Economist*. June 29, 2002, p. 5.
11. Kristol, Irving. "The Emerging American Empire." American Enterprise Institute, Washington, DC. August 18, 1997.
12. Kennedy, Paul. "The Eagle Has Landed." *Financial Times*. February 2, 2002, p. 1.
13. Johnson, Chalmers. *Blowback: The Costs and Consequences of American Empire*. New York: Henry Holt and Co., 2000, p. 36.
14. Wolffe, Richard. "Technology Brings Power with Few Constraints." *Financial Times*. February 18, 2002, p. 4.
15. "Present at the Creation." *The Economist*. June 29, 2002.
16. Global Financial Profile Fact Sheet: Report of the High-Level Panel on Financing for

Development; www.un.org/reports/financing/profile.htm; and Quick Facts: Market Capitalization, www.nyse.com/marketinfo/marketcapitalization.html.

17. "Present at the Creation." *The Economist*. June 29, 2002; and Owen, Geoffrey, "Entrepreneurship in UK biotechnology: the role of public policy." The Diebold Institute, 2001.

18. Barber, Benjamin R. *Jihad Vs. McWorld: How Globalism and Tribalism Are Reshaping the World*. New York: Ballantine Books, 1996, p.97~99, and Appendix B.

19. "The Acceptability of American Power." *The Economist*. June 29, 2002.

20. Sherman, Wendy R. "Listen to the South, and Talk to the North." *Washington Post*. December 24, 2002. p.A15.

21. Ozawa, Ichiro. *Blueprint for a New Japan*. Tokyo: Kodansha International Ltd., 1994. Published in Japan in June 1993.

22. Kristol.

23. Institute of International Education. "Matching Last Year's Increase as Highest Growth Since 1980." November 18, 2002; www.iie.org/Content/ContentGroups/Announce-ments/International_Student_Enrollment_In_U_S__Rose_6_4%25_In_ 20012002.htm.

24. Jayadev, Raj. "Silicon Valley Entrepreneurs Needed: 'Where Are You When the S. Asian Community Needs You?' " Pacific News Service, November 23, 2001.

25. Barber, p.69.

26. McDougall, Walter A. *Promised Land, Crusader State: The American Encounter with the World Since 1776*. New York: Houghton Mifflin, 1997.

27. McDougall, p.112.

28. McDougall, p.147.

29. Truman, Harry S. Address before Joint Session of Congress, March 12, 1947.

30. Higgs, Robert. "US Military Spending in the Cold War Era: Opportunity Costs, Foreign Crises, and Domestic Constraints." *Policy Analysis*, November 1998, Vol.114.

31. Neikirk, William, and David S. Cloud. "Clinton: Abuses put China 'on wrong side of history,' Beijing to limit arms sales." *Chicago Tribune*. October 30, 1997.

32. Harris, John F. "Jiang Earns Clinton's High Praise; At Trip's End, Optimism About China's Future." *Washington Post*. July 4, 1998, p.A1.

33. Gingrich, Newt. *To Renew America*. New York: Harper Collins, 1995.

34. Condoleeza Rice's speech before the Los Angeles World Affairs Council, January 15, 1999. www.lawac.org/speech/rice.html.

35. Friedman, Thomas L. "A Manifesto for the Fast World." *New York Times Magazine*. March 28, 1999, p.3.

36. Bacevich, p.127; and William J. Clinton, *National Strategy for a New Century*, Washington, DC: DIANE Publishing, 1998, p.8.

37. Second Presidential Debate, Wake Forest University, October 11, 2000.

38. Niebuhr, Reinhold. *Moral Man and Immoral Society: A Study of Ethics and Politics.* New York: Scribners, 1932, p.294.

39. Chesterton, G. K. *What I Saw in America.* New York: Dodd, Mead & Co., 1992, p.7.

40. Huntington, Samuel P. "The Erosion of American National Interests." *Foreign Affairs.* September/October 1997, Vol.76, No.5.

41. Lipset, Seymour Martin. *American Exceptionalism: A Double-Edged Sword.* New York/London: W. W. Norton, 1996, p.19.

42. National address by President George W. Bush, September 11, 2001.

43. Emerson, Ralph Waldo. *War.* Boston, MA: March 1838.

44. Turner, Frederick Jackson. *The Frontier in American History.* New York: Henry Holt, 1921, p.37.

45. "In Praise of the Unspeakable—Business People and Philanthropy." *The Economist.* July 20, 2002, p.28.

46. U.S. Department of Health and Human Services, National Center for Health Statistics Web site: www.cdc.gov/nchs/fastats/homicide.htm.

47. "America's tough crime policy is having unintended consequences." *The Economist.* August 10, 2002.

48. Allen, Steven Robert. "The United Police States of America." *Weekly Alibi.* March 9-15, 2000, www.alibi.com/alibi/2000-03-09/edit.html; and *The Punishing Decade: Prison and Jail Estimates at the Millennium.* Washington, DC: Justice Policy Institute. May 2000.

49. Current Population Survey Annual Demographic Survey, March Supplement. Table 1. "Age, Sex, Household Relationship, Race and Hispanic Origin—Poverty Status of People by Selected Characteristics in 1998." U.S. Census Bureau, revised Dec. 15, 1999.

50. Worth, Robert. "A Nation Challenged: Intelligence; Agents Wanted. Should Speak Pashto." *New York Times.* October 1, 2001, p.B7.

51. Marquis, Christopher. "More Say Yes to Foreign Service, but Not to Hardship Assignments." *New York Times.* July 22, 2002, p.Al.

52. Bonner, Raymond. "Pakistani Schools: Meager Fare for Hungry Minds." *New York Times.* March 31, 2002, p.3.

53. Dao, James. "Over US Protest, Asian Group Approves Family Planning Goals." *New York Times.* December 18, 2002, p.A7.

54. Wills, Gary. "Bully of the Free World." *Foreign Affairs.* March/April 1999, Vol.78, No.2.

55. Huntington.

56. Haass, Richard N. "Defining U.S. Foreign Policy in a Post-Post-Cold War World." Foreign Policy Association, The 2002 Arthur Ross Lecture. New York. April 22, 2002.

57. Nye, Joseph S. Jr. *Bound to Lead: The Changing Nature of American Power.* New York:

Basic Books, 1991 (Reprint Edition).

58. Montesquieu, Charles Louis. *Considerations on the Causes of the Greatness of the Romans and Their Decline.* Trans. David Lowenthal. New York: The Free Press, 1965, Chapter 6—The Conduct the Romans Used to Subjugate All People.

59. J. R. (John Robert), Sir Seeley (1834~1895), British classicist, historian. *The Expansion of England*, Lecture 1 (1883); www.bartleby.com/66/58/48958.html.

60. Paterson, Thomas G. and Dennis Merrill. *Major Problems in American Foreign Relations,* Vol. 1: To 1920, 4th Ed. Lexington, MA: D.C. Heath and Co., 1989.

61. Prowse, Michael. "Greedy bosses, lying politicians and cheating teachers." *Financial Times.* June 15, 2002. p.2.

62. National Home Education Research Institute, "Facts on Home Schooling"; August 1999.

63. Friedman, p.40.

64. The Pew Research Center for the People & the Press.

65. APEC CEO Summit 2002 Report: Challenges for Development in an Era of Uncertaintly. APEC CEO Summit, Mexico, October 2002.

66. Hirsh, Michael. "Bush and the World." *Foreign Affairs.* September/October 2002, p.18.

3

미국의 게임

"민주적인 선거를 볼모로 브라질에게 경제적인 대가를 요구하는 금융시장은 공정하지 않아 보입니다."

—후벤스 바르보사(워싱턴 주재 브라질 대사)

한때 대학에서 교편을 잡은 적이 있는 수파차이 파닛치팍디(Supachai Panitchpakdi)는 학구적인 분위기를 풍기는 둥그런 얼굴에 늘 미소를 잃지 않는 남자다. 그는 대학과 정계를 오가며 1991년대 중반에 태국 부수상을 역임했고, 지금은 세계무역기구(WTO) 사무총장을 맡고 있다. 그가 세계무역기구 사무총장으로 취임하기 전인 2001년 10월 우리는 중국 상하이의 샹그릴라 호텔에서 점심식사를 같이 한 적이 있다. 당시 우리는 둘 다 아시아태평양경제협력포럼에 참가하기 위해 상하이에 와 있었다. 우리는 황푸 강 위를 부산하게 오가는 배들을 내려다보면서 기대하지 못한 추억에 젖어들 수 있었다. 우리 둘은 마치 1960년대 네덜란드의 로테르담에 와 있는 듯한 기분을 맛보았다. 우리는 서로서툰 네덜란드어로 대화를 시도하기도 했다(물론 나보다 그가 좀더 잘했다). 그러면서 나는 그가 로테르담 대학의 저명한 경제학 교수 얀 틴베르겐(Jan Tinbergen) 밑에서 경제학을 공부했고, 태국으로 돌아오기 전에 10년 동안 로테르담에 머물며 교수로 활동한 적이 있다는 사실을 알게 되었다. 나는 1966년부터 1968년까지 로테르담 주재 미국 영사관에서 부영사로 일한 적이 있다.

우리의 토론주제는 먼 과거의 일에서 최근의 일로 이동해 갔다. 우리가 사용하는 언어를 다시 영어로 바꾸자 그는 갑자기 심각해져서 최근의 경제발전에 대해 이야기하기 시작했다.

"아시아 금융위기의 충격파는 태국과 동남아시아의 경제마저 위기로 몰아넣었고, 그로 인해 많은 아시아인이 아시아 경제에 미치는 세계화의 영향력이 얼마나 큰지를 미국과 IMF가 과연 얼마나 잘 이해하고 있는지 의문을 갖게 되었습니다."

97년 아시아 경제의 붕괴

수파차이는 1996년 가을 방콕에서부터 확산되기 시작한 일련의 사건들을 되짚어보고 있었다. 1960년대 일본에서 시작하여 한국, 대만, 홍콩, 싱가포르, 말레이시아로 확산된 경제기적의 열풍이 1990년대 태국에서도 불기 시작했다. 동남아시아 경제는 최고의 전성기를 맞은 듯했다.

냉전이 종식되면서 민주적 자본주의만이 생존을 보장하는 유일한 경제 시스템이라는 것을 모두 인정하기 시작했다. 부를 창출하기 위한 경쟁만으로도 공산주의를 간단히 앞질러버렸기 때문이다. '세계화', 즉 국가들 간의 경제적인 통합과 전세계를 무대로 이루어지는 국경 없는 무역과 투자를 통한 국가간 협력이 새로운 슬로건으로 자리잡았다.

베스트셀러를 여러 권 낸 일본의 작가 오마에 겐이치(大前研一)는 지도에 표시된 국경을 무의미하게 만드는 '국경 없는 세계'를 극구 찬양하면서 이제 각국 정부가 할 수 있는 최선의 일은 전세계 기업가들의 투자를 유치하고 그것을 방해하는 요소를 제거하는 것이라고 역설했

다. 미국 재무부, IMF, 세계은행, 세계 최고의 대학에서 세계 경제를 이
끌고 있는 엘리트들의 일반적인 견해는 이른바 '워싱턴 여론(Washing-
ton Consensus)'으로 유명해진, 미래의 길을 예견하기 위한 지표가 되어
버렸다.

'황금의 구속복(the golden straitjacket)'이라는 이름으로 토머스 프
리드먼이 대중화시킨 경제공식은 균형예산, 낮은 세금, 자본·재화·
서비스의 자유로운 유통, 기업사유화, 탈규제, 지적 재산권을 포함한
재산권의 보호, 작은 정부, 금리자유화를 요구한다. 이런 조치들을 현
실화할 때 빈부격차를 줄이고 번영을 구가할 수 있으며, 민주화와 안정
과 평화를 실현할 수 있다는 것이다. 프리드먼은 더 나아가 이 모든 과
정이 만들어냈을지도 모르는 주요 인간형이 이른바 '전자가축 떼
(Electronic Herd)'라고 말하면서, 이들이 바로 월스트리트, 가부토초, 행
복의 도시를 비롯한 둥지에 말없이 웅크리고 앉아 컴퓨터 화면만 응시
하면서 전세계 어디든 단 한 번의 마우스 클릭만으로 수조 달러를 송금
할 수 있는 얼굴 없는 투기꾼 집단이라고 설명했다.

1990년대에 전자가축 떼는 동남아시아라는 먹이를 발견하고 태국
과 특별한 관계를 발전시킨다. 그후 동남아 지역에서 발생한, 역사적으
로 거대한 금융거품들 중 하나가 지구 건너편 미국 투기꾼들의 구미를
돋우게 된다. 이 지역의 저금리와 경기호황은 고수익을 노리는 막대한
자금을 끌어들였다. 경제성장률이 낮은 유럽이나 일본의 투기꾼들도
높은 성장률, 고금리, 달러에 대한 고정환율제로 낮은 위험률을 자랑하
는, 동남아시아라는 더욱 신선한 목초지로 찾아들었다. 말하자면 동남
아시아는 투기꾼들이 꿈꾸던 낙원이었다. 1993년부터 1996년까지 유
럽, 일본, 미국의 은행들은 동남아 지역에 7,000억 달러에 달하는 차관
을 제공했다. 태국에 제공된 단기차관만 해도 당시 태국 GDP의 10%에

육박했다.[1] 제너럴모터스, 포드, 도요타, 다임러크라이슬러 같은 유수의 자동차회사들이 태국에 공장을 세우고 새로운 고층 빌딩들이 방콕의 하늘을 점령해 가면서 외국인의 직접투자(FDI)도 잇따랐다.

1994년 아시아·태평양 연안의 각국 정상들은 인도네시아에 모여 아시아태평양경제협력포럼을 구성하고 2020년까지 지역 내 완전 자유무역을 실현하기 위해 위원회를 조직한다고 발표함으로써 세계화 독트린에 전격적으로 동참했다. 세계 사교계의 저명인사들이 싱가포르, 다보스(스위스의 관광도시), 워싱턴 등지를 돌며 열곤 하는 회합에 참석한 석학과 냉정한 은행가, 노련한 정치지도자들은 모두 동남아시아가 세계 경제를 유토피아로 이끌, 세계에서 가장 역동적인 지역이라는 데 의견을 모았다.

그러나 1996년 8월 말 방콕상업은행이 파산선고를 받게 되리란 것을 알아차린 사람은 거의 없었다. 솜프라송 부동산회사가 유로(Euro)채권을 지급하지 못해 부도를 낸 1997년 2월부터 감지되기 시작한 이상조짐들은 부동산경기의 거품을 터뜨려버릴 수도 있는 초기 신호탄이었다. 한 달 후 태국 최대의 금융회사 파이낸스 원(Finance One)이 갑자기 인수합병 파트너를 찾기 시작했다. 그와 동시에 전자가축 떼가 목초지에서 모습을 감추기 시작했다. 외국은행장들은 그들이 제공한 단기차관의 상환을 독촉하기 시작했고, 헤지펀드들은 더 이상 고정환율제가 지켜질 수 없다고 보고 바트(baht)화의 가치가 폭락할 것을 우려하여 바트화를 싼값에 내다 팔기 시작했다. 막대한 차관을 들여온 태국 기업들도 바트화 폭락이 두려워 달러를 구입하기 위해 덤핑 가격으로 바트화를 팔기 시작했다. 외환시장의 안정을 위해 고심하던 태국 중앙은행은 바트화를 매입하기 위해 준비금 260억 달러를 쏟아부으며 필사적인 노력을 기울였다. 그러나 1997년 7월 2일 이른 아침, 중앙은행 간부들은 재무장관 타농 비다야(Thanong Bidaya)에게 전화를 걸어 중앙은행의 달러가 고갈되기 직전이라는 우울한 소식을 전했다. 태국은 그렇게 속절없이 파산해 버린 것이다.

그런데 그보다 이른 새벽, 방콕의 주요 은행장들은 중앙은행 간부로부터 긴급회의에 참석하라는 전화를 받고 잠에서 깼다. 아침 6시 30분, 그들은 호화로운 방쿰프롬 궁전 건너편에 웅크리고 있는 중앙은행 건물 안에 모였다. 그들은 정부의 준비금이 바닥났기 때문에 달러당 25바트로 고정된 바트화를 더 이상 매입할 수 없다는 말을 들었다. 정부는 고정환율제를 포기하고 변동환율제를 실시할 수밖에 없다는 결론을 내렸다.

오전 9시 정각에 외환시장이 문을 열자마자 바트화의 가치는 15%나 곤두박질쳤다. 그러다가 최종적으로는 60%나 가치가 폭락해 버렸다. 12월 초순이 되자 정부는 국내 상위 58개 금융기관 중에서 56개를 폐쇄했다. 방콕의 은행가를 주름잡던 사람들은 이제 전체 인구의 20%에 이르는 실업자 대열에 섞여 거리에서 샌드위치나 파는 신세로 전락했다. 이로 인해 방콕의 택시 운전사들에게는 새로운 관광코스가 생겼는데, 그것은 한때 방콕의 월스트리트로 불리던 아소케 가(街)를 택시를 타고 지나가면서 죽어버린 은행들을 구경하는 것이었다. 말하자면 축제가 끝난 것이다.

그러나 그것은 태국에만 국한된 일이었다. 나는 한 회의에 참석한 미국의 고위관리와 주요 경제인들이 "태국의 경제적 파산이 태국 국민들에게는 치욕스럽고 고통스런 일이겠지만, 피해액만 놓고 볼 때 태국 경제 전체가 입은 피해액이 샌디에이고 시가 입은 피해액보다 적은 1,850억 원밖에 안 된다는 사실을 잊지 말아야 할 것"이라고 강조한 사실을 기억하고 있다. 그들이 보기에 확실히 태국이 입은 피해는 대단한 것이 아니었다. 클린턴마저도 이 점에 동의하는 것처럼 보였다. 왜냐하면 국제공동체가 일본의 주도하에 태국에 대한 긴급 구제자금을 모금하기 위해 애쓰고 있을 때, 클린턴이 모든 문제는 세계가 번영으로 나아가는 "길에 놓인 사소한 걸림돌"[2)]에 지나지 않는다고 말하면서 미국을 모금활동에 동참시키고자 했기 때문이다.

그러나 이런 표현이 클린턴에게는 딸꾹질 한 번 한 것에 지나지 않았겠지만, 1994년 멕시코가 비슷한 문제들 고생했을 때 클린턴이 구제자금을 모금하기 위해 동분서주한 사실을 기억하고 있는 태국 국민에게는 위암 선고나 마찬가지였다. 또 태국 국민은 베트남전쟁 때 미국이 자신들의 도움을 받았다는 것도, 미국이 처음부터 자유무역과 금융시장 개방이란 복음서로 자신들을 개종시키기 위해 줄기차게 압력을 가해왔다는 것도 기억하고 있다. 상하이에서 수파차이가 내게 설명했듯이, 태국 국민은 이처럼 "길에 놓인 사소한 걸림돌"도, 미국이 자신들을 얼마나 무시했는지도 쉽게 잊지 않을 것이다.

그런데 태국만 갑작스런 경제파산을 겪은 것은 아니었다. 바트화가 폭락한 지 얼마 되지 않은 7월, IMF가 필리핀 화폐가치의 하락을 막기 위해 필리핀에 11억 달러의 차관을 제공하고 있을 때 말레이시아의 링깃(ringgit)화와 인도네시아의 루피아(rupiah)화도 가치가 하락하기 시작했다. 그와 동시에 한국의 기아자동차가 긴급차관을 요청했다. 10월이 되면서 링깃화는 같은 해 1월 대비 25%, 루피아화는 28%나 가치가 하락했다. 말레이시아의 마하티르 수상은 태국과 같은 파산을 예방하기 위한 노력의 일환으로 공채의 할인판매를 금지하고, 자본의 국내 유입량과 국외 유출량을 강력하게 제한하고 통제했다. 이로 인해 그는 미국의 최고위 관리와 국제금융계의 최고 실력자들로부터 심한 비난을 받았다. 그들은 마하티르의 조치가 말레이시아 경제에 대한 국제투자자들의 신뢰를 완전하고도 영구적으로 훼손했을 뿐 아니라, 말레이시아 경제를 영원히 저성장률의 굴레에 묶어두게 될 것이라고 주장했다.

그러나 마하티르 수상은 이런 비난에 굴하지 않고 국제적인 투기꾼들에 대한 신랄한 비판의 고삐를 늦추지 않았다. 그는 조지 소로스(George Soros) 같은 큰손을 얼간이라고 부르며, 투기꾼들이 활개를 치게 만들고 선진국을 따라잡을 수 없도록 개발도상국의 능력을 훼손하는 미국과 IMF의 정책을 날카롭게 비판했다. 마하티르 수상은 훗날 자신의 행정부 각료와 보좌관들이 자신이 말문을 열 때마다 링깃화의 가치가 떨어진다며 제발 비판적인 발언만은 삼가달라고 부탁하더라는 말을 나에게 한 적이 있다. "하지만 나는 단지 진실을 말했을 뿐"이라고 그는 덧붙였다. 그해 9월 홍콩에서 열린 IMF/세계은행 연례회의에 참석한 그는 세계 최대의 은행장들에게 외환무역은 부도덕한 행위로 금지해야 마땅하고 주장했다. 하지만 그의 이런 발언은 링깃화가 걸었던 길을 뒤쫓고 있던 인도네시아 루피아화의 가치마저 추락시키고, 엄청난 실업자를 양산하고 말았다.

동남아시아의 이런 혼란에도 불구하고 홍콩회의에 참가한 금융계의 리더들은 클린턴의 행보에 보조를 맞추는 듯 보였다. IMF의 리더들은 전자가축 떼가 동남아시아에서 모습을 감추고 있다면서 개발도상국에 대한 탈규제 압력과 금융시장 개방압력을 더욱 강화하여 세계 모든 투자자들이 자유롭게 활동할 수 있도록 조직의 성격을 변화시킬 필요가 있다고 주장했다. 그들은 태국과 인도네시아를 지원하기 위해 얼마간의 구제자금을 모금했지만, 당연하게도 말레이시아 같은 악동을 위해서는 한푼도 모으지 않았다. 그래도 전혀 문제가 없었던 것은 한 나라의 경제를 마음대로 주무를 수 있고, 또 실제로 그렇게 하고 있던 IMF라는 연출가의 의도를 충실히 따른 한국 경제에 관한 따끈따끈한 연례보고서가 그것이 옳았음을 여실히 증명해 주고 있었기 때문이다. 한국은 분명 IMF의 성공사례를 보여주는 거의 완벽한 증거였다.

홍콩에서 귀국한 우주의 주인들이 보따리를 풀어놓자 폭풍이 불어닥쳤다. 미국 달러에 대한 고정환율제를 고수하던 홍콩 달러가 역사상 가장 공격적인 투기꾼들의 공격목표가 되어버린 것이다. 거대한 다국적 헤지펀드들이 홍콩으로 몰려와 특유의 치고 빠지기 작전을 전개하기 시작했다. 그들은 홍콩 달러를 매도함과 동시에 홍콩 항셍 표준주식도 헐값에 팔기 시작했다. 그들은 홍콩 달러를 할인 판매하면 홍콩 정부가 미국 달러에 대한 고정환율제를 지키기 위해 금리를 올리겠지만 그로 인해 주가가 하락할 것이고, 그러면 그들이 노리는 단기차액을 확보하는 데 유리하게 작용할 것으로 판단했다. 실제로 그들은 최대의 이익을 남겼다. 그렇게 홍콩이 헤지펀드들에게 유린되는 동안 인도네시아는 IMF가 사상 최대의 실업자를 양산할 게 뻔한 긴축정책을 조건으로 제공하는 구제자금을 울며 겨자 먹기로 받아들일 수밖에 없었다.

한편 일본은 위기에 처한 지역경제를 살리는 데 버팀목으로 활용하기 위해 자신이 보유한 막대한 준비금을 주요 출자금으로 아시안 머니터리 펀드(Asian Monetary Fund)라는 금융회사를 창립할 계획이라는 소문을 퍼뜨렸다. 나도 일본이 그런 계획을 세우고 있다는 이야기를 듣고 워싱턴의 해당 관리들에게 진위 여부를 물었지만 극히 부정적인 답변만을 들었을 뿐이다. 홍콩이 그렇게 파산 직전까지 내몰리는 동안에도 한국 경제만은 가장 대표적인 IMF의 성공사례로 인정받고 있었다.

하지만 그 해 10월부터 한국 원화의 가치는 하락하기 시작했다. 11월이 되면서 한국의 대기업들은 국내외 투자자들의 투자 연기나 투자 중지 발표로 곤혹스러운 처지에 놓이게 되었다. 1996년 미국은 선진국들의 모임인 경제협력개발기구(OECD)에 한국이 가입하는 것을 적극적으로 도왔다. 한국은 모두 서구 국가로 구성된 OECD에 아시아에서는 일본에 이어 두 번째로 가입했지만, 그 때문에 미국의 협상가들이 한국에 금융시장 개방 압력을 가하기가 더 쉬워졌다. 한국이 OECD에 가입하면서 외국 은행들이 한국에 제공한 차관이 131억 달러로 급증하는 등 외국의 자금이 물밀듯이 밀려들어왔다. 미국의 거대 금융기관을 비롯하여 외국 은행들이 촉각을 곤두세우며 한국 금융시장의 문을 두드렸다. 당시 한국은 아무런 문제가 없어 보였다. 대통령 선거전이 한창이었고, 아무도 국내 외환보유고에 신경을 쓰지 않았다. 그러나 원화의 환율을 유지하기 위해 필사적인 노력을 기울이며 태국이 걸었던 길을 그대로 답습하고 있던 한국의 각료들은 1997년 12월 말 대통령에게 국내 외환보유고가 거의 바닥이 났다는 보고를 해야만 했다.

이때 새로운 기류가 워싱턴을 뒤덮었다. 결국 한국도 길에 놓인 사소한 걸림돌이 되어버린 것이다. 그러나 한국은 세계 11위의 경제대국으로 미국의 주요 전략적 동맹국이었다. 1997년 11월 홍콩 재무성이 과도하게 발행된 홍콩 표준주식을 대부분 매입해 들이면서 투기꾼들의 전성기는 막을 내리기 시작했다. 홍콩의 이러한 조치는 복잡한 작전을 통해서 시행되었지만, 결과적으로는 말레이시아를 드나드는 자금을 통제한 마하티르 수상의 조치와 크게 다르지 않았다. 단 홍콩은 도전적이던 말레이시아에 비해 신중하고 조심스럽게 사태에 대처했기 때문에 미국의 국내외 담당 고위관료들이 홍콩 경제를 마음대로 좌지우지할 수 없었다는 것이 달랐다. 그후 서울 주재 미국 대사관을 비롯하여 워싱턴의 재무부와 월스트리트의 전화통은 불이 났다. 그들은 미국 은행들이 한국에 투자한 돈을 회수하지 않은 것이 정말 잘한 일이었다느니, 이미 제공한 차관을 잘 굴리면 최고의 이익을 낳을 수도 있을 것이라느니 하면서 서로 소식을 주고받았다. 비록 한국이 투자범위를 제한하고 있다 하더라도, 한국이 지닌 투자가치가 매력적이라는 사실만큼은 부정할 수 없었던 것이다. 물론 한국의 투자범위 제한조치를 마하티르가 강행한 자본출입 통제조치와 같은 것으로 이해하기도 했지만, 한국이 경제력이 있다는 것은 사실이었고, 미국의 확실한 동맹국이라는 것도 분명했다.

실제로 그렇게 일이 잘 진행되었지만, 그것만으로는 충분하지 않았다. 1998년 봄 아시아의 출혈은 대부분 지혈이 되었지만, 종종 극단으로 치닫곤 하던 러시아가 국가부도를 내고 말았다. 이 부도사태는 브라질과 아르헨티나 같은 나라들에 대한 차관을 실질적으로 동결시켰을 뿐 아니라 미국 금융시장에까지 영향을 미치면서 전세계 신용시장을 얼어붙게 만들었다. 이로 인해 특별한 투자집단 하나가 심한 자금난에 시달리게 되는데, 미국 코네티컷 주에 본사를 둔 장기투자관리회사(LTCM) 소속의 헤지펀드들이 바로 그들이다.

이 펀드 회사는 극히 부유한 재력가만을 고객으로 삼는 회사 중 하나였다. 이 회사는 적어도 천만 달러 이상을 3년간 투자할 수 있는 고객만 상대했다. 그들은 일반인은 도무지 이해할 수 없는 복잡한 방식으로 투자를 하여 고객들에게 연 15% 내지 20%에 달하는 배당금을 약속했다. 그들의 투자방식을 일반인이 이해할 수 없는 것은 그들이 올바르지 못한 방법을 사용해서가 아니라 정말 일반인이 이해하지 못할 방법으로 투자를 하기 때문이다. 그런 투기꾼들을 보고 싶다면 노벨경제학상 수상자를 두 명이나 배출한 월스트리트에 가면 된다. 월스트리트에는 그런 돈굴리기의 명수들이 즐비하다.

사실 그들이 발휘하는 복잡한 수완 저변에 깔린 기본적인 생각은 비교적 간단하다. 비슷한 종목의 채권금리는 시간과 상관없이 비슷한 경향이 있다. 이런 채권들의 금리가 변한다면 놀랄 사람이 많을 것이다. 하지만 온갖 외부적인 요인으로 인해 단기간에 각 종목 간에 금리 차이가 발생할 수 있다. 그런 금리차가 발생할 때를 포착하여 유망한 종목에 집중적으로 투자를 한다면 거의 확실히 이익을 볼 수 있다. LTCM이 구사한 방법도 바로 이런 것이다.

여기에는 두 가지 핵심적인 관건이 있다. 첫째는 고객들의 투자금을 지렛대로 활용하는 것이다. 사실 이러한 채권 장사로 일차적으로 남길 수 있는 차액이나 이익의 폭은 극히 좁다. 하지만 그렇게 번 돈에다 고객들이 예탁한 투자금을 보태서 노리는 채권을 더 많이 집중 매입하는 식으로 자본을 늘려갈 수 있는 것이다. 두 번째 관건은 확률 계산으로, 여기에는 흔히 수학자들이 동원된다. 즉 손실을 막기 위해 금리차의 발생시점과 지속시간을 정확히 예측하여 집중 투자하는 뛰어난 수완이 요구되는 것이다. LTCM은 그것을 정확히 예측할 수 있는 최고의 수학자들과 최고의 전산모델들을 구비하고 있기 때문에 가장 많은 투자금을 유치하여 그것을 모두 집중 투자하는 도박을 벌일 수 있는 것이다. LTCM은 그렇게 3년 동안 고객들에게 연평균 34%에 달하는 배당금을 지급할 수 있었기 때문에 세계 최고의 재력가들을 투자 파트너로 삼을 수 있었다.[3]

1998년 봄이 되면서 LTCM은 투자자들에게 좀더 많은 투자를 요청했고, 그렇게 모아들인, 전보다 두 배나 많은 1조 달러에 달하는 투자금을 전부 집중 투자했다. 그러나 문제는 바로 여기에서부터 발생했다. 세계는 우스꽝스럽게 돌아가고 있었다. 전산모델에 기초한 모든 예측이 빗나갔다. 집중 투자는 기대에 못 미치는 결과를 낳았고, LTCM은 마치 구멍 뚫린 호스에서 물이 새듯 막대한 손실을 입었다.

이 사태는 LTCM과 고객들은 물론이려니와 몇몇 다른 주요 인사들마저도 당혹스럽게 만들었다. 그런 주요 인사 중 한 사람이 바로 세계에서 가장 중요한 중앙은행인 미 연방준비은행을 맡고 있는 (그리고 혹자는 세계에서 가장 중요한 사람이라고 말하는) 앨런 그린스펀(Alan Greenspan)이었다. 극단적인 자유주의 소설가 아이언 랜드(Ayn Rand)의 추종자이자 자유시장 경제의 주창자인 그린스펀은 미 의회에 증인으로 출석하여 LTCM을 변호하는 장광설을 늘어놓기도 했다. 그는 LTCM 같은 헤지펀드들은 손실액이 얼마인지 잘 알고 그것을 만회할 준비가 되어 있는 전문가집단이기 때문에 규제할 필요가 전혀 없다는 의견을 제시했다.

그러나 그린스펀의 눈앞에 닥친 위험은 전세계 금융체계를 붕괴시킬 만한 것이었다. LTCM이 만일 파산하게 되면 주요 은행들을 위기에 빠뜨리고 세계 금융체계 자체를 무너뜨릴 수 있을 정도로 많은 자금을 차입하여 그처럼 위험한 도박에 사용했기 때문이다. 그런데도 그린스펀은 눈앞에 닥친 그런 위기는 못 본 체하고 오히려 LTCM구제위원회를 발족시키자고 주장했다. 하지만 결국 그도 자본 유통을 통제할 수밖에 없었는데, 어쨌든 그 덕분에 그는 세계 금융체계를 안정적으로 유지할 수 있었다. 그뿐 아니라 그는 월스트리트의 몇몇 돈놀이 명수들을 위한 몫만큼은 확실히 챙겼다. 쿠알라룸푸르의 마하티르가 그 소식을 들었다면 아마 코웃음을 쳤을 것이다.

이렇게 해서 세계화의 또다른 얼굴이 드러난다. IMF와 많은 미국 고위관료들은 훗날 자신들의 실수와 실책을 인정했지만, 그 덕분에 미국은 대공황 이래 발생할 수도 있었던 최악의 세계 금융위기를 무사히 벗어날 수 있었다. 인도네시아, 말레이시아, 태국, 홍콩, 한국은 아직도 상처를 완전히 치유하지 못하고 있으며, 세계화를 추진해 온 미국과 관련 기구들의 무관심, 변덕, 오만, 무지를 똑똑히 기억하고 있다.

내가 시키는 대로 행동하라, 그러나 따라 하지는 마라

2002년 8월 6일 조지 W. 부시 대통령은 일련의 국제 자유무역협정 체결을 위한 협상에 나설 행정부 요원들의 자질을 향상시킬 목적으로 입안된 무역촉진특별법에 서명했다. 그러면서 부시는 "미국이 다시금 무역 개방 촉진을 위한 사업에 뛰어들었군요"라고 말했다. 그리고 그는 "좀더 많은 일자리를 만들어 미국인의 생활수준을 향상시키는 데 이 법안을 이용할 것"이라고 다짐했다. 이보다 앞서 열린 의회에서 그는 "무역 개방은 경제 발전의 기회에만 머물지 않는, 불가피한 도덕적 사명"이라고 강조한 바 있다.

이런 견해를 미 국무장관 콜린 파월이 더욱 구체화했다. 파월은 "자유무역과 세계화는 실제로 노동자를 비롯한 모든 사람의 권리를 장기간 증진시키는 것은 물론 환경문제 해결에 일조하고 경제적 평등을 촉진함으로써 모든 사람이 더 큰 부를 누릴 수 있게 만들었다"[4]고 말했다. 이어서 그는 부시 행정부가 "무역을 활성화하겠다는 단순한 이유 때문에라도 모든 기회를 이용하여 자유무역을 추구하기"로 결심했다면서 "자유무역은 미국인에게 희망을 주고 자녀 양육을 도와줄 뿐 아니라 최고의 자부심을 부여할 것이다. 그렇게 오르기 시작한 사다리에서 미국인이 다시 내려올 일은 앞으로 결코 없을 것"이라고 말했다.[5] 이처럼 부시나 파월이 한 발언 중에 새롭거나 특이한 것은 하나도 없다. 자유무역과 시장개방은 프랭클린 루스벨트 대통령 이래 미국의 모든 대통령이 반복적으로 내세운 정책이자 주문이기 때문이다.

그러나 이런 주문은 서아프리카 말리의 코로코로에서 면화농사를 짓고 있는 모디 상가레(Mody Sangare) 씨에게는 완전히 틀린 말이다. 〈월스트리트저널〉에 따르면, 부시가 특별법에 서명하고 소감을 피력하기 얼마 전에 모디 씨는 두 마리 소가 끄는 쟁기로 2주일을 갈아야 다 갈 수 있는 6헥타르의 목화밭을 갈기 시작했다. 그는 그런 중노동에 시달리면서도 수확할 면화가 좋은 값을 받으리라고는 기대하지 않았다. 올해 말리의 면화 재배 농부들이 수확한 면화의 가격은 생산비도 못 건졌던 지난해 가격보다도 10%나 더 떨어졌다. 그렇게 손에 쥔 2,000달러는 20명이나 되는 가족이 먹고살기에도 턱없이 부족한 돈이었다. 그렇게 면화가격은 떨어지는데 수입비료와 수입농약의 가격은 오히려 올라 몇몇 자녀는 학교교육도 제대로 받지 못하는 실정이었다.

〈월스트리트저널〉은 모디 씨가 이처럼 고달프고 불안하게 살아가고 있다는 기사와 함께 지구 정반대편 미국 미시시피 주 거니슨에 사는 켄 후드(Ken Hood) 씨의 기사를 실었다. 기사에 따르면, 모디 씨가 소가 끄는 쟁기로 밭을 갈기 시작할 즈음 후드 씨는 에어컨 바람이 시원하게 나오는 트랙터의 푹신한 운전석에 앉아 무려 4,000헥타르가 넘는 비옥한 옥토에 심어놓은 묘목에 비료를 얼마나 뿌려야 할지 가늠하기 위해 전지구 위치정보 시스템(GPS)을 확인하고 있었다는 것이다. 세계 면화가격의 하락에도 불구하고 후드 씨와 그의 가족은 더 많은 땅을 사들였다고 한다. 또 미국면화위원회 의장이기도 한 후드 씨는 "많은 이유 때문에 우리의 미래는 낙관적이다"라고 말한다. 미국 면화농가의 연평균 소득이 80만 달러라는 사실만 보더라도 후드 씨의 확신을 이해하기는 쉽다.

그러나 중요한 것은 그런 확신의 배경을 이해하고 모디 상가레 씨와 켄 후드 씨 사이에 놓여 있는 엄청난 격차를 이해하는 것이다. 논리적이지만 이해하기 쉬운 설명은 경쟁력이 있고 생산성이 있게 마련이다. 부시는 또다른 연설에서 "미국의 농부와 목장주들은 세계 최고의 생산성을 자랑한다"고 강조한 적이 있다. 이 점은 후드 씨의 풍요와 상가레 씨의 빈곤을 비교해 보면 쉽게 알 수 있다. 좁은 경작지와 소가 끄는 쟁기를 4,000여 헥타르의 농지와 현대적인 농기구들과 비교하는 것은 어리석은 일일 것이다. 어쩌면 후드 씨의 말처럼 "아프리카의 농부들은 앞으로 더 많은 면화를 생산하지 못할 것이다."

그러나 실제로 미시시피 삼각주 면화농가들의 면화 생산비용은 낮은 것이 아니다. 그들의 면화 생산비용은 0.4헥타르(1에이커)당 600달러로 세계에서 가장 높은 수준이다. 게다가 비료와 제초제 가격도 비싸다. 그런데도 거니슨의 농부들은 왜 모두 그렇게 낙관적일 수 있을까? 답은 쉽다. 그것은 정부보조금 때문이다. 모디 상가레 씨가 소의 고삐를 조이기 바로 며칠 전, 그러니까 켄 후드 씨가 트랙터에 올라타기 바로 며칠 전에 부시 대통령은 2001년 34억 달러였던 면화생산 보조금을 증액한다는 내용의 법안에 서명했다. 이 법안 덕분에 후드 씨는 거의 100만 달러에 달하는 정부보조금을 받을 수 있게 되었다.[6]

그러나 후드 씨를 비롯한 미국의 면화농가에게 돌아온 행운이 미국 납세자들 덕분만은 아니다. 그것은 말리와 같은 나라의 경제적 희생, 최종적으로는 미국인의 생명과 안전을 희생한 대가이기도 하다. 즉 오히려 그처럼 높은 생산비 덕분에 세계시장에서 말리와 같은 나라와 경쟁하는 미국이 세계 최대의 면화수출국이 될 수 있었던 것이다. 사실 서아프리카 국가들의 면화 생산량은 세계 3위에 해당한다. 정부보조금 덕분에 미국 면화농가들은 세계 면화 평균가격(2003년 1월 현재 1파운드당 50센트)보다 높은 1파운드당 70센트를 받을 수 있는 것이다.[7] 더구나 미국 면화농가들은 면화 재배면적에 제한을 받지 않는다. 그리 놀라운 일도 아닌 것이, 미국의 면화농가가 2001년에 생산한 면화는 모두 450만 톤이 넘는데, 이렇게 과잉생산된 면화를 세계시장에 내놓음으로써 전세계 다른 나라의 면화농가들은 수확한 면화를 손익분기점에도 못 미치는 값으로 시장에 내놓을 수밖에 없었다. 요컨대 미국의 정부보조금은 세계 최고의 생산비를 들여 생산한 미국 면화를 덤핑 가격으로 세계시장에 내놓을 수 있게 만들었고, 그것은 낮은 생산비로 면화를 생산하는 다른 나라의 면화농가들을 시장에서 퇴출시킴으로써 미국 면화의 시장점유율을 증가시켜 온 것이다.

그것은 정상적인 자본주의 방식이 아니다. 세계에서 가장 발전이 더딘 10개국 중 하나로, 국민들에게 미국과 같은 면화 보조금은 고사하고 기초 보건비와 교육비도 제대로 지원하지 못하는 말리와 같은 국가가 보기에는 더욱 파행적인 자본주의로 보일 수밖에 없다. 최근 세계은행의 보고서에 따르면, 미국이 정부보조금 지급을 중단하면 미국의 면화생산량은 줄겠지만, 중서부 아프리카 국가들이 2,500만 달러의 추가 수입을 올릴 수 있을 만큼 세계 면화가격 상승을 이끌어낼 수 있을 것이라는 계산이 나왔다. 그것은 하루 1달러도 못 되는 돈으로 연명하고 있는 이 지역 사람들에게는 행운이 될 것이다.[8]

정부보조금은 전세계적으로 면화 재배 농가의 숫자를 급격히 감소시키고 있다. 또 그것은 테러와의 전쟁을 치르는데서 핵심 관건인 빈곤 퇴치를 위한 미국의 노력도 약화시키고 있다. 발전 중인 세계에서 테러 집단의 발호를 더 쉽게 만드는, 빈곤과 불안의 악순환이라는 고리를 끊기 위해 미국 정부는 개발원조금과 무역 개방을 강조하기 시작했다. 예컨대 미국은 말리의 교육, 보건, 기타 개발 프로그램 지원비로 매년 4,000만 달러를 사용하고 있다.[9] 그러나 그 돈은 말리의 국영 면화회사가 세계 면화가격의 하락으로 입은 3,000만 달러의 손실을 제하면 거의 유명무실한 돈이다. 그 결과 이슬람교도가 1,100만 명이나 살고 있는 말리는 더욱더 큰 원한에 휩싸이고 있다. 말리 농업노동조합의 지도자 모디 디알로(Mody Diallo)는 이렇게 말했다. "미국은 우리 나라를 노리고 있다. 더 나아가 미국은 경제적·군사적으로 세계를 지배하고 싶어한다."

다행히 그런 원한의 감정이 아직 행동으로 폭발하지 않았지만, 가난에 찌든 많은 서아프리카인이 유럽의 도시로 몰려갔으며, 뒤에 남은 사람들은 파키스탄이나 중동의 모스크와 이슬람 신학교 등에서 종교적 훈련을 받고 귀국한 말리나 기타 서아프리카 출신 물라(mullah: 이슬람 율법학자)들에게 더욱 절실히 의지하게 되었다. 서아프리카인들은 미국식 세계화와 자유무역을 콜린 파월이 말한 희망의 길이 아니라 과격주의, 혹은 테러리즘을 자극하는 가혹하고도 위선적인 길로 이해하고 있다. 당연한 일이겠지만, 미국이 이런 문제에 대처하기 위해 사용하는 비용은 엄청나게 과잉 생산한 농산물에 지급하는 보조금이나 지원금과 맞먹을 것이다.

말리의 국영 면화회사 대표인 바카리 트라오레(Bakary Traore)는 창의적인 대안을 내놓는다. 그는 "미국은 면화를 재배하기보다 차라리 미국 농민들에게 그만큼의 돈을 지급하는 것이 훨씬 나을 것"이라고 말한다. 이 말은 확실히 옳다. 실제로 미시시피 삼각주 지역의 농부들은 면화보다 생산비가 훨씬 적게 들어가는 옥수수, 콩, 밀 등을 재배할 수도 있을 것이다. 이런 농작물은 정부보조금 없이도 세계시장에서 경쟁할 수 있다.

그러나 에드 헤스터(Ed Hester)는 이렇게 응수한다. "내가 가진 목화수확기로는 목화밖에 기를 수 없다." 그리고 에드와 그의 동료들에게는 미 상원과 하원의 농림위원회에서 강력한 영향력을 행사하는 친구들이 있기 때문에, 그들이 1년에 몇 번만 수확기를 이용하면 되는 면화 생산을 포기할 리는 만무하다. 그만큼 미국과 세계는 그 비용을 감당해야 할 것이고, 시간만이 그 사실을 증명해 줄 것이다.

철강은 영원하다

한편 2002년 3월 부시 대통령이 광범위한 수입 철강제품에 긴급관세를 물리기로 했다는 소식이 순식간에 세계에 알려졌다. 그런데 30%의 보호관세가 몰고온 충격파는 외국 철강 생산업체와 수출업체의 판매량과 이윤을 20% 감소시킨 반면, 미국의 철강 수요업체들이 부담해야 할 비용은 30%나 상승시켰다.[10] 정체된 세계경제를 다시 활성화한다는 목적으로 새로운 자유무역협상을 추진하기 위한 노력들이 한창 진행 중인 마당에 터져나온, 이러한 미국의 무역 보호조치는 전세계 각국에서 비등하는 비난의 화살을 피할 수 없었다. 그것은 지금까지 미국이 새로운 무역자유화를 외치며 강요해 온 원칙을 미국 스스로 어기는 일종의 폭력인 동시에, 우방국들의 염원을 다시 한 번 저버리고 미국의 이익만 중시하는 일방주의적 행위의 또다른 사례로 보였다. 실로 그것은 미국 대통령이 정당한 이유로 저지르는 잘못된 행동의 전형이었다.

이러한 예측불허의 변화로 인해 특정 분야의 산업이 특별히 상징적인 중요성을 갖게 되었다. 항공산업이 그 좋은 예다. 실제로 벌어들이는 수익이 거의 없는데도 경제적 이유에서든 비경제적 이유에서든 세계 거의 모든 국가가 적어도 하나씩은 항공회사를 보유하고 있다. 그래서 국적이 없는 사람은 비행기도 못 탄다는 말이 있을 지경이다.

철강도 바로 그런 경우다. 19세기에 증기기차가 다니기 시작하면서 철강은 산업혁명의 중추로서 일익을 담당해 왔다. 19세기 대부분의 기간 동안 대영제국은 철강 생산을 통해 세계를 이끌었고, 이러한 생산재의 우세를 등에 업고 세계 산업의 패자로 군림했다. 처음에는 독일이, 다음에는 미국이 영국을 따라잡기 위해 자국 산업 보호조치를 취했는데, 그런 산업보호주의는 새로운 강대국의 출현과 영국의 몰락을 예견하는 신호처럼 여겨졌다. 일본도 1900년대 초에 이 게임에 참여하게 된다. 2차 대전 후 결성된 유럽철강석탄공동체(EICC)는 유럽 공동시장 형성을 위한 선구자 역할을 수행하면서 오늘날 유럽연합의 기초가 되었다. 냉전기간 동안 소련의 흐루시초프(Nikita khrushchev) 서기장은 공산주의는 무엇보다도 철강 생산에서 우위를 차지함으로써 자본주의를 누를 것이라고 장담했으며, 한국, 말레이시아, 멕시코, 폴란드 같은 개발도상국들도 대부분 철강산업의 발전이야말로 산업화전략의 핵심을 이루는 지상과제라고 생각했다. 이런 과정을 거쳐 세계는 사상 최대의 철강생산력을 구비하게 된다.

일단 철강을 생산하기 시작한 용광로는 쉽게 가동을 멈출 수 없다. 처음 제철소를 건설하는 데만 적어도 10억 내지 20억 달러의 자금이 소요되는 철강업은 톤당 고정 총생산비가 35%에서 45%에 달하는 극도로 자본집약적인 산업이다. 이러한 고비용구조로 인해 고정비용 대비 수익률을 최소한으로 낮추어야만 철강의 생산과 판매 과정에서 발생할 수 있는 실질적인 손실을 만회할 타산성을 기대할 수 있다. 이런 사실과는 무관하게 제철소는 직접적으로는 많은 현장노동자를, 간접적으로는 생산시설을 관리하고 유지할 인력을 비롯하여 부품 공급업체, 수많은 관련 산업체를 필요로 한다. 그런 제철소가 있는 도시 혹은 지역사회에서 철강은 그 지역의 생명력을 유지하는 피와 같은 역할을 하게 마련이어서 그런 도시나 지역을 일반인들은 흔히 '철강도시'라고 부른다.

무엇보다도 19세기 후반에서 20세기 초까지 계급투쟁의 본산이기도 했던, 전통적인 산업으로서의 철강산업은 어디서나 강력한 노동조합을 탄생시켰고, 정치적으로 강력한 영향력을 발휘했다. 세월이 지나면서 새로운 제철소들이 곳곳에서 증설되었지만, 기존의 낡은 제철소들은 건재했다. 특히 미국의 제철소들은 흔히 가격경쟁을 통해 이전투구를 벌이는 대신 현재 가격을 유지하기 위해 대외적으로는 다른 나라와 카르텔을 형성하고, 국내적으로는 실질적인 정부보조금의 수혜자로 자리잡아 갔다. 그 결과 실제 수요를 훨씬 넘는 과도한 철강 생산능력이 축적되어 버린 것이다. 어떤 분석가들은 연간 10억 톤에 이르는 세계 철강 생산량의 3분의 1은 과잉생산이라고 말한다.[11]

지난 20세기 내내 과잉 생산된 철강은 대부분 미국 시장에서 판로를 찾았는데, 그로 인해 미국 철강업체가 수십 곳이나 도산함으로써 미국의 연간 철강생산량이 1,800만 톤으로 감소하고, 1982년 45만 9,000명에 달하던 철강노동자의 수가 13만 9,000명으로 격감한[12] 것도 사실이다. 이러한 괴로운 통계의 저변에는 미국 시장의 상대적 개방성, 산업별 정부지원금의 상대적 차별, 연금 및 건강 보험체계의 특수성이리는 세 가지 요인이 작용하고 있다.

미국의 보호주의가 거센 비판을 받고 있지만, 미국 시장은 다른 어떤 시장보다 진출하기 쉽다는 특이성 때문에 세계 각국이 선호하는 수출시장이다. 무역통계는 이런 사실을 극적으로 증명해 준다. 전세계 수입시장의 24.1%를 미국이 차지하고 있는 반면에 유럽연합은 19.3%, 일본은 10%에 지나지 않는다.[13] 그 이유 중 하나는 유럽과 일본을 비롯하여 다른 나라들이 일반적으로 수입을 제한할 목적으로 국내산업을 보호하고, 유망산업을 지원하며, 연관 기업들을 그룹으로 묶어 관리하는 정책을 펴고 있기 때문이다. 또 다른 요인으로는 공적 자금을 투입하는 방식으로 이루어지는, 자국 철강업체들에 대한 다른 나라 정부의 광범위한 지원, 부채 탕감, 혹은 위기 극복을 위한 인프라 제공과 같은 것이 있다. 이 모든 요인들은 결국 자국 기업의 경쟁력 회복을 목표로 한다.

마지막 요인은 연금이나 건강보험료 같은 '유증가능비용(legacy

costs)'이다. 외국의 경쟁 철강업체들에 대한 보호와 공적인 지원을 무시하더라도, 많은 미국 철강업체들은 생산비용을 극적으로 줄이고 미국 시장에서 가격경쟁력을 확보하기 위해 생산성을 높였다(1980년부터 2000년까지 미국의 1인당 1시간 노동생산성은 70.5톤에서 142.9톤으로 증가한 반면, 독일은 67톤에서 127.9톤으로, 일본은 63.2톤에서 134.1톤으로 증가했을 뿐이다).[14] 그러나 미국 업체들은 비용과 직원수는 줄였지만, 부담해야 할 연금과 건강보험료가 갈수록 늘어나면서 차츰 경쟁력을 잃게 되었다.

대다수 철강 생산국은 건강보험료와 연금을 공적 자금으로 충당한다. 물론 미국에서는 이런 비용을 고용주들이 부담하고, 특히 철강업주들은 미국철강노조와 맺은 협약에 따라 비용을 대부분 부담하고 있다. 협약에 따르면, 부양가족이 있는 퇴직자와 해고노동자들은 죽을 때까지 물가상승률이 반영된 연금과 건강보험료의 혜택을 받을 수 있다. 미국 정부의 압력에도 불구하고 체결된 이 협약과 그에 따른 유증가능비용으로 인해 13만 9,000명의 철강노동자들이 다른 산업노동자들보다 2배 내지 3배나 많은 연금과 건강보험료 혜택을 누리고 있는 것이다. 이러한 비용부담은 너무 클 뿐 아니라 철강산업의 경쟁력 향상에도 걸림돌이 되고 있다. 바야흐로 기업 인수합병과 생산시설의 대규모화가 세계적인 추세가 되었다. 이런 현상은 미국에서만 일어나고 있는 것이 아니다. 유증가능비용을 부담할 여력이 있는 기업이 없어졌기 때문이다. 따라서 유증가능비용 문제가 발목을 잡았다면 미국 철강과 베들레헴 철강의 경제적인 인수합병은 불가능했을 것이다.

미국의 철강산업이 안고 있는 문제를 해결하기 위해 미국 정부는 다른 나라 정부가 그랬듯이 이런 유증가능비용을 직접 감당하기 위해 장기간 노력해 왔다. 그런 노력의 일환으로 미국 정부는 미국의 산업에 피해를 줄 수 있는 중대한 원인이 발생할 경우 일정한 조치를 취할 수 있다는 미국의 통상법에 근거하여 수입품에 대한 긴급관세를 부과했던 것이다. 미국 통상법에 따르면, 미국의 산업계는 피해를 만회하기 위한 계획의 일환으로 관세 부과를 요청할 수 있다고 명시되어 있다. 그러나 역사적으로 그런 계획이 실현된 경우는 없었는데, 그것은 관세라는 것이 본시 가격경쟁을 막기 위한 일시적인 미봉책에 지나지 않기 때문이다. 자동차회사나 기계회사 같은 철강 수요자들의 생산비가 증가하면 자동차나 기계 산업의 경쟁력이 떨어질 게 뻔한 데다가 수출품의 타산성을 감소시키는 원인만 될 뿐 미국 경제의 효율성 향상에는 아무런 도움도 되지 않을 것이기 때문이다.

확실히 2002년 3월 미국 정부가 선택했어야 하는 노선은 정부가 유증가능비용을 일정량 부담하면서 산업경쟁력을 높이는 방향이어야 했다. 미국의 대표적인 철강회사의 사장과 만난 자리에서 나는 미국의 산업이 나아가야 할 방향은 그런 방향이라고 말해주었다. 그것이 미국 산업을 세계 최고 수준으로 유지할 수 있는 인수합병이나 기타 여러 가지 대응을 가능하게 하는 길이기 때문이다. 또 나는 유럽연합의 통상장관을 비롯하여 일본의 고위관료들에게 유럽이나 일본이 그러한 정책의 제물이 되지는 않을 것이라고 말해주었다.

반덤핑관세를 강요하는 부시 행정부의 판단은 산업정책에 타격을 줄 수 있는 것은 무엇이든 기피하는 시장 근본주의적 경제철학에 따라 판단해 온 철강노조를 만족시키기 위한 정치적 욕망의 반영일 뿐이다. 미국 정부가 철강업계의 문제에 반응한 것은 분명 옳았다. 하지만 그 대응방식은 다른 나라들의 극히 부정적인 반응을 야기했을 뿐 아니라 미국의 신뢰성마저 떨어뜨렸다. 미국은 새로운 무역자유화 협상을 요구하면서도 동시에 당면한 정치적 문제를 해결하기 위해 폭력이라고도

할 수 있는 미국식 자유무역 교리를 손쉬운 대책으로 내세워 미국의 철강산업이 떠안아야 할 비용을 다른 철강 수출국들에게 떠넘기고 만 것이다.[15]

기적의 원천

세계화는 또다른 얼굴을 가지고 있는데, 그것은 내가 익히 접한 것들 중 하나다. 나는 1958년 교환학생으로 뉴욕을 떠나 유럽의 암스테르담으로 가는 뱃길에서 그 얼굴과 처음으로 조우했다. 당시 내가 탄 여객선은 열흘 만에 유럽에 도착했는데, 요즘 같으면 비행기로 예닐곱 시간이면 충분히 갈 수 있는 거리다. 나는 암스테르담의 거리나 운하 주변 등 상상할 수 있는 장소마다 수천 대의 자전거가 주차되어 있는 것을 보고 놀랐던 기억이 있다. 나는 당시 열여섯 살이었고, 몇 달 전에 처음으로 내 차를 갖게 된 참이었다. 그러나 암스테르담에서는 심지어 할머니들조차 자전거를 타고 다녔다.

나는 암스테르담에서 스위스 바젤까지 기차여행을 한 적이 있는데, 증기기관차를 함께 모는 철도원과 그의 손자 간에는 화기애애한 분위기가 넘쳐보였다. 미국에서 나는 그런 모습을 본 적이 없다. 나는 알프스 산맥 기슭에 자리잡은 스위스의 작은 마을에 머물렀는데, 거기에서 나는 더운물과 찬물을 반씩 섞어서 하는 샤워와 하루분의 음식조차도 보관하지 못할 정도로 작은 냉장고 덕분에 매일 식료품을 사러 시장에 가는 것에 익숙해지게 되었다. 당시 유럽은 개발도상국들만큼 가난하지는 않았지만 미국만큼 부자도 아니었다.

나는 1964년 대학원 공부를 위해 일본으로 갔다. 당시 노먼 맥레이

(Norman McRae)는 〈이코노미스트〉에 발표한 글에서 일본이 '기적'을 이루었다고 선언했다. 하지만 나는 일본에서 기적 같은 것을 발견하지 못했다. 대신 나는 거기에서 다시 한 번 자동차보다 훨씬 많은 자전거의 행렬을 만났다. 나와 아내는 일본인 친구들이 '호사스러운' 집이라고 부르는 공동주택에 세 들어 살았다. 하지만 더운물도 잘 나오지 않았고, 화장실과 가스레인지도 없었으며, 밥도 석유곤로로 해먹었다. 우리는 밤에는 바닥에 요를 깔고 잤고, 유료 공중화장실을 이용했으며, 딸아이의 기저귀도 분젠등처럼 생긴 양동이에 담아서 끓여 빨았고, 도쿄의 오염된 공기 때문에 마스크를 쓰고 살아야 했다. 우리는 차로 관광을 가기 전까지는 후지산을 본 적도 없었다. 일본인 친구들은 일주일에 6일을 일했고, 휴가도 없었다. 그들은 미국에서라면 캠핑이라고 해도 좋을 그런 조건에서 생활했다. 당시 일본은 그리 심하게 가난하진 않았지만, 미국은 차치하고라도 유럽보다도 가난했다.

나는 2년 후 암스테르담 주재 미국 영사관의 부영사로 다시 네덜란드로 가게 되었다. 8년 사이에 그곳은 놀라울 정도로 변해 있었다. 자전거는 사라지고 오토바이와 자동차가 거리를 누볐으며, 기차는 디젤기관차나 전동차로 바뀌어 있었다. 경제성장으로 인해 일반가정의 난방은 북유럽의 천연가스를 사용하는 중앙난방식으로 바뀌었고, 색다른 멋이 있던 작은 식료품 가게들도 대형 슈퍼마켓에 자리를 내주고 말았다.

나는 이런 급속한 발전의 핵심 요인이 무엇인지 곧 알게 되었다. 미국 총영사는 나의 임무가 네덜란드에 대한 미국의 투자를 촉진하여 로테르담 항구의 지속적인 발전을 꾀함으로써 네덜란드의 대미수출을 늘리는 것이라고 말했다. 당시만 해도 그것을 세계화라고 부르지는 않았다. 프랑스의 작가 장자크 세르방슈라이베(Jean-Jacques Servan-

Schreiber)는 자신의 베스트셀러에서 그것을 '미국의 도전(Le défi américain)'이라고 불렀다. 그것이 무엇으로 불리든 로테르담은 이미 미국 자본이 유럽으로 유입되는 관문으로서, 천연자원을 가공하는 공장들이 건설되고, 거기에서 생산한 제품들을 거대한 미국 시장으로 수출할 상선들이 집결하는 세계 최고의 무역항으로 변해 있었다. 그런 국제적인 무역과 투자 덕분에 네덜란드를 비롯한 유럽은 미국에 버금갈 만큼의 경제력을 갖추게 된 것이다.

1972년 나는 벨기에 브뤼셀에서 살면서 스콧페이퍼 사의 유럽 마케팅을 담당했다. 나는 유럽 각국에 설치된 스콧 사의 판매망을 연계시키는 통합 마케팅 계획을 수립하기 위해 노력하는 과정에서 세계자본주의의 힘을 완전히 새로운 유럽의 경제력으로 변모시키기 위해 노력하고 있는 유럽의 지도자들에게 깊은 감명을 받고 그들에게 존경심마저 느낀 적이 있다.

1976년 나는 다시 일본으로 발령받았다. 그때서야 나는 비로소 맥레이가 일본의 기적이라 부른 것이 결국 옳았다는 사실을 발견했다. 도쿄의 교통체증은 이미 일상이 되었고, 집집마다 오푸로스(ofuros) 변기가 설치된 화장실이 있어 공중화장실 사업은 급속히 사양길을 걸었으며, 토요일에는 오전근무만 하게 되었다. 또 "일본인은 미국인이 구입하려는 물건을 하나도 못 만들 것"이라고 말한 존 포스터 덜레스(John Foster Dulles) 전직 미 국무장관의 평과는 달리, 일본은 미국과의 무역에서 엄청난 흑자를 올렸을 뿐 아니라 흑자폭도 계속 늘어나고 있었다. 도쿄 주재 미국 대사관에서 일하고 있던 나의 친구 중 한 명은 자신이 하고 있는 일본의 대미수출 촉진사업이 내가 했던 네덜란드의 대미수출 촉진사업보다 훨씬 좋은 성과를 올렸다며 자랑을 늘어놓기도 했다.

내가 레이건 행정부의 무역협상가로 활동할 무렵 미국의 대일 무역적자는 158억 달러에 달했고, 또 미국의 연간 무역적자 총액은 사상 최대인 270억 달러에 육박하고 있었다.[16] 많은 분석가들은 이런 적자가 일시적인 것이라고 말했고, 통상부장관 맬콤 볼드리지(Malcolm Baldrige)는 내가 할 일이 바로 그런 무역적자를 줄이는 일이라고 말해 주었다. 그러나 1986년 대일 무역적자가 550억 달러, 연간 무역적자가 총 1,500억 달러에 달하면서 내가 실패했다는 것이 확실해졌다. 그 길로 나는 무역협상에 관한 책이라도 한 권 쓸 수 있는 행운이 나에게도 올지 시험하기 위해 행정부를 떠났다. 나는 미국의 연간 무역적자(기술적으로는 경상수지 적자)가 2002년 말 현재 5,000억 달러까지 늘어날 줄은 전혀 상상하지 못했다. 그런 적자 수치는 많은 방향에서 엄청난 의미를 지니고 있지만, 그중에서도 가장 중요한 의미는 그 수치가 세계화를 추진해 온 미국이 세계의 부를 늘리는 데 얼마나 크게 기여했는지를 보여주는 척도라는 데 있다.

그러나 이러한 미국의 적자사태는 우연이 아니다. 2차 대전 후 미국은 1차 대전의 후유증이 초래할 실수를 피하기로 결정하고 오늘날 '국가 재건'이라고 불리게 될 일련의 정책을 채택했다. 마셜플랜(Marshall Plan)은 유럽의 재건을 위해 오늘날의 달러로 900억 달러가 넘는 자금을 쏟아부었고, 도지플랜(Dodge Plan)은 일본의 전후 복구사업에 결정적으로 기여했다.[17] 그리고 그런 플랜들의 초석이었던, 달러를 토대로 하여 국제 금융시장을 안정시키기 위해 국제통화기금(IMF)을 창설하는 한편, 개발도상국을 위한 핵심 자금원으로 세계은행을 설립한다. 미국은 설립 당시부터 지금까지 이 두 기구에 가장 많이 투자한 나라였다.

이 당시 어쩌면 가장 중요한 사건은 미국과 주요 동맹국들이 관세를 축소하고 진정으로 범세계적인 자유무역을 실현하기 위해 관세 및 무역에 관한 일반협정(GATT)을 체결했다는 사실일 것이다. 1947년 제네바에서 체결된 이 협정이 약 반세기 후인 1994년에 체결된 우루과이 라운드로 이어지는 동안 미국은 산업화하는 세계의 관세를 축소하고 공식적인 무역장벽을 무효화하려고 했다. 그 기간 동안 적어도 선진국들 사이에서만큼은 자유무역의 적용범위가 광범위하게 확장되어 왔다. 그러나 처음부터 미국은 무역 파트너였던 유럽과 일본의 사정을 고려하지 않은 채 급격히 관세만 축소했다. 매우 중요한 사실은 미국도 달러의 가치를 유지하기 위해 25년간 고정환율제를 실시했다는 것이다.

그런데 무역 파트너들의 급속한 회복과 발전은 전쟁이 끝나자마자 순식간에 세계를 장악했던 미국의 거대한 생산성을 급격히 떨어뜨렸다. 결국 미국 정부가 직접 나서서 미국 산업계로 하여금 해외투자, 기술특허, 수입 확대 등을 통한 발전에 힘쓰도록 촉구함과 동시에 그런 노력들을 지원하기에 이른다. 그 일례로 모토롤러 사의 전 회장 로버트 갤빈(Robert Galvin)은 1957년 아이젠하워 대통령으로부터 미국의 경제를 강화하고 미국과 동맹국의 결속을 다지기 위해 일본으로부터 수입을 늘리라는 주문을 받았다고 전한다.

유럽이 처음 미국에 수출하기 시작한 폴크스바겐의 유명한 자동차 '비틀(Beetle)'은 1958년 미국 자동차시장 점유율 5%를 차지하는 대단한 저력을 발휘했으며, '영국 자전거'라고 알려진, 변속기어와 가죽 타이어를 장착한 자전거도 인기리에 판매되었다.[18] 그러나 갤빈 같은 사람의 지원을 등에 업은 일본이 재빨리 유럽을 따라잡았다. 일본은 특히 수출주도 경제성장 전략을 채택하고 있었다. 내가 처음 도쿄에 갈 1964년 당시만 해도 일본의 가전제품은 미국 시장의 상당 부분을 장악하고 있었고, 또 그 여세를 몰아 급속히 시장점유율을 넓혀가고 있었다. 일본 자동차의 미국 시장 진출은 다른 제품보다는 다소 늦었지만, 섬유·

철강 · 부품 분야는 이미 미국의 제조회사들을 앞지르고 있었고, 그로 인해 심각한 무역분쟁이 발생하기도 했다.

그 이후 이야기는 이미 잘 알려져 있다. 일본은 미국의 몇몇 핵심 산업과 기술을 따라잡고 능가하기까지 했으며, 환율을 고려한다면 오늘날 일본은 어떤 면에서 미국보다 높은 1인당 국민소득을 향유하게 되었다. 한국, 대만, 홍콩, 싱가포르, 말레이시아는 그런 일본을 빠르게 모방하고 배우면서 새로운 돌풍을 일으켰다. 이 국가들은 자국에 공장을 설립하면 생산비를 절감할 수 있다고 선전하면서 외국 투자자와 (미국을 비롯한) 외국 회사들을 끌어들이기 위해 안간힘을 썼다. 그렇게 얼마 지나지 않아 세계인들은 이들 국가를 아시아의 '호랑이'니 '용'이니 하고 부르게 되었다. 좀더 최근에는 북미자유무역협정(NAFTA)이 체결되면서 멕시코의 수출이 137%나 늘어났고, 그 덕분에 멕시코는 (캐나다 다음으로) 두 번째로 큰 미국의 무역 파트너가 되면서 미국 투자가들의 주요 표적이 되었다.[19]

세계경제 전체를 조망해 볼 때 지난 50여 년 동안 점점 자유화되어 온 무역은 세계의 GDP를 매년 4%씩 성장시키고, 세계 수출입액을 무려 100배 이상 성장시킨 주요 요인이었다.[20] 무엇보다도 중국과 인도가 새로운 산업경제국으로 부상함으로써 세계의 빈곤 수준을 현저하게 낮추었다. 세계 최고의 인구를 자랑하는 이 두 나라 국민 수백만 명이 하루 최저생계비인 2달러가 넘는 일당을 벌게 된 것이다. 여기에 미국이 중심적이고 독보적인 기여를 했다는 사실은 아무리 강조해도 지나치지 않다. 미국이 엄청난 적자를 감수하면서도 아시아 수출품의 25%, 라틴아메리카 수출품의 60%를 소화하면서 미국의 전세계 투자총액의 30%를 개발도상국에 공장을 설립하는 데 직간접적으로 투자하고 있기 때문이다.[21]

그렇다면 세계화가 미국인이 아닌 사람에게도 좋은 일일까? 아니, 그보다는 이렇게 묻기로 하자. 즉 세계화가 진정 세계인들의 복지 향상에 기여했는가? 그런지 여부를 지금부터 알아보기로 하자.

그러나 미국이 가진 것은 모래통밖에 없다

오늘날의 세계 경제체제는 1944년 미국 뉴햄프셔 주에 있는 휴양지 브레턴우즈에서 체결한 협정에 바탕을 두고 있다. 이 협정은 2차 대전의 결과로 나타난 금융구조의 핵심 요소들에 동의하는 미국의 동맹국들이 체결했는데, 대공황이나 파시즘의 등장 같은 경제적 대재앙을 초래할 수도 있는 '자국 중심적' 보호주의 무역정책과 통화 평가절하 경쟁을 반복하는 우를 다시는 범하지 않게 하자는 데 그 목적이 있었다. 브레턴우즈에서 미국과 영국이 결의한 것은 새로운 국제체제는 개방을 촉진하고 상호 동의하에 특별한 난제들에 대처한다는, 보편적인 규칙을 따라야 한다는 것이었다. IMF도 바로 이곳에서 새로운 체제의 조정기구로 설립되었으며, 세계은행 역시 이곳에서 제3세계 국가들의 발전을 위한 다국적 자금을 관리·운용하기 위해 창설되었다. 미국은 두 기구의 결정을 좌우하는 투표권을 달라고 줄기차게 요구했고, 결국 그만한 권리를 확보했다.

그런데 영국의 경제학자 케인스(John Maynard Keynes)가 금본위제로 복귀하거나 방코르(Bancor)라는 새로운 국제통화를 만들자고 주장하면서 새로운 국제 지불체계의 본성을 둘러싸고 격론이 벌어졌다. 케인스의 논리에 따르면, 새로운 통화는 체제구성원 전체를 동일한 출발선에서 경쟁할 수 있게 한다고 한다. 그렇게 해야만 체제를 지속적으로 평등하게 운용할 수 있다는 것이다. 즉 그는 만약 어떤 나라가 무역적자를 보기 시작했다면, 단순히 그 나라의 통화가치만 평가절하하기보다 그런 난관을 수출로 이겨내기 위한 국내경제 긴축정책을 채택하는 것이 나은데, IMF는 그런 긴축정책 대신 단기차관을 제공함으로써 적자문제에 안이하게 대처하도록 만들 수 있다고 지적했다. 따라서 무역흑자국들은 경기활성화 정책을 취해야 하지만, 동시에 그런 흑자국들의 수출품에 단기관세를 부과할 수도 있다는 것이다. 그와 더불어 국가들 사이에 유통되는 자본은 국가의 금리정책이 국내경제에 효과적으로 부응할 수 있도록 엄격히 규제되고 통제되어야 한다는 것이다.

그러나 미국은 끝내 방코르가 아닌 달러가 국제통화가 되어야 한다고 고집했다. 왜냐하면 다른 나라들이 대부분 달러에 대한 고정환율제를 시행하고 있는 데다가 달러는 값이 고정된 금과도 자유롭게 환전할 수 있기 때문이라는 것이다. 더구나 환율의 변화는 IMF의 동의하에서만 가능한 것으로, 결과적으로 미국의 뜻에 좌우되는 것이었다. (국제적인 자금 유통의 기회를 제한하는) 자본 통제 역시 무역흑자국들에 부과되는 단기관세를 제외하면 미국의 최종적인 동의를 받아야 하는 것이었다. 무역적자국들은 적자를 메우기 위해 IMF가 제공하는 단기차관을 받아들 수밖에 없었으므로 자동적으로 미국의 뜻에 길들여질 수밖에 없었고, 또 그때는 그렇게 해야 한다는 분위기가 지배적이었다.

새로이 등장한 이 체제는 모두의 예상을 뛰어넘는 성과를 보였다. 1947년부터 1961까지 무역관세가 73%나 내림으로써 국제무역이 급격히 발전했고, 유럽과 일본의 경제는 기적으로 보일 만큼 급속도로 회복됐다.[22] 2차 대전 후 몇 년간 무역에서 엄청난 흑자를 보던 미국은 1960년대 초에 들어서자 감당할 수 없는 적자로 돌아서기 시작했다. 그것은 경제적 생산성이 높아진 유럽과 일본 상품의 경쟁력이 상대적으로 더 개방된 미국 시장에서 날로 증가했기 때문이다. 미국은 달러만 주면 원하는 것은 무엇이든 살 수 있다는 이점 때문에 달러가 국제통화가 되어야 한다고 고집했다. 그러나 무역적자는 예상치 못한 문제를 노출시켰다. 케인스가 무역흑자국의 수출품에 부과하자고 주장한 단기관세를 제외하면, 유럽이나 일본의 통화가치를 올리거나 수출을 줄이려는 압력이 전혀 없었기 때문에 유럽이나 일본은 막대한 달러를 축적하기 시작했다.

유럽과 일본은 자국의 은행 시스템을 이용하여 무역흑자로 벌어들인 달러로 여유준비금을 효과적으로 비축할 수 있었다. 하지만 이렇게 축적된 달러는 자금의 과잉공급을 초래하여 인플레이션을 유발할 수도 있었다. 요컨대 미국의 무역적자는, 그것이 달러로 계산되는 한, 인플레이션의 수출인 동시에 미국이 주장하는 체제에 속한 모든 나라에 적용되는 원칙을 미국 스스로 배반한 하나의 본보기였다.

그러나 처방약은 있었다. 미국은 다른 나라들이 달러를 국제적인 지불단위로 받아들인다면, 금에 대한 달러의 가치를 고정시켜 달러를 고정된 가격의 금과 자유롭게 교환할 수 있도록 하겠다고 약속했다. 프랑스를 위시하여 몇몇 나라가 보유하고 있던 달러를 금과 바꾸기 시작했다. 그러자 미국이 비축하고 있던 금의 양은 1960년대 내내 감소했다. 바야흐로 다른 나라들도 지키는 원칙을 똑같이 지킴으로써 시스템을 보존하고 국내 긴축정책을 채택할 것인지, 아니면 시스템을 폐기할 것인지의 기로에 서서 번민하던 미국은 결국 시스템을 폐기하고 말았다. 무엇보다도 시스템의 폐기는 미국과 같은 강대국이 일방적으로 행동하기 쉽게 만들었다.

세금 인상 없이 베트남전쟁 비용과 미국 경제에 불가피한 인플레이션을 유발할 위대한 사회(the Great Society) 국내 프로그램 추진 비용을 마련하기 위해 미국이 국제사회에 가하던 지불압력도 한계에 다다른 1971년 3월 3일, 닉슨 대통령은 금과 달러의 전환 가능성을 전격적으로 차단해 버렸다. 이 조치는 금본위제 대신 사실상의 달러본위제를 창출하여 달러를 세계 공식 통화로 만들어버렸고, 그 덕분에 미국은 이제 나머지 세계에 대해 책임을 지지 않아도 되게 되었다. 이로 인해 다른 나라의 통화는 달러를 기준으로 오르내리게 되었고, 그 나라의 경제는 변덕스러운 미국의 경제정책에 적응해야만 했다.

결국 1974년 새해 첫날 자본에 대한 모든 통제가 사라지면서 미국은 비로소 달러 자체의 중요성이나 다른 나라에 대한 책임에 신경 쓸 필요 없이 명실상부하게 달러로 원하는 모든 것을 살 수 있게 되었다. 이로써 진정한 자유가 도래했다. 다른 나라들이 보기에 닉슨 정부의 국무장관 존 코널리(John Connally)가 한 다음과 같은 말은 미국의 견해를 완벽하게 표현하는 것이었다.

우리에게는 문제가 있다. 우리는 그 문제를 다른 나라들과 공유해 왔다. 그와 똑같이 우리는 우리의 번영도 공유해 왔다. 그것이 바로 우리의 친구들이 바라는 것이다.

실제로 세계에서든 통용되는 화폐를 무제한 찍어낼 수 있는 능력은 미국이 세계화의 기본 틀을 형성하는 데 엄청난 이점을 안겨주었다. 그중에서도 가장 중요한 이점은 그런 능력이 미국을 세계 최후의 소비자로 만들 수 있었다는 데 있다. 즉 미국인은 저축을 하지 않아도 되고, 아무리 무역적자가 많아도 감당할 수 있게 된 것이다. 다른 나라 사람들은 언제나 어느 정도의 무역수지 균형을 유지해야만 그들이 생산한 만큼이라도 겨우 소비할 수 있는 반면에, 미국인은 필요한 것을 사기 위해 무언가를 팔지 않아도 상관이 없었다. 또 달러본위제는 미국 기업의 해외투자를 대단히 쉽게 해주었고, 20세기 말까지 미국의 해외투자액이 1조 1,000억 달러에 이를 동안 누적되어 온 6조 달러의 무역적자조차 감당할 수 있게 만들었다.[23]

그러나 달러가 미국이 사용할 수 있는 유일한 도구는 아니었다. 엄청난 규모의 시장, 가히 세계 공용어랄 수 있는 영어, 막강한 군사력은 달러와 더불어 미국을 세계화의 운전수 역할을 무난히 수행할 수 있게 했다. 영화산업과 텔레비전 방송 산업 역시 일익을 담당해 왔다. 미국에서 영화를 제작하거나 방송국을 하나 차리면 미국 국내만 해도 일단 2억 8,000만 명의 잠재적인 시청자를 확보할 수 있는 반면, 프랑스에서는 6,000만 명, 독일에서는 8,000만 명밖에 기대할 수 없다. 물론 중국이나 인도라면 10억 명 정도의 시청자를 기대할 수 있겠지만, 철저히 국내에 한에서만 그런 기대가 가능할 뿐이다. 그러나 미국의 영화나 방송은 미국의 시청자들을 비롯하여 영어를 제2의 공용어로 사용하는 전 세계 사람들이 잠재적인 시청자가 될 수 있기 때문에 수십억 명의 시청자를 기대할 수도 있다. 따라서 미국인이 다른 나라 사람들보다 많은 영화, 텔레비전 쇼, 음반을 제작하고, 미국의 대중문화가 전세계적으로 유행하는 것도 그리 놀랄 일은 아니다.

그런 역동성은 다른 영역에도 작용하고 있다. 미국의 군사력은 미국이 단연 세계 최고의 무기 공급국이라는 사실을 의미하기도 하지만, 미국이 세계 최고의 기술을 유지하기 위해 막대한 자원을 유통시킬 수 있다는 의미도 내포한다. 예컨대 인터넷은 미 국방부 산하 고등군사연구계획국(ARPA)이 개발한 컴퓨터 네트워크 ARPA-Net에서 발전한 것이다. 이처럼 25년 전에 탄생하여 독특하게 발전한 인터넷이 지닌 의미는 오늘날 전세계 인터넷 통신의 75%가 미국을 경유하여 이루어지고 있으며, 그중 일부를 미국인이 직접 운영하고 있다[24]는 사실에서도 엿볼 수 있다. 결론적으로 미국의 군사력은 미국을 세상에서 가장 안전한 곳으로 만들면서 달러의 역할을 한층 더 강화하는 데 초석이 되었다.

그런데 이처럼 세상에 달러가 넘쳐나는데도 세계가 끊임없이 달러에 목말라 하는 이유는 무엇일까? 이처럼 불확실한 시대에, 사람들이 어디에다 돈을 보관할지 몰라서 그러는 것일까?

이처럼 희한한 사정 덕분에 나와 같은 미국의 협상가들이 활약할 경기장이 생겼을 것이다. 이 게임의 초반에 미국은 정치적으로 민감한 농산물시장과 섬유시장을 효과적으로 보호하기 위해 자유무역 규칙의 적용을 받지 않는 여러 가지 특혜를 획득했다. GATT체제가 발효된 후 처음 20년 동안 미국의 협상가들은 무역 상대국들과의 상호 개방 없이도 미국의 다른 산업분야를 비롯하여 자유롭게 개방된 미국 시장이 우월한 경쟁력을 유지하리라고 생각했다. 그러나 1970년대 미국의 수입이 급격히 증가하자 미국 외교관들의 언성이 높아지기 시작했다. 미국의 자동차업체와 컬러텔레비전 생산업체들은 일본과 같은 수출국들에게 '자발적으로' 수출을 억제해 줄 것을 요청하면서, 수출보다는 아예 미국에 공장을 설립하는 것이 현명한 처신임을 강력하게 시사했다.

이처럼 보호주의라는 금단의 열매를 향유하면서도 자유무역의 가치를 줄기차게 선전하는 미국의 태도는 냉소적이고 위선적으로 보였다. 물론 미국의 무역 파트너들이 도를 넘긴 했어도 그들이 선택할 수 있는 폭은 극히 좁았다. 비록 제한적이긴 하지만 미국의 소비자들은 중요한 고객이었고, 그러니 어찌되었든 모든 대미수출국은 미국의 특별 조사단이 보호주의의 장벽을 낮추어주기를 원했다. 그런 제스처 놀이는 수입 관련 일자리를 잃은 유권자들의 지지 하락을 염려한 미국 정치인들이 대미수출국들에게 더 이상 보호주의적 압력을 가할 수 없게 만드는 데도 이바지했다.

그러나 미국의 협상가들이 선호한 방향은 다른 나라들에게 시장개방 압력을 가하고, 특별히 경쟁력이 있는 (혹은 영향력이 있는) 미국의 산업과 기업에게 이익이 될 만한 규칙을 만드는 것이었다. 이것이 현명한 정책이긴 했지만, 그것은 실행과정에서 뜻밖의 결과를 낳았다. 미국은 산업정책이나 경제전략상의 어떤 변덕도 원칙적으로는 거부했기 때문에, 협상의 안건이나 일정은 대개 우연과, 감정에 근거한 기업의 로비활동에 따라 결정되었다. 따라서 미국 기업의 경쟁력이 큰 담배도 미국 무역대표단의 시장개방 대상목록에 포함되었다. 그런데 그때 마침 아토니제너럴 사가 만든 담배의 연기가 폐암을 유발할 수 있다는, 검증되지 않은 여론 때문에 미국 담배업체들이 소송을 당했다. 어떤 논평가들은 미국이 왜 폐암까지 수출하려고 드는지 모르겠다며 의문을 제기하기도 했다.

지적 재산권 보호도 대단히 강조되는 분야다. 이 개념은 전적으로 서양의 산물이다. 다른 나라들이 보기에 미국은 앞선 시대 사람들의 덕을 보고 있는 것에 불과하다. 따라서 어쩌면 전적으로 내가 발견했을 수도 있는 개념이나 나만의 특별한 아이디어라는 개념은 이기주의적으로 보일 것이다. 그럼에도 그런 아이디어들이 미국 첨단산업의 원동력이 되고 있다. 또 미국 협상가들은 그런 아이디어들을 국제무역 규칙에 따라 강력한 특권과 저작권 보호를 통해 하나로 묶고, 그것들의 권리를 철저히 관철할 수 있는 우선권을 확보하는 데 사용한다. 또다른 예로는 항공기나 반도체 같은 전략제품을 생산하는 기업들이 몇몇 개발도상국이 자국 시장에 제품을 판매하는 조건으로 요구하는 투자에 반대하는 것을 꼽을 수 있다. 나아가 미국의 협상가들은 그런 요구를 금지한다는 조항을 무역규칙에 포함시키는 데 성공하게 된다.

미국의 외교를 세계의 입방아에 오르게 한 또다른 문제는 일본 은행들이 국제 자본시장을 장악해 가는 듯 보이던 1980년대 후반에 발생했다. 미국 재무부가 은행들의 대차대조표상 자산 증가를 요구하는 바젤협약(the Basle Accord)을 주도한 것이다. 이 협약은 전형적으로 일본 은행들보다 높은 기본자산을 요구하던 미국 은행들의 활동반경을 거침없이 넓혀주었다. 그뿐 아니라 미국 은행들은 이 협정 덕분에 한때 경상수지 적자를 메우기 위해 미국 재무부가 궁여지책으로 발행한 어음의 실제 구입량을 줄일 수 있었다.

1980년대에 한때 미국의 은행을 비롯하여 전자·자동차·철강·기계 회사들이 주도하고 있던 세계의 핵심 시장에서 우위를 다투던 일본이 순간적으로 미국을 앞지르는 듯한 보습을 보이기도 했나. 그러나 1985년 플라자협정(얼마 후 뉴욕의 플라자호텔에서 체결되었다) 체결을 위한 협상에서 미국은 엔화의 환율을 재평가하라고 일본을 설득했고, 그것은 최종적으로 1992년 일본의 버블 붕괴를 초래한 일련의 사건들을 야기했다.

냉전이 종식된 후 1990년대에 미국의 증권시장이 눈부시게 성장하면서 미국이 어느 나라와 게임을 벌였는지 묻는 사람도 완전히 사라졌다. 시장자본주의와 연계된 자유민주주의가 이상적인 국가 모델로 증명되었다는 후쿠야마의 역사종언론은 하나의 중요한 문제를 제기했다. 그것은 다른 나라에 본보기가 될 수 있는 미국식 시장자본주의를 단지 모험이 따른다는 이유로 거부할 수 있느냐 하는 문제였다. 이 모델에 따르면, 기업이 추구하는 최우선 목표는 주주들에게 더 많은 배당금을 지급하는 것이다. 경영자들의 관심사는 자신들의 보수를 생산노동자들의 임금보다 400배(1980년에는 40배)나 높여준 주식매입 선택권(stock option)으로 확보한 풍부한 지분 덕분에 주주들의 관심사와 일치한다.

왜냐하면 최고경영자들은 메이저 스포츠의 스타들과 동등한 기업계의 스타로 인식되기 때문이다.[25] 여기에서 정부의 역할은 탈규제, 기업사유화, 기업활동 장애요인 제거 등으로 요약될 것이다. 요컨대, 자유롭고 제약 없는 시장이야말로 최고의 자원 배분자인 동시에 경제발전의 엔진이라고 본 것이다.

생산성을 33%나 향상시키면서 1990년대에는 경기순환이 없었던 것처럼 보이게 만든 이 모델은 앞서 언급한 이른바 워싱턴 여론에 경력한 힘을 실어주었다. 또 이 모델은 경제발전을 도모하는 개발도상국들이 선택할 수 있는 최선의 길로 떠올랐다. 이런 관점에 따르면, 개발도상국은 자유무역을 위해 시장을 개방하고, 자유로운 자본 유통을 촉진하기 위해 금융체계의 자유화를 추진해야 했다. 또 각종 규제를 풀고 기업을 사유화하며, 예금 및 투자액을 높게 유지하고 외국인 투자자들을 끌어들이기 위해 환율을 안정시켜야 했다.

1997년 아시아에서처럼 위기가 발생할 때마다 IMF가 제일 먼저 떠올리는 것은 긴급차관 제공을 조건으로 한 긴축정책과 고금리정책을 강요하면서 통화가치를 유지하는 방안이었다. IMF는 체계의 근본적인 안정과는 거리가 먼, 워싱턴 여론이 표방하는 시장근본주의적 견해만 관철하려 했던 것이다.

세계화는 확실히 미국화를 의미했다. 그렇다면 무엇이 잘못된 것일까? 1996년만 해도 톰 프리드먼의 말처럼 맥도널드 식당이 있는 나라끼리는 결코 전쟁을 하지 않았다[26](물론 이 말은 이제 더 이상 참이 아니다). 미국화와 다를 바 없는 세계화가 세계 평화와 안정을 이끌 민주주의를 선도하여 세계경제의 수준을 향상시켜 줄 것으로 기대했기 때문이다.

반발

1999년 11월 29일이 포함된 일주일 동안 미국 시애틀에서 대규모 시위가 발생하면서 평화와 안정은 사라졌다. 나는 최루탄가스에 눈물을 찔끔거리며 상점의 쇼윈도에 붙은, 찢겨진 세계화 반대 포스터들과 시위대를 향해 욕설을 퍼붓고 있는 경찰들을 바라보며 스프링 거리에 서 있었다. 그 와중에도 세계 각국의 무역 담당 장관들은 대부분 시애틀 무역센터에 모여 새로운 세계무역협정을 발족시키기 위한 회의를 강행하고 있었다. 그 회의는 1994년 마지막 무역협상을 끝낸 GATT를 계승하여 새로이 창립된 세계무역기구(WTO)의 첫 공식회의였다.

과거에는 몇몇 열성 지지자들만이 무역협상회의가 언제 열리는 줄 알고 있었다. 그러나 세계화는 약 5만 명의 시위대가 이 회의장소 앞에 집결하여 반대의사를 표명하기 시작하면서 중요한 사회적 이슈로 부상했다. 서로 잘 모르는 듯한 사람들이 무리 지어 내 앞을 지나갔다. 건장하고 거친 부두노동자들과 보잉 사의 공장노동자들은 현금 수송 차량 경호원 복장을 한 환경보호주의자들을 향해 "미국의 트럭 운전사들은 현금수송차를 너무 좋아해"라고 외치고 있었다. 대학생들은 기업의 착취를 규탄하는 전문 좌익운동 세력에 합류할 동기를 찾고 있었지만, 그들이 신고 있던 나이키 운동화는 그들의 현실 참여 의지가 부족하다는 사실만 드러내고 말았다.

한편 적극적으로 시위에 참여하고 있는 사람들은 선진국의 이해만 대변하는 세계체제라는 불공정한 표현에 불만을 가진 개발도상국의 대표들이었다. 제3세계의 무역 담당 장관 중 한 명은 자신을 포함하여 많은 동료가 대부분의 분과협상에 참가할 수조차 없었다며 불만을 터뜨렸다. 더구나 그 회의는 세계인들이 세계화의 길이 무척 험난할 수 있다는 사실을 깨닫기도 전에 선진국의 농업보조금 문제를 결정적으로 흐려놓고 말았다.

개발도상국은 대체로 세계화를 통해 커다란 이익을 볼 수 있으리라고 생각했으나, 그런 생각을 가장 강력하게 반대한 사람들은 조직화된 노동자들이었다. 노동조합들은 세계화를 자신들이 피나는 투쟁을 통해 획득한 성과들을 물거품으로 만들 수 있는 위협으로 이해했다. 왜냐하면 자본주의가 세계화 덕분에 세계 각국 정부들이 몇 년에 걸쳐 적응하는 데 성공한 규칙과 기구들의 압력을 피해갈 수 있게 되었기 때문이다.

한 국가 전체가 세계화의 수혜를 입을 수 있다는 사실이 세계화로 인해 피해를 입는 사람이 전혀 없다는 것을 뜻하지는 않는다. 가령 미국이 저가 의류를 수입하면 소비자와 경제 전반에는 이익이 되겠지만, 미국 의류산업 노동자들은 희생을 감수해야 할 것이다. 미국에서 흔히 볼 수 있는 소수민족 여성 노동자인 마리아 콘수엘로 가르시아(Maria Consuelo Garcia)는 텍사스 주 엘파소에 있는 선어패럴 사의 봉제공장에서 15년간 일해왔지만, 시간당 1달러만 지급해도 되는, 저임금 봉제공들이 넘쳐나는 멕시코로 공장을 옮길 것이라는 회사의 발표가 나오면서 시간당 4.75달러의 임금을 삭감당할 수밖에 없었다. 다른 많은 소수민족 여성 노동자들도 마리아와 같은 피해를 입고 있다. 미국 소비자들은 이러한 의류공장의 해외 이전으로 이익을 보겠지만, 미국 정부는 마리아와 같은 여성 노동자들이 입은 피해를 보상할 효과적인 방책을 전혀 가지고 있지 못하다. 그래서 그녀와 동료 노동자들이, 또 노동조합이 세계화를 지지하지 않는다고 해서 놀랄 필요는 없다.

특히 그들을 괴롭히는 것은 이런 의류공장들이 틈만 나면 중국의 킨쉬 공업지대 같은 곳으로 이전해 간다는 사실이다. 그곳에서는 중국의 국가노동위원회가 캐시 리 기퍼드(Kathie Lee Gifford) 핸드백의 월마트 납품기일을 맞추기 위해 노동자들을 다그칠 지도원들까지 선발하여 생산현장에 배치하고 있다고 한다.[27] 그에 따라 선진국의 노동자들은 세계화로 인한 피해액 보상을 요구하면서 국제무역협정에 기본노동권을 보장하는 내용도 포함시킬 것을 요구하고 있다.

노동자들처럼 환경주의자들도 세계화가 이 시대를 야만적인 초기 자본주의시대로 되돌릴 환경 대재앙을 초래할 수도 있다고 본다. 그들은 무분별한 생산비 삭감 압력은 필연적으로 생산공장들을 환경규제가 없는 지역으로 대거 이동하게 만들 것이라며 두려움을 표시한다. 이러한 두려움은 물론 타당성을 인정받지 못하고 있다. 나는 공장의 입지선정이 환경규제법의 입안과 제정 및 시행의 성격에 크게 영향을 미치는 사례를 많이 접했다. 어떤 분석가들은 중국의 수출주도 경제성장 전략이 낳은 환경파괴 비용이 중국 GDP의 8% 내지 12%에 달한다고 밝힌다.[28]

인도네시아의 열대밀림은 일본, 중국, 미국, 유럽 등지에서 소비될 바닥재용·가구용·사무가구용 원목들이 벌채되면서 매년 미국 코네티컷 주 넓이만큼 사라지고 있다. 이렇게 거래되는 원목의 80%가 불법 벌채된 것들이다. 이로 인해 앞으로 10년만 지나면 수마트라 섬의 저지대 밀림은 그곳에 서식하던 오랑우탄, 수마트라호랑이와 함께 완전히 사라질지도 모른다.[29] 거대한 마호가니 나무들이 빽빽하게 자생하고 있는 브라질의 밀림지대 역시 비슷한 이유로 사라져가고 있다. 학자들의 연구에 따르면, 그곳에 서식하는 많은 거북이와 어족자원들 역시 지금껏 세계적으로 장려되어 온 어족자원의 남획으로 말미암아 이미 씨가 마를 정도의 재앙을 겪고 있다고 한다.[30]

유엔의 지구촌협약(Global Compact)과 같은 자발적인 노력이 다국적기업들로 하여금 환경보호 원칙에 찬성하게 만드는 성과를 거두어왔지만, 환경주의자들은 1992년 리우 환경회의에 앞서 "미국인들의 생활방식은 협상의 대상이 아니다"라고 발언한 부시 전 대통령의 태도로 인해 비관적인 기분에 휩싸였다. "미국 경제에 악영향을 미칠 수 있다"는 이유로 교토 의정서 비준을 거부한 아들의 결정 역시 세계화를 처음부터 철저히 되짚어볼 필요가 있다고 본 환경주의자들의 확신만 강화시켰을 뿐이다.[31]

공산주의와 사회주의가 위력을 상실한 원인을 규명하고 있던 좌파 운동가와 대학생들이 보기에 반세계화는 자본주의를 공격하기 위한 또 다른 운동에 다름 아니었다. 그런데 반세계화운동이 흔히 유혹에 대한 이율배반적 복종을 낳게 마련인 증오심에서 비롯된 문화적 균질화의 원인이 된다는 사실도 주목할 필요가 있다.

밤방 라크마디(Bambang Rachmadi)는 이 사실을 잘 알고 있었다. 인도네시아 전역에서 맥도널드 식당을 운영하고 있는 그는 9 · 11사건이 터지자 급히 "자비롭고 은혜로우신 알라신의 이름으로 맹세하노니 인도네시아의 모든 맥도널드 식당은 본래 이슬람교도들의 것입니다"라는 안내문을 내걸었다. 밤방 씨는 자신의 식당들이 인도네시아인들에게 좋은 인상을 줄 거라고 믿었지만, 한편으로 자신의 식당들이 안정되고 평범한 일상과는 거리가 먼 이슬람교도들의 노스탤지어를 한껏 자극하는 상징적인 장소로 바뀌리란 것도 잘 알고 있었다.[32] 이러한 상실감에는 많은 방면에서 가장 비민주적인 방식으로 변화가 일어날 것이란 감정도 섞여 있었다.

인도의 경제학 교수 카우시크 바수(Kaushik Basu)의 주장에 따르면, 세계화란 개별국가들은 좀더 민주화되어 가는 반면에 세계 전체는 점점 더 비민주화되어 가는 것을 의미한다. 왜냐하면 세계화 과정에 있는 국민이나 국가들이 불균형한 영향력을 발휘하기 때문이라는 것이다.[33] 이를테면 한국은 1997년 금융위기를 맞았을 때 한국의 은행을 외국은행이 인수할 수 있을 정도로 금융시장을 개방하라고 요구하면서 미국이 교묘하게 제공한 구제자금을 억지로 받을 수밖에 없었다. 가난하고 작은 나라들은 세계화가 확대되면 될수록 선택권이 줄어들기 때문에 세계화에 대한 이의를 표명할 기회마저 거의 상실하고 만다.

그러나 단순하지만 가장 큰 문제가 있다. 그것은 많은 나라가 미국이 주도하는 세계화를 자신들에게 도움이 되지 않는 것으로 이해한다는 사실이다. 최근의 중국을 비롯하여 동아시아 및 태평양 연안 여러 나라들의 생활수준은 지난 15년간 나머지 대부분의 개발도상국과 달리 몰라보게 좋아졌다. 그러나 중동, 북아프리카, 라틴아메리카의 1인당 GDP 상승률은 연평균 1.5%에 불과했다. 사하라 사막 주변 국가들과 중동 인근의 유럽국가들, 중앙아시아 국가들의 1인당 GDP는 사실상 줄어들었다.[34] 이처럼 많은 국가가 실패한 것은 부적절한 국내정책과 대외 개방 부족에서 비롯된 것이기도 하지만, 세계화의 위력도 한몫을 담당했다.

더구나 몇몇 주요 국가들은 세계화체제가 내린 처방을 충실히 따랐음에도 실패하고 말았다. 예컨대 NAFTA에 가입한 멕시코는 외국인 투자자를 끌어들이기 위해 무역장벽을 낮추고, 금융시장을 개방하고, 지적 재산권 보호를 위한 일련의 조치를 모두 수용하면서 세계경제에 완전히 발을 들여놓게 되었다. 멕시코는 또한 71년간 지속된 일당독재를 끝내고 민주화의 길로 들어섰다. 물론 NAFTA에는 유럽연합이 저발전국가들도 연합에 합류시키면서 모범적으로 실현해 보인 인프라 구축이나 특별 개발자금 조성 혹은 노동시장 활성화를 위한 어떤 대책도 마련되어 있지 않았다. 그러나 자유시장만이 해법이라고 굳게 믿고 있던 미국은 그런 대책들을 불필요한 낭비로 여겼다.

한편 NAFTA 체제는 멕시코의 수출과 외국인의 멕시코 직접투자(FDI)를 폭발적으로 증가시켰다. 1991년부터 2001년까지 멕시코의 수출은 1,200억 달러 증가했고, 외국인 직접투자도 160억 달러로 늘어났다. 그러나 정작 멕시코인 중 극소수만이 사정이 좋아졌다고 느꼈다. 자유시장 체제로 개혁하기 시작한 지 25년, NAFTA 체제가 출범한 지 10년이 지났어도 멕시코인 중 50%는 하루 4달러로 생활하고 있다.[35]

내가 멕시코에서 일하던 1970년대에는 멕시코 인구의 60%가 중간 노동계층이라 할 수 있었다. 그러나 오늘날 그 비율은 35%로 감소했고, 그런 감소 추세는 계속되고 있다. 멕시코가 국내적으로 겪고 있는 많은 문제 중 한 가지는 많은 멕시코 공장이 문을 닫거나 생산비가 더 낮은 나라로 공장을 이전하면서 일자리가 줄어들고 있다는 사실이다. 2002년 여름 캘러웨이골프클럽(Callaway Golf Culb) 사는 중국으로 공장을 옮기면서 멕시코인 직원 수를 반으로 줄였다.[36] 그 해 가을 만난 멕시코 유수의 방직공장 사장 중 한 명인 마예르 사가(Mayer Zaga)는 멕시코 시장에 유입된 중국산 직물과 더 이상 경쟁하기 어렵게 되어버렸다고 토로했다.

브라질도 그런 경우다. 정치적 민주화와 시장 개방 압력을 받고 있던 브라질은 대통령 선거전이 한창이던 2002년 가을 경제위기를 겪게 된다. 그런 위기가 닥친 이유는 좌파 대통령 후보 루이스 이나시우 '룰라' 다실바(Luis Inacio 'Lula' da Silva)가 선거에 승리하여 채무 상환을 거부할 것이라는 관측이 나오면서 좌파 정권 수립을 두려워한 외국인 투자자들이 자금을 회수해 버렸기 때문이다. 워싱턴 주재 브라질 대사 후벤스 바르보사는 당시 나에게 "우리가 민주적인 선거를 치르기 위해 노력하고 있다는 이유로 당신들이 우리에게 그 대가를 요구하는 것은 불공평한 처사입니다. 더구나 우리가 당신들에게 팔고자 하는 수출품 가운데 절반을 차지하는 콩, 설탕, 오렌지주스, 철강 같은 제품들에 대한 무역장벽을 높임으로써 당신들은 우리가 갚아야 할 돈마저 벌기 어렵게 만들고 말았습니다"라고 불만을 표시하기도 했다.

이처럼 악질적인 무역장벽 및 수입제한 조치와 관련된 문제는 세계 곳곳에서 발생하고 있다. 9·11테러를 강력하게 지지한 파키스탄은 미국이 파키스탄산 직물의 수입제한량을 전격적으로 늘리면서 미국의 눈밖에 나면 어떻게 되는지 본보기가 되는 쓴맛을 보아야 했다. 반면 뉴질랜드, 오스트레일리아, 필리핀은 미국 농산물의 수입을 엄격히 제한함으로써 미국에 대한 불만을 표시하기도 했다.

아프리카와 인도에서는 무서운 속도로 확산 중인 에이즈와 관련하여 또다른 불만이 터져나왔다. 서구의 부유한 나라에서는 에이즈 환자들이 병을 이기고 생산적인 삶을 살 수 있도록 도와주는 치료약들이 존재하고 또 실제로 사용되고 있지만, 그렇게 부유하지 못한 개발도상국의 환자들에게 그런 약은 너무나 비싸다. 여기에서 문제의 관건은 세계무역기구(WTO)의 특허보호법 때문에 개발도상국의 일반 제약회사들이 의약품을 싼값에 공급할 수 없다는 사실이다. 그래서 실제로 개발도상국 사람들은 세계화를 죽음을 부르는 주요 원인으로 간주하기도 한다.

그러나 이런 불만의 저변에는 세계화론의 정당성과 관련된 문제가 깔려 있다. 조지 소로스는 최근 나에게 "전통적인 지혜에 따르면, 시장은 언제나 옳다. 그러나 내 경험으로는 비록 시장 자체가 유효할 수는 있어도, 시장은 거의 언제나 틀린 것이었다"고 말했다. 중국과 관련된 멕시코의 문제는 이 말을 증명하는 좋은 예라 할 수 있다. 세계화 독트린은, 상품과 자금의 자유로운 유통을 위한 시장개방, 사유화, 탈규제, 엄격한 법과 규칙의 확립, 투명성 견지를 위해 노력하는 나라들은 전세계인을 고객으로 맞이할 수 있을 것이라고 주장한다.

중국은 해안지역에 전세계 제조회사들이 몰려들면서 늘어난 외국인 직접투자 이익금 중 가장 큰 몫을 차지하고 있다. 그러나 중국의 금융체계는 법과 규칙을 전혀 준수하지 않고 투명성도 거의 없을 뿐 아니라 국가의 통제를 받고 있기 때문에 취약하기로는 일본에 버금간다. 『동아시아의 기적: 경제성장과 공공정책』에 인용된 세계은행 보고서는 동아시아 국가들이 세계화의 기본 교리와는 상당히 다른 정신을 가진 일본의 성공 공식을 추구해 왔다고 보아야 옳다고 지적했다. 그 공식의 특징은 우선 강제적으로 저축률을 높이는 것이다. 가령 싱가포르의 경우 거의 모든 노동자의 임금 중 반을 근검절약이라는 명목으로 압류하다시피 하여 경제발전 자금을 조성했다. 또 그 공식은 국내 소비 억제, 기술 이전을 조건으로 한 외국 회사들의 직접투자 유치, 자본의 배분에 대한 정부의 개입, 거의 모든 분야의 국내시장 보호, 수출주도 성장전략의 강조를 특징으로 한다.

그러나 이런 공식을 바탕으로 중국이 지금과 같은 성공을 거둘 수 있었다는 것은 의심할 여지가 없다. 과거 개발도상국의 일반적인 발전 패턴은 우선 의류산업 같은 노동집약적 산업에서 출발하여 기술집약적 산업으로 이행해 가는 것이었다. 그러나 중국은 노동집약 상품과 기술집약 상품을 모두 생산할 수 있고, 더구나 그 둘을 모두 낮은 비용으로 생산할 수 있다.

대세로서의 세계화

시간과 거리를 축소하는 기술이 주도하는 세계화는 이제 그 누구도 막을 수 없는 대세로 인정받고 있다. 그러나 이런 대세론은 과거에도 존재했다. 1910년대에 노먼 앵겔(Norman Angell)은 『거대한 환상 *The Great Illusion*』이라는 자신의 저서에서 세계경제가 거의 통합된 지금 전쟁은 과거의 일이 되어버렸다고 선언했다. 1911년에 세계가 누리던 세계화의 수준을 다시 회복하는 데는 1차 대전이 끝난 후 약 60여 년이 걸렸다. 그 때문에 오늘날 진행되고 있는 세계화는 내가 앞서 설명한 불만과 불화를 실용적이고 비이데올로기적인 방식으로 처리하고 있음이 틀림없다. 그것이 요구하는 자유무역과 시장개장은 아직 충분히 이루어지지 않았다.

사람들은 미국이 주도하는 세계화 자체는 싫어하지 않는다. 실제로 수십억 명은 아니지만 수백 명은 세계화를 적극적으로 환영하고 있다. 그러나 세계화를 계속 추진해야 한다면 다른 많은 사회의 사회적 · 정치적 욕구들을 세심히 배려하면서도 광범위하고 공평하게 세계화의 이익을 분배해야 할 것이다.

주(註)

1. Chanda, Nayan. "Economic Survey: Rebuilding Asia." *Far Eastern Economic Review.* February 12, 1998.

2. Stiglitz, Joseph. *Globalization and Its Discontents.* New York: W. W. Norton, 2002, p.93.

3. Warde, Ibrahim. "Crony Capitalism: LTCM, A Hedge Fund Above Suspicion." *Le Monde Diplomatique.* November 1998; www.mondediplo.com/1998/11/05warde2.

4. Keto, Alex. "White House Watch: Bush Calls for Fast-Track Authority." Dow Jones News Service. May 7, 2001.

5. Toedtman, James. "Powell: Trade Is Vital in War on Terrorism." *Newsday.* February 2, 2002.

6. Thurow, Roger and Scott Kilman. "Hanging by a Thread: In U.S., Cotton Farmers Thrive; In Africa, They Fight to Survive-America's Subsidies Depress World Prices, Undermining Its Foreign-Policy Goals." Sowing Seeds of Frustration. *Wall Street Journal,* June 26, 2002, p.1.

7. "Production to Rise in 2003/04." International Cotton Advisory Committee. February 3, 2003.

8. Badiane, Ouemane, Dhaneshwar Ghura, Louis Goreux, and Paul Masson. *Cotton Sector Strategies in West and Central Africa.* World Bank Policy Research. July 2002.

9. Thurow, Roger, and Scott Kilman. p.1.

10. Hufbauer, Gary Clyde, and Ben Goodrich. "Time for a Grand Bargain in Steel?" *International Economic Policy Brief,* January 2002, Vol.2, No.1, Table 5.

11. Jufbauer, Gary Clyde and Ben Goodrich.

12. Howell, Thomas, William A Noellert, Jesse G. Kreier, and Alan W. Wolff. *Steel and the State: Government Intervention and Steel's Structural Crisis.* Boulder, CO: Westview Press, 1988.

13. Statistics calculated from data collected by the International Iron and Steel Institute. May 2002.

14. "Table 1. Output per hour in manufacturing, 14 countries or areas, 1950~2001." U.S.

Department of Labor, Bureau of Labor Statistics. September 2002; www.bls.gov/news.release/prod4.t01.htm.

15. For a more thorough account of the steel industry, I highly recommend Thomas R. Howell's book, *Steel and the State: Government Intervention and Steel's Structural Crisis*. See note No. 12.

16. Seeman, Roderick. *The Japan Lawletter*. April 1983; www.japanlaw.com/lawletter/april83/bed.htm.

17. May, Bernhard. "The Marshall Plan: Historical Lessons and Current Challenges in the Balkans," German Council on Foreign Relations; www.dgap.org/marshallplan.html, February 14, 2003.

18. "The History of American Technology: The Automobile Industry, 1940~1959." web.bryant.edu/~history/h364material/cars/cars_60.htm.

19. "Mexico-EU, Mexico Ranks Seven in World's Trade in 1998." EFE News Service. May 5, 1999.

20. World Data Profile. The World Bank Group, April 2002. devdata.worldbank.org.

21. "COFACE to Purchase CAN Credit Business Line in North America." *PR Line*. November 18, 2002.

22. Hutton, Will. *The World We're In*. London: Little, Brown, 2002. p.186.

23. Calculated from official U.S. government trade statistics.

24. Associated Press. "Policing the Net." CBS News. November 22, 2001.

25. Lavelle, Louis, with Frederick Jesperson and Michael Arndt. "Executive Pay." *Business Week*. April 15, 2002, p.80.

26. Friedman, Tom. "Foreign Affairs: Big Mac I." *New York Times*. December 8, 1996.

27. "Inside a Chinese Sweatshop: A Life of Fines and Beating." *Business Week*. October 2, 2000, p.86.

28. Economy, Elizabeth. "Painting China Green: The Next Sino-American Tussle." *Foreign Affairs*. March 1, 1999, Vol.78, No.2, p.16.

29. Bonner, Raymond. "Indonesia's Forests Go Under the Axe for Flooring." *New York Times*. September 13, 2002, p.A3.

30. Cookson, Clive. "Fish Stocks Face Global Collapse." *Financial Times*. February 18, 2002.

31. "A Few Green Shoots: The World Summit in Johannesburg." *The Economist*. August 31, 2002, p.59.

32. Soloman, Jay. "How Mr. Bambang Markets Big Macs in Muslim Indonesia." *The Asian Wall Street Journal*. October 29, 2001.

33. Basu, Kaushik. "Globalization and Its Threat to Democracy." *The Straits Times*. May 3, 2002.

34. *Global Economic Prospects 2002: Making Trade Work for the World's Poor*. World Bank,

November 2001.

35. Calculated from statistics gathered from the United Nations Statistics Division and the United Nations Conference on Trade and Development.

36. Millman, Joel. "A Good Job Spoiled: The Golf Exodus." *The Wall Street Journal.* July 24, 2002, p.A12.

4

공허한 질주

길이 12야드, 2차선을 차지할 정도의 광폭
65톤의 무게를 가진 미국의 자랑
캐녀네로, 캐녀네로여!
—SUV사의 광고문구를 패러디한 대사(《심슨가족》 중에서)

　2002년 3월 10일 일요일, 미국의 일간지와 토크쇼들은 일제히 아프가니스탄을 머리기사 내지 첫 번째 화제로 다루었다. 탈레반 정권이 무너지자, 토라보라 산맥을 포위 공격하여 오사마 빈 라덴을 거대한 함정으로 몰아넣고 생포하기 위한 이른바 아나콘다 작전이 실시된 것이다. 〈워싱턴포스트〉 1면에는 토라보라 산악지대의 요새에 대한 대규모 폭격장면을 찍은 사진이 절반을 차지했고, 그 사진 밑으로 작전의 세부 진척과정에 대한 설명과 미군의 사상자 수가 무려 58명에 이른다는 기사가 이어졌다. 그것은 누구나 반드시 읽어야 속보급 주요 뉴스였다.

　그런 와중에 스포츠형 다목적 차량(SUV)에 대한 휘발유 연비제도 도입 여부를 놓고 미국 상원에서 논쟁이 벌어졌다는 기사가 같은 신문 A12면에 실렸지만, 사람들의 시선을 끌지 못했다. 이런 연비제도는 1973년부터 1974년 사이에 발생했던 오일쇼크 이후 미국산 자동차의 평균 주행거리를 가스 1갤런당 21킬로미터 이상으로 규정했던 1975년에 처음으로 도입된 제도였다. 제작사 평균연비(CAFE: Corporate Average Fuel Economy) 제도로 알려진 그 제도는 1985년 이후 생산된 미국산 승용차의 표준연비를 휘발유 1갤런당 44킬로미터 이상, 1979년 이후 생

산된 경화물차의 평균연비를 휘발유 1갤런당 27.5킬로미터 이상으로 규정했다.[1]

최초의 결과는 극적이었다. 이후 7년 동안 새로 생산된 미국 자동차의 평균연비가 휘발유 1갤런당 21킬로미터에서 40킬로미터로 늘어났고, 1987년 42킬로미터로 정점에 달했다.[2] 그런데도 스포츠형 다목적 차량과 픽업트럭은 판매량이 늘어나면서 2002년 자동차 총판매량의 반 이상을 차지하며 가정용 상용차로 높은 인기를 얻게 되었다. 자동차업체들은 일반 승용차보다도 스포츠용 다목적 차량과 트럭으로 훨씬 많은 이익을 볼 수 있었지만, 이러한 시장 변화 추세는 미국의 에너지 절약정책에 혼선을 불러왔다. 그러자 미국 상원에서는 새 자동차의 평균연비를 1갤런당 38.5킬로미터로 약간 낮추면 미국인들의 휘발유 소비량과 원유 수입량이 늘어나지 않겠느냐는 질문이 나오기도 했다. 이런 혼선을 바로잡기 위해 노력하던 미국 상원은 1987년에 추진된 바 있는, 모든 차량의 평균연비를 갤런당 5킬로미터씩 늘려 일반 승용차는 물론 스포츠형 다목적 차량까지 표준연비 제도의 적용범위를 확대한다는 법안을 심의하고 있었다.[3]

또 〈워싱턴포스트〉는 "여기는 엄연히 미국이기" 때문에 연비 기준을 높이는 것은 타당하지 않으며, 또 실제로 연비 기준이 높아지면 자신의 "손자로 하여금 농장에서 차를 타고 돌아다니게 할 수 없을 것"이라는 상원 소수파 지도자 트랜트 로트(Trent Lott)의 말을 인용해 실었다.[4] 로트의 말은 그리 뻔뻔하지도 허풍스럽지도 않았던 거의 모든 미국인들에게는 가슴을 쥐어뜯는 듯한 비극적인 대사로 들렸다.

하지만 아직 이러한 로트의 발언과 1면에 실린 아나콘다 작전에 관한 기사 간에 밀접한 관계가 있다는 것을 이해하는 사람은 아무도 없는 듯하다. 우리가 스포츠형 다목적 차량으로 농장을 한 바퀴 도는 데 필요한 기름 1배럴을 구입하기 위해 기꺼이 지불하는 돈은 얼마나 많은 다른 생명의 희생을 요구하는 것일까? 물론 이것은 불공평한 질문일 것이다. 그러나 로트가 여기는 엄연히 미국이고, 또 미국인은 저렴한 가스를 사용할 권리가 있기 때문에 가스값이 싸야 한다고 생각했다는 것은 피하기 어려운 결론이다. 그럼에도 아나콘다 작전에 투입된 물적·인적 자원 및 비용이 부분적으로나마 그런 감정을 낳았다는 사실만은 매우 잘 은폐되었던 것이다.

런던을 비롯하여 유럽이나 일본에서는 스포츠형 다목적 차량을 거의 찾아볼 수 없었다. 그렇게 된 이유는 그 지역의 모든 주유소가 휘발유를 갤런당 3.97달러(일본)에서 4.66달러(영국)에 팔고 있었기 때문이다.[5] 그런데도 소비세는 미국보다 낮은 편이었다. 실제로 미국이 휘발유에 부과하는 소비세는 갤런당 1.20달러로 세계 최고 수준이다. 그에 비해 다른 선진국들의 휘발유 소비세는 평균 1.10달러에 머물고 있다.[6] 반면에 미국 정부의 소비세 부담금은 38센트에 불과하지만, 다른 선진국들이 부담하는 소비세는 미국의 6배가 넘는다.[7] 따라서 영국과 일본이 미국 자동차보다 열 배나 높은 갤런당 54.5킬로미터의 연비를 자랑하는 자동차를 생산하고 있다는 것은 그리 놀라운 일이 아니다.[8] 즉 미국의 자동차가 유럽이나 일본의 자동차와 연비가 똑같았다면 아마도 미국이 페르시아산 원유까지 수입할 필요는 없었을 것이다.

또 각국의 승용차나 트럭의 에너지 효율의 차이는 일정하지 않다. 오늘날 총알기차로 유명한 일본의 고속철만큼 성능이 향상된 유럽형 고속철 테제베(TGV)는 브뤼셀에서 파리까지 1시간 20분이면 주파할 수 있다. 그와 똑같은 거리인 워싱턴과 뉴욕 사이를 운행하는 미국 암트랙(Amtrack) 철도공사의 고속철도는 테제베에 비하면 두 배나 느리다. 그러나 유럽에서는 훨씬 더 많은 사람이 비행기보다는 고속철로 파리에서 브뤼셀까지 이동하고 있다. 현대적인 고속철도망을 건설한 유럽은 에너지 효율성이 극히 높은 고속철 이용률을 높이기 위해 에너지 효율성이 낮은 항공기 운행을 대폭 줄인 것이다.

휘발유가 미국 바깥에서 더 비싸듯이 전력도 마찬가지다. 따라서 미국의 1인당 전력소비량 역시 미국 다음으로 많은 전력을 소비하는 일본의 2배에 달한다는 사실에 놀랄 필요는 없다.[9] 사실 일본인들은 미국의 절반도 못 되는 에너지로 미국에 버금가는 달러당 GDP를 올릴 수 있는 에너지 효율성을 특별히 강조해 왔다.[10] 물론 일본은 도쿄와 오사카를 잇는 좁고 기다란 지역에 대부분의 인구와 산업시설이 몰려 있는 작은 나라로서, 지역간 거리나 기후의 다양성 면에서 미국에 비할 바가 못 된다. 그러나 미국보다 다채로운 기후와 지형, 더 많은 인구와 더 넓은 면적에 GDP도 미국과 비슷한 유럽연합 역시 일본과 똑같은 태도를 취해왔다. 유럽인들은 달러당 GDP를 미국과 동등한 수준으로 올려놓는 데 미국인들이 사용하는 에너지의 3분의 2밖에 사용하지 않았다.[11]

만약 미국이 유럽연합만큼 에너지를 효율적으로 사용했다면 페르시아 만의 원유를 수입하지 않고도, 주기적으로 원유를 수입하지 않고도 오늘날만큼 발전할 수 있었을 것이다. 또 미국이 그만큼 에너지를 효율적으로 사용했다면 무역적자를 매년 1,000억 달러나 줄일 수 있었고, 이슬람 원리주의가 확대되면서 테러자금 조성원이 된 중동의 산유국들로 미국의 돈이 재유입되는 것을 막을 수 있었을 뿐 아니라, 걸프 만(페르시아 만)에 배치된 미군도 대폭 감축할 수 있었을 것이다. 걸프 만 배치 미군에 투입되는 연간 600억 달러의 운영비는 실제로 걸프 만에서 생산된 원유의 구입비를 배럴당 200달러나 상승시키는 요인이 되고 있다.[12]

전세계의 많은 관측자들은 미국이 왜 자국에도 이익이 될 것이 분명한 에너지 절약에 그처럼 무관심한지 의아해했다. 나는 그 이유를 독립심과 자부심이 강한 미국인 특유의, 개인의 자유에 대한 애착에서 찾을 수 있다고 생각한다. 그러나 미국의 독립과 자유가 요구하는 대가는 역설적으로 미국을 취약하게 만드는 의존이다. 그런 취약성은 곧 전쟁과 파괴와 죽음을 부르고, 결국에는 미국의 자기 반성을 요구하는 암시로 변하기에 이르렀다.

미스터 부바의 생득권

평균적인 미국인과 같은 생각을 가지고 있는 "미스터 부바(Bubba)와 같은 남자는 자신의 픽업트럭 창문을 열어놓고 CD플레이어 볼륨과 에어컨을 최대로 높인 채 캔맥주를 마시며 시속 130킬로미터로 고속도로를 달리는 것을 신이 부여한 권리라고 느낀다." 이런 생각은 미스터 부바와 같은 미국 남부 출신 백인이나 할 수 있는 것이지만, 미국 어디서나 인종이나 성별과는 무관하게 이런 사람들이 발견되는 것도 진실이다. 미국인 중에는 미스터 부바 같은 사람이 흔히 존재한다(솔직히 말하면 내 차도 스포츠형 다목적 차량이다).

여기서 음악, 캔맥주, 차 안의 푹신한 시트를 차지하고 앉은 커다란 개, 차의 뒤창 총걸이에 걸린 사냥용 라이플, 차량번호판과 같은 진부하고 피상적이며 시시콜콜한 것들은 잠시 제쳐두고, (대부분 미국의 산업이 공급한) 필요 이상의 성능과 과도하게 치장된 자동차, (미국 정부가 건설한) 도로, (미국의 역사가 선사하는) 자부심에 주목해 보기로 하자. 이런 것들은 어디에서 비롯되었고, 우리를 어디로 데려가고 있을까?

우리는 흔히 미국을 근면한 노동과 기업활동으로 가난을 극복함으로써 세계에서 가장 부유해진 나라로 묘사하곤 한다. 그러나 진실을 말하자면 미국은 거의 처음부터 부유했다. 17세기 신대륙으로 건너와 정착한 유럽의 이주민들에게 발달된 유럽의 기술은 지극히 유용했다. 특히 당시의 일차적인 에너지원은 나무, 바람, 물이었고, 그들이 정착한 새로운 식민지만큼 나무, 바람, 물이 많은 곳은 세상에 없었다. 순례자들을 비롯한 다양한 목적을 품은 초기 이주민들은 말하자면 그 시대의 사우디아라비아를 발견한 셈이었다. 왜냐하면 오늘날 사우디아라비아가 개발비용이 가장 낮은 최대의 에너지 보유국이듯이, 당시의 북아메리카도 바로 오늘날의 사우디아라비아와 같은 곳이었기 때문이다. 따라서 미국은 탄생하면서부터 이미 풍부하고 값싼 에너지의 혜택을 누렸고, 그 후손들은 그런 혜택을 타고난 권리로 생각하게 된 것이다.

이주민들이 유럽에서 가져온 기술 및 도구들과 결합한, 이처럼 값싸고 풍부한 에너지는 신대륙의 생활수준을 당시 유럽국가들의 수준과 같거나 더 높일 수 있었던 경제성장의 원동력이었다. 1820년이 되면서 미국은 1인당 GDP가 (1990년 달러로 환산하면) 1,257달러에 이르러 세계에서 네 번째로 부유한 나라로 도약했다. 당시 미국을 앞서는 나라는 1,821달러의 네덜란드, 1,707달러의 영국, 1,319달러의 벨기에밖에 없었다. 프랑스는 미국과 거의 같은 수준이었으나, 독일과 이탈리아는 잘해봐야 1,100달러 안팎에 머물렀고, 일본은 미국의 반 정도에 불과했다. 또 미국인의 평균수명은 39세로, 41세이던 독일과 40세이던 영국에 이어 3위를 달리고 있었다.[13]

19세기 산업혁명이 본격화되면서 세계의 에너지 자원은 나무, 바람, 물에서 증기, 석탄, 고래기름 같은 새로운 자원으로 대체되었다. 미국의 석탄 생산량은 1820년에는 보잘것없었지만 1900년에는 무려 2억 톤에 달하게 된다.[14] 1755년 매사추세츠 주의 베드퍼드 항구에서 처음 포경선이 출어하면서 시작된 포경업은 1875년에는 포경선이 329 대로 늘어나면서 절정을 이루었다.[15) 이처럼 풍부하고 값싼 에너지가 바로 19세기 중엽 세계의 주요 국가 중에서도 미국의 경제성장률을 가 장 높게 만든 대표적인 요인 중 하나였다. 1870년 이후 50여 년간 생 활수준이 두 배 이상 높아진 미국은 1인당 GDP 면에서도 최정상을 고 수하게 된다.[16) 그런 고성장에 지대한 도움을 준 것은 바로 몇 년 전 펜실베이니아 주 타이터스빌 근방에서 발견된 오일 크리크(Oil Creek, 기름샘)였다.

땅 밑에서 솟아나는 끈적이는 시커먼 침출액, 곧 석유에 대한 기록 을 찾아보면 석유의 기원은 기원전 3,000년경 바빌론의 (지금의 바그다 드에서 멀지 않은) 유프라테스 강변에서 번성한 메소포타미아 문명까지 거슬러 올라간다. 비투멘(bitumen, 瀝青)으로 알려진 석유는 여리고 (Jericho)나 바빌론의 성벽을 쌓기 위한 마감용 모르타르로, 또는 노아의 방주나 모세의 성궤 봉합부를 메우기 위한 방수제로 사용되었다고 한 다. 또 석유는 도로 건설, 등불용 기름, 의료용으로는 물론, 전쟁에도 사용되었다. 호머는『일리아드』에서 트로이의 병사들이 그리스 함대를 향해 꺼지지 않는 불화살을 쏘았다는 기록을 남기고 있다. 페르시아군 이 주변국가들을 정복할 때나 비잔틴군이 그리스를 함락시킬 때도 물 을 뿌리면 더 불길이 강해지는 비투멘과 양잿물의 혼합물을 이용한 화 공작전을 구사했다. 로마제국이 몰락하면서 서구에서는 석유의 존재와 응용법이 대부분 잊혀지고 말았다. 그렇게 세월이 지난 1850년대 폴란 드 남부의 갈리시아 지방과 루마니아에서 발견된 원유에서 추출한 등 유가 비엔나에서 등불을 밝히는 연료로 사용되기 시작하면서 비로소 미국에도 석유의 사용법이 소개되었다.

이런 발전은 침출원유가 스며든 오일 크리크 주변의 샘이나 염정

(鹽井)에 대한 사람들의 관심을 확산시켰고, 결정적으로는 뉴욕의 변호사 조지 비셀(Geoge Bissell)과 그가 모집한 소규모 투기집단의 흥미를 자극했다. 왜냐하면 크리크의 표면을 덮고 있는 원유만 살짝 걷어내거나, 아니면 헝겊 같은 것을 담가두었다가 건져 짜내면 원유를 모을 수 있었기 때문이다. 그렇게 모은 소량의 원유는 대부분 의료용으로 사용되었지만, 비셀 집단은 기존의 등유나 고래기름에 맞서 원유를 등불용 연료로 판매하면서 상당한 이익을 얻게 되었다.

그런데 표면 걷어내기나 헝겊 짜기 같은 방법으로는 그들이 팔고자 하는 양만큼 원유를 충분히 확보할 수 없었고, 그렇다고 해서 땅을 파서 시추하는 방법도 여의치 않아 보였다. 그러나 그들은 결국 좀더 경제적으로 원유를 얻을 수 있으리라는 기대를 가지고 염정을 파내려가는 시추법을 채택하기로 결심한다. 1858년 여름부터 시추작업을 시작하여 다음 해까지 손해를 감수하면서 작업을 강행했지만 기름은 한 방울도 나오지 않았다. 갈수록 실망만 쌓여갔지만 그들은 그 해 여름이 끝나갈 무렵인 8월 말까지도 작업을 멈추지 않았다. 그렇게 돈이 바닥이 날 때까지 작업 강행을 주장하던 투자자들은 줄곧 작업 중단을 권고해 오던 시추감독관 드레이크(E. L. Drake) '대령'에게 작업을 계속해 주기를 부탁하며 마지막 시추자금을 동봉한 편지를 보냈다.

1859년 8월 27일 토요일 오후, 시추봉이 땅속 깊은 틈새에 박혀버렸을 때까지도 투자자들이 보낸 편지를 받지 못하고 있던 드레이크는 단지 주말을 보낼 참으로 작업을 중단하고 말았다. 월요일까지도 편지를 받지 못한 상태에서 시추현장에 도착한 드레이크는 일꾼들이 방치해 둔 시추봉 속에 시커먼 액체가 가득 들어 있는 것을 발견했다. 이 순간이 바로 석유시대의 단초가 되었다.[17]

미국은 처음에는 막대한 에너지의 보고를 발견했다고는 믿지 않았다. 4반세기 동안 미국의 산업은 취약하고 불확실했으며, 펜실베이니아의 유전에만 전적으로 의존하고 있었다. 1885년 펜실베이니아 주의 지질학자는 원유는 "일시적이고 덧없는 현상"이라고 경고했고, 스탠더드 오일(Standard Oil) 사의 최고 실무자는 감소하는 생산량을 주시하다가 자신이 보유한 회사 주식의 일부를 25% 할인가격으로 매도하기도 했다. 그런 지 얼마 되지 않아 오하이오 주 리마에서 새로운 유전이 발견되면서 오하이오 주와 인디애나 주의 경계를 가로지르는 유전지대가 형성되었다. 리마 유전은 생산성이 무척 높아 1890년에는 미국 총생산량의 3분의 1을 차지하게 된다.

그 후 60여 년 동안 사람들의 관심은 좀더 거대한 유전이 발견되기 전까지 어느 정도 원유를 공급하는 것이 적당한지에 쏠렸다. 1893년 어느날 텍사스 주의 작은 도시 코르시카나 시민들은 날로 줄어들고 있던 식수 공급을 늘리기 위해 새로 우물을 파기 시작했다. 그러나 물 대신 석유가 솟아났다. 바로 여기에서 본격적인 석유시대의 서막이 열렸다.

1900년 가을 텍사스 주 비어몬트 근방 스핀들톱이라고 불리던 소금언덕의 꼭대기에서도 시추가 시작되었다. 크리스마스 무렵이 되자 약간의 원유가 솟아나기 시작했는데, 하루 50배럴은 생산할 수 있는 양으로 보였다. 실망스런 결과는 아니었지만 기대에는 전혀 못 미쳤다. 크리스마스를 보낸 시추자들은 다음 해인 1901년 1월 10일 작업을 재개했다. 그런데 작업을 시작하마자 지축을 뒤흔드는 굉음과 함께 시추 파이프, 돌덩어리, 원유가 뒤섞여 공중으로 수백 미터나 치솟아올랐다. 그것이 바로 미국 최초의 유정 분출로서 하루 7만 5,000배럴은 족히 생산할 수 있는 본격적인 유전 개발의 신호탄이었다.

뒤이어 또다른 유전들이 속속 개발되었다. 캘리포니아의 시그널힐 유전, 오클라호마의 그레이터세미놀 유전, 모든 유전의 할아버지라고 불리게 된 대드 조이너(Dad Joiner)가 텍사스 동부에서 개발한 블랙자이언트 유전이 그렇게 개발된 대표적인 유전들이었다. 그처럼 당시의 미국은 지금의 사우디아라비아와 다름없었다. 그랬으니 그토록 값싼 에너지야말로 미국인의 진정한 생득권이었다는 사실을 누가 의심할 수 있겠는가?

그런데 문제는 사실 기름이 너무 많다는 데 있었다. 새로운 유전이 개발될 때마다 유가가 폭락하면서 석유생산업자들을 파산지경으로 몰아갔다. 이러한 석유 과잉공급 문제는 오일 크리크가 가져온 최초의 충격이 채 사라지기도 전에 발생했다. 1861년 초에 배럴당 10달러에 팔리던 원유가 그 해 연말이 되면서 배럴당 10센트로 폭락해 버린 것이다.[18] 록펠러(John D. Rockefeller)는 뉴저지 주에 있던 자신의 합자회사 스탠더드오일 사를 통해 석유 생산 할당량 및 공급량 조정권을 획득함으로써 저유가의 이점으로 막대한 이익을 남길 수 있게 됨과 동시에 석유시장의 질서 유지를 위한 방편을 마련할 수 있었다. 그러나 텍사스의 거대 유전들, 그중에서도 특히 블랙자이언트 유전은 스탠더드오일 사도 감당할 수 없을 만큼 엄청난 양의 원유를 생산하고 있었다. 1926년 텍사스에서 배럴당 1.85달러에 팔리던 원유는 1931년 3월 말이 되면서 배럴당 6센트까지 폭락했다. 심지어 미국 최대의 석유업체마저 파산의 징조를 보이자 모두 일일 생산량 제한과 가격 안정을 위한 방책을 강구하기 시작했다.

텍사스철도위원회는 독점적으로 운영되고 있던 철도사업을 일정 부분 통제하는 방편을 강구 중이던 인민당의 주도로 1891년에 창립되었다. 1931년 철도위원회는 석유생산업체들이 저지르고 있던 '물리적인 낭비'를 규제할 수 있는 일정한 권한을 부여받았다. 위원회는 1960년 사우디아라비아가 주도한 세계석유수출국기구(OPEC)가 결성되기 전까지 이처럼 협소한 권한만으로도 복잡하게 얽히고 설킨 많은 난관들을 해치며 생산량 할당과 유가 안정을 위한 활동을 효과적으로 수행했다. 말하자면 당시의 텍사스철도위원회는 미국의 OPEC와 마찬가지 역할을 수행했던 것이다.

대규모 공급이 가능한 미국의 저렴한 에너지는 바야흐로 미국에게 세계의 지도국으로 발돋움할 수 있는 힘을 부여했다. 1913년 미국은 1인당 국민소득이 5,301달러로 4,921달러였던 당시의 초강대국 영국보다 풍요로웠고, 철강을 비롯한 핵심 산업부분에서 세계 최대의 생산량을 자랑하게 되었다.[19] 1880년대 석유산업은 토머스 에디슨이 발명한 전등이 석유등잔을 대신하기 시작하면서 잠시 타격을 입기도 했다. 그러나 1885년 '자력으로 움직이는 차(horseless carriage)', 즉 자동차의 발명이 석유업계를 되살렸고, 자동차산업이 발전하면서 미국과 세계의 면모는 획기적으로 변하기 시작했다. 미국이 1차 대전에 참전할 당시만 해도 이미 350만 대의 자동차가 미국의 도로를 누비고 있었다. 이후 미국의 자동차 숫자는 꾸준히 늘어 1926년 말에는 2,300만 대에 이르렀다. 당시 미국인의 자동차 보유대수는 전세계 자동차 보유대수의 78%를 차지하고 있었다.[20]

더구나 원유는 아직 경제발전의 중요한 동력으로 작용하지 못하고 있었다. 1차 대전이 발발한 1914년 당시에는 증기기관차가 병사들을 전장으로 실어날랐고, 말들이 대포를 끌며 무기를 보급했다. 그러나 몇 년 후 전쟁이 막바지에 이를 즈음에는 내연기관으로 움직이는 영국의 탱크가 독일의 참호들을 파괴했고, 독일의 U보트들을 움직인 디젤 기관은 연료 부족으로 고전했다. 프랑스의 국가석유위원회(Comité Général de Pétrole) 의장은 석유를 '승리의 원동력'이라고까지 칭한 바 있다. 당시 프랑스는 국내에서 소비하던 석유의 80%를 미국에서 수입하고 있었다.[21] 미국의 군대가 1차 대전에 참전하기 전부터 미국산 석유는 승리의 조력자로서 1차 대전에 참전하고 있었던 것이다.

석유가 1차 대전의 승패를 좌우하는 부차적인 열쇠였다면, 2차 대전에서는 모든 것을 좌우하는 일차적인 열쇠로 자리잡았다. 1940년 일본이 중국대륙을 도모하기 시작하자 미국은 일본에 대한 석유 수출 여부를 놓고 논쟁을 벌였다. 논쟁의 요지는 일본이 미국산 석유를 결국 군사용으로 사용하게 될 것이며, 그런 석유의 힘으로 일본군이 이미 중국의 유전개발권을 따낸 네덜란드의 동인도회사를 더 쉽게 공격할 수 있게 되리라는 것이었다. 1941년 7월 일본이 인도차이나 반도를 점령하자 미국은 7월 25일 일본에 대한 석유 수출 금지조치를 현실화했다. 바로 이 조치가 일본의 진주만 공격과 태평양전쟁 발발의 결정적인 원인으로 작용했다. 그런 상황에서 문제는 언제 전쟁이 발발하느냐 하는 것뿐이었다.

그런데 동인도 지역의 유전을 장악하고 있던 일본이 해결해야 할 문제는 원유를 일본 본토까지 무사히 운반하는 것이었다. 일본까지 가는 항로는 멀고 위험했기 때문에 일본의 유조선들이 무사히 통과하기 힘들었다. 일본이 전쟁에 패한 이유도 바로 여기에 있었다. 일본의 유조선들은 항해에 나서자마자 격침되었고, 그 때문에 일본 함대는 연료 부족으로 무용지물이 되어버렸다. 일본에 대한 최후의 일격은 물론 원자폭탄이었지만, 사실상 일본을 패배로 이끈 결정타는 바로 석유 부족이었다.

유럽도 같은 과정을 거쳤다. 히틀러는 전쟁을 지속하기 위해서 반드시 충분한 석유를 확보할 필요가 있었다. 따라서 그는 모스크바로 진군하던 병력을 대부분 소련의 바쿠 유전으로 돌려버렸고, 그로 인해 결국 모스크바 점령에 실패하고 말았다. 더구나 독일군은 러시아의 열악한 도로 사정 때문에 애초 예상보다 두 배나 많은 연료를 사용해야 했다. 히틀러의 병사들은 결국 바쿠 유전 점령에도 실패했고, 모스크바를 32킬로미터 앞둔 채 연료가 바닥나 버리고 말았던 것이다.

불게(Bulge) 전투에서 히틀러의 군대는 연합군을 해안으로 밀어붙이기 위해 혼신의 공격을 감행했으나, 역시 연료 부족으로 실패하고 말았다. 특히 영국으로 가는 유조선을 공격하던 독일의 북대서양 잠수함 선단을 1943년 미영 연합군이 격퇴하면서 추축국들(독일, 일본, 이탈리아)의 운명이 결정되고 말았다. 연합군을 승리로 이끈 것은 바로 이처럼 풍부한 미국산 석유였다. 연합군이 전쟁에서 소비한 석유의 총량은 70억 배럴에 달했고, 그중 60억 배럴이 미국산이었다.[22]

2차 대전 내내 미국의 휘발유 생산 허가량이 비약적으로 늘어난 덕분에, 또 일본에 대한 승리의 기쁨이 아직 가시지 않은 상황이었기 때문에, "가득 채워"라는 외침은 미국의 새로운 국가적 슬로건이 될 정도였다. 전쟁이 끝난 1945년 8월부터 1950년 말 사이에, 전시에는 줄어들었던 미국의 자동차 판매량이 미국인의 생활양식을 완전히 뒤바꿀 만큼 폭발적으로 증가했다.[23] 미국인들은 지난 3세기에 걸쳐 스스로 국가를 건설해 왔다. 그런 미국인들이 지난 15년 가까이 대공황과 전쟁을 치르며 허리띠를 졸라맨 채 마땅히 누려야 할 생득권마저 부정해 왔던 것이다. 그러나 이제 미국인들은 값싼 에너지를 향유할 수 있는 타고난 권리를 한껏 행사할 수 있게 되었다.

자유를 저당잡힌 미스터 부바

브루클린에는 플랫부시(Flatbush)라는, 1890년대 분위기를 풍기는 근교 주거지가 조성되어 있다. 시내 중심가 맨해튼에서 전철로 20분 정도 거리에 건설된 이 주거지역은 짧은 직선도로의 보도변에 자리잡고 있다. 집들은 서로 가까이 붙어 있어 베란다에서도 이웃끼리 잡담을 나눌 수 있을 정도다. 상점, 학교, 기차역은 걸어서도 금방 갈 수 있는 거리에 있다. 따라서 자동차는 정말 필요가 없다. 거리에서 차를 몰면 소음공해만 유발할 뿐이다. 플랫부시는 처음부터 자동차를 염두에 두고 건설되지 않았기 때문이다.

전후 미국의 경기호황을 이끈 것은 주로 매우 다양한 종류의 근교 주택단지 건설붐이었다. 주택건설 사업은 대다수 사람들이 시골이라고 생각하던, 도시에서 꽤 멀리 떨어진 지역까지 급속히 확산되었다. 그렇게 시골마을들은 보도도 없는, 길고 구불구불한 도로변에 반에이커 정도 넓이의 주택들이 드문드문 늘어서 있는 새로운 형태의 근교 주택지대로 변해갔다.

하지만 걸어서 갈 수 있는 이웃집은 거의 없었고, 가까운 상점이나 기차역도 없었다. 그런 주택들은 가족용 침실, 거실과 주방, 서재와 작업실 등이 따로 필요해지면서 갈수록 대형화되기 시작했다. 이런 주택들은 최신 가전제품들을 구비했고, 그러면서 기후변화에 구애받지 않게 된 것은 당연한 일이었다. 전쟁이 끝나고 10년이 지나자 900만 명이 넘는 사람이 이런 주택들이 늘어선 도시 근교지역으로 이사를 했다. 1976년에는 미국 인구 중에서 시골의 읍내나 도심보다 도시 근교에 사는 인구가 더 많아졌다.[24]

이 모든 사람들은 물론 그들의 필요에 부응하여 집에서 떨어진 곳에 드문드문 생겨난 근교의 상점들을 이용하여 장을 보곤 했다. 그런 상점들은 이전의 시내 중심가의 상업지구들과 확연히 구분되기 시작했다. 일반 도시의 보도변에는 가게들이 가득 들어찬 몇 층짜리 건물들이 연이어 서 있었다. 그러나 근교지역에는 도시 근교구역 분리법에 따라 거대한 주차장이 건설되었고, 그 한복판에 나지막한 상가지역이 조성되었다. 따라서 어떤 상점에서 이웃한 다른 상점으로 가려면 도저히 걸어서는 갈 수 없는 경우가 많았다.

그러는 사이에 시내 중심가의 모습도 변하고 있었다. 근교지역으로 인구가 몰리면서 도심지역은 사무용 고층빌딩이 늘어났다. 그러나 이 빌딩들은 옛날처럼 붉은 벽돌이나 대리석 같은 석재로 지어지지 않았다. 새로 건축된 건물들은 여름에는 열기를 흡수하고 겨울에는 아이스박스 효과를 발휘하는 번쩍이는 유리탑과 같았다. 따라서 값싼 에너지를 사용하는 기후조절 장치가 없으면, 그런 건물 안에서는 사람이 제대로 생활할 수가 없었다.

초기 근교지역에는 인구가 많지 않아 지하철을 건설해도 타산성이 없었고, 또 대개 도시의 대중교통권이 미치지 못하는 거리에 자리잡고 있었다. 따라서 근교지역을 방문하거나 돌아다니려면 반드시 필요한 것이 자동차였다. 물론 자동차가 필요한 또다른 이유가 있었다. 철도는 민간기업이 투자·건설·관리하면서 국가에 세금을 내야 했지만, 도로는 정부가 건설하는 공공 재화였기 때문이다. 도로건설 산업은 일반주택 건설이 지속되면서 호황을 누렸다. 이 모든 과정을 가장 잘 보여주는 곳이 바로 로스앤젤레스였다. 생긴 지 얼마 되지 않은 로스앤젤레스의 대중교통 체계는 자동차회사, 정유회사, 타이어 회사들이 제휴하여 기존의 시내 전차회사를 인수하면서 해체되어 버렸다. 그들은 전차회사의 문을 닫게 만들고 시내에 깔려 있던 전차 선로를 철거하고 버스 노선으로 바꾸어버렸다. 그 덕분에 버스, 승용차, 타이어, 연료 시장이 성장했다. 그런 식으로 모든 것이 변해갔다.

1947년 캘리포니아 주는 전 지역을 연결하는 대규모 도로 시스템

구축사업에 착수했다. 곧이어 뉴저지 주도 가든 스테이트 파크웨이와 뉴저지 고속도로 건설에 착수했고, 다른 주들도 앞다투어 도로 건설에 착수했다. 1956년 아이젠하워 대통령은 미국 주간(州間) 고속도로 건설법을 제창하면서 전국 도로건설 계획의 기초를 마련했다. 주간 고속도로 건설법은 미국 전역에 6만 6,000킬로미터에 달하는 고속도로를 건설한다는 목표로 입안되었다. 그 계획은 무엇보다도 만에 하나 원자폭탄 공격을 받은 도시의 시민들을 신속히 소개시키기 위한 국가안보 수단으로도 적극 권장되었다.

그러나 그 계획을 입법화한 것은 군부가 아니었다. 그것은 처음부터 그 계획을 후원한 자동차업계, 석유업계, 타이어업계, 부동산업계, 트럭업계, 주차업계의 막대하고 조직적인 로비 덕분에 입법화되었다. 아이젠하워는 그 법안이 "미국의 모습을 바꾸게 될 것"[25]이라고 말했고, 또 정말 그렇게 되었다.

사람들은 주거지뿐 아니라 사무실도 근교지역으로 옮겼다. 특히 항공교통이 발달하면서 사무실이 공항 주변으로 모여들기 시작했다. 도로와 마찬가지로 항로와 공항들도 정부가 건설하고 관리했다. 또 구형 여객기를 일제히 신형 제트기로 교체하면서 여행시간이 획기적으로 줄어들었고, 상대적으로 값싼 연료비 때문에 운임도 내렸다. 그렇게 지하철과 비행기를 이용하는 사람이 늘어나면서 대중교통과 철도 이용객은 감소했다.

1975년 미국의 교통망은 철도나 버스 같은 대중교통보다는 승용차나 여객기 같은 사적인 교통수단에 더 적합하도록 설계되고 건설되었다. 미국인들은 대부분 직장이나 휴양지 같은 곳에서 멀리 떨어진 크고 넓은 집에서 살고 있다. 값싼 에너지가 그들에게 선사하는 생활방식은 더 이상 선택사항이 아니다. 국가의 주택건설 계획이 그런 생활방식을 요구했기 때문이다.

이러한 변화를 몰고 온 원인과 거의 같은 이유로 자동차 역시 많은 변화를 겪었다. 사람들은 자신의 차 안에서 많은 시간을 보내고 있다. 또 자신의 자동차가 자신의 개성을 표현한다고 생각하기 때문에, 자동차는 점점 더 커지고 강력해지고 화려해졌다. 자동차 후미 장식판이나 랩어라운드 크롬도금 범퍼 등이 과거보다 몸체가 25피트나 길어진 차의 앞뒤를 장식했다. 자동변속기와 에어컨은 물론이려니와 250마력이 넘는 8기통 엔진은 기본이 되어버렸다. 그렇다면 평균연비가 갤런당 21킬로미터에 머물던 1973년의 자동차들과 이 자동차들 사이에는 과연 무슨 차이가 있을까? 연료가 가스냐 휘발유냐 하는 것은 이제 문젯거리도 아니다.

충격

사실 가스는 한동안 논란거리가 되기도 했다. 1943년 초반 내무부 장관 해럴드 아이크스(Harold Ickes)는 '우리는 석유를 탕진하고 있다!'는 제목의 글을 발표한 적이 있다. 1920~1930년대에 발견된 것과 같은 규모의 유전이 다시 발견되지 않고 있는데도 석유소비량은 늘었고, 그 때문에 종래에는 미국이 석유를 전적으로 수입하는 국가로 전락할 수도 있었다. 그런 사태는 대부분의 예상보다 빨리 발생하여, 1948년에는 미국의 석유수입량이 사상 처음으로 수출을 초과하게 된다.[26] 제임스타운에 첫 이주민이 정착한 이래 미국은 에너지를 외국에 의존한 적이 한 번도 없었다. 그러나 이젠 미국도 에너지를 외국에 의존하게 되어버린 것이다.

　　그러나 중요한 역사적 사건이 아닌, 눈에 잘 띄지 않는 배후 역사의 순환에 관심을 갖는 사람은 그리 많지 않았다. 텍사스철도위원회는 개발 가능한 유전의 개발을 유보함으로써 유가의 안정을 꾀했다. 이러한 생산유보 조치는 석유위기 대처능력을 제공했다. 그 덕분에 미국은 두 차례의 대전에서 끝내 승리할 수 있었고, 1948년부터 1960년대 후반까지 하루 수백만 배럴의 석유를 비축할 수 있었다. 그러나 유럽과 일본이 재건되고 다른 여러 나라가 산업화되기 시작하면서 미국은 물론 전세계의 석유소비량이 모두의 예상을 뛰어넘어 폭발적으로 증가했다. 1960년부터 1970년 사이에 자유진영의 하루 석유소비량은 1,900만 배럴에서 4,400만 배럴 이상으로 늘어났다.[27] 반면에 1970년 미국의 하루 석유생산량이 최고 1,130만 배럴에서 정체되면서 위기시 하루 소비 가능한 석유비축분이 100만 배럴로 감소했다.[28]

　　그때부터 모든 것이 내리막길을 걷기 시작했다. 1971년 철도위원회는 결국 개발 유보 중이던 모든 예비 유전에서 석유를 생산할 수 있다고 허가하기에 이른다. 그럼에도 석유수입량은 급격히 늘어났다. 1967년 하루 수입량이 채 200만 배럴도 못 되던 것이 1973년에는 미국 전체 하루 소비량의 30%에 달하는 600만 배럴로 늘어났다.[29] 1968년 미 국무부는 파리에서 열린 경제협력개발기구 회의에서 미래에 석유위기가 발생할 경우 미국은 더 이상 석유를 공급하지 못할 것이라고 밝혔다.[30] 세계와 미국은 이제 세계에서 가장 불안한 지역인 중동에서 생산되는 석유에 더 크게 의존할 수밖에 없었고, 갈수록 의존은 커져갈 수밖에 없었다.

　　고대부터 석유가 난다는 사실이 알려져 있었음에도, 1900년까지 중동국가들은 석유의 상업적 가능성에 주목하지 않았다. 천형과도 같은 가난의 굴레를 벗어나기 위해 노력하던 페르시아의 왕 샤(Shah)는

1900년 영국의 한 퇴직 외교관에게 접근하여 석유개발권을 판매할 수 있는지 여부를 타진했다. 그후 숱한 모험가들이 페르시아의 유전을 찾아나섰다.

그중에서도 오스트레일리아에서 금광을 발견하는 행운을 잡기도 했던 영국 기업가 윌리엄 녹스 다르키(William Knox D'arcy)는 영국 정부의 재정 지원을 등에 업고 페르시아의 석유개발권을 따냈고, 1908년 3월 26일 아침 드디어 노다지를 발견했다. 1909년 다르키의 석유회사는 훗날 미국 기업가들이 '최초의 공개기업(IPO: Initial Public Offering)'이라고 부르게 될 앵글로-페르시안 석유회사라는 상장회사로 발전하게 된다. 그후 5년간 영국과 독일의 식민지 경쟁이 격화되자, 영국 정부는 젊은 윈스턴 처칠의 강력한 요구에 따라 증기선을 대체할 수 있는, 석유 내연기관을 사용하는 전함을 개발하는 데 막대한 자금을 투입했다. 1914년 6월 영국 정부는 앵글로-페르시안 사 주식의 51%를 사들였다. 영국 정부의 그런 조치는 같은 해 8월 전쟁이 발발하면서 현명한 거래로 판명이 났고, 앵글로-페르시안 사는 영국 함대가 소비하는 석유의 20%를 생산 공급하게 되었다.[31]

중동에서 거대한 유전을 발견하고 개발한 과정을 둘러싼 이야기들은 매력적이긴 하지만 상세하게 언급하기에는 너무 복잡하고 긴 이야기다. 여기서는 다만 다르키가 페르시아에 처음 시추봉을 박은 이후부터 유전개발 경쟁이 본격화되었다는 사실, 중동 전역의 궁핍한 아랍 족장들이 어느날 갑자기 석유개발권을 따내려는 서구 석유기업가들이 환심을 사야 할 대상으로 등극했다는 사실만 말해두기로 한다.

제국의 영역을 넓히기 위해 노력하던 영국은 지금의 이란, 이라크, 쿠웨이트의 대부분을 점령했다. 그러나 영국인들은 어떤 이유에서인지 아라비아 반도에서는 절대로 석유가 나지 않는다고 자신들을 억지로 설득해야만 했다. 당시 일명 소칼(Socal) 사라고 불리던 캘리포니아스탠더드 석유회사는 사우디아라비아의 석유개발권을 자신들에게 팔아달라고 이븐 사우드(Ibn Saud) 왕을 끈질기게 설득하고 있었다. 그러나 사우드 왕은 자신의 왕국에 시추봉을 박고 구멍을 파는 것을 불쾌하게 여기고 있었다. 그때 영국의 한 외교관은 "분명히 석유는 한 방울도 나지 않을 것이다. 따라서 주는 돈은 받아도 상관이 없을 것이다. 더구나 미국인들은 곧 사우디를 떠나게 될 것이다"라는 취지의 말을 하면서 스탠더드 사가 주는 돈을 받도록 왕에게 권했다. 그러나 1938년 3월 담만 7공구(Damman No.7)에서 원유가 치솟았고, 그후의 역사는 지금까지 알려진 그대로다.

그ㅗ 당시 미국 정부는 사우디왕국에 미국 외교내표부를 실지해 달라는 소칼 사의 제안을 불필요하다고 판단하여 무시해 버렸다. 그러나 사우디아라비아에서 석유를 발견한 것이 미국의 석유회사였다는 사실은 훗날 매우 중요한 의미를 지닌 것으로 판명되었다. 2차 대전 초기부터 이미 누구나 중동지역에, 특히 아라비아 반도에 엄청난 양의 석유가 매장되어 있다는 사실을 알고 있었다. 아라비아 반도의 중요성을 무시하고 있던 미국은 전쟁이 계속되자 정책적으로 대여자금을 조성하여 사우디의 유전을 관리하기 위한 지원금으로 활용했다. 그때까지도 중동지역의 석유생산량은 단지 전쟁 수행에 필요한 최소한의 양에 머물고 있었다.

상황은 1940년대부터 급변하기 시작해 1950년대까지 변화가 계속되었다. 1946년 유럽에서 소비되던 석유의 4분의 3이 미국산이었지만, 1951년이 되면서 중동산 석유가 반 이상을 차지하게 되었다.[32] 석유 수입선을 중동지역으로 바꾸어가는 서구 국가들의 행보, 식민주의의 종말, 지역 내 민족주의의 발흥, 이스라엘의 건국은 두 가지 중요한 문제가 뒤섞인, 복잡한 이해관계를 창출했다. 그중 하나는 산유국 정부들이 석유회사들의 석유생산량 조정권과 유가 책정권을 박탈하기 위해 지속적으로 수행하고 있던 (그리고 성공할 수밖에 없었던) 싸움과 관련된 문제였다. 또 다른 (지금도 성공하지 못한) 문제는 이스라엘을 제거하거나 철저히 압박하는 것이었다.

최초의 석유위기는 1951년 이란(이전의 페르시아)이 앵글로-페르시안 석유회사를 국유화하면서 발생했다. 이 사건은 엄청난 혼란을 야기했다. 영국이 이란이 접수한 석유회사의 석유에 대해 수입금지령을 내리면서 중동 산유국의 석유는 세계시장에서 판로를 거의 상실했다. 하지만 그때까지도 중요한 의미를 지니고 있던 텍사스철도위원회의 석유비축분이 곧 그 틈을 메우면서 서구의 석유 소비자들은 거의 피해를 입지 않았다.

두 번째 석유위기는 1956년 이집트의 가말 압델 나세르(Gamal Abdel Nasser) 대통령이 영국과 프랑스의 합자회사인 수에즈카날 석유회사와 수에즈 운하 관리권을 국유화하면서 발생했다. 이에 대응하여 영국과 프랑스는 수에즈 운하지대를 확보하기 위하여 이스라엘과 함께 동맹군을 파견했다. 이로 인해 운하는 당연히 폐쇄되었고, 중동산 석유의 유럽 수출이 중단되었다. 영국과 프랑스는 미국이 자신들의 행동에 지지를 보낼 것이라 여겼다. 그러나 아이젠하워 대통령은 영국과 프랑스의 행동에 놀라워하며, 오히려 그런 행동이 아랍국가들을 소련과 가까워지게 만들 수 있다며 영국과 프랑스를 설득했다. 그는 영국과 프랑스에게 자제할 것을 부탁하면서 그렇지 않을 경우 미국이 비축하고 있는 석유를 공급할 수 없다고 밝혔다. 그것은 유럽에게는 결정적인 위협이었다. 그리하여 침략군들은 이집트에서 철수했고, 그에 부응하여 텍사스철도위원회는 다시금 유럽 몫의 석유를 보장해 주었다.

　　세 번째 석유위기는 1967년 6월 5일 이스라엘이 이집트군과 시리아군의 위협에 대응하여 선제공격을 감행하면서 발발한 6일전쟁이 초래한 결과 중 하나였다. "석유가 무기"라는 말이 아랍국가들 사이에서 한동안 유행한 적이 있지만, 이젠 기정사실이 되어버렸다. 6월 6일 아랍국가의 석유장관들은 석유금수령을 발표했고, 6월 8일에는 수출물량이 60%나 감소했다.[33] 중동 석유에 대한 의존도가 급격히 늘어나 필요한 석유의 4분의 3을 중동에서 수입하고 있던 유럽의 여론은 비판적이었다. 텍사스철도위원회는 다시 구원자로 나서서 하루 100만 배럴 정도의 비축석유를 풀었다. 그러나 7월이 되면서 '석유무기'는 잘 벼려진 검과 다름없다는 사실이 확실해졌다.

　　1973년 세계 석유시상은 결정적인 변화를 겪었다. 미국은 더 이상 최후의 석유저장고 역할을 할 수 없게 되었다. 더구나 이젠 미국조차도 최후의 석유는 사우디아라비아에 의존해야 할 판이었다. 석유회사들을 통제하기 위해 더 많은 세금을 거두어들이는 등 갖은 노력을 경주하던 석유수출국들이 모여 1960년에 창설한 석유수출국기구(OPEC)는 아직 본격적인 위력을 발휘하지 못했지만 그런 대로 성공을 거두고 있었다. 물론 여전히 시장에 과잉 공급되고 있던 석유와 미국이 보유한 비축분이 OPEC의 노력을 계속 방해하고 있었지만, 새로이 조성된 환경은 1973년 10월 8일 비엔나에서 매년 개최하기로 되어 있던 석유회사들과의 연례 협상에 임하는 OPEC 회원국들의 연대를 강화시켰다.

　　이스라엘의 속죄의 날(Yom Kippur)인 10월 6일 이집트의 안와르 사다트(Anwar Sadat) 대통령은 시나이 반도와 가자 지구를 점령한 이스라엘군에 대한 기습공격을 감행했다. 비엔나에서 열린 협상에서 석유회사들이 제시한 유가는 전보다 15% 인상된 배럴당 3.45달러였다.[34] 그 제의에 OPEC의 석유장관들은 코웃음을 쳤다. 그들은 그 두 배를 넬 생각이 없다면 없던 일로 하겠다고 주장했다. 그러는 동안 사다트 이집트 대통령은 미국과 유럽에 이스라엘군을 점령지에서 철수시키라는 압력을 넣기 위해 노력하면서 아랍의 형제들에게 다시 한 번 "석유를 무기로" 사용하자고 촉구했다. 사우디아라비아는 미국을 멀리할 수 없다는 파와 이스라엘 건국의 부당함을 아랍국가들과 공감해야 한다는 파로 나뉘어 있었다. 그래서 사우디아라비아는 사다트의 주장에 찬성도 반대도 하지 않는 우유부단한 태도를 보였다. 10월 17일 결국 석유 금수령이 발표되었다. 바로 이때 '석유무기'는 최고의 검(劍)으로 증명되었다.

나는 당시 벨기에에서 살고 있었는데, 그곳 사람들은 가스 부족 사태로 말미암아 말이나 소를 동원하여 자동차를 끌고 다녔다. 필라델피아에 본사를 둔 회사에 다니고 있던 나는 당시 회사에 출근할 때면 중간에서 연료를 채우기 위해 가스 주유소에서 오랫동안 기다리느라 볼책이나 잡지를 늘 차 안에 가득 싣고 다녔다. 10월 16일 당시 이미 배럴당 5.4달러나 나가던 원유가격은 12월 중순이 되자 17달러까지 치솟았다. 미국의 주유소들은 이보다 40%나 더 높은 가격에 석유를 팔았다.[35] 결국 헨리 키신저는 적대국가들과 담판에 들어갔고, 사다트는 드디어 미국의 목을 조일 새로운 올가미를 손에 쥐었다는 듯이 아랍국가들에게 미국과 화해할 것을 청했고, 실제로 다음해 3월 18일 화해가 이루어졌다.

그러나 석유금수령이 철회되면서 새로운 권력구조가 등장했다. 바야흐로 OPEC의 전성시대가 시작된 것이다. 그후 5년간 유가는 전에 없이 높은 가격을 기록했음에도 석유시장은 안정을 회복했다. 그러나 팔레비 왕을 숙청하고 이란의 정권을 장악한 아야톨라 호메이니가 1978년 말 이란의 유전을 폐쇄해 버렸다. 유가가 다시 폭등하면서 대규모 혼란이 뒤따랐다. 그것은 세계경제에 엄청난 충격을 몰고 왔다. 미국의 GDP가 6% 감소하고 실업률도 배가되어 9%에 이르는 등 산업국가들은 깊은 침체에 빠져들었다.[36] 일본 경제는 2차 대전 후 처음으로 성장을 멈추었다. 그러나 석유가 나지 않거나 고유가를 감당할 능력이 거의 없던 개발도상국들의 처지는 더욱 어려웠다. 세계의 경제가 침체에 빠지면서 미국과 유럽의 은행을 거쳐 빚만 늘어가는 개발도상국들에게 차관으로 공여되던, 대규모로 순환하던 막대한 자금이 OPEC 국가의 금고 속으로 흘러 들어갔다. 세계의 여론은 좀더 나은 길이 있다는 사실을 OPEC가 알아주기를 원했다.

충격요법

이러한 석유위기에 대한 우려는 사실 30여 년 전부터 제기되어 온 것이었다. 미국의 석유비축량이 한계에 달했다는 것은 이미 1940년대 중반에 확연해졌다. 그에 따라 안정적인 석유 공급을 위한 대안을 찾으려는 수많은 토론이 이루어졌다. 어떤 이는 비상시 국내에서 필요한 석유를 비축하기 위해 평화시에 석유 수입을 늘리자는 주장을 내놓기도 했다. 하지만 이런 주장은 무시되었다. 그보다는 국내 석유 생산업자들의 이익을 보호하기 위해 아직 더 많은 석유가 매장되어 있다는 논리를 펴며 오히려 석유수입량을 제한해야 한다는 주장이 나왔다. 그 당시 로키 산맥에 엄청난 양의 석탄과 석유가 매장된 것으로 알려지면서 미국은 에너지를 무제한 공급할 수 있는 종합 석유산업을 발전시킬 이상적인 조건을 갖춘 것으로 여겨졌다.

1947년 미국 내무부는 향후 4~5년간 추진할, 종합 에너지산업을 발전시키기 위한 100억 달러 규모의 맨해튼급 프로젝트를 수립했다. 8,500만 달러가 연구조사비로 배정되었지만, 종합 석유산업에 소요될 비용이 실질적으로 이미 실용화되고 있던 외국의 저렴한 석유를 수입하는 비용보다 훨씬 많이 든다는 사실이 확인되면서 계획은 폐기되고 말았다.[37]

그후 20여 년 동안 초기의 석유위기를 해소하는 데 성공하면서 '더 나은 방법'을 찾는 질문을 미리부터 저지하는 안보론이 생겨났다. 아이젠하워 대통령이 주간(州間) 고속도로 건설계획을 들고 나왔을 때에도 안보에 대해 질문한 국가안보 보좌관은 분명 한 명도 없었다. 커다란 역사적 아이러니가 분명했던 주간 고속도로 건설계획이 외국의 산유국이나 석유업자들에 대한 미국의 취약성을 크게 만들어 국가안보에 심각한 위협이 될 수 있었는데도 말이다.[38]

6일전쟁이 끝난 후 전직 미 국무장관 딘 애치슨(Dean Acheson)은 자신의 회고록 『창조 중인 현재 *Present At The Creation*』에서 만일 "건설계획에 투자한 우리의 자금 중 일부가 미국과 유럽에서 실용적인 전기자동차 개발과 핵발전소 건설에 사용되었다면, 우리는 지금 겪고 있는 대기오염 문제를 해결하고, 중동의 석유로부터 유럽을 해방시키고, 소련이 유럽을 넘보지 못하게 하는 데도 크게 기여할 수 있었을 것이다"[39]라고 썼다. 물론 당시에는 그의 말에 아무도 주목하지 않았다. 그러나 이 문제는 다시 제기되었고, 당시보다는 절박한 문제로 인식되었다.

1978년 석유파동에 대한 도쿄와 유럽의 대응은 직접적이고 대담했다. 일본에서 대단한 영향력을 발휘하던 일본 통상성(MITI)은 본부건물의 엘리베이터 운행을 중단하고 냉난방비도 삭감했다. 나는 당시 여름이면 말 그대로 땀에 젖어 협상을 진행했고, 겨울이면 옆에 동석한 친절한 일본인 친구가 건네준 스웨터를 걸치고도 오들오들 떨곤 했던 기억이 있다. 이런 대응법은 물론 상징적인 것이었지만, 일본 정부의 가혹한 새 정책들에 일본 국민이 적응할 수 있는 분위기를 마련해 주었다. 일본은 에너지 공급을 위한 대규모 핵발전소 건설 프로그램을 실행에 옮기고, 동남아시아와 러시아에서 액화 천연가스 개발을 추진하면서 가능한 한 모든 에너지를 석유 대신 석탄으로 대체하기 위한 노력을 경주했다.

그러나 더욱 중요한 것은 에너지 절약을 통해서 에너지 수요를 줄이려는 국가적인 노력이 있었다는 사실이다. 새로운 상황에 대처하기 위해 고효율의 에너지 사용기준이 마련되기도 했다. 휘발유세와 전기세도 올렸다. 정부와 산업계는 좀더 효율적인 절차나 공정, 기구나 도구를 개발하는 데 주력했다. 그중에서 가장 주목할 만한 것은 일본 정부가 일본의 미래는 에너지 절약에, 아무 이익도 없는 일에 헌신할 수 있는 일본인 특유의 신화적 능력에 달려 있다면서 일본의 대중을 설득했다는 사실이다. 일본 통상성은 이때부터 일본의 산업구조를 에너지 집약형에서 지식집약형의 첨단 기술산업으로 변화시켰고, 그 덕분에 일본은 1980년대 들어 일약 미국의 가장 강력한 도전자로 발돋움하게 된다. 그 당시 일본 통상성 차관 나오히로 아마야는 나에게 "모든 경험은 겉모습을 달리한 괴로운 은총이었다"는 말을 하기도 했다. 확실히 석유절약 정책은 에너지를 효율적으로 사용하게 만들었을 뿐 아니라 에너지 효율성을 모두의 예상보다 더욱 크게 증가시켰다. 1985년 일본은 GDP 1달러를 생산하는 데 사용하는 에너지를 31% 줄였고, 전체 석유소비량을 51%나 낮추었다.[40]

하지만 거기서 멈추지 않았다. 일본 당국은 에너지 절약형 모델에는 부분적으로 세금을 감면하고 나머지 기존 자동차들과 연료에는 무거운 세금을 부과함으로써 일본의 자동차 및 트럭의 에너지 효율성을 괄목할 만하게 끌어올렸다. 예컨대 일본 내 택시에 액화 천연가스를 연료로 사용하도록 했다. 도요다 사와 혼다 사에서 만든 가스·전기 겸용 자동차는 2002년 미국의 자동차 평균연비인 갤런당 80.5킬로미터보다 더 높은 연비를 자랑하면서 3만 6,000대나 팔렸다.[41] 그러나 그들과 경쟁하던, 세계 유수의 자동차회사들이 만든 가스·전기 겸용 자동차는 한 대도 팔리지 않았다. 1985년 이래 일본은 필요한 전체 에너지 중에서 석유가 차지하는 비중을 60%에서 거의 50%까지 낮추었고, GDP 1달러당 에너지 소비량도 주요 산업국가들보다 훨씬 낮은 수준으로 줄였다. 무엇보다도 일본은 2010년까지 에너지 효율성을 30% 더 높이는 것을 목표로 장기적인 에너지정책을 추진하고 있다.[42]

프랑스를 위시한 유럽은 일본을 모방하여 이미 높게 책정되어 있던 휘발유세와 전기세를 더 높이 올렸다. 또 일본보다 많은 원자력발전소를 건설했는데, 프랑스의 경우 극단적일 정도로 공격적인 원자력발전소 건설정책을 구사했다. 유럽인들은 일본이 강조한 절약정신도 모방했다. 그것도 물론 프랑스가 주도했다. 건물들은 섭씨 20도 이상 난방을 하지 않았고, 건물주들은 예정에 없는 방문자들에게는 지시에 따라줄 것을 부탁했다. 프랑스 정부는 심지어 에너지 사용을 부추기는 듯한 광고는 모두 금지했다.[43] 또 이러한 정부의 계획을 비롯하여 비싼 에너지 가격도 북해유전 탐사 및 개발에 전력투구하도록 만들었으며, 소련에서 북유럽까지 천연가스를 끌어오기 위한(비록 미국의 반대로 무산될 수밖에 없었지만) 노력을 경주하게 만들었다.

일본에서와 마찬가지로 그런 정책들은 기대 이상의 성과를 낳았다. 프랑스는 1973년 사용 전력의 63%를 석유, 천연가스, 석탄을 이용한 발전으로 충당했지만, 오늘날은 전력의 75%를 원자력발전에서 얻고 있으며, 석유 의존도를 1% 이하로 줄였다.[44] 유럽은 휘발유 엔진을 사용하던 자동차를 대부분 디젤 엔진을 장착한 새로운 모델로 바꾸면서 갤런당 45킬로미터이던 연비를 갤런당 56킬로미터까지 높였다.[45] GDP 1달러당 8,400BTU(영국식 열량 단위)로 상대적으로 낮았던 에너지 소비량도 2002년에는 7,400BTU까지 감소했다. 또 1인당 전력소비량 역시 미국의 절반 이하로 줄어들었다.[46] 더 나아가 유럽은 일본처럼 미래 에너지 다변화 및 에너지 절약을 위한 확실한 계획과 대체 에너지 자원 개발에 주력한다는 계획을 마련했다.

한편 미국의 대응은 변덕스럽고 혼란스러웠을 뿐 아니라 분열양상까지 보이곤 했다. 맨해튼 정신과 아폴로 계획에 따르면, 미국은 1980년에 이미 에너지 독립을 달성했어야 했다.[47] 그러나 닉슨이 워터게이트 사건으로 중도 퇴임하면서 그 계획은 물거품이 되어버렸다. 어떤 면에서 그 계획은 대중의 지지도 거의 받지 못했다. 미국의 대중은 미국식 생활방식이 위기를 맞고 있다고 생각했고, 그 당시 열린 의회청문회는 많은 미국인이 거대 석유회사들 때문에 석유부족 사태가 발생했다고 생각하게 만들었다. 국민들은 워싱턴이 무슨 조치든 취해주기를 원했지만, '무슨 조치'라는 것도 가스라인을 철거하거나, 아니면 석유회사들이 비용을 부담해야 했던 옛날의 값싼 유가를 회복하는 것에 불과해 보였다. 닉슨에 이어 대통령이 된 포드는 10년간 200개의 원자력발전소, 250개의 대규모 탄광, 150개의 석탄 화력발전소, 20개의 종합 석유단지를 건설하겠다는 계획을 제시했다.[48] 현대 석유산업의 시조 록펠러의 손자인 넬슨 록펠러 부통령도 대통령에 질세라 합성연료나 기타 경제적으로 경쟁력이 없는 에너지 자원을 사용하는 기업들을 인수하기 위해 1,000억 달러의 자금을 조성하겠다는 계획을 전격 발표했다.[49] 각계각층의 사람들은 그런 계획이 실현될 리가 없다면서 반대하고 나섰다.

그러나 그런 혼란의 와중에서도 두 가지 중요한 진전이 있었다. 미국 본토와 알래스카를 잇는 파이프라인 건설계획이 알래스카 유전 개발을 가능하게 할 수 있다는 이유로 승인을 받았고, 연료 효율성 강화를 위한 법안이 1985년 연비가 갤런당 평균 44킬로미터인 새로운 승용차 개발이 필요하다는 이유로 통과되었다.[50] 카터 대통령은 1977년 취임사에서 에너지 문제의 해결을 최우선 과제로 내세우면서 자신의 정책기조를 "전쟁과 도덕을 동등하게 고려하는 것(the moral equivalent of war)"[51]이라고 소개했다. 어떤 풍자가들은 이 표현의 머릿글자만 따로 모아서 고양이 울음소리(MEOW: 야옹)라고 꼬집었으며, 또 일각에서는 진짜 고양이가 흐느껴 우는 소리처럼 들렸다며 언쟁을 벌어지기도 했다.

그러나 미국에서는 자동차 연료 효율성 강화법만 마련되었지, 실제로 에너지 절약을 강조하는 사람은 거의 없었다. 사실상 미국의 유가는 대중의 기대에 부응하느라 인위적으로 낮게 유지하려는 정부의 통제를 받고 있었다. 카터는 우선 국민들이 위기감을 느끼지 않을 한도 내에서 국내 유가를 세계시장 가격으로 끌어올리는 정책을 추진했다. 그는 이 정책을 성공적으로 이끈 대신 상당한 정치적 대가를 치러야 했다. 카터의 또다른 정책 중에는 극히 비효율적인 연료를 사용하는 차량에 대한 '가스 과소비세' 부과, 고연비 차량에 대한 세금 할인, 휘발유세 인상, 석탄 화력발전소로의 강제 전환을 목표로 한 일련의 부가가치세 책정과 규제 확대, 원자력발전소 확충계획, 태양열 발전시설과 절연재료 판매회사에 투자한 사람에 대한 세액 공제, 자발적 적용대상이던 각종 장비에 대한 에너지 효율성 기준의 강제적 적용으로의 전환 및 신축 건물에 대한 기준의 완전 강제 적용, 재활용 에너지 자원 개발을 위한 연구개발비와 포상금의 대폭적인 증액, 공공기업의 전력 사용 저해 요인 제거, 비상시 90일간 공급 가능한 전략석유 비축계획 수립, 오래전부터 계류 중이던, 로키 산맥에 매장된 석유를 하루 250만 배럴씩 생산하기 위한 200억 달러 규모의 종합 에너지 개발계획 등이 포함되어 있었다.[52]

흥미로운 것은 이 정책들 중에서 대중교통과 철도에 관한 언급은 찾아볼 수 없다는 것이다. 그러나 그런 언급이 있었더라도 실행되기는 어려웠을 것이다. 1978년 스리마일 섬에서 발생한 원자력사고로 인해 원자력발전소를 건설하려면 지극히 엄격한, 새로운 환경보호 기준을 통과해야 했고, 만약의 사고에 대비하여 막대한 소송비용을 준비해 두어야 했다. 이 사건의 여파로 미국이 추진하던 원자력발전소 건설계획과 전력 공급 확대 계획은 모두 무위로 돌아가버렸다. 그런 상황에서도 의회는 가스세 부과 법안과 고연비 차량에 대한 세금 할인 법안을 부결시켰다.

그러나 카터는 한술 더 떠서 좀더 높은 에너지 효율성을 확보하고 석유를 대체 에너지로 전환하기 위한 계획을 더욱 집중적으로 추진했다. 그런 노력은 성과를 거두었다. 나를 비롯한 수백만 명의 미국인들은 집에 절연재를 시공하고 태양열 증기히터를 설치함으로써 세금공제 혜택을 받았고, 당시에 내가 출근하던 제지회사는 결정적인 에너지 효율성 향상 효과를 얻을 수 있었다. 자동차 가스연비 기준은 1985년 두 배로 높아졌고, GDP 1달러당 에너지 소비량은 1만 8,400BTU에서 1만 3,400BTU로 줄어들었다(같은 시기 일본의 에너지 소비량도 5,000BTU에서 3,946BTU로 줄어들었다).[53] 그와 동시에 알래스카 파이프라인을 통해서 늘어난 석유 공급과 고유가 및 기타 세제 혜택은 미국에서 좀더 많은 석유와 천연가스 개발을 촉진했다.

　그러나 레이건 행정부가 등장하면서 미국의 정책은 사회의 저변에 흐르고 있던 대중적인 국가윤리관과 더 밀접한 관계를 맺으면서 상당한 변화를 겪게 된다. 당시 나는 통상부장관의 자문 역을 맡고 있었는데, 합성연료 프로젝트 같은 어처구니없는 법석을 떠는 데 정신이 팔린 정부의 작태가 선거운동 기간에 웃음거리로 전락한 것을 기억하고 있다(또 하나의 석유 수출국인 캐나다라면 그런 프로젝트를 실행할 여유가 있었고, 오늘날 캐나다가 생산한 석유의 20%가 그런 합성연료다).[54] 에너지 절약 사업을 위한 연방정부 예산이 70%, 에너지 연구개발비가 64% 삭감되면서 새로운 자동차에 더 높은 평균연비 기준을 적용하려는 계획도 무산되었다.[55]

　모든 주안점은 석유 공급에 쏠렸다. 세액 공제 조치나 규제 확대 조치는 석유 시추를 고무하고 생산량을 늘리는 데 적용되었다. 석유공급량은 늘었지만, 그것은 대부분 알래스카 파이프라인, 대체 에너지에 매력을 느끼지 못한 투자자들을 끌어들일 만큼 저유가를 유지하는 사우디의 정책, 북해·말레이시아·나이지리아·멕시코를 비롯한 세계 각지의 유전이 석유 생산을 대폭 늘린 덕분이었다.

　유가는 하락하고 미국의 지도층은 정부가 추진하려는 산업정책이라면 모두 코웃음만 치는 상황에서도 미국인의 소비경향은 확연히 바뀌기 시작했다. 구형 차들이 차츰 신형 차들로 교체되고, 신축 건물과 새로운 산업공정에 대한 기준들이 경제 전반에 꾸준히 효과적인 영향을 미치면서 GDP 1달러당 필요한 에너지가 지속적으로 줄어들었다. 그러나 감소속도는 느려서, 미국의 에너지 효율은 다른 산업국가들보다 훨씬 낮은 상태에 머물고 있었다. 1인당 에너지 사용량은 1973년 3억 6,600만 BTU에서 1983년 3억 1,400만 BTU로 감소했지만, 1997년에는 다시 3억 5,200만 BTU로 늘었다. 그것은 1억 6,500만 BTU인 일본이나 1억 7,000만 BTU인 유럽에 비해 두 배 이상 많은 수치였다.[56] 신형 승용차, 경트럭, 스포츠형 다목적 차량의 가스연비는 1988년에 42 킬로미터로 정점에 올랐다가 낮아지기 시작했다. 그 동안 휘발유 1갤런의 실제 소비자가격은 1972년 1.08달러에서 1981년 2.05달러로 상승했다가 1997년에는 1.15달러로 하락했다.[57]

1977년부터 1987년까지 줄어들기만 하던 석유의 수입량은 꾸준히 증가하여 1997년에는 1977년과 같은 수준에 도달했다.[58] 신형 자동차들의 평균마력은 1982년 이후 꾸준히 늘어났다.[59] 재활용 에너지 소비량은 1984년 미국 전체 에너지 소비량의 10%에 이르던 것이 1997년에는 7.6%로 떨어졌다. 1973년부터 1982년까지 53% 상승한 전기의 실제 소비자가격은 1997년에는 거의 1973년 수준으로 다시 하락했다.[60] 또 냉장고의 에너지 효율성은 1972년부터 1993년 사이에 294%나 상승했지만, 일단 그렇게 강제기준에 도달하고 나자 상승률 곡선이 완전 수평을 유지했다.[61] 1978년 이후 새로 건설한 원자력발전소는 하나도 없었으며, 기존의 발전소들도 지은 지 오래된 것들이었다. 그 동안 전략석유 비축량은 1985년 115일분이었던 것이 1999년 말에는 52일분으로 줄었다.[62] 요컨대 21세기를 맞는 미국의 에너지 상황은 1973년과 같은 상황으로 호전되고 있는 듯 보였다.

걸프전과 퇴보: 1990년대

1980년 9월 22일 OPEC의 석유장관들은 OPEC가 창설된 도시 바그다드에서 연말에 개최하기로 한 20주년 기념행사 계획을 의논하기 위해 비엔나에 모였다. 파티 같은 것은 전혀 열리지 않았다. 같은 날,

오랜 앙숙이던 이라크와 이란이 전쟁에 돌입했다. 호메이니가 혁명으로 정권을 잡은 이란의 석유시설들에 대해서 이라크가 대규모 공습을 감행한 것이다. 훗날 세계인들의 반면교사가 될 사담 후세인 대통령이 이끄는 이라크군은 단기간에 승리할 것이라고 예상했다. 그러나 전쟁은 7년이나 계속되었다. 전쟁은 이란과 이라크 양국의 석유를 세계시장에서 사실상 사라지게 만들었다. 그것은 시장의 위기관리 메커니즘이 비록 유가상승을 감수하더라도 또다른 세계적 공황의 발생을 막을 수 있을 만큼 변했다는 사실을 보여주는 증좌였다.

그러나 그보다 더 중요한 것은 미국이 쿠웨이트 함대에 미국의 깃발을 꽂은 채 걸프 만을 장악하고 사담이라는 대악마를 증오하는 이란군으로부터 이라크를 보호하기 위해 무력시위를 하기 시작했다는 사실이다. 1988년 이라크군이 군사정전협정에서 우세한 입지를 확보하기 위하여 (훗날 대량살상무기라고 불리게 되는) 독가스를 사용했을 때에도 워싱턴이나 유엔이나 세계 언론은 전혀 놀라운 반응을 보이지 않았다. 또다른 요일쇼크는 발생하지 않았지만, 이 전쟁을 계기로 대규모의 미 해군이 페르시아 만에 진주하기 시작했다. 1985년 한 해 동안 미국이 걸프 만의 항로를 지키는 데 사용한 비용은 500억 달러에 달했다.[63]

그러나 5년 후 행복한 날이 다시 찾아온 듯했다. 베를린 장벽이 무너지면서 유가도 하락했다. 미국인들은 1940년대 후반 이후 가장 싼값에 가스를 구입할 수 있게 되었다.[64] 몇 년 후 발생할 문제에 신경을 쓰는 사람은 아무도 없었다. 세계의 석유공급량은 50%나 증가하여 1985년 6,000억 배럴이던 것이 1990년에는 9,000억 배럴 이상으로 늘어났다.[65] 걸프 만 연안의 주요 산유국들이 과잉생산을 하고 있다고 경고하는 사람은 거의 없었다.[66] 실제로 조금만 더 상황을 눈여겨보았다면 그것이 1980년대보다는 1970년대와 더 비슷한 상황이라는 것을 간파할 수 있었을 것이다. 세계의 석유수요는 급격히 늘어났고, 미국의 석유소비량도 가파른 상승곡선을 그리면서 미국산 제품의 가격이 자유낙하운동을 시작했다. 그러나 그런 시스템에 진입하기를 기다리는 걸프 만 연안 밖의 주요 산유국은 하나도 없었다. 그리고 아무도 그런 상황을 유심히 살피지 않았다.

오직 단 한 명의 핵심 인물만은 예외였다. 1990년 8월 2일 새벽 2시 미국의 옛 친구이자 동맹자였던 사담은 최근 이란과의 전쟁에서 자신을 지지한 유일한 후원국인 미국을 등에 업고 이웃 쿠웨이트를 점령하기 위해 10만 명의 군대를 파병하기로 했다고 선포했다. 2주 뒤인 8월 17일 〈월스트리트저널〉의 1면에는 "부시 행정부는 유권자들이 백악관의 전깃불마저 꺼버렸던 카터 행정부 시절을 다시 떠올릴까 두려운 나머지 대대적으로 추진해 온 에너지 절약정책을 과감히 버렸다"는 기사가 실렸다.[67]

당시 미국은 걸프 만에서 생산되는 석유의 12%밖에 수입하지 않았지만, 사담이 쿠웨이트를 접수하면 세계 석유매장량의 25%를 직접 관장할 수 있게 될 것이고,[68] 세계 석유 매장량의 26%를 차지하는 사우디아라비아를 위협할 수 있는 입지를 확보하게 될 것이다. 사담은 또한 세계 매장량의 9%를 차지하는 이란마저 넘볼 수 있었다. 사담이 미국이나 미국의 동맹국들에 대해 어떤 위협적인 포즈도 취하지 않고, 또 어쩌면 보유하고 있던 석유를 시장에 내다 팔 수도 있는 상황에서 부시 대통령은 가장 과격한 방식으로 대응했다. 부시는 "만약 사담 후세인이 세계 석유매장량의 막대한 부분을 장악하게 된다면 우리의 일터, 우리의 생활방식, 우리의 자유, 나아가 전세계 우방국가들의 자유는 모두 고전을 면치 못할 것입니다"라고 선포했다.[69]

부시 대통령은 여론의 대대적인 지지를 업고 사막의 폭풍작전에

돌입했다. '폭풍의 사나이' 노먼 슈워츠코프(Norman Schwarzkopf) 장
군의 지휘하에 50만 명의 미군이 100시간 만에 사담의 군대를 제압해
버림으로써 쿠웨이트의 독립과 걸프 만의 불안한 평화를 회복할 수 있
었다. 놀라운 사실은 미군이 600여 명의 사상자만 내고도 그런 승리를
얻을 수 있었다는 사실이다. 반면에 전쟁에 투입된 비용은 610억 달러
에 달했는데, 그중 540억 달러는 군대를 파견하지 않은, 일본을 비롯한
동맹국들이 부담했다.[70] 물론 그렇게 승리한 미군은 전보다 더 철저하
고 빈틈없이 걸프 만을 순찰·관리했다.

그러나 이런 승리가 에너지와 관련한 미국의 정책이나 태도에 변
화를 가져온 것은 아니었다. 미국인들의 에너지 소비곡선은 급상승 궤
도를 그렸다. 미 국무장관 제임스 바커(James Barker)가 1991년 2월 의
회에 출석하여 "우리의 에너지 의존도를 낮추기 위해 우리는 좀더 많은
일을 해야 한다"[71]고 역설했다. 그러나 대통령은 3월에 실시할 새로운
에너지 전략을 발표하면서 에너지 절약이나 효율성 향상에 관한 언급
은 전혀 하지 않았다. 그의 계획은 알래스카의 북극권 자연보호 구역에
서 새로운 유전을 개발한다는 것이지만, 그것은 곧 대중교통 확충 비용
을 삭감하고 자동차 연료의 효율성 기준을 높이려는 노력을 가로막아
버렸다.[72] 클린턴 대통령은 북극권 국립공원의 유전 개발에 반대하고
각종 환경관리 기준을 강화했지만, 국가 에너지 정책과 실천방식을 근
본적으로 바꾸지는 않았다.

그러나 걸프전쟁으로 인해 매우 중요한 변화가 하나 발생했다. 부
유한 사우디 귀족가문의 후손인 오사마 빈 라덴은 미국이 사우디아라
비아의 성지 리야드 남쪽에 거대한 공군기지를 건설하고, 대규모의 미
군을 배치하자 경악을 금치 못했다. 이런 미국의 행동을 아라비아뿐 아
니라 이슬람 전체에 대한 극심한 모욕으로 받아들인 그는 미국에 대한

지하드(성전)를 맹세하기에 이른다. 부귀영화를 누리던 한 사내가 세계 유일의 초강대국을 이길 수 있다고 상상한다는 것은 어불성설처럼 들릴 수도 있었지만, 빈 라덴은 미국과 벌인 또다른 전쟁의 경험을 바탕으로 승리를 확신했다.

1979년 구소련은 아프가니스탄을 침공하여 점령했다. 공산주의 세력의 확산을 우려한 미국은 무자헤딘(Mujahedin)의 조직을 돕고 무기를 지원했다. 알라신의 가호와 미국의 자금과 스팅어 미사일로 무장하고 지하드를 벌인 성스러운 이슬람 전사들(무자헤딘)은 불경한 소련군에 맞서 싸워 그들을 물리친 바 있다. 빈 라덴도 무자헤딘의 일원이었다. 그는 구소련의 해체가 아프가니스탄에서 무자헤딘이 벌인 성전의 직접적인 결과물이라고 확신했다. 이러한 체험으로 인해 알라신이 그와 함께하는 한 누구도 그를 이길 수 없을 것이라는 확신을 갖게 된 것이다. 걸프전이 발발하자 그가 막강한 세계 유일의 초강대국을 상대하겠다고 결심할 수 있었던 것은 이처럼 절대적인 승리를 확신하고 있었기 때문이다.

그야말로 어디로 튈지 아무도 모르는 심각한 불량배 사담이 다시 돌아온 것은 당연한 일이다. 아니 어쩌면 한 번도 사라진 적이 없던 사담을 다시 불러들인 것은 미국일지도 모르겠다. 어떤 면에서 오늘날 우리는 석유보다는 대량살상무기가 더 큰 문제라고 말한다. 물론 옳은 말이긴 하지만, 우리는 사담이 그의 석유를 원하는 세계의 욕구로 그의 금고를 채우지 못했다거나, 그가 세계에서 가장 많은 석유를 비축하지 못했다거나, 그가 세계 석유 매장량의 70%를 차지하지 못했다는 사실이 얼마나 중요한 것인지 알아야 한다.

나는 미국이 취하는 태도를 보면서 정신병원의 규정을 떠올린다. 다시 말해서 미국은 끊임없이 똑같은 처방을 반복하면서도 그때마다 다른 결과를 기대해 온 것이다. 에너지 집약적인 산업화의 길을 걷고 있는 중국과 인도처럼 거대한 인구를 보유한 개발도상국의 에너지 수요는 향후 50여 년간 세 배나 증가할 것으로 예상된다.[73] 그와 동시에 북해와 알래스카 유전의 생산량이 감소하고 있는 가운데 중동에서 새로이 발견된 거대한 유전들은 페르시아 만에 대한 세계의 석유의존도를 증가시킬 것이 거의 확실하다. 그것은 그 지역에 위험한 정치적 도발이 늘어나고 갈등과 분쟁이 격화될 것이라는 의미를 내포하고 있다.

미스터 부바식 생활방식의 변화

내가 이 글을 쓰고 있는 2002년 가을 지금 나의 이웃은 추수감사절을 준비하느라 자기 집 잔디밭에 떨어진 낙엽들을 치우기 위해 낙엽청소기의 시동을 걸었다. 그는 배도 거의 나오지 않았고, 아마 그 자신도 마음에 들 생활수준을 유지하고 있음에도 청소기를 사용하는 것이 더 편하고 비용이 훨씬 적게 든다고 생각하는 모양이다. 그처럼 풍부하고 값싼 에너지를 사용하는 것을 타고난 권리라고 생각하는 미국의 대중들은 소비의 '자유'를 침해하는 어떤 제약도 반대할 뿐 아니라 '미국적인 생활방식'이 위기를 초래할 수 있다는 어떤 경고나 생활방식을 조금이라도 바꿀 필요가 있다는 어떤 의견도 믿지 않는다.

미국의 1인당 에너지 소비량은 미국이 세계 에너지 소비량에서 차지하는 비율을 다시금 높이고 있으며, 미국의 석유수입량을 하루 1,500만 배럴까지 증가시키면서 절정을 달리고 있다. 이런 소비량은 세계 최대의 산유국인 러시아와 사우디아라비아 양국의 하루 총생산량과 맞먹는 양이다. 미국의 연간 무역수지 적자는 증가 일로를 걸어 현재 5,000

억 달러에 달하는데, 이런 증가추세가 계속될 경우 미국이 감당할 수 없는 지경에 이를지도 모른다. 그러나 이런 사실을 주목하는 사람은 극소수에 불과하다. 민주당과 공화당의 지도자들은 가능하다면 눈앞에 주어진 일만 처리하는 데 정신을 팔고 있을 뿐이다.

그런 상황에서 9·11테러가 발생하자 대통령은 전적으로 공급만을 고려한 새로운 국가 에너지정책을 발표했다. 그것은 북극권 국립 자연보호구역 내 유전 개발, 기타 국립공원의 개발제한 규정 완화, 향후 20년간 석유를 주원료로 사용하는 화력발전소 1,000개 건설, 천연가스 개발보조금 지급을 골자로 하고 있었다.[74] 그와 동시에 새로운 에너지 기술에 대한 연구개발비는 삭감되었다. 또 부통령은 미국인들이 조금이라도 더 에너지를 절약할 수 있다는 생각을 부정하면서, 에너지 절약은 개인적인 미덕이 될 수는 있어도 국가 전체의 에너지 문제를 해결할 수 있는 대안은 아니라고 주장했다.[75] 그 계획에는 가스세 부과나 평균 연비 규제조치를 비롯한 그 어떤 에너지 절약정책도 포함되어 있지 않았다. 미 행정부는 이런 계획을 발표하면서 전세계 미군의 전력 증강을 꾀했으며, 특히 안전한 원유 수송을 보장한다는 취지로 페르시아 만 주둔 미군의 전력 증강에 더 큰 비중을 두었다.

의회는 몇 차례 논란을 거친 끝에 행정부의 방침을 따르기로 했다. 메릴랜드 주 출신 민주당 상원의원 바버라 미컬스키(Barbara Mikulski)는 어떤 형태의 연비기준 향상에도 반대한다면서 여자 축구선수들이 거친 시골길을 무사히 이동하려면 커다란 밴이 필요하다고 덧붙였다.[76] 또 조지아 주 출신 민주당 상원의원 젤 밀러(Zell Miller)는 수도 워싱턴의 모든 관공서보다 종일 일하는 자신의 직장에서 더 많은 문제를 해결하는 "미국의 시골에 모여 사는 두뇌집단들에게 맞는 차는 픽업 트럭"[77]이라고 말했다. 밀러의 공식을 확대 적용해 보면 의회는 대통령이 추진하는 이라크와의 전쟁을 압도적으로 승인하는 대신 가스 연비 기준 문제는 아예 거들떠보지도 않았다는 결론이 나온다.

　그리하여 자신이 원하는 만큼 소비하고 자신의 능력대로 생산하며 군사적으로 무엇이든 할 수 있는 권리를 지키기 위해서라면 누구와도 싸우겠다는 분위기가 확산된다. 미국이 자신의 싸움에 동맹국들을 끌어들일수록 그들의 회의적인 머뭇거림과 반미주의적인 태도를 부추길 것이다. 그러나 미국의 많은 외국인 친구들은 미국이 그들을 더 좋아하고 돼먹지 못한 불량배는 더 싫어한다는 듯이 굴면서 벌이는 싸움이 과연 필요한 것인지 의아하게 여긴다.

　어쩌면 문제의 본질은 에너지에 대한 미국의 전통적인 접근법에 있을 것이다. 미국은 에너지 가격이 오르는 것을 두려워하는 것인지 모른다. 앞으로 10년 내지 50년간 세계의 에너지 상황이 어떻게 변할지 한 번 생각해 보자. 지금 60억 명에 달하는 세계 인구는 2015년경에는 93억 명에 이를 것으로 예상된다.[78] 이러한 인구증가는 날로 가속화되는 세계의 산업화와 더불어 세계의 석유수요를 급격히 증가시켜 현재 하루 7,700만 배럴의 석유소비량을 2012년까지 1억 2,000만 배럴로 증가시킬 것이다.[79]

　중동지역은 현재 세계 석유매장량의 63%를 차지하고 있다. 대규모 유전이 새로 발견되지 않는 한 미국과 북해의 유전에서 생산하는 석유생산량은 10년 안에 70%나 감소할 것이다.[80] 그렇게 되면 사우디아라비아 홀로 세계 석유수요의 25~30%를 감당하게 될 것이다.[81] 이처럼 세계의 석유수요가 증가한다면 세계는 중동의 석유에, 특히 사우디아라비아에 거의 절대적으로 의존하게 될 것이다. 사우디아라비아는 예전의 텍사스철도위원회처럼 실질적인 석유비축 능력을 갖춘 유일한 산유국인 까닭에 시장기능을 유지하는 커다란 버팀목이 될 수 있을 것이다. CIA 국장을 지낸 제임스 울시(James Woolsey)는 이러한 석유비축 능력을 "핵무기와 맞먹는 무기"[82]라고 부르기도 했다. 일본은 애초부터 중동의 석유에 절대적으로 의존해 왔다. 유럽, 미국, 중국, 인도를 비롯한 다른 산유국들도 머지않아 그렇게 될 것이다.

미국은 수년간 사우디아라비아와 특별한 관계를 유지해 왔다. 사우디는 다른 어느 나라보다 싼값으로 미국에 원유를 판매했고,[83] 또 달러로 유가를 계산함으로써 미국이 달러화를 세계의 중심 화폐단위로 유지하는 데 도움을 주었다. 이것은 대단한 특혜라고 할 수 있다. 가령 유가를 유로화로 계산하고 미국도 달러가 아닌 유로로 지불해야 했다면 미국에게는 끔찍한 일이었을 것이다. 미국의 엄청난 무역적자 역시 유로로 계산했다면 폭발적으로 증가했을 것이다. 사우디 사람들은 미국이 아프가니스탄의 무자헤딘이나 니카라과의 콘트라 반군(1980년대 레이건 행정부가 지원한 니카라과 반군 게릴라부대)을 조직하기 위한 자금이 필요할 때 도움을 주거나, 석유시장의 안정이 필요할 때 남는 석유를 싼값에 시장에 풀기도 했다. 그 보답으로 미국은 사우디아라비아를 보호하면서 투자자들을 위한 안전한 피난처를 마련해 주었다.

그러나 중국인이나 인도인을 비롯한 다른 여러 나라 사람들은 과연 언제쯤 걸프 만의 안전을 도맡고 있는 미 해군을 편안한 마음으로 바라볼 수 있게 될까? 미국은 다른 석유소비국들과 완벽한 우호관계를 맺고 있는 산유국들을 이데올로기적 · 지리적 이유에서 평등하게 대하지 못할 수 있다는 사실을 명심해야 한다.

미국은 앞으로도 계속 사우디아라비아와 특별한 관계를 유지할 수 있을까? 9 · 11테러 이후 사우디왕국이 이슬람 원리주의를 부추기고 민주주의 · 여성 인권 · 종교적 자유의 침해를 고무했다면서 미국인들이 유감을 표시하자 양국관계는 긴장국면으로 들어섰다. 많은 사우디 사

람들은 새로이 생겨난 미국인들의 적개심에 충격과 상처를 받았기 때
문에 미국인들에게 그런 충격과 상처를 되돌려주겠다는 결심을 쉽게
할 수 있었다. 어쨌거나 미국의 이익과 가치관에 적대적일 수도 있는
정권들에 막대한 자금이 유입되는 것은 미국으로서는 바람직하지 않은
일이었다. 2012년까지 지속될 것으로 예상되는 미국의 석유수입이 지
장을 받을 경우 미국은 현재의 무역수지 적자와 유통 중인 달러의 가치
조차도 지키지 못할 것이다. 물론 이 모든 문제도 세계의 석유를 다 태
워 없앴을 때 발생할 환경문제에 비하면 아무것도 아니라고 할 수 있겠
지만 말이다.

그래서 미국은 선택의 기로에 서 있다. 아무것도 하지 않는 것은
무역적자를 선택하는 것이다. 또한 역설적이게도 독립과 자유를 최우
선으로 치는 나라일수록 다른 나라에 대한 경제적·전략적 의존성도
더 높을 수밖에 없다. 그 사이에서 균형을 유지하려면 미국은 자신의
군사력을 유지하고, 심지어 강화하기까지 해야 할 것이다. 왜냐하면 자
신이 할 수 있는 것이 그것밖에 없다면, 그것이 자신이 원하는 바를 얻
을 수 있는 길이라면 그리 할 수밖에 없기 때문이다. 더욱이 이 길을 벗
어난다면 사우디 왕가의 정치적 행보와 깊이 연루된 다양한 지하드의
혼란 속으로 빠져들면서 이슬람 세계를 상대해야 할 것이기 때문이다.

이런 상황이 마치 깡통 속에 벌레들이 우글거리는 상황처럼 보인
다면, 최소한 두 가지 대안이 있을 수 있다. 에너지 절약을 심각하게 고
려하는 것과 석유를 대신할 수 있는 대체 에너지의 개발을 진지하게 고
려하는 것이 그것이다. 이 두 가지 대안은 서로 모순되지 않는다. 그러
나 결정적인 문제는 미국이 두 가지 대안에 전혀 관심을 기울이지 않고
있다는 사실이다.

에너지 절약을 위한 어떤 진지한 노력도 미국의 산업구조가 에너

지 집약형이라는 사실, 미국뿐 아니라 전세계 경제가 그런 산업구조에 의존하고 있다는 사실을 고려하지 않으면 안 된다. 미국의 경제는 세계 경제를 견인하는 유일한 엔진이라고 해도 과언이 아니다. 세계 인구의 5%를 차지하는 미국인이 전세계 에너지의 25%를 사용하고 있다는, 불만에 찬 비난에 대해 미국이 올바르게 대응하는 길은 세계 GDP의 25% 이상을 생산하는 것이다. 미국을 제외하면 세계에 이렇다 할 만한 GDP를 생산할 수 있는 나라는 거의 없다. 미국의 거대한 집들은 극히 비효율적으로 에너지를 사용하면서도 텔레비전이나 스트레오나 컴퓨터나 자동차를 적어도 두 대씩 심지어 세 대씩 보유하고 있는 경우가 허다하다. 따라서 이러한 생활방식이 빠르게, 또 극적으로 변할수록 미국은 물론 세계 전체가 극적으로 변하게 될 것이다.

아마도 세계에서 에너지를 가장 많이 비축할 수 있는 여력은 아직은 미국의 자동차, 집, 공장, 사무용 빌딩 안에 존재할 것이다. 필요한 것은 규모를 줄이는 것이 아니라 시스템을 바꾸는 것이다. 스포츠형 다목적 차량 문제와 연비기준 강화법안을 놓고 미 상원이 악명 높은 논쟁을 벌이는 과정에서 매사추세츠 주 출신 민주당 상원의원 존 케리(John Kerry)는 포드자동차 회사의 광고문구를 인용하면서 "여러분은 앞으로 이전보다 절반밖에 안 되는 휘발유로도 여러분이 원하는 모든 기능과 성능을 제공하는 스포츠형 다목적 차량을 가질 수 있을 것입니다"[84]라고 떠들었다. 그는 또한 국립과학아카데미의 연구결과를 인용하면서 현재 가용한 기술로 스포츠형 다목적 차량과 미니밴의 크기나 마력수를 줄이지 않고도 가스연비를 40% 이상 향상시킬 수 있으며, 그럼으로써 경제적으로도 경쟁력을 확보할 수 있을 것이라고 주장했다.[85] 미국 자동차의 연비가 그 정도만 향상되었더라도 미국은 하루 석유수입량을 사우디아라비아의 하루 생산량과 맞먹는 600만 배럴씩 줄일 수 있었을 것이다. 하지만 더욱 중요한 것은 만약 그런 기술이 세계에 광범위하게 적용되었다면 세계의 에너지 사용계획에 일대 혁명이 일어났을 것이라는 점이다.

에너지 절약을 통해서 훨씬 더 극적인 성과를 낼 수 있는 부문은 바로 전력부문일 것이다. 무엇보다도 현재 사용 전력 중에서 가장 많은 비율을 차지하는 것이 그냥 낭비되는 전력이다. 송전과정에서만 엄청난 전력을 낭비하고 있다.

로키 산맥 관리국의 애머리 로빈스(Amory Lovins)는 소규모 발전소를 각지에 분산 건설한다면 테러리스트들의 도발에도 신경 쓸 필요 없이 원활하게 전력을 공급할 수 있을 뿐 아니라 엄청난 양의 송전용 전력을 절약할 수 있다고 설명한다. 로빈스는 1990년부터 1996년까지 진행된 시애틀의 정책과 시카고의 정책을 대조하면서 더 쉽고 강력한 예를 들었다.[86) 시애틀은 전력사업을 공익사업으로 간주하여 시민들의 가계에 도움을 준 반면, 시카고는 그렇지 않았다는 것이다.

로빈스는 또한 10년 전 미국의 9개 주에서는 주민(州民)들에게 더 많은 전력을 판매하는 대신 전력사업으로 얻은 이익을 주민들의 전력 사용을 줄이기 위한 공익사업에 이용했다고 덧붙인다. 오늘날 많은 주의 전력사업체들은 그런 활동을 포기하고 있지만, 뉴잉글랜드 주의 전력사업체들만은 직접 현장에 나가서 실상을 파악하고, 또 좀더 효율적인 시설을 설치할 수 있도록 할인혜택을 제공하면서 다른 주에서는 비일비재한 정전사태를 예방하는 지역 중심의 접근법을 실천하고 있다. 영국에서는 기업들이 에너지 낭비를 줄여서 얻는 이익을 그대로 에너지 절약형 사업에 투자해도 그만큼의 세제혜택을 받을 수 있다. 미국에 이런 방식을 적용한다면 놀라운 결과를 낳을 수 있을 것이다.

로빈스는 또한 미국이 유럽처럼 난방·전력 겸용 발전방식을 채택한다면 미국의 에너지 소비량을 3분의 1로 줄일 수 있을 것이라고 예측한다. 그러나 핵심적인 관건은 우리가 엄격한 법률 없이도 미국 경제를 비롯한 세계 경제를 위해서라도 그만큼 대폭적으로 에너지 소비를 줄이고 석유의존도를 낮추는 데 있다.

게다가 화석원료를 전혀 사용하지 않고도 에너지 공급량을 획기적으로 늘릴 수 있는 유력한 기술들이 존재한다. 유럽과 일본은 이미 원자력이 안전하고 경제적이라는 사실, 핵쓰레기를 관리할 수 있는 새로운 기술로 위험성을 획기적으로 줄일 수 있다는 사실을 증명해 보이고 있다. 덴마크는 오래 전부터 풍력발전을 이용하여 전체 전력수요의 20%를 감당하고 있으며, 유럽연합도 2010년까지 총 전력수요의 22%를 풍력발전으로 충당한다는 계획을 세우고 있다.[87] 풍력발전은 미국이 강조하는 비용 면에서도 경쟁력이 있으며, 미국의 기후조건에도 대단히 잘 어울리는 발전방식이라 할 수 있다.

최근 몇 년 동안의 연구결과에 따르면, 유전자 개량 효소를 이용하면 실제로 모든 종류의 수목(樹木)에서 에틸알코올을 추출해 낼 수 있다는 사실이 밝혀지기도 했다. 우리는 간단한 발효현상을 이용하거나 쓰레기 재활용을 통해서 환경 친화적인 연료를 대량으로 획득할 수 있는 잠재력을 가지고 있다. 열분해장치를 이용하여 동물의 시체나 폐타이어 같은 폐기물을 고급 디젤 연료로 변환할 수도 있다.[88]

그중에서도 가장 놀라운 가능성은 연료전지를 통해 수소를 추출하여 에너지로 사용할 수 있다는 것이다. 이 기술은 자동차나 트럭의 휘발유를 대체할 수 있을 뿐 아니라 농장, 빌딩, 가정에서 사용하는 에너지를 공급할 수 있다. 몇몇 도시에서는 이미 수소연료를 사용하는 버스가 운행되고 있으며, 맨해튼의 콩데나스 빌딩도 수소를 연료로 사용하고 있다.[89] 자동차 회사들도 수소자동차를 개발·시험하고 있다. 제너럴모터스 사는 최근 파리 모터쇼에 하이와이어(Hywire)라는 이름의 수소자동차를 선보이기도 했다.

다시 한 번 말하건대, 관건은 기술이 그처럼 많은 문제를 일괄적으로 해결할 수 있느냐 하는 것이다. 부시 대통령은 연료전지 기술 개발에 나선 자동차회사들과 협력을 추진하는 과정에서 최근 미국의 군사력을 증강해야 한다고 주장해 온 것과는 대조적으로 연료전지 개발비로 12억 달러를 지원하겠다고 발표했다.[90] 한편 9·11테러가 발생하면서 미 하원은 즉각 400억 달러의 추가예산안을 통과시켰는데, 그 예산은 대부분 국방부에 배정되었다. 부시 행정부는 더 나아가 2003년에는 1982년 이후 단일 추가예산으로 최대인 460억 달러의 추가예산을 신청하기에 이른다.[91] 미국은 페르시아 만 항로를 관리하기 위해 연 600억 달러를 사용하고 있지만, 이라크 문제를 처리하려면 거기에서 더 예산이 늘어날 것이다. 물론 이런 비용이 필요한 것일 수 있다. 하지만 미국은 대체 에너지 개발에는 500억이나 600억 달러를 투자하지 않고 있다.

물론 아직은 지난 몇 년간 주장해 온 아폴로 스타일이라든지 맨해튼 스타일의 에너지 개발계획을 되짚어볼 수 있는 여유가 있을 것이다. 더구나 수소 연료전지 기술 같은 새로운 기술 개발은 투자액과는 상관없이 시간을 요하는 일이다. 그러나 바로 그렇기 때문에 우리는 당장 그런 기술 개발을 시작해야 한다. 그래야만 간간이 수소자동차 같은 것을 개발하는 기술들이 훨씬 더 기운차게 발전할 수 있을 것이다.

그래서 만약 미스터 부바가 자신의 생활방식을 바꾸지 않고도 선량한 세계시민이 되고자 한다면, 그는 자신이 길들이려는 불량배보다 훨씬 더 불량하게 보일 수도 있다는 위험을 감수해야 할 것이다.

주(註)

1. Bamberger, Robert. "Automobile and Light Truck Fuel Economy: Is CAFE Up to Standards?" CRS Report for Congress. Updated August 3, 2001.

2. Ibid.

3. Ibid.

4. Lancaster, John. "Debate on Fuel Economy Turns Emotional." *Washington Post.* March 10, 2002, p.A12; and "Hooray, down goes CAFE." *The Washington Times.* March 15, 2002, p.A20.

5. Japan Automobile Manufacturers Association. "Gasoline Prices in Japan Increase Slightly." *Japan Auto Trends.* June 2000, Vol.4, No.2.

6. International Energy Agency. "Energy Prices and Taxes Quarterly Statistics 2002."

7. Ibid.

8. National Highway Traffic Safety Administration, U.S. Department of Transportation.

9. International Energy Agency (IEA). "Electricity Information 2002."

10. Agency for Natural Resources and Energy (Japan). "Energy in Japan 2002." June 2001.

11. The Energy Conservation Center Japan. "World Primary Energy Consumption per GDP." Energy Conservation Databook 1999/2000.

12. Hu, Patricia S. "Estimates of 1996 U.S. Military Expenditures on Defending Oil Supplies from the Middle East: Literature Review." Oak Ridge National Laboratory. Revised August 1997.

13. Steckel, Richard H. "A History of the Standard of Living in the United States." EH.Net Encyclopedia, edited by Robert Whaples. July 22, 2002; www.eh.net/encyclopedia/steckel.standard.living.us.php.

14. Adams, Sean Patrick. "The U.S. Coal Industry in the Nineteenth Century." EH.Net Encyclopedia, edited by Robert Whaples. January 24, 2003.

15. U.S. Environmental Protection Agency. "Imprint of the Past: The Ecological History of New Bedford Harbor." April 22, 2002. www.epa.gov/nbh/html/whaling.html.

16. Steckel.

17. Much of this account of the history of the oil industry is from David Yergin's Pulitzer prize-winning book, *The Prize: The Epic Quest for Oil, Money, and Power* (New York: Simon & Schuster, 1991). It is highly recommended for those who wish to read a thoroughly detailed account of the oil industry.

18. Yergin, p.30.

19. Steckel.

20. Yergin, p.208.

21. Ibid., 178, 183.

22. Ibid., pp.379.

23. Ibid., pp.208~209.

24. Ibid., p.551.

25. Ibid., p.553.

26. *Historical Statistics of the United States: From Colonial Times to 1970.* Series M138—142, in Part 1, p.593; Series M 178—187, in Part 1, p.596. U.S. Department of Commerce, Bureau of the Census, Washington, DC. 1975.

27. Yergin, p.567.

28. Ibid., p.567.

29. Ibid., p.567.

30. Ibid., p.568.

31. Ibid., p.157~164.

32. Ibid., p.425.

33. Ibid., p.555.

34. Ibid., p.601.

35. Ibid., pp.616.

36. Ibid., p.635.

37. Ibid., p.428.

38. Ibid., p.553.

39. Acheson, Dean. *Present at the Creation: My Years in the State Department.* New York: W. W. Norton, 1987. p.568.

40. Yergin, p.718.

41. Nauman, Matt. "Sales, Demand Pick Up for Hybrid Cars." *San Jose Mercury News.* January 4, 2003.

42. Energy in Japan, MITI. June 2001.

43. Yergin, p.655.

44. Energy Information Agency (EIA) Country Analysis Brief, France; www.eia.doe.gov/emeu/cabs/france.html.

45. IEA. "Saving Oil and Reducing CO2 Emissions in Transport: Options and Strategies."

OECD/IEA 2001, p.23.

46. Energy Information Administration. "World per Capita Primary Energy Consumption (BTU), 1980~2000"; www.eia.doe.gov/pub/international/iealf/tableelc.xls.

47. Yergin, p.617.

48. Ibid., p.660.

49. Ibid., p.660.

50. Ibid., p.660~661.

51. Ibid., p.663.

52. Ibid., p.695~696.

53. EIA. "World Primary Energy Consumption per Dollar of Gross Domestic Product, 1980~2000."

54. EIA. "Country Analysis Brief, Canada." December 2002.

55. Environmental Law Reporter. "The National Energy Plan: Hitless After the First Inning." 1977; Romm, Joseph, "Needed: A No-Regrets Energy Policy." *Bulletin of Atomic Scientists.* July/August 1991, Vol.47, No.6.

56. EIA. "World per Capita Primary Energy Consumption (BTU), 1980~2000."

57. EIA. "Annual Energy Review 1997." DOE/EIA-0384. July 1998. Table 5.22.

58. EIA. "Petroleum Overview 1949~2000." Annual Energy Review 2000, p.123.

59. Environmental Protection Agency (EPA). "U.S. Average Horsepower of a New Vehicle." Light-Duty Automotive Technology and Fuel Economy Trends through 1996. EPA/AA/TDSG/96-01.

60. EIA. "U.S. Retail Price of Electricity." Annual Energy Review 1997. DOE/EIA-0384. July 1998. Table 8.13.

61. Association of Home Appliance Manufacturers. "Efficiency of an Average New Refrigerator in the U.S." *Refrigerators Energy and Consumption Trends.* July 14, 1997.

62. "Strategic Petroleum Reserve." U.S. Department of Energy, www.fe.doe.gov/spr.

63. Romm, 47:6.

64. Yergin, p.769.

65. Ibid., p.769.

66. Ibid., p.769.

67. Sullivan, Allanna. "Energy Options: It Wouldn't Be Easy, but U.S. Could Ease Reliance on Arab Oil-Natural Gas, Domestic Wells, Soviet Output Could Help if Price Gets High Enough—Don't Count on Windmills." *Wall Street Journal.* August 17, 1990, p.A1.

68. Yergin, p.772.

69. Yergin, p.773; and Romm.

70. Clark, Mark T. "The Trouble with Collective Security." *ORBIS.* March 22, 1995, Vol.39 Issue 2, p.237.

71. Romm.

72. Ibid.

73. Brown, Lester R., Gary Gardner, and Brian Halweil. "16 Impacts of Population Growth." *The Futurist.* February 1, 1999.

74. Moriz, Ernest J. "Energy Security." Congressional testimony by Federal Document Clearing House. June 15, 2000.

75. Schulman, Bruce J. "The Energy Crisis: America Has Mothballed Its Cardigan Sweater." *Los Angeles Times.* May 13, 2001.

76. Schneider, William. "America Keeps on Trucking." *National Journal.* March 23, 2002.

77. Ibid.

78. United Nations. "World Population Prospects, The 2000 Revision." Volume 1: Comprehensive Tables. New York, 2001.

79. Morse, Edward L. and James Richard. "The Battle for Energy Dominance." *Foreign Affairs.* March/April 2002.

80. Ibid.

81. Ibid.

82. Woolsey, R. James. "Spiking the Oil Weapon." *Wall Street Journal.* September 19, 2002, p.A16; and Morse, p.16.

83. Dickey, Christopher. "The Once and Future Petro Kings." *Newsweek.* April 8—15, 2002, p.40.

84. Schneider.

85. Hebert, H. Josef. "Senate Rejects Tough New Automobile Fuel Economy Standards." Associated Press. March 13, 2002.

86. Lovins, A. "Old Problems, New Solutions." *World Link.* July/August 2002.

87. Ibid.

88. Woolsey, p.A16.

89. Lacayo, Richard. "Buildings that Breathe: The Best of the New Architecture Uses Nature Instead of Fighting It." *Time.* August 26, 2002, Vol.160, No.9, p.A36.

90. "Fuel Cell Industry Is on the Verge of Commercial Ignition." *Manufacturing News.* July 16, 2002, p.9.

91. "War Proponents, Opponents Lobby to Influence FY-04 Budget." *Inside the Pentagon.* January 30, 2003, Vol.19, No.5.

5

누가 교토를 버렸는가

"우리를 만나려면 우리가 여기 있을 때 오시오."

— 몰디브 관광부장관

　모든 일을 잊고 휴가를 즐길 수 있는 이상적인 장소를 찾는다면 몰디브 제도만한 곳도 없을 것이다. 몰디브 제도는 인도에서 남서쪽으로 약 1,600킬로미터 떨어진 인도양에 산재한 작은 섬들로 이루어져 있다. 쾌적한 아열대기후에 넓게 펼쳐진 백사장, 아름다운 산호초와 환초들이 일품인 섬나라다. 인구는 27만 5,000명 정도로 대부분 관광산업에 종사하고 있다. 여러분도 그곳에 가고 싶다면 당장이라도 갈 수 있을 것이다. 그곳의 섬들 중 가장 높은 곳이라야 해발 1.5미터에 불과하다. 그 섬들은 밀물 때면 산호초들과 함께 바닷속에 가라앉은 듯이 보이고 모래사장은 아예 바닷속에 잠겨버린다. 1987년 마우문 압둘 가윰(Maumoon Abdul Gayoom) 몰디브 대통령의 자가용이 갑자기 밀어닥친 파도에 바다로 휩쓸려 나갈 뻔했다고도 한다. 그러니 이곳 사람들이 지구온난화나 극지방의 빙산 해빙과 관련된 주제에 그만큼 더 관심을 가지는 것은 전혀 이상한 일이 아니다.

　1992년 리우 지구환경회의에 참석한 가윰 대통령은 조지 W. 부시 미국 대통령에게 "해수면 높이가 몇 피트만 상승해도 우리 나라는 끝장입니다"라고 말했다. 부시는 자기도 모르게 카누트(Canute, 995?~

1035, 덴마크 출신의 영국 왕) 왕을 흉내내며 안심하라는 듯이 이렇게 대
꾸했다.

미국은 몰디브에 그런 사태가 발생하는 것을 좌시하지 않을 것입니다.[1]

그리고 부시는 이른바 온실가스 배출량 축소와 지구온난화 방지에
미국이 앞장서 주기를 기대하는 전세계 지도자들과 합류했다.

그러나 2001년 3월 28일 출범한 지 얼마 되지 않은 부시 대통령의
행정부가 지구온난화 방지를 위한 교토 의정서에 서명하지 않을 것이
라고 발표했을 때 인도양의 작은 섬나라 사람들은 실로 커다란 충격을
받았을 것이다. 1997년 12월 일본 교토에서 난항을 거듭한 끝에 마련
된 의정서는 2010년까지 기후를 변화시키는 온실가스 배출량을 1990
년 수준보다 7% 낮은 수준으로 줄이는 데 세계 각국이 서명할 것을 요
구하고 있었다. 이러한 축소량은 사실 몰디브 제도의 침수를 막는 데
필요한 축소량의 60~80%에 불과했지만, 몰디브 사람들이나 다른 저
지대 국가 사람들은 아무것도 하지 않는 것보다는 낫다고 생각했다.

그 당시 부시의 환경보호 담당 수석보좌관 크리스틴 토드 휘트먼
(Christine Todd Whitman)은 미 행정부가 관심을 갖지 않는 교토 의정서
는 이미 '죽은 것'이기 때문에, 만약 유럽인과 일본인들이 미국의 찬성
을 원하다면 다른 접근법을 찾아야 할 것이라고 말했다.[2] 몰디브 사람
들이 이 소식을 듣고 당혹스러워하기만 했다면, 전세계 많은 나라들,
특히 유럽 국가들은 분노에 휩싸였다.

휘트먼의 발언은 타이밍이 좋지 않았다. 그녀의 발언은 하필 독일
녹색당의 지지를 등에 업고 정권을 잡은 게르하르트 슈뢰더 독일 수상
이 대통령에 당선된 부시를 처음 방문하기 이틀 전에 나왔던 것이다(어

쩌면 훗날 슈뢰더가 부시의 이라크 공격에 대한 지지를 꺼리게 된 것도 바로 이 발언 때문은 아니었을까?). 그녀의 발언 시점은 또한 유럽연합이 미국 측에 지구온난화 협약의 비준을 위해 다시 한 번 노력해 줄 것을 간청하는 서신을 보낸 날로부터 일주일밖에 지나지 않은 시점이었고, 또 부시가 스웨덴의 스톡홀름에서 유럽의 지도자들과 첫 번째 협상을 갖기로 한 날보다 2개월 반이나 이른 시점이었다. 따라서 그녀의 발언은 얼굴을 직접 맞대놓고 모욕을 주는 것과 다름없었다.

6월 11일 스톡홀름으로 출발하기 몇 시간 전에 부시 대통령이 한 연설도 유럽인들의 분노를 전혀 누그러뜨리지 못했다. 부시는 교토 의정서를 "과학적 근거도 없이 비현실적인 목표만 노리는, 치명적인 결함을 가진" 협약이라고 부르면서 실업률 증가와 소비자물가 상승 등 "경제에 부정적인 충격을 줄 수도 있는" 요구들에 동의할 수 없다고 천명했다.[3]

부시의 '관심 표명'을 날카로운 비난으로 간주한 세계의 외교계는 전에 없는 불쾌감에 휩싸였다. 스톡홀름의 스웨덴 정부는 미국의 결정을 "소름끼치는 도발적인" 결정이라고 불렀다. 영국의 환경부장관 마이클 미처(Michael Meacher)는 미국의 발표를 "극히 심각한…… 범대양적·지구적·외교정책적 문제"로 묘사했다. 유럽연합도 "매우 유감스러운" 발언이라는 뜻을 밝혔다. 유럽의회에서는 "미국의 단기적인 협조를 구하느라 세계인 다수에게 돌아갈 장기적인 이익을 희생시키고 있다는 사실에 소름이 끼친다"는 불만의 목소리도 터져나왔다. 일본도 워싱턴에 재고를 촉구했고, 오스트레일리아도 미국이 엄청난 자원을 소비하고 있는 만큼 온실가스 배출량을 줄여야 할 책임이 있다고 강조했다.[4] 〈가디언〉도 다소 격앙된 어투로, 미국이 의정서 비준을 거부하는 것은 "무조건적인 파괴를 일삼는 탈리반(Taliban) 같은 행동"이라며 날

카롭게 비난했다.[5]

2000년 미국 대통령 선거운동 기간 동안 부시 후보는 실제로 미국 발전소의 온실가스 배출량을 단속할 것이라고 공약하면서 유권자들에게 환경에 관심이 있는 대통령 후보라는 인상을 심어주기 위해 노력했다. 그러나 부시가 대통령에 취임한 지 6주 만에 신행정부는 생존을 위협받고 있는 연어와 송어를 보호하겠다던 공약을 철회하면서 본색을 드러내고 말았다.

그후 2001년 3월 13일 부시는 발전소의 온실가스 배출량 기준을 강화하기보다는 완화하는 조치를 취함으로써 대기오염을 줄이겠다는 자신의 선거공약을 뒤엎어버렸다. 더구나 부시는 이제 환경보호청(EPA) 장관이 된 휘트먼이 "지구온난화가 실제로 진행되고 있으며, 그 정도가 이미 심각한 수준이라는 사실만큼은 대통령께서 반드시 아셔야 한다고 생각합니다"라고 충고했는데도 그런 조치를 취했다. 그녀는 이어서 "이 문제는 특히 미국이 국제사회에서 얼마나 신망을 얻느냐 하는 문제와 직결될 뿐 아니라 국내에도 파장을 미칠 수 있다는 점을 대통령께서도 아셔야 합니다. 따라서 우리는 동참 의사를 밝힐 필요가 있습니다"라고 의견을 피력했다.[6] 그러나 대통령은 "우리는 전력 부족으로 경제적 위기를 겪고 있다"면서 이 시점에서는 좀더 많은 전력을 확보하는 것이 가스 배출량을 줄이는 것보다 훨씬 더 중요한 일이라고 주장했다. 그는 자신의 주장대로 3월 20일 식수의 비소 함량 기준을 완화하라는 지시를 내렸고, 다음날 하천 유역을 보호하기 위해 입안된 지하수 개발 규제 법안의 입법화를 연기시켰다.

미국의 이런 행보를 바라보면서 교토 회의 참가국들은 미 행정부가 완전히 반환경주의 정신에 휩싸여 있다는 결론을 내리면서 미국을 안하무인일 뿐 아니라 냉담하고 오만한 나라의 대명사로 간주하기에 이른다. 그러나 이런 결론은 그야말로 커다란 아이러니였다. 사실 지금까지 환경문제에 관한 논의를 주도해 온 것은 언제나 미국이었기 때문이다. 환경주의(environmentalism)란 말을 발명한 것도 바로 바로 미국이었다. 그랬던 미국의 환경정책이 어느 날 갑자기 미국이 저지른 모든 잘못을 대표하는 상징처럼 간주되기 시작하면서 미국인들을 불량배처럼 보이게 만들어버린 것이다. 어쩌다가 이 지경이 되어버렸을까?

미국이 만든 환경주의

초기의 미국인은 프랑스인과 영국인, 인디언들과 싸웠지만, 사실 미국인이 가장 많은 싸움을 벌인 것은 나무들이었다. 개척자들이 사용한 기본적인 도구는 도끼를 부착한 라이플이었고, 새로운 정착지에서는 언제나 나무 타는 냄새가 진동했다.

이런 마구잡이 벌채에 최초로 관심을 보인 사람은 영국의 작가 찰스 디킨스(Charles Dickens)였다. 그는 1841년 미국의 국도(the National Road)를 여행하면서 겪은 체험을 기록한 『미국 이야기 *American Notes*』에서 무분별한 벌채가 엄청난 재앙을 초래할 것이라고 경고한 바 있다. 그리고 과도한 벌채가 심각한 문제로 대두되기 시작하던 1864년 조지 퍼킨스 마시(George Perkins Marsh)는 『인간과 자연 *Man and Nature*』이란 책을 출간하면서 미국 최초의 보수주의자가 되었는데, 그 책에서 그는 과도한 벌채는 미국의 토지와 기후에 거대한 재앙을 초래하고 말 것이라고 주장했다.

한편 같은 해 출간된 헨리 데이비드 소로(Henry David Thoreau)의 유고 『메인 주의 숲 *The Maine Woods*』에서는 국가적으로 삼림을 관리하는 기구를 설립하자는 주장이 등장했다. 그에 따라 미국 의회는 요세미티 계곡을 캘리포니아 주립공원으로 지정하는 법안을 통과시켰다. 그후 1872년 의회는 옐로스톤 지역을 미국 최초이자 세계 최초의 국립공원으로 지정했고, 이 선례를 모방한 세계 각국에서도 국립공원이 탄생하기 시작했다.

그러나 가장 위대한 모방자는 다름 아닌 시어도어 루스벨트 대통령이었다. 그는 미국에 무려 17개에 달하는 국립공원과 국립기념관을 설립하고 국립공원관리단(the National Park Service)을 창설하기 위한 자금을 조성하면서 자신을 보수주의 대통령이라고 생각했다. 그의 사촌 프랭클린 루스벨트 대통령도 시어도어와 같은 정책을 취했다. 프랭클린은 대공황기에 민간식림치수단(民間植林治水團, Civilian Conservation Corps)을 창설하여 미국의 환경 인프라를 건설함과 동시에 일자리도 공급했다. 지금도 우리는 이 단체에 의존하고 있다.

그후 1962년 미국의 여성 해양생물학자 레이철 카슨(Rachel Carson, 1907~1964)이 출간한 『침묵의 봄 *Silent Spring*』이 세계적인 베스트셀러가 되었다. 환경운동의 "총성을 전세계에 퍼뜨린 책"이라는 찬사를 받은 이 책은 우리가 현대적이고 진보된 생활양식의 토대로 간주하는 화학제품들이 사실은 인간을 비롯한 생태계 전반에 해로운 독이 될 수 있다는 사실을 보여주는 완벽한 사례집이기도 했다. 특히 카슨은 오랜 연구 끝에 느릅나무에 뿌리는 살충제(DDT)의 치명적인 독성이 새들을 죽이고, 물고기들을 병들게 하며, 인간의 간장과 중추신경을 손상시킨다는 것을 밝혀냈다. 카슨은 1964년 암으로 사망하기 직전까지 리처드 닉슨 대통령을 설득하여 1970년에 세계 최초의 환경보호 단체를 설립하게 하는 데 견인차 역할을 했다.

이런 예들말고도 미국이 환경주의의 원조라는 것을 보여주는 다른 예는 많다. 하지만 여기서 내가 지적하고 싶은 것은 100여 년이 넘도록 환경문제 해결을 위해 솔선수범해 온 나라도 바로 미국이라는 사실이다. 미국은 처음에는 국내 환경문제에만 주목했지만, 시간이 지나면서 남극 오존 구멍과 같은 지구환경 문제에도 주도적으로 대처해 왔다.

하늘에 뚫린 구멍

1974년 7월 발간된 〈네이처〉에는 남캘리포니아 어빈 시에 있는 캘리포니아 대학의 화학과 교수 셔우드 롤런드(F. Sherwood Rowland)와, 그의 연구실에서 일명 프레온가스로 불리는 염화플루오르화탄소(CFC) 계열의 화학물질을 함께 연구해 온 후배 연구원 마리오 모니아(Mario J. Monina) 박사가 공동 작성한 중요한 논문이 게재되었다. 두 사람은 「오존 파괴 물질에 의해 오존층에 뚫린 구멍 속으로 가라앉고 있는 성층권」이라는 논문을 통해서 오존 파괴 물질이 바로 1930년대에 냉장고와 에어컨의 냉매로 발명된 가스들이라고 소개했다. 당시만 해도 사람들이 대부분 그런 사실을 모르고 있었던 것은 어쩌면 당연한 일이었다.

그 논문은 누구나 알고 있는 사실들을 인용하면서 평이하게 시작하고 있다. 그리고 화학적으로 무색무취일 뿐 아니라 독성도 전혀 없다는, 중요한 장점을 지닌 이 화합물의 배출량이 꾸준하게 증가해 왔다고 지적했다. 또 그 화합물의 결합구조가 극히 안정되어 있기 때문에 대기 중에서 완전히 분해되려면 적어도 60년 내지 100년이 걸린다고 설명했다. 두 사람은 이 물질들이 자연 분해될 수 있는 유일한 경우는 성층권까지 떠올라 강한 자외선에 노출되어 마치 화상분리(畵像分

離) 과정처럼 분해되는 경우뿐이라고 밝혔다. 그리고 두 사람은 이렇
게 결론 지었다.

성층권으로 올라간 CFC들은 분해되면서 상당한 양의 염소를 생산하는
데, 그것들이 대기 중의 오존층을 파괴하는 주범이다.[7]

그렇다면 무엇이 문제였을까? 그 당시만 해도 푸르스름한 색조에
신내가 나며 독으로도 사용되는, 극히 불안정한 산소화합물인 오존에
주의를 기울이는 사람은 거의 없었다. 하지만 해수면에 가까운 지역에
서 오존은 표백제, 살균제, 정화제 등 수많은 용도로 사용되고 있었다.
이러한 오존은 지상으로부터 약 48킬로미터 상공의 성층권에서 태양의
강력한 자외선과 산소가 반응하여 자연스럽게 형성된다.[8] 오존층은 이
처럼 성층권에서 형성되는 극히 얇고 희박한 대기층이지만, 대부분의
생명체의 생존에 결정적인 역할을 한다. 오존층이 태양의 자외선을 대
부분 차단하기 때문이다. 태양의 자외선은 식물, 곤충, 조류와 같은 지
구 생물체에 해로울 뿐 아니라 인간의 피부암을 유발할 수 있다. 결론
적으로, 롤런드와 모니아가 말하고 싶었던 것은 지상 생명체의 생존에
근본적인 영향을 미칠 수도 있는, 눈에 보이지 않는 산소 분자층이 성
층권으로 떠오른 CFC, 태양의 자외선과 반응하면서 잠식되고 있다는
사실이었다.
　　그러나 이 논문은 전체적으로 너무 이론적이었다. 이런 유감스러
운 사태가 실제로 발생하리라고 생각한 사람은 아무도 없었다. 산업계,
대중들, 정치지도자들이 거의 대부분 실제로 오존층이 파괴되지 않는
한 걱정할 필요가 없다는 반응을 보였다. 그리고 오존층이 파괴될 것처
럼 보이지도 않았다.

그러나 1985년 5월 16일 영국 남극조사회 회원이자 케임브리지 대학 교수인 조지프 파먼(Joseph Farman)의 오존층에 관한 논문이 게재된 〈네이처〉가 발간되면서 상황이 바뀌었다. 파먼은 1957년부터 1984년까지 27차례에 걸쳐 매년 남극기지를 방문했다. 그의 임무는 매년 남극 상공 오존층의 두께를 관측하는 것이었다. 파먼은 롤런드와 모니아의 논문이 있다는 것은 알고 있었지만, 1981년 그 논문을 직접 읽고 남반구의 계절이 봄일 때 남극 상공 오존층의 두께가 실제로 얇아진다는 사실을 확인하기 전까지 롤런드와 모니아의 이론을 믿지 않고 있었다. 당시에 그는 관측기구의 눈금에 이상이 있다고 생각하여 눈금을 재조정했다고 한다. 그러나 1982년 관측결과는 전과 동일했고, 1983년에도 마찬가지였다. 1984년 오존의 두께가 평균수치보다 40%나 얇아지면서 생긴 '오존 구멍'은 남아메리카 대륙 최남단에 있는 티에라 델 푸에고 섬까지 확대되었다. 그제서야 파먼은 과거의 관측결과를 다시 살펴보았고, 이미 1977년경부터 오존층이 실제로 얇아지기 시작했다는 사실을 확인했다.[9)]

파먼의 논문이 발표됨과 동시에 미국 국립과학아카데미는 오존층은 다음 세기가 오기 전까지는 일단 완만한 추세로 감소할 것이라고 예상된다는 논문을 발표했다.[10)] 그러나 당시 미 항공우주국(NASA)은 문제의 심각성을 감지하고 있었다. NASA가 발사한 님버스 7호(Nimbus 7) 위성은 1978년부터 1시간 30분 간격으로 지구의 양극 궤도를 선회하면서 오존층의 변화를 관측해 왔다고 한다. 하지만 그 위성은 아무런 이상도 발견하지 못했다. 그런데 파먼의 논문이 발표되면서 NASA는 위성의 관측장비를 재점검한 결과 그 동안 위성이 보내온 낮은 측정치들이 위성의 기기 결함에서 비롯된 결과로 간주되어 무시당해 왔다는 사실을 발견했다. 그에 따라 NASA는 위성의 관측기기를 다시 프로그래밍하면서 위성이 보내온 '잘못된' 관측기록들이 실은 정확한 것이었다는 사실을 확인했다.

그러나 그것조차도 파먼이 관측한 것보다는 정확하지 못했다. 물론 처음에는 그런 중요한 발견의 가치를 폄하하려는 모종의 시도들이 없지 않았다. 레이건 정부의 내무장관은 사람들이 모자나 선글라스를 착용하거나 자외선 차단제를 바르면 문제가 없을 것이라고 떠들었다. 그러나 의사들이 전세계 암환자 중에서 가장 숫자가 많은 1억 3,000만 명이 피부암을 앓고 있다는 발표를 하고, 또다른 과학자들이 피부암뿐 아니라 또다른 피해가 예상된다는 의견을 내놓자[11] 상황은 낙관하기 어려워졌다.

실제로 하늘에는 구멍이 났고, 되노록 빨리 구넝을 메워야 했나. 1976년 유엔 환경계획(UNEP)의 후원하에 오존층 소멸에 관한 국제회의가 처음 열렸고, 이후 오존층 파괴물질을 단계적으로 감산한다는 협정을 체결하기 위한 협상이 1981년에 시작되었다. 그런 협상을 통해서 1985년 오존층 보호를 위한 비엔나 협약(Vienna Convention)이 체결되었다. 비엔나 협약은 오존층 연구 및 관측을 위한 정부간 협력과 정보교환을 촉진하다는 내용을 골자로 하고 있었다. 다시 말하면 그 협약은 정확한 목표도, 제한할 것도, 책임질 것도 없는, 전형적인 외교적 협상으로 만들어진 종이호랑이에 불과했다.

그 당시 레이건 행정부의 일원이었던 나는 정부 요인들이 사태의 심각성을 간과하고 있었다고 기억한다. 많은 사람이 그 협약이 각국 정부의 권한을 침해할 뿐 아니라 산업과도 밀접한 관련이 있기 때문에 미국 행정부가 협약에 따른 처방을 회피하거나 무산시켜 버릴 것이라고 예상했다. 그러나 당시 미 환경보호청 장관이던 리 토머스(Lee M. Thomas)는 이 협약을 미국이 주도해야 한다고 주장했다. 그는 미국 유수의 CFC 제조회사들과 밀접한 관계를 맺고 있었고, 그중에서도 듀퐁 사는 CFC 대체물질 개발과 단계적 감산을 선두에서 이끌고 있었다.

그러던 1987년 여름 CFC 사용 및 생산 감축, 나아가 생산 중단을 위한 국제협정을 체결할 목적으로 몬트리올에서 협상회의가 개최되었다. 여기에 리처드 베네딕(Richard E. Benedick) 대사가 미국 대표단을 이끌고 파견되었다. 그렇게 해서 같은 해 9월 16일 체결된 몬트리올 의정서는 1999년까지 CFC 소비량을 1986년 대비 50%까지 축소할 것을 요구하고 있었다.[12] 그 협정은 보편적으로 적용되어야 했지만, 상대적으로 소비량이 적고 대체기술로 전환하기 어려운 개발도상국들에 대해서는 10년간의 준비기간을 준다는 예외조항을 두고 있었다. 실제로 협정은 예상보다 훨씬 빠르게 준수되었다. 2003년 대부분의 전문가들은 오존층이 21세기 중엽까지는 정상으로 회복될 것이라는 예상을 내놓았다.[13]

다음으로 제기된, 기후변화 문제에 대한 경고의 목소리가 커지고 빈번해지면서, 사람들은 오존층 문제가 그랬듯 기후변화 문제도 다시금 미국이 주도하는, 광범위한 국제적 합의를 바탕으로 한 확실하고 효과적인 협정을 통해서 해결될 것으로 기대했다. 사람들은 이러한 최소한의 해법마저 불가능할 이유가 없다고 생각했다. 그러나 문제가 세계화되면서, 오존구멍이 드물긴 하지만 다양한 결과를 낳는 단일한 원인이라는 것이 알려졌다. 따라서 기존의 CFC 대체물질을 통해서 완벽하게 해결할 수 있는 문제를 손놓고 방치함으로써 초래될 결과들을 쉽게 예상할 수 있었다. 한편에서 이산화탄소가 지구적 기후 변화와 온도 상승을 비롯하여 모든 지구 환경문제를 야기하는 주범이라는 추측도 나왔지만, 그것은 사실이 아니었다. 그렇게 본다면 기후 변화나 온도 상승의 원인은 무수했다. 우리가 타고 다니는 자동차나 난방기구뿐 아니

라 우리 인간을 비롯하여 우리와 함께 사는 개나 벼룩, 심지어 하수구
의 박테리아들까지도 이산화탄소를 배출하고 있기 때문이다. 그리고
과연 지구온난화에 인간의 책임이 얼마나 되는가, 심지어 그런 일이 가
능하기는 한 것인가 같은 중요한 질문들도 아직 해답이 나오지 않은 상
태였다.

오존층에서 온실가스까지

1820년까지 지구가 얼마나 따뜻한지 묻는 사람은 없었다. 1820년
에 와서야 프랑스의 푸리에(Jean-Baptiste-Joseph Fourier)가 나서서 질문
을 개시했다. 그는 지구가 태양열을 그냥 우주로 반사하는 것이 아니라
태양열을 받아서 간직하는 것은 아닐까 하는 의문을 제기했다. 그는 이
집트 원정에 나선 나폴레옹을 수행하는 학자단의 일원으로 이집트로
가던 도중에 걸린, 오한이 끊이지 않는 병의 일종인 점액수종을 그 증
거로 제시했다. 프랑스로 돌아온 그는 1년간이나 두터운 코트를 입고
지내야 했으며, 자신을 괴롭히던 열이 어디로 빠져 나가버렸는지 연구
하는 데 많은 시간을 투자했다. 그가 내린 결론은 많은 열이 우주로 반
사되는 동안 지구의 대기는 그 열을 붙들어 지표면으로 다시 반사한다
는 것이었다. 그는 이러한 지구의 대기를 지상 생명체들이 생명을 유지
하는 데 중요한 열을 붙잡아두는, 구름과 가스로 이루어진 거대한 종
(鍾)에 비유했다. 1824년 그는 「지구와 세계의 온도에 관한 일반론」이
란 논문을 출간했다. 하지만 그 논문은 당시 그의 최고 걸작으로 인정
받지 못한 채 19세기 말이 되면서 완전히 잊혀지고 말았다.[14]

1895년 스웨덴의 물리학자 스반테 아레니우스(Svante Arrhenius)는

푸리에의 논문을 읽고 이산화탄소가 지구온도에 미치는 영향을 측정할 수 있는 최초의 이론적인 모델을 개발했다.[15] 그는 대기 중의 이산화탄소가 40% 감소하면 기온이 섭씨 4~5도(화씨 7~9도) 가량 내려가서 새로운 빙하기를 초래할 수도 있다는 결론을 얻었다. 그와 같은 원리에 따라 대기 중 이산화탄소가 두 배로 늘어나면 기온이 섭씨 5~6도(화씨 9~11도) 가량 상승할 것으로 예상했다. 더 나아가 그는 화석연료를 3,000년간 사용하면 대기 중 이산화탄소가 두 배로 늘어날 것이라는 예측까지 해냈다. 작은 빙하기와도 같은 북유럽의 혹독한 추위에 익숙한 그에게 그런 추위가 끝나고 오랫동안 온화한 기후가 계속된다는 것은 분명 기쁜 일이었을 것이다.

아레니우스가 연구결과를 발표하고 나서 몇 년이 지난 후, 또다른 거대한 유전들이 텍사스 주와 오클라호마 주에서 발견되면서 1901년 스핀들톱(Spindletop) 유전이 발견될 당시와 같은 석유열풍이 불어닥쳤다. 포드 사가 내놓은 T자동차는 아무도 예상치 못한 엄청난 속도로 마차를 대체하기 시작했고, 에디슨이 발명한 전구는 전력수요를 증가시켰다. 화석연료의 소비량은 아레니우스의 예상보다 훨씬 빨리 늘어났지만, 그것이 기후에 영향을 끼칠 수 있다는 사실에는 아무도 관심을 기울이지 않았다.

한 사람 예외가 있었는데, 그가 바로 1938년 「이산화탄소의 인공적인 생산과 그것이 기온에 미치는 영향」[16]이라는 논문을 출간한 조지 캘린더(George Callendar)였다. 그가 1880년부터 1934년까지 전세계 200곳의 기상관측소에서 수집한 자료를 기초로 계산한 바에 따르면, 그 기간 동안 지구의 온도가 매년 섭씨 0.55도씩 상승했다는 결론이 나왔다. 그는 대기 중에 방출되는 이산화탄소의 양이 줄어들지 않는다면 다음 세기에는 지구온도가 섭씨 1.1도 더 높아질 것이라고 예측했다.

18년간 자료를 더 수집한 그는 1956년에 대기 중 이산화탄소 농도가 1900년에 239ppm이던 것이 1956년에는 325ppm으로 높아졌다는 관측결과를 발표했다. 같은 해 캘리포니아 기술연구소에서 박사 후 과정을 밟고 있던 젊은 연구원 찰스 킬링(Charles Keeling)이 발표한 대기 중 이산화탄소 농도 수치도 캘린더의 관측결과와 거의 비슷한 315ppm이었다.

이런 관측 수치들과 변화곡선은 다음해 스크립스 해양연구소의 로저 레블레(Roger Revelle)와 한스 슈스(Hans Suess)가 획기적인 논문을 발표하는 데 결정적인 기여를 했다. 레블레와 슈스는 논문에서 이렇게 쓰고 있다.

인간들은 수억 년 동안 지하에 축적된 농축 유기탄화물들을 단 몇 세기 만에 대기 중으로 배출하는 거대한 규모의 지구물리학적 실험을 수행하고 있다."[17]

킬링은 향후 20년이 넘도록 바로 이런 관점에서만 연구 관측을 수행했다. 그렇게 탄생한 킬링 곡선(Keeling Curves)에 나타난 대기 중 이산화탄소 농도는 1956년 315ppm이었던 것이 1997년 365ppm으로 최고 수치를 기록했다.[18]

킬링 곡선이 상승하면서 그것이 지닌 의미에 대한 관심도 증가했다. 이미 수질오염이나 살충제와 같은 환경파괴 요인들에 민감해진 사람들은 기후 변화에도 관심을 갖기 시작했다. 스크립스 연구소의 존 맥고원(John McGowan)은 1960년대 초반부터 캘리포니아 연안의 수온이 서서히 상승하고 있다는 사실을 알아차렸고, 실제로도 1995년의 수온은 1960년보다 섭씨 1.7도 정도 상승했다. 아프리카 케냐 산의 만년설도 1963년부터 눈에 띄게 줄어들기 시작하면서 1987년에는 40%나 감소했다. 지난 20년간 남극의 여름 기온은 섭씨 3.4도 가량 올라갔고, 페루 안데스 산맥의 빙하는 1960년부터 1980년대 초반까지 녹는 비율이 3배나 늘어났다.[19]

이런 징후들은 그것들이 유발할 잠재적인 문제와 정책적인 대처방안들에 관한 광범위한 논의를 촉발시켰다. 1965년 초반[20] 백악관에 제출된 환경문제에 관한 보고서에는 지구온난화 발생 가능성이 언급되어 있었다. 1971년 국가기후연구위원회의 윌리엄 켈로그(William Kellogg)는 자신이 '우연한 기후변동'이라고 부른 주제를 토론하기 위해 스톡홀름 회의를 조직했다.[21]

그후 20여 년간 다양한 분석과 징후들이 등장했다. 컬럼비아 대학의 윌러스 브뢰커(Wallace S. Broecker)는 1975년 『사이언스』에 기고한 글에서 향후 20년간 온난화가 상당히 가속화될 것이라고 예상했다.[22] 그로부터 2년 후 국립과학아카데미는 「에너지와 기후」라는 보고서를 발표했다. 그 보고서는 지구온난화 가능성은 절망감도 만족감도 아닌 강력한 연구의지를 생산할 것이라고 결론지었다. 같은 해 윌리엄 켈로그와 마거릿 미드(Margaret Mead)는 『위기에 처한 대기와 위기를 부르는 대기』[23]라는 제목의 책을 출간했다. 그들은 그 책에서 '대기의 법칙'을 강조하면서 세계 모든 나라는 협상을 통해서 이산화탄소 배출량을 일정 수준 이하로 낮추어야 할 것이라고 주장했다.

1970년대부터 1980년대까지 서서히 관심이 커져온 기후변화 추세는 학자들의 예상과 완전히 맞아떨어졌다. 중위도 지방의 빙하 후퇴속도는 1년에 30~45미터씩 빨라지고 있었다.[24] 알래스카의 혹한이 맹위를 떨치는 노스슬로프의 브룩스레인지에 있는 툴릭 호수 주변의 여름 기온은 1976년부터 1994년 사이에 섭씨 1.7도 가량 높아졌다.[25] 북극

빙하의 두께도 6% 가량 얇아졌고, 설선(雪線) 역시 지속적으로 후퇴하고 있었으며, 기후예측 컴퓨터 모델에 따르면 온난화 속도는 점점 더 빨라지고 있었다. 1987년 유엔, 캐나다, 세계기상학협회의 후원하에 330명의 과학자와 60개국의 정책 결정자들이 모여 "인류는 지금 세계 핵전쟁 다음으로 파괴적인 결과를 낳을 수도 있는, 엄청나고 불가피한 전 지구적인 실험을 감행하고 있다"[26]는 성명을 발표했다. 그들은 이어서 선진국들에게 즉시 온실가스 배출량을 줄이기 위한 행동에 임해줄 것을 촉구했다.

그러나 1988년은 지구온난화에 최대의 경종이 울린 해였다. 1980년대 세 차례나 기록을 경신한 최고기온을 또다시 경신하는 기록적인 더위가 1988년 연초부터 기승을 부렸다. 미국의 69개 도시에서 사상 최고기온이 기록되었고, 모스크바도 마찬가지였다. 무려 섭씨 43도라는 살인적인 더위가 덮친 로스앤젤레스의 하루 전력사용량은 사상 최대를 기록했다.[27] 중서부지역에는 옐로스톤 국립공원이 말 그대로 바싹 타버렸던 이른바 모래폭풍의 날(Dust Bowl days) 이래 최대의 가뭄이 들이닥쳤다.[28] 그런 살인적인 더위가 기승을 부리는 가운데, NASA 산하 고다드 우주연구소 소장 제임스 한센(James Hansen)은 상원회의에 출석하여 에너지와 자연자원에 관해 증언하면서 "온실가스 효과는 이미 확인된 바 있고, 그것이 바로 지금의 기상이변의 원인입니다"라고 밝혔다. 한센은 현재의 기온은 자연의 가변성을 거슬러 실제 온난화가 진행되고 있다는 사실을 대변하고 있으며, 자신은 이를 99% 확신한다면서 "우리는 지금 기후라는 주사위를 던지고 있습니다"라고 덧붙였다.[29]

상원의 엄숙한 회의장에 한센과 같은 전문가들이 출석하여 의견을 피력했다는 것은 비로소 지구온난화에 맞선 실질적인 싸움이 시작되었다는 것을 의미했다. 그 지겨운 여름이 지나고 토론토에서 회의를 개최한 유엔 환경계획은 '기후변화에 관한 정부간 협의체'(IPCC)를 구성하고, 1992년 6월 리우데자네이루에서 열린 (이후 지구환경회의로 알려지게 될) '세계 환경 및 개발회의' 준비에 착수했다. 그것은 20세기의 마지막 10여 년간 열린 대규모 세미나 중 하나였다.

리우에서 무슨 일이 벌어졌는지 이해하려면 우선 1980년대 말부터 1990년대 초까지 발달한 일련의 핵심적인 세력과 태도에 대한 이해가 필요하다. 그것을 이해하는 데서 중요한 요인 중 하나는 과학계에서 벌어진 논쟁이었다. 아무도 대기 중 이산화탄소 농도의 증가와 관련한 킬링의 자료를 반박하지는 않았지만, 그 효과에 대해서는 여러 차례에 걸쳐 논쟁이 벌어졌다.

한쪽에는 한센처럼 오존 구멍에 대한 체험을 비유로 드는 학자들이 있었다. 그런 경우에 실제 관측자료들은 초기의 과학적 예측을 증명해 주었고, 그것은 CFC 배출량의 감소를 위한 국제협정을 통해서 즉각적으로 문제를 해결할 수 있다는 논리를 낳았다. 나아가 이 학자들은 기상이변이 과학적 이론의 진실성을 재차 증명해 주고, 또 몬트리올 의정서가 현재 요구하는 바와 유사한 어떤 획기적인 조치들이 옳다는 것을 다시금 증명해 준다고 주장했다.

다른 한쪽에는 M.I.T.의 기상학자인 리처드 린젠(Richard Lindzen)과 같은 학자들이 있었다. 린젠은 원인과 결과가 모호하기 때문에 미래를 쉽게 예측할 수 없다고 주장했다.[30] 우선 최근 발생하고 있는 많은 기상이변은 '……이래 최고의 기온' 혹은 '……이래 최악의 폭풍'과 같다는 것이다. 다시 말해서 '……이래'란 말은 대기 중에 이산화탄소가 축적되기 전에도, 또 온난화가 본격적으로 시작되기 전에도 그런 극적인 사건들이 발생했었다는 의미를 담고 있다는 것이다. 무엇보다도 바이킹들이 아이슬란드와 그린란드로 이주하여 정착했던 중세에도 오늘 날보다 훨씬 온난했던 시절이 있었다는 것이다. 그리고 1350년경부터 1850년까지 작은 빙하기가 뒤따랐기 때문에, 지금은 온실가스가 하나도 배출되지 않더라도 온난화가 진행되는 게 당연한 시기라는 것이었다. 더구나 기상학자들마저 온난화 이론에 따르면 온난화가 가속화되었어야 할 1940년부터 1970년까지의 시기는 오히려 한랭화가 진행된 시기였다고 주장하고 나섰다.

또 그들은 지구 공전궤도가 흔들리거나 태양의 밝기가 변함에 따라 지구의 기온과 기후가 변할 수 있다는 것은 이미 잘 알려진 물리학적 사실이라고 주장했다. 그리고 이런 사실들이 기후 변화를 야기한 부분적인 혹은 전체적인 원인이었던 것은 아닌가 하는 반론을 제기했다. 특히 표면적인 기록들을 보면 온난화가 진행되고 있는 것처럼 보이지만, 실제로 온도 측정 풍선을 고위도 지역의 대기 중에 띄워본 결과 아무런 온도 변화도 확인할 수 없었다는 것이다.

이런 주장에 맞서 '기후 변화에 관한 정부간 협의체'(IPCC, 이하 정부간 협의체로 표기)의 과학자들은 기후 변화를 재현할 수 있는 컴퓨터 모델을 개발했다. 1991년 정부간 협의체가 발표한 첫 보고서는 대기 중 온실가스 농도가 증가하고 있는 것이 확실하다는 결론을 내리고 있었다. 그 보고서는 "지금과 같은 온난화 추세라면" 21세기에는 10년간 평균온도가 섭씨 0.3도 상승할 것이고, 그에 따라 해수면 높이도 10년간 6센티미터 상승할 것이라고 내다보았다. 그런 추세가 21세기 말까지 지속될 경우 연평균기온이 지금보다 섭씨 3~4도 더 높아져 해수면 높이도 60~70센티미터 상승할 것으로 예상했다. 정부간 협의체는 이산화탄소 농도를 현재 수준으로 유지하기 위해서는 현재 온실가스 배출량의 60~80%를 줄여야 하며, 그것은 본질적으로 주요 산업활동과 운

송활동을 대부분 중단해야 한다는 것을 의미한다고 결론지었다.[31]

세계를 이끄는 과학자 2,000명의 권위가 이런 결론을 뒷받침하고 있었지만, 문제가 없는 것은 아니었다. 컴퓨터로 계산한 결과 지난 100여 년 동안 기온 상승폭이 섭씨 1도 정도였다고 나타났다. 그러나 실제 기온 상승폭은 섭씨 0.5도로 측정되었다. 무엇보다도 컴퓨터는 1940년부터 1970년까지 진행된 한랭화를 설명할 수가 없었다. 정부간 협의체는 그런 사실이 컴퓨터에 혼선을 야기할 수 있는 문제의 소지를 안고 있다는 것, 컴퓨터가 쉽게 처리할 수 없는 미묘한 변수들이 존재한다는 것을 인정했다. 과학자들 간의 논쟁은 갈수록 격화되어 갔다.

그러는 동안 유럽에서도 환경주의가 등장했다. 유럽에서는 역사적으로 미국과 비슷한 환경주의가 대두한 적이 없었다. 그러나 1952년 런던에서 살인적인 안개가 발생하면서 1956년 대기청정법이 만들어졌다. 유럽 대륙에서 살고 있는 사람들은 대기뿐 아니라 강이나 시냇물도 갈수록 오염되고 있다는 사실을 알게 되었다. 1960년대 후반 나는 네덜란드에서 살고 있었고, 네덜란드 언론들이 기나긴 유럽 대륙을 가로질러 로테르담에 이르는 라인 강의 나쁜 수질을 놓고 연일 토론을 벌인 것을 기억하고 있다.

어쩌면 그보다 더 중요한 것은 미국에서와 마찬가지로 유럽에서도 산성비가 문제로 대두되기 시작했다는 사실이었다. 1974년 4월 스코틀랜드에서는 연평균 1,500시간 동안 산성비가 내린다는 관측결과가 발표되었다.[32] 1982년에는 독일의 검은 숲(Black Forest) 지대에 서식하는 나무들 중 7%가 이미 죽었거나 죽어가고 있으며, 3년 안에 죽는 나무가 50%에 이를 것이라는 조사결과가 나왔다.[33] 스웨덴에서는 4,000여 개의 호수들이 1980년에 이미 생명력을 상실했고, 나머지 5,000여 개의 호수들도 죽어가고 있는 것으로 나타났다.[34] 환경에 대한 관심이 커지면서 프랑스 정부는 1971년 환경부를 신설했다.[35] 곧이어 다른 유럽 국가들도 속속 환경부를 신설했다.

환경문제에 대한 대중의 선입관이 커지면서 또다른 정치적 유행과 맞물려 들어갔다. 유럽은 역사적으로 유대-기독교의 강력한 영향력 아래 있었음에도, 19세기 유럽의 많은 국가들은 공산주의, 파시즘, 사회주의와 같은 신 없는 종교에 열광했다. 물론 파시즘은 2차 대전을 끝으로 종말을 고했고, 공산주의는 1970년대를 지나면서 좌절을 맛보았으며, 사회주의는 보수주의자들과 차이가 거의 없는 주류 부르주아 계급에 선택적으로 흡수되었다. 반자본주의적인 좌파세력은 근거지와 동기를 상실했다.

그러나 바야흐로 그들은 환경에서 새로운 동기를 찾았다. 환경주의는 다방면에서 완벽한 동기를 제공했다. 환경보호 운동가들은 자동적으로 선량한 사람들로 간주되었다. 환경주의는 반기업화 및 반세계화 운동에 정당성을 부여했을 뿐 아니라, 서구사회의 새로운 생활양식 전반에 대한 커다란 통제와 규제를 요구했다. 수많은 유럽 좌파운동가들이 갓 궤도에 오르기 시작한 환경운동을 수용하면서 순식간에 중요한 정치세력으로 부상했다. 1979년 스위스에서는 녹색당이 의회에 진출했고, 4년 후 독일에서는 전국적으로 6%에 육박하는 득표율로 의회에서 중요한 세력으로 자리잡게 된다. 이후 독일녹색당은 독일의 연립내각을 구성할 정도로 성장하여 한때 거리에서 급진 좌파운동을 이끌었던 요시카 피셔(Joshka Fisher) 같은 인물을 외무부장관에까지 올려놓았다.

이러한 유럽 환경주의의 성격은 미국의 주류 환경보호 단체들보다 훨씬 더 이데올로기적이었고, 실용적인 해결보다는 거창하고 혁명적인 구호나 정책에 경도되는 경향이 강했다. 대다수 유럽 국가의 환경부장관들은 아예 녹색당 출신이거나, 녹색당의 견해에 동조하는 사람이 차지했다. 유엔이 운영하는 각종 기구나 단체는 물론 리우 회의에 파견된 유럽의 대표들도 바로 그들이었다.

유럽과는 대조적으로 미국의 정치는 두 차례의 레이건 행정부를 거쳐 1988년 첫 번째 부시 행정부가 들어서면서 우경화의 길을 걸었다. 이러한 신보수주의의 대표적인 특징은 거대한 정부를 의심하고 각종 규제, 특히 비생산적인 관료들이 조종하는, 생산적인 기업활동을 저해하는 규제들을 반대한다는 것이다. 레이건 정부의 첫 내무부장관 제임스 와트(James Watt)는 멸종 위기 생물 보호 프로그램을 위한 예산을 삭감하면서 야생동물 서식지를 개방하여 석유회사와 가스회사들에게 임대하고자 했으며, 연방정부가 보유한 권한 중 상당수의 환경단속권을 없애버렸다.

하지만 그보다 더 중요한 것은 첫 번째 부시 행정부의 대통령 비서실장으로 리우 회의 준비과정에서 핵심적인 역할을 담당한 존 서너누(John Sununu)의 견해였다. 뉴햄프셔 주지사를 지낸 그는 산성비 관리규정을 주도적으로 확립한 자칭 환경주의자였다. 그러나 환경주의자들이 이데올로기에 경도되기 쉽다는 것, 어떤 정책은 위험하다거나 그런 정책의 시행이 곧 환경위기의 증거라거나 하며 과학적으로 불충분한 증거들을 내세워 경제발전에 제동을 걸곤 한다는 것을 그도 충분히 느끼고 있었다. 지구온난화 문제와 관련하여 서너누는 화석연료의 온실가스 배출량을 획기적으로 줄이기 위해서는 막대한 비용이 소요된다면서, 그런 낭비를 정당화할 만큼 온난화 문제가 심각하다는 사실을 증명할 만한 과학적 증거가 아직 발견되지 않았다고 주장했다. 그는 "만약 여러분이 1조 달러의 예산을 집행해야 한다면, 그리고 그 돈으로 백만 개의 일자리를 창출해야 한다면, 여러분의 감정보다는 지성에 의거하

여 그런 결정을 내려야 할 것입니다"라고 말했다.[36]

서너누의 이 말은 어쩌면 어떤 국제협약이든 비준해야 했던 미국 상원의원들의 견해를 반영하고 있었을 것이다. 부시 정부는 그처럼 힘겹게 지출과 실리의 균형을 추구하면서 신중하게 리우 회의 준비에 착수했다.

산업계도 실리적 근거와 예상되는 비용을 계산하고 있었다. 오존층 파괴가 문제로 대두되었을 당시 산업계는 단지 이론적으로만 위험이 존재하는 한 CFC 대체물질 개발에 반대했다. 그러나 오존층에 구멍이 뚫렸다는 것이 사실로 확인되고 CFC가 위험한 물질이라는 사실이 확실해지자마자 산업계는 변화의 필요성을 인정하면서 기민하게 움직였다. 지구온난화 문제는 그보다 더 복잡했다. 어떤 규제조치든 경제적으로 중요한 산업분야들과 수천 개의 관련 회사들에게 타격을 줄 수밖에 없었다. 그러나 근거는 모호했고, 잠재적으로 얼마나 위험한지 여부도 불확실했으며(심지어 지구온난화가 이익이 될 수 있다고 말하는 사람도 있었다), 온난화가 사실이라 하더라도 문제를 해결하기 위한 비용이 너무 막대했다. 따라서 미국의 산업계는 가장 융통성 있는 결론을 제외한 나머지 주장들을 무산시키기 위해 대대적인 로비를 준비했다.

유럽의 산업계는 다소 상이한 태도를 취했다. 안심하고 있었던 것은 아니지만, 그들은 미국과 같은 기업의 역사를 거치지도 않았고, 미국 기업들처럼 정부에 로비를 벌일 만한 역량도 갖고 있지 못했다. 특히 그들은 더 적은 비용으로 문제에 대처했다. 당시 프랑스가 추진 중이던 발전소 원자력화는 유럽의 산업계가 어떻게든 화석연료의 온실가스 배출량을 대폭 줄이고 있다는 것을 의미했다. 그래서 프랑스의 산업은 그처럼 많은 희생을 할 필요가 없었다.

영국과 독일도 그와 비슷한 상황이었다. 영국 정부는 수십 년간 석탄광산에 보조금을 지급해 오면서 인위적으로라도 석탄을 일차적인 발전원료로 활용하기 위한 노력을 기울여왔다. 그러나 대처(Thatcher) 정부는 초기부터 석탄보조금 지급을 중단하기로 결정했다. 그와 동시에 북해의 영국 영해에서 거대한 천연가스 유전을 개발하여 생산한 완전연소가 가능한 천연가스로 석탄을 대체함으로써 편의성과 경제성을 동시에 확보했다. 그 덕분에 영국도 자연스럽게 온실가스 배출량을 대폭 줄일 수 있었다.

독일 산업계의 대응방법은 그중에서도 으뜸이었다. 독일 전체의 온실가스 배출량을 획기적으로 줄여온 서독의 기업들에 비해 구동독의 공장들은 오히려 온실가스 배출량을 증가시킬 수도 있을 만큼 상황이 열악했다. 열효율이 낮은 석탄이나 이탄(泥炭)을 사용해 온 동독의 구식 공장들을 인계받은 통일독일은 그 공장들을 체계적으로 폐쇄하고 현대식 공단으로 재조성함으로써 문제를 해결할 수 있었다. 한편 유럽연합의 그늘에 편입한 다른 나머지 유럽 국가들은 영국, 프랑스, 독일이 온실가스 배출량을 줄인 덕분에 이익을 보았다. 더구나 유럽의 많은 나라 중에는 유럽연합 전체의 배출량이 감소하고 있는 덕분에 배출량을 늘릴 수 있는 나라들도 생겨났다.

마지막으로 개발도상국들이 존재한다. 많은 개발도상국은 환경에 대한 서구의 '관심'을 개발도상국의 발전을 가로막으려는 일종의 음모로 이해했다. 그렇지만 개발도상국들은 한편으로 자신들이 추진하려는 일에 힘이 될 막대한 양의 개발원조금을 기대했다. OPEC 회원국들은 개발도상국 가운데서도 특수한 국가들을 대표하고 있었는데, 참으로 놀랍게도 그 국가들은 온실가스 배출량 제한에 관한 이야기라면 아예 귀를 막아버렸다.

이런 세력들이 리우에서 추게 될 탱고를 연습하고 있을 동안, 미국

은 안건 개발을 위한 정부간 협상위원회(INC) 위원들을 선임하고, 1992
년 6월로 계획된 '지구환경회의'에서 정부 수반들이 서명하게 될 협정
안에 대한 준비회의를 하고 있었다. 최종 안건 중에는 생물다양성 보호
를 위한 협약, 삼림 보존을 위한 프로그램, 포괄적인 환경 및 경제개발
정책을 유도하기 위한 야심적인 아젠다21의 구상, 기후 변화에 관한 유
엔 기본협약(UN Framework Convention on Climate Change) 체결 등이
포함되어 있었다. 그중에서도 마지막 안건은 논쟁의 주요 초점이었고,
최종적으로는 교토 의정서로 이어졌다. 이런 접근법은 몬트리올 의정
서를 체결할 당시 얻은 경험을 토대로 한 것이었다. 모든 논의는 본질
적으로 두 가지 질문으로 요약되었다. 오존층 파괴에 관한 몬트리올 의
정서와 마찬가지로 온실가스 배출량 감축을 위한 목표와 일정을 설정
할 수 있는가? 그리고 개발도상국이 참가할 필요가 있는가?

　실질적인 활동은 INC가 기후 변동에 관한 협약을 제안하기 위해
예비회의를 처음으로 소집한 1991년 겨울부터 시작되었다. 분위기 조
율에 나선 사람은 유엔 환경계획 의장 모스타파 톨바(Mostafa Tolba)였
다. 그는 "전세계인들은 우리가 지구를 지킬 최고의 기회이자, 어쩌면
최후의 기회일지도 모르는 1992년을 고대하고 있다"고 말했다.[37] 그러
나 패널로 나선 과학자들이 이산화탄소 배출량을 60~80%까지 줄여야
대기 중 이산화탄소 농도를 안정시킬 수 있다는 결론을 내렸음에도 경
제적인 현실을 고려하여 그만큼의 배출량 삭감을 검토한 나라는 거의
없었다.

　가장 강력하게 검토된 안은 이산화탄소 배출량을 2000년까지
1990년 수준으로 동결한다는 것이었다. 이 안을 제출한 것은 유럽공동
체였는데, 캐나다, 오스트레일리아, 북유럽 국가를 비롯하여 소규모 도
서(島嶼)국가들의 지지를 받았다. 그것은 과학적·경제적으로 도출된

목표가 아니라 단순히 그들이 할 수 있는 최선이었을 뿐이다.

대다수 OPEC 회원국들과 소원한 관계에 있던 미국은 배출량 감축을 위한 어떤 목표나 일정에도 반대했다. 중국과 인도가 이끄는 개발도상국들은 경제성장에 방해가 될 수 있는 어떤 결정도 수용할 수 없다는 의사를 분명히 밝히면서, 어떤 결과를 얻고자 한다면 재정적인 원조와 기술이전이 선결되어야 할 것이라고 강조했다.

1991년 여름의 전투는 진지전 양상을 띠면서 격화되고 있었다. 그해 7월 런던에서 개최된 G7회담에서 유럽공동체, 캐나다, 일본은 이산화탄소 배출량 동결안에 미국이 동참해 줄 것을 요구했다. 과학적 근거가 부족하다며 그 요구를 거절한 미국은 드물게도 유럽 지도자들의 공개적인 비판에 직면했다. 그들 중 한 명은 이렇게 비판했다.

미국은 일반론이 아니면 뭐든지 다 회피하려 하는군요. 그러나 미국을 제외한 모든 나라는 동결안에 책임지기를 원합니다.[38]

특히 인상적인 것은 영국의 태도였다. 영국은 실제로 배출량을 줄이겠다고 약속했을 뿐 아니라 세계 최대의 오염국가인 미국도 배출량 축소에 동참해야 한다는 뜻을 분명히 밝히고 나섰다. 영국은 또한 미국의 회의주의가 미래의 오염대국인 인도나 중국이 모든 책임을 쉽게 무시하도록 만들고 있다고 지적했다. 한 달 후 일단의 개발도상국들은 마치 기다렸다는 듯이 환경문제에 대한 책임을 거부할 뿐 아니라 대규모의 경제적 지원 없이는 환경문제 해결을 위한 어떤 노력에도 협력하지 않을 것이라는 성명을 발표했다. 말레이시아는 개발도상국의 책임 여부에 과도한 관심을 보이는 회의라면 과감하게 보이콧할 것이라고 경고했다.

‘환경 대통령’이 되겠다고 공약한 부시는 이후 몇 달간 미국 환경단체들로부터 약속을 이행하라는 압력을 강하게 받고 있었다. 따라서 리우 회의는 부시가 명예를 회복할 수 있는 기회였다. 회의에 초대된 영화배우 제임스 얼 존스(James Earl Jones)는 청중들에게 “인간이라는 종(種) 전체가 위기에 처해 있습니다”[39]라고 말했으며, 시에라클럽(Sierra Club)은 대통령이 강력한 협정에 서명하는 데 동의하여 회의의 주도권을 잡기를 염원하는 민간운동을 이끌었다. 세계자원연구소(WRI)는 부시 대통령이 최선을 다하지 않는다면 차기 대통령선거에서 반환경주의자들의 비난을 면하기 어려울 것이라고 시사했다. 또 미 하원 민주당 지도부는 미국의 온실가스 배출량을 2000년까지 1990년 수준으로 안정시킬 것을 요구하는 법안을 소개했다. 그때 유럽공동체는 그 법안이 통과될 수 있도록 한창 로비를 벌이고 있었다.

이런 압력들과 서너누의 사임에도 불구하고 부시는 온실가스 배출량 감축과 관련한 어떤 목표나 일정도 결정할 수 없다는 입장을 확고히 했다. 유엔에서도 미국의 협상가들은 그처럼 막대한 비용이 드는 문제를 결정하기 위해서는 정확한 수량화와 타당한 과학적 증거를 제시할 필요가 있다는 점을 집요하게 주장했다. 온실가스 배출이 잠정적으로 유발할 수 있는 복잡한 결과들에 대한 미국과학발전협회의 보고서가 발표되면서 그들의 입장은 더욱 강화되었다. 그 보고서는 배출량을 줄일 것을 권장하긴 했지만, 기존의 정보만 가지고 강력한 행동을 취할 수는 없다고 말했다.

만일 그런 정보들이 과학자들을 만족시켰다면, 부시도 만족했을 것이고, 그의 행정부는 입장을 바꾸었을 것이다. 미국은 온실가스 배출량 축소를 위해 서명해야 할 협약에는 우호적이었지만, 그 방식과 일정만은 과학적으로 타당한 정보를 바탕으로 한 것이어야 하며, 각국의 요구와 제도에 맞아야 한다고 주장했다. 리우 회의 날짜가 다가오면서 다른 산업국가들은 미국이 빠진 배출량 동결 협약이 체결될 수도 있다는 위기감을 느꼈다. 더구나 부시는 만일 미국이 고립당하여 공격의 표적이 된다면 회의에 참석할 수 없다고 경고했다.

결국 유럽공동체는 미국이 빠져나갈 우려가 있는 강한 협정보다는 미국이 참가할 수 있도록 배출량 축소 목표와 일정을 완화한, 약한 협정을 추진하는 것이 낫다는 결론을 내렸다. 그리하여 세계 각국은 '기후변동에 관한 유엔 기본협약' 체결에 최종적으로 합의하면서 인간의 온실가스 배출이 유해한 결과를 초래할 수 있다는 사실을 공인하고, 2000년까지 온실가스 배출량을 1990년 수준으로 낮춘다는 데 서명했다. 하지만 그 협정은 강제력이 전혀 없었다. 개발도상국들은 선진국이 경제적 · 기술적 원조를 해주리라고 기대하며 오직 선진국의 선의에만 기대고 있었다.

부시는 그렇게 해서 6월 13일의 파티(이른바 1992년 리우 지구환경회의)에 참석했다. 미국의 문화재벌 테드 터너(Ted Turner)와 영화배우 제인 폰다(Jane Fonda) 부부, 영화배우 셜리 매클레인(Shirley MacLaine)과 제리 브라운(Jerry Brown) 부부도 파티에 참석했다. 아메리카 원주민들이 가볍게 북을 두드리며 모닥불 주위를 돌고 있는 가운데 가수 지미 클리프(Jimmy Cliff)가 축가를 불렀다. 유럽인들은 환경보호 지원금으로 40억 달러를 내겠다고 발표하면서 소심한 미국을 부끄럽게 만들었고, 온실가스 배출량 축소에 관한 약속을 굳게 지키겠다는 성명을 발표했다. 유럽공동체 환경위원회 의장 로렌스 얀 브링크호스트(Laurens Jan Brinkhorst)는 유럽공동체가 새로운 리더의 역할을 맡고 있는 것은 아니냐는 질문에 "우리가 그런 역할을 맡게 된 것은 당연한 이치입니다"라고 대답했다. 그러자 부시는 "우리는 지도자이지 추종자가 아닙니다"[40)

라고 주장했다. 그러나 처음부터 그에게는 추종자가 없었고, 그가 "미국의 생활방식은 결코 양보할 수 없는 것입니다"[41]라고 말한 순간 그나마 남아 있던 미국에 대한 세계의 공감대마저도 완전히 상실해 버렸다. 부시가 진실로 양보해야 했던 것은 바로 그런 발언이었다.

리우에서 교토까지

리우에서 교토로 가는 길은 몇 번의 우여곡절을 거쳐야 했다. 리우 회의가 끝난 지 다섯 달 만에 치른 1992년 미국 대통령선거에서 민주당의 빌 클린턴이 부시를 누르고 대통령에 당선되면서 첫 번째 전환점을 맞았다. 민주당은 항상 공화당보다는 더 환경주의자들을 지지해 왔고, 전 상원의원 앨 고어 부통령도 진정한 환경주의의 신봉자로 자처했다. 고어 부통령은 학창시절 킬링의 연구결과와 그것이 내포한 의미에 깊은 인상을 받았고, 상원의원 시절에는 환경 관련 입법을 선두에서 이끌었다. 고어는 자신의 베스트셀러 『균형을 유지하는 지구 *Earth in the Balance*』에서 이산화탄소 배출세, 자동차 가스 연비기준 강화, 재생 불가능한 원료를 사용하는 제조업체에 대한 과세 등 새로운 환경정책을 위한 세부적인 법안을 제시했다.[42]

부통령이 된 고어는 이러한 이상들을 실천에 옮길 수 있는 기회를 잡은 셈이었다. 그는 신행정부의 환경팀장이 되어 1993년 10월 발표된 기후변동에 관한 종합계획(Climate Change Action Plan) 수립을 위해 전력투구했다. 그 계획 중에는 다른 나라들이 리우 회의에서 미국에게 요구했던 이산화탄소 배출량 축소를 위한 협정에 서명한다는 계획도 포함되어 있었다. 몇 달 후 리우 협정은 이제 적극적인 지지국으로 변한 미국을 비롯하여 협정 체결에 필요한 수의 국가가 비준을 함으로써 발효를 눈앞에 둔 듯했다.

그러나 그 길은 순탄하지 않았다. 1994년 11월 공화당은 40년 만에 처음으로 하원에서 다수당이 되었고, 사실상 미국 대통령 다음으로 강력한 정치권력을 가졌다고 할 수 있는 하원의장에 다혈질의 뉴트 깅리치(Newt Gingrich)를 선출했다. 환경주의에 대한 그의 태도는 한 일간지와 가진 인터뷰에서 가장 잘 드러난다.

나는 환경을 사랑하지만 환경에 대한 애착은 거의 없습니다.[43]

워싱턴이나 세계인들이 보기에 1994년은 1920년 이래 공화당 보수파에게 최고의 해였다. 그들은 큰 정부를 증오했다. 따라서 그들이 보기에 환경주의는 큰 정부를 대표하는 이념이었다. 하원의원에 당선된 짐 한센(Jim Hansen)은 "문제는 (국립)공원들을 폐쇄하느냐 마느냐가 아니라, 어떻게 지금 주어진 목표를 달성할 것이냐입니다"[44]라고 당선 소감을 피력했다. 알래스카 주 출신의 공화당 하원의원이자 하원 자원위원회 의장인 돈 영(Don Young)은 "나는 나무를 보면서 코 풀 때 쓰는 화장지를 봅니다"[45]라고 말하면서 이렇게 덧붙였다.

환경주의자들은 민주당의 꼭두각시 노릇을 하는 사회주의자들의 집단입니다. 그들은 미국인이 아니고, 한 번도 미국인이었던 적도 없으며, 앞으로도 결코 미국인이 될 수 없을 것입니다.[46]

아이다호 주 출신 여성 하원의원 헬렌 체노웨스(Helen Chenoweth)는 "환경정책은 우리 헌법의 기본원리를 파괴하여 우리 사회의 근본 토대를 위협하는 일종의 감정적인 심령론의 발로라고 봅니다"[47] 라고 맞장구를 쳤다. 이러한 공화당 의원들의 견해가 맞느냐 틀리냐를 놓고 논란이 있을 수도 있겠지만, 그들만은 자신들의 견해에 추호의 의심도 없었다.

그러는 동안 대서양 저편은 정반대의 정치적 역동성을 보였다. 유럽의 몇몇 작은 나라들을 비롯하여 영국, 독일, 프랑스에서는 사회주의자들이 정권을 장악하고 있었다. 오랫동안 환경문제에 온정적인 관심을 보여온 그들은 자신들이 갈수록 녹색당에게 더 많은 정치적 지지를 구하고 있다는 사실을 깨달았다. 독일에서는 아예 사회당과 녹색당의 연립정부가 구성되었다. 녹색당이 내세우는 것은, 사람들의 관심이 끊이지 않는, 산성비가 내린 곳이나 수질오염의 현장에 나가서 직접 문제를 확인해야 한다는 것이었다. 또 그들은 사람들이 깨끗한 공기, 물, 음식을 얻기 위해 싸우는 과정에서 생겨난 가치관에도 얼마간의 덕을 보고 있었다.

그러나 이런 환경문제의 차원을 넘어서는 일종의 긍정적인 피드백 과정에서 새로이 등장한 유럽인의 정체감(定體感)도 녹색당의 탄생과 성장의 동력이 되었다. 유럽공동체(EC)가 유럽연합(EU)으로 확대 개편되어 경제적·정치적 통합을 '심화'시키는 데 관심을 집중하면서, 어떤 정책들은 유럽인다움(Europeanness)을 표현하기 위한 매체가 되었다. 이런 정책 중에는 유럽 단일화폐 제도를 비롯한 환경정책도 포함되어 있었다. 이런 정책들은 모든 유럽인에게 세계를 이끈다는 자부심을 선사할 수 있었기 때문에 좋은 일로 여겨졌다. 그것들은 또한 유럽인이 미국에 유감을 표현하는 방식이기도 했다. 그렇게 보면 환경주의, 특히 기후변동 관련 정책들은 유럽민족주의의 표현이자 유럽의 독립선언과 마찬가지였다.

기상이변은 파멸의 예언들과 정확하게 지속적으로 맞물려 들어갔다. 1995년 1월 아르헨티나 국립 남극연구소 지구과학과장 로돌포 델 발레(Rodolfo del Valle) 박사는 혹한의 대륙 남극의 짧은 여름 동안 연구를 수행하기 위하여 남극반도에서 좀 떨어진 제임스 로스 섬의 관측소로 향했다. 그 달 중순 남극의 라센 빙상에서 연구를 수행하고 있던 아르헨티나의 동료들은 그에게 무전으로 빙상이 끊임없이 흔들리는 바람에 곤란을 겪고 있다는 소식을 전해왔다. 1월 23일 동료들은 다시 그를 호출하여 "루디, 큰일났어. 빙상이 녹고 있어"[48]라고 알려왔다. 델 발레는 두께가 300미터가 넘고 넓이는 미국의 로드아일랜드 주만한 빙상 위를 경비행기로 날면서 믿기지 않는 장면을 목격했다. 그의 눈앞에서 빙상이 녹아서 갈라지고 있었던 것이다. 그는 "정말 장관이었습니다. 직경이 60킬로미터가 넘는 거대한 얼음판이…… 마치 어린애가 가지고 놀며 부숴버린 스티로폼 조각들처럼 보이더군요. 그런 놀라운 장면은 정말 처음 보았습니다"[49]라고 말했다. 그리고 빙상의 북쪽에서 떨어져나와 웨들해(Weddell Sea)로 흘러가는 거대한 빙상 조각을 바라보면서 델 발레와 그의 동료들은 그것도 10년 안에 쪼개지고 말 것이라고 장담했다고 한다.

그것은 기후변동과 관련하여 1995년에 발생한 가장 충격적인 사건이었지만, 그만한 사건은 또 있었다. 5년간 얼음 한 번 언 적이 없던 미국 뉴올리언스에서는 모기, 바퀴벌레, 흰개미들이 창궐했다. 대서양 건너 스페인 사람들은 4년 만에 최악의 가뭄을 겪고 있었고, 러시아에는 모스크바의 세레메티예보 공항 활주로의 아스팔트가 녹을 정도의 폭염이 닥쳤다.[50]

그러한 기상이변들은 리우 협정에 명시된 대로 베를린에서 제1차 당사국회의(COP 1)가 개최되는 배경으로 작용했다. 이 회의의 목적은 서명국들이 발표한 온실가스 배출량 감축 계획의 타당성 여부를 심사하고, 충분하지 않다고 판단되는 계획에는 좀더 높은 기준을 권장하는 것이었다. 좀더 강경해진 유럽연합의 태도와 클린턴 정부의 등장으로 변화된 미국의 태도를 고려할 때 당사국회의가 모든 것을 낙관했다는 것은 경이로운 일이었다. 실제로 베를린 결정은 온실가스 배출량 감축 계획과 절차들의 불가피성을 규정하면서 의정서나 기타 법적 수단들을 좀더 엄격히 적용함으로써 협정을 더욱 철저히 준수할 것을 요구했다. 이 결정은 세계 모든 나라에게 다시 한 번 리우 협정에 서명할 수 있는 기회를 효과적으로 제공하는 것이었다.

2,500여 명으로 늘어난 정부간 협의체의 과학자들이 2차 보고서를 제출하면서 좀더 많은 일을 할 필요성이 확실해졌다. 그들이 컴퓨터로 개발한 기후예측 모델은 정확도가 더해졌다. 그들은 컴퓨터가 과거 몇 년간 발생할 것이라고 예측한 일들이 실제로 발생한 일들과 거의 맞아떨어졌다는 의미에서 미래를 예측할 수 있게 되었다. 그렇게 나온 새로운 결과들은 1990년에 나온 결과들의 신빙성을 높여주었다. 보고서의 핵심 문장은 다음과 같았다.

실측과 예측이 거의 일치한다는 것은 지구의 기후에 인간이 영향을 미치고 있다는 사실을 알려준다.

과학자들은 2100년까지 지구 온도가 섭씨 1도 내지 1.35도 가량 상승할 것으로 내다보면서, 그로 인해 해수면의 높이가 계속 상승하고, 세계 곳곳에서 강수량이 증가하고 강력한 폭풍과 심한 가뭄의 발생횟수도 늘어날 것이라고 예상했다. 신중한 어휘로 작성된 그 보고서는 예측 모델들이 구름의 이동이나 대양해류의 흐름, 기타 미묘한 기후변동

요인들을 제대로 예측할 수 없다고 지적하는 사람들은 회의적인 태도를 취해도 좋다고 인정했다.[51]

그렇지만 1996년 6월 제네바에서 열린 제2차 당사국회의 참가국 대표들이 그린 지구의 미래상은 전혀 다른 것이었다. 팀 워스(Tim Wirth) 미 국무차관이 이끄는 미국 대표단은 재빠르게 회의를 주도하기 위한 움직임에 들어갔다. 제네바 선언은 원칙적으로 미국의 정책 설명에 기초하고 있었다. 그 선언은 정부간 협의체의 평가를 인정하고 지지하면서, 온실가스 배출량 제한 및 전체적이고 대폭적인 축소를 위한 중기적인 목표들을 법적으로 엄격히 규정할 것을 요구했다. 이 회의에서 미국은 분위기를 장악했을 뿐 아니라 목표와 일정도 주도적으로 결정했다. 남은 것은 세부사항들에 대한 합의와 다음해에 교토에서 개최하기로 한 제3차 당사국회의에서 다룰 현안을 확정하는 것이다.

워스와 미 행정부는 유럽연합과 함께 대중의 인기를 얻었으나, 다른 많은 나라는 그렇지 못했다. 오스트레일리아, 뉴질랜드, 러시아는 강제적인 목표 달성 요구를 거부했고, 캐나다와 일본은 전혀 딴소리만 해댔다. 그런 나라들은 유럽 국가들과는 달리 거론된 목표를 달성하려면 상당한 시간이 필요했다. 중국이 이끄는, 개발도상국들의 상호협력을 위한 국제회의인 77그룹(G-77)은 선진국들이 배출한 온실가스의 대가를 자신들이 치를 수 없다고 재차 강조하면서, 특히 선진국들이 훗날 개발도상국을 굴복시키기 위한 식민주의의 빌미로 기후 변동을 이용하는 것을 용납하지 않을 것이라고 경고했다. 따라서 그들은 교토 회의에 관심이 있는 구경꾼으로서, 가능하다면 원조금의 수령자로서만 참석할 심산이었다.

그러나 77그룹에 상당한 악감정을 쌓아온 것으로 보이는 미국의 기업가들은 극렬한 반대의사를 표방했다. 처음부터 그들은 온실가스 배출량 상한선 달성에 도움이 되는 영국의 천연가스 개발, 프랑스의 원자력발전소 건설, 독일의 구동독 발전소 폐쇄조치를 전혀 달가워하지 않았다. 실제로 미국의 환경단체들은 미국에 프랑스식 원자력발전소 건설을 완강하게 반대할 게 분명했다. 한 최고경영자는 멕시코를 병합하여 그곳의 낙후한 발전소를 폐쇄하는 것이 낫지 않겠느냐는 농담을 하기도 했다.

그런데 1990년을 기준으로 삼은 것은 그 해가 온실가스 배출량이 이상할 정도로 낮은 세계 산업의 휴식기였기 때문이다. 그래서 1990년 이후 미국의 온실가스 배출량이 대폭 증가했던 것이며, 반면에 경제적으로 불경기에다 인구마저 줄어들고 있던 유럽과 일본은 그런 경험을 하지 못했다. 특히 1990년 수준으로 배출량을 낮춘다는 목표는 다른 나라보다는 미국의 기업가들에게 더 큰 부담이 될 수밖에 없었다. 결국 그들은 기준이 잘못되었다고 생각했고, 그로 인해 다른 나라로부터 현실적으로 기준을 충실히 지킬 것이라는 신뢰도 얻을 수 없었다.

그때까지 미국의 산업계는 15년간 다른 나라보다 생산단위당 온실가스 배출량을 훨씬 더 많이 줄여왔다. 특히 영국과 프랑스보다는 50% 이상 더 줄여왔다.[52] 물론 생산단위당 온실가스 배출량보다 배출되는 온실가스 전체 무게에 초점을 맞추어보면 가장 성장률이 빠르고 가장 효율적인 미국의 기업들과 경제체제에 책임을 돌릴 수도 있을 것이다. 따라서 미국의 기업인들은 자신들이 두려워하는 것과 싸우기 위해 지구기후협회(Global Climate Coalition)를 설립했다. 그 협회는 교토에서 체결될 협정에 부정적인 태도를 취할 것이다.

환경주의자들은 이 모든 계산에는 아무것도 하지 않는 데 드는 잠재적인 비용, 즉 패널의 과학자 중 과반수가 진짜로 발생할 수 있다고 보는 대재앙이라는 비용이 포함되지 않았다고 지적했다. 이런 지적은 유럽의 지도자들과 도서국가의 지도자들에게는 일리가 있는 지적으로 들릴 테지만, 미국의 하원의원들은 전혀 귀를 기울이지 않았다. 하원의 태도는 해수면 상승에 관한 보고를 접한, 캘리포니아 출신 공화당 의원이자 열렬한 서핑 애호가인 다나 로러배커(Dana Rohrabacher)를 비롯한 하원의 에너지 및 환경분과위원회 위원들의 태도에도 그대로 반영되었다. 다음 세기가 되면 해수면이 90센티미터나 상승하여 미국 습지대의 60%와 코네티컷 주 넓이만큼의 육지가 바닷물에 잠길 것이라고 과학자들이 보고했을 때 로러배커 위원장은 이렇게 응수했다.

내가 묻고 싶은 것은 그렇게 되면 파도의 모양은 어떻게 바뀌고, 또 서핑은 할 수 있느냐 하는 것입니다. 그러나 나는 그렇게 되지 않을 거라고 생각합니다. 나는 다만 이 보고가 다 끝나기만 기다릴 것입니다.[53]

이보다 더 상태가 심각한 인물은 버지니아 주 출신 민주당 상원 원내총무 로버트 버드(Robert Byrd)와 네브래스카 주 출신 공화당 상원의원 척 하겔(Chuck Hagel)이었다. 1997년 6월 교토 회의 전야에 두 사람은 '미국 상원은 미국의 경제에 손해를 주거나 개발도상국을 배제하는 어떤 협약도 통과시키지 않을 것'이라는 결의안을 준비했다. 이 결의안은 마치 미국의 상원의원들과 협상단이 교토행 비행기에 탑승할 때 무운을 빌던 환송인파처럼 95 대 0이라는 압도적인 지지로 통과되었다.

그 해 12월 세 부류의 집단이 교토에 모였다. 개발도상국에서 온 대표들은 100명이 넘었다. 그런데 내가 보기에 그들은 이미 어떤 식의 온실가스 배출량 감축안에도 찬성하지 않겠다는 의지를 완전히 굳힌 듯이 오래된 교토의 사찰들을 구경하거나 일본의 옛 수도인 교토 관광을 즐겼다. 두 번째 부류는 실질적으로 온실가스 배출량을 1990년 수준으로 낮추기를 염원하는 유럽 국가의 대표들, 그리고 유럽 국가와 친밀한 관계에 있는 소규모 도서국가의 대표들이었다. 마지막 부류는 미국을 중심으로 한 오스트레일리아, 캐나다, 뉴질랜드, 일본의 대표들이었다. 마지막 부류에 속한 국가들은 가혹한 배출량 동결 압력에 동의하기보다는 각국에 할당된 목표들을 어떻게 받아들여야 하는지 미국 대표단에 문의하면서, 그들이 겪을 수 있는 지나친 경제적·정치적 고통을 막아달라며 미국 대표단에 은근히 압력을 가했다.

논쟁의 주인공은 본질적으로 미국과 유럽연합이었다. 양측 간에 불꽃 튀는 공방전이 벌어진 협상은 시한을 넘긴 새벽 4시에야 끝이 났다. 그러나 아직 정말 중요한 네 가지 문제, 즉 언급되지 않은 온실가스 처리 문제, 온실가스의 자연정화력 문제, 배출량 거래 문제, 감축 목표량 및 시한 문제가 남아 있었다.

언급되지 않은 온실가스들

온실가스 중 가장 많이 거론되는 것은 화석연료를 태울 때 발생하는 이산화탄소다. 그런데 이산화탄소는 대기 중 온실가스 가운데 65%를 차지한다. 나머지 35%는 (개발도상국의 논에서도 상당량 발생하는) 메탄, CFCs, 수소불화탄소(HFCs), 아산화질소 등으로 이루어져 있다. CFC는 이미 몬트리올 의정서를 통해 배출량이 동결된 바 있기 때문에, 미국 측은 좀더 쉽게 배출량 감축 최종목표를 달성할 수 있는 다른 가스들도 협상내용에 포함시키기를 원했다.

온실가스와 자연정화력

삼림과 대양은 현재 대기 중으로 배출되고 있는 이산화탄소의 55%를 흡수한다. 따라서 삼림과 대양은 대기 중 이산화탄소 농도를 줄이는 데 도움이 되는 '이산화탄소의 하수구' 역할을 해왔다. 그래서 미국 동북부지역에 실시되고 있는 재식림(再植林) 작업은 순배출량을 줄이는 데 중요한 기여를 하고 있다. 이산화탄소 모델링 컨소시엄이 밝힌 대로 이러한 자연정화력을 계산에 포함시킨다면 미국은 대표적인 이산화탄소 배출국이라는 불명예를 피할 수 있을 것이다. 미국 측은 최종적인 배출량 감축목표를 산정할 때 어떤 식으로든 이러한 자연정화력도 포함시키기를 원했다.

배출량 거래

배출량 거래란 최소한의 비용으로 최대의 감축효과를 얻기 위해 시장의 힘을 이용하는 메커니즘이다. 그 개념은 간단한 것 같지만 실은 매우 복잡한 과정으로 보일 수 있다. 일단 어떤 단계의 배출량 감축목표가 확정되면, 배출국들에게는 감축 가능한 만큼의 배출 허가량이나 쿠폰이 할당된다. 그런데 만일 할당받은 쿠폰을 모두 사용할 필요가 없다고 여긴 배출국이 있다면, 그 국가는 배출량 한계를 초과할 위기에 처한 다른 배출국에게 남는 쿠폰을 팔 수 있을 것이다.

이런 발상은 특히 개발도상국이 포함될 경우 상당히 큰 효과를 발휘할 것이다. 선진국들이 배출량 감축목표를 달성하기 위해 기존의 발전소를 폐쇄하려면 투자금도 못 건질 만큼 많은 비용 손실을 감수해야 한다. 그러나 개발도상국은 그 덕분에 오히려 새로운 발전소를 더 건설할 수 있게 된다. 즉 개발도상국은 할당받은 배출허가량을 선진국에게 팔면 좀더 비싸긴 하지만 더 깨끗한 발전소를 건설하는 데 필요한 자금을 확보할 수 있을 것이고, 선진국의 발전소는 투자한 만큼 전력을 모두 생산할 때까지 가동될 수 있을 것이기 때문이다. 이런 거래는 상승효과를 일으켜 거래 참가국이 많으면 많을수록, 특히 그들이 개발도상국일수록 더 큰 효과를 얻을 수 있다. 당연히 미국도 이런 거래를 원했기 때문에, 자발적인 의지를 전제로 한 개발도상국의 참가를 촉구하기 시작했다.

감축목표량과 일정

미국 측은 당시만 해도 1990년 수준으로 배출량을 감축할 뜻이 있었지만, 그 이하로 목표량이 낮아지는 것은 원치 않았다. 애초부터 유럽을 비롯한 어떤 나라도 2000년까지 리우 회의에서 계획한 감축목표를 달성하지 못할 것이 분명했다. 따라서 문제는 유럽연합의 입장에 따라 세 종류의 온실가스 배출량을 2010년까지 1990년을 기준으로 15% 더 낮출 것이냐, 아니면 미국 측의 입장에 따라 여섯 종류의 온실가스 배출량을 2008년 내지 2012년까지 1990년 수준으로 낮출 것이냐 하는 문제로 집약되었다. 기한을 연기하면 배출량을 줄이기 위한 신기술 개발 시간은 확실히 늘어날 것이다. 미국이 원하는 것도 바로 그런 시간이었다.

유럽 국가와 도서국가들은 미국식 생활양식을 교만과 낭비로 가득 찬 생활방식으로 바라보기 시작했고, 미국의 경제정책을 국제금융계에서 특권적인 지위를 고수하려는 이기적이고 착취적인 정책으로 간주하기 시작했다. 그들은 자연정화력, 언급되지 않은 온실가스들, 배출량 거래계획을 모두 미국이 지구촌 공동체 성원으로서의 책임을 회피하기 위해 교묘하게 동원한 핑곗거리로 간주했다. 바로 여기에서 빠져나갈 구멍을 찾는 동안에도 세계를 이끄는 고매한 지도자로 자처하는 미국의 위선적인 본질이 드러났다. 세계 인구의 4%를 차지하는 미국이 지구환경 오염원의 25% 이상을 배출하고 있다는 평가가 나왔다. 그 순간 미국은 변명을 하거나 입을 닫아야 했다. 유럽은 미국 측이 추구하는 융통성에 반대하면서, 미국인이 세계의 침묵하는 대중으로 남을 것이냐 세계 환경의 구원자로 나설 것이냐 하는 양자택일의 질문을 다시 한 번 미국 측에 던졌다.

당사국회의장의 분위기는 독일의 외무장관 클라우스 킨켈(Klaus Kinkel)이 개회사를 통해 조율했다. 그는 혁신의 전통을 지닌 미국인들에 찬사를 보낸다며 말문을 열었다. 그러고는 이런 말로 본론을 시작했다.

개척자들은 높은 생활수준을 기대했을 것입니다. 그리고 미래 세대는 우리의 부주의로 인한 희생을 감수하지 않아도 될 것입니다.[54]

유럽연합의 대변인으로도 활동한 그는 2010년까지 온실가스 배출량을 1990년보다 15% 낮은 수준으로 감축하자고 제안했다. 이 제안은 도서국가들이 제시한 20% 감축안에는 못 미쳤지만 미국 측이 마음먹고 있던 수준보다는 훨씬 높은 수준이었다. 호황을 맞고 있던 미국에게 그것은 현재 배출량을 35%나 감축하라는 요구와 다름없었다.

그때 신중한 성격의 영국 환경부장관 마이클 미처는 그의 미국인 친구들에게 '좀더 대범한 자세'를 요구하는 한편, 2010년까지 수송업계를 비롯한 산업계의 배출량을 1990년 수준보다 20% 낮출 것을 제안하면서 협조를 구했다. 무엇보다도 유럽 측은 자연정화력이니 배출량 거래니 세 종류의 온실가스 이외의 다른 가스들이니 하는 언급을 듣고 싶어하지 않았다. 그들은 교묘한 속임수보다는 실제 배출량의 실질적인 감축을 원했다. 미국팀을 이끌고 있던 미 국무차관 스튜어트 아이젠스타트(Stuart Eizenstadt)는 그런 결과를 들고 워싱턴으로 돌아갈 경우 비난을 면치 못할 것이라는 사실을 잘 알고 있었다. 그는 교토에 도착하기 전 "우리는 협정이 체결되기를 바라지만, 어떤 희생도 감수하지 않을 것입니다"[55)라고 다짐한 바 있다. 여기에 부통령이던 고어는 "우리는 순조롭지만은 않으리라 예상되는 협정 체결에 대비하여 완벽한 준비를 해왔습니다"[56)라고 덧붙였다.

그러나 이 발언은 협정 체결이 어려울 것이라고 여긴 부통령의 인사치레에 불과했다. 유럽 측은 타협을 거부했고, 일주일이 지나자 회의는 실패로 돌아가는 듯했다. 고어는 교토 회의와 자신의 환경주의적 소신을 지키기 위해 노력하고 있다는 것을 증명하기 위해 교토로 날아가 대표단을 소집했다. 그보다 더 중요한 것은 부통령이 고집 센 아이젠스타트에게 "융통성을 보여주라"고 지시했다는 사실이다. 그 결과 일본의 협조도 얻을 수 있었다. 덕분에 미국 측은 메탄, 아산화질소, 3종의 할로카본을 포함한 온실가스들을 CFC 대체물질로 사용할 수 있게 되었다. 또 향후 적용될 제한량과 흡수기준량을 제외한 자연정화력도 인정받았다(신은 만유에 깃들어 있기 때문이다).

그러나 배출량 거래에 대한 언급은 전혀 없었고, 모든 중요한 감축목표량과 일정에 합의하는 조건으로 2008년 내지 2012년까지 배출량을 1990년 수준보다 유럽연합은 8%, 미국은 7%, 일본은 6% 낮춘다는 안이 제시되었다. 개발도상국은 어떤 책임도 지지 않아도 되지만, 자발적인 의지만 있다면 '선택적으로' 참가할 수 있다는 권유를 받았다. 의정서는 전체 이산화탄소 배출량의 55%를 배출하는 것으로 평가되는 55개국 이상만 비준하면 실효를 발휘할 수 있었다.[57) 샴페인 터지는 소리는 적당했고, 협상결과는 대체로 만족스러웠다. 격전을 치른 협상단과 대부분의 환경단체들도 인사를 나누었다. 그러나 그들이 얻은 결과는 헤이그로 가기에는 턱없이 부족한 차비였다.

헤이그에서

교토에서 이루어진 모든 논의는 사실 초현실적인 성질을 갖고 있었다. 바로 여기에서 미국과 영국, 그리고 그들의 친밀한 우방국들이 온실가스 배출량 15% 감축안에 이견을 보이면서 서로에게 악감정을 갖게 되었던 것이다. 그러나 정부간 협의체의 과학자들은 대기 중 이산화탄소 농도를 1990년 수준으로 낮추어, 2100년까지 지속될 수도 있는 인간에 의한 지구온난화를 방지하기 위해서는 당장 배출량을 60% 내지 80%까지 낮출 필요가 있다고 오랫동안 이야기해 왔다. 교토에서는 어느 나라도 그 정도까지 배출량을 줄이자고 주장하지 않았다. 특히 개발도상국이 선진국의 온실가스 배출량을 곧 따라잡게 되리라는 것은 이미 분명한 사실이었다. 따라서 지구온난화에 미치는 인간의 영향력이 앞으로도 계속 증가할 것이라고 예상되었는데도, 교토 회의 참가국이 예상한 2100년 세계의 기온은 몇십 분의 일 정도밖에 차이가 나지 않았다. 그렇다면 그후 무슨 일이 벌어졌을까?

도서국가들을 제외한 국가들은 대부분 교만을 부리고 있었다. 유럽 측이 훨씬 정직했다는 것은 분명하지만, 한편으로 유럽 측은 선량한 행동을 함과 동시에 미국의 낭비도 호의적으로 바라볼 수 있는 입장이었다. 아이젠스타트를 비롯한 미국 대표단은 유럽 국가나 개발도상국이 미국을 경제경쟁에서 불리한 입장으로 몰아넣을 수 있는 기회를 발견했다고 확신했다. 개발도상국은 지구온난화라는 각본으로 인해 큰 손해를 볼 입장에 처해 있었기 때문에, 옛날 자신들을 약탈했던 식민제국에 대한 저주와 반항을 통해서 감정적인 만족을 추구하는 전술을 택할 수도 있었다. 하지만 그것은 궁극적으로 자해행위가 될 수 있었다. 배출량 허가권을 가진 미국 측 국가들은 그들의 국내 유권자, 미국인,

그리고 유럽인이 모두 좋아할 결론을 도출하고자 했다. 결정적인 브로커 역할을 한 것은 바로 일본이었다.

그 와중에 미국 측은 미국의 제도와 정치적 상황 때문에 스스로 함정에 빠지고 말았다. 유럽 국가나 다른 의회민주주의 국가의 지도자들과는 달리 미국의 지도층은 협상결과에 당장 서명할 수도 없었고, 그것이 의회에서 법안으로 통과된다는 보장도 할 수 없었으며, 설사 통과된다 하더라도 법적인 효력을 발휘할 수 있을지도 미지수였다. 그들은 자신이 옳은 일도 할 수 있는 국내 환경의 보호자인 동시에 자국 이익의 보호자라는 사실을 의회에 보여주어야 했다.

그러나 일반적으로 우선시되는 것은 경제논리였다. 미국의 교만한 생활방식에 불만을 표시하고 세계 인구의 4%에 불과한 미국인이 세계 온실가스 배출량의 25%를 차지한다고 비난하면서도 정말 미국의 시스템이 바뀌기를 원하는 사람은 아무도 없었다.

그런데 이런 인구 대비 배출량 비판에 대해서 미국은 일리 있는 답변을 제시했다. 즉 세계 전체 GDP의 25%를 차지하는 미국의 GDP가 세계 경제 성장의 유일한 엔진이 되고 있다는 것이다. 누가 그 엔진이 속도를 늦추기를 바랄 것인가? 그런 사람은 아무도 없을 것이다. 특히, 아무리 독실한 신앙인이라 해도 손익분기점을 따지는 것은 상식이기 때문이다. 그러나 후손들이 겪을 수도 있을 대재앙을 진심으로 걱정한다면 과학자들이 권장하는 60% 내지 80% 감축안을 받아들여야 할 것이다. 더구나 지금도 재앙의 징조가 나타나고 있지 않은가.

그러나 그만한 감축안은 수용되지 않았다. 심지어 유럽 국가들이 제안한 감축량조차 너무나 낮았다. 그렇기에 개발도상국을 제외하더라도 어떤 식으로든 상황이 좋아진다는 보장이 없는 상태에서 불확실한 이익에 기꺼이 대가를 지불할 용의가 있는 나라는 더욱 줄어들 수밖에 없었다. 그처럼 교토 회의가 어떤 면에서 결정적인 전환점이었다면, 그 자리에서는 단지 실용적인 해법, 가령 신기술의 효과에 기대는 방안을 구할 시간이라도 벌었어야 했을 것이다.

그러나 교토에서는 모든 나라가 양보할 수 있고, 심지어 환영할 수 있는 커다란 보호망만 찾기에 바빴다. 교토 회의에 참가한 모든 이들은 원칙에는 동의했지만, 구체적인 실천방식에서는 이견을 좁히지 못했던 것이다.

일단 가능성이 있어 보이던 협상 체결도 미국 대표단이 도착하면서 무산되어 버렸다. 많은 연구자들은, 극소수만이 실제로 발생하리라고 믿는, 지구온난화로 인한 재앙을 피하려면 어느 나라든 최소한 GDP의 1%에서 4% 정도의 비용을 감당할 각오를 해야 한다고 말했다.[58] 한 여론조사 결과에 따르면, 미국인의 50% 이상이 지구온난화를 중대한 문제라고 생각하지만, 그들 중에서 단 17%만이 기꺼이 온난화 방지 비용으로 갤런당 50센트의 추가비용을 낼 용의가 있다고 답변했다. 이런 비용문제와 더불어, 미국의 상원의원들은 개발도상국의 약속 없이는 어떤 협상도 불가능하다는 태도를 취하고 있었다.

그러나 교토와 비준 사이에는 세부사항을 논의하기 위한 수많은 분과 협상이 준비되어 있었다. 그에 따라 모든 협상단은 각기 홍정을 위한 내정가를 가지고 있었고, 그런 '세부 분과회의들'은 언제나 홍정을 재개하기 위한 좋은 기회가 되었다. 그중에서도 핵심적인 분과회의가 2000년 11월 13일부터 24일까지 네덜란드의 수도 헤이그에서 열렸다. 미국의 대통령선거 결과를 언급하며 시작된 이 회의는 환경문제에 진심으로 관심이 있는 미국 행정부와 세계 각국이 합의에 도달할 수 있었던 마지막 기회였을 것이다. 미국의 협상팀은 이제 환경문제와 국제협상에 노련한 미 국무부차관 프랭크 로이(Frank Loy)가 이끌고 있었다. 로이는 필사적으로 유럽 국가들의 협조를 구했다. 그는 온실가스 배출량 거래 문제만큼이나 삼림의 자연정화력이 제대로 평가받을 수 있도록 노력했다. 그는 또한 개발도상국에 대한 압력이 줄어들기를 원했다. 당시 개발도상국은 자국에서 배출한 온실가스가 거대한 산성구름으로 변해 며칠간 온 하늘을 뒤덮곤 하는 바람에 상당한 피해를 입고 있었다.

훗날 로이는 나를 만난 자리에서 미국은 10여 년간의 협상과정에서 온실가스 배출량을 거의 줄이지 않음으로써 기대에 부응하지 못했다는 사실을 인정했다. 한편으로 그는 유럽연합의 많은 협상가들이 강제로라도 미국의 생활방식을 바꾸려고 했고, 심지어 미국에 응분의 처벌을 가하고 싶어했다고 믿었다. 당시 유럽의 협상가들은 모두 자국의 환경부 관리들이었다. 로이는 자신이 만난 유럽의 외무부나 통상부 관리들은 자국 환경부 관리들의 눈치만 보고 있었다고 술회했다. 다른 한편 유럽의 협상가들은 협상내용의 허점으로 인해 무용지물이 될 수 있는, 회의적인 결론이 나오는 것을 정말 두려워했다고 한다. 그들은 개발도상국들이 모종의 술책을 부림으로써 그들의 희망을 저버릴 것이라고 생각했다.

어쨌든 며칠간의 힘겨운 흥정 끝에 로이와 영국 부수상 존 프레스콧(John Prescott)은 합의에 도달했다. 로이는 합의를 통해서 원하는 바를 얻지는 못했지만, 적어도 온실가스 자연정화력을 인정받고 배출량 거래 가능성을 확보할 수 있었다. 추수감사절 날 새벽 4시가 되어서야 3쪽으로 된 합의문이 처음으로 타결되었고, 다시금 샴페인이 터졌다. 그러나 프레스콧은 다른 유럽 국가 협상단의 만장일치를 확인해야만 했고, 다음날 그가 만장일치를 구했을 때 모든 것은 수포로 돌아가고 말았다. 한 달 후 미국은 앨 고어가 아닌 다른 이름을 가진 새로운 대통령이 취임했다.

마라케시를 향하여

조지 W. 부시는 교토라는 졸린 애완견을 간단히 달콤한 낮잠에 빠지게 할 수 있었다. 캐나다, 일본, 러시아, 오스트레일리아의 저항에도 불구하고 상황은 의정서 비준에 필요한, 배출량 55%를 점하는 55개국의 서명을 받아내기에는 불가능하게 변했다. 그에 따라 협약은 더 이상 어떤 강제력도 발휘할 수 없게 되었다. 그렇지 않았다면 부시는 재협상을 추진했을 것이다. 그러나 부시는 '미국은 결코 협정에 비준하지 않을 것'이라고 공식 발표함으로써 만족을 표시했다.

여기에는 세 가지 이유가 작용하고 있었다. 첫째, 부시는 미국이나 유럽에서 벌어지는 환경운동에 거의 관심이 없었다. 석유 개발 및 유통 사업에 종사할 당시 그는 석유 개발이 경제성장에도 도움이 된다고 믿었고, 정부의 규제를 의심했다. 그가 수립한 에너지 계획에는 북극권 국립 자연보호 구역의 석유 개발, 석탄 이용 기술의 연구개발 자금 조성 및 지원 촉진, 석탄을 연료로 사용하는 발전소에 대한 규제 완화 등이 포함되어 있었다. 국무부의 한 고위관리는 나에게 이렇게 말하기도 했다.

"부시의 사람들은 환경주의자들을 소련이 붕괴되면서 지리멸렬해진 공산주의자들과 같은 존재로 생각합니다. 그들은 환경주의를 증오하고 있습니다."

둘째, 부시는 지구온난화를 거론하는 과학을 믿지 않았으며, 정말로 교토 의정서가 미국 경제에 피해를 입힐 것으로 생각했다. 그의 경제 보좌관들은 공급 측면과 알루미늄 산업의 중요성만 강조했다. 셋째, 부시는 석탄·전력·석유·철강 회사들로부터 웨스트버지니아 주처럼 자신에게 비판적인 주에서도 선거에 승리할 수 있도록 돕겠다는 약속을 얻어냈다. 이젠 대통령에 당선된 부시가 그들을 도울 차례였다. 그래서 첫 유럽 공식 순방을 앞두고 나온 부시의 발언은 유럽의 약골들이 워싱턴으로부터 새로운 바람이 불어오고 있다는 것을 깨닫게 만든 부수적인 효과를 발휘했다.

그러나 교토에 대한 부시의 부정은 외교적인 파문과 언론의 폭발적인 관심과는 별도로, 침체되어 있던 유럽인들을 전에 없는 흥분의 도가니로 몰아갔다. 그들은 미국이 주인공이 아니라는 사실을 증명해 보이고, 미국에게 의정서에 비준하라는 압력을 가하기로 결심했다. 부시는 유럽을 방문하면서 유럽인들이 목표를 달성할 수 없을 것이라고 비꼬았다. 그러나 그것은 유럽인들의 결의만 굳게 만들었다. 미국이 서명하지 않는다면 유럽연합은 미국의 입장에 동조하던 다른 나라들의 협조라도 구해야 했다. 유럽연합은 삼림의 자연정화력을 인정하기 위해서는, 특히 캐나다나 러시아에게는 매우 커다란 이점이 될 수도 있는, 고정된 기준에 따른 할당보다는 국가간 협상을 통한 상호평가가 필요하다고 주장했다. 일본과 오스트레일리아 대표단은 좀더 많은 배출량 거래를 원하면서 거래대상에 포함될 가스의 종류를 확대하고 싶어했다.

결국 유럽연합은 다른 국가들도 모두 보호망 아래 편입시키기 위해 로이와 아이젠스타트가 요청한 조건들은 물론 그 이상의 조건에도 합의했다. 이렇게 개정된 교토 의정서가 비준되면서 2001년 11월 10일 마라케시 협정으로 이어졌던 것이다. 미 국무부 차관 파울라 도브리안스키(Paula Dobriansky)는 다른 나라의 대표들이 마라케시 협정안에 서명하는 모습을 심각하게 주시하고 있었다. 이제 많은 나라가 환경주의의 발명국인 동시에 환경주의의 적이기도 한 미국의 거취만 바라보고 있었다.

무엇을 할 것인가

2001년 3월 정부간 협의회는 앞선 두 차례의 연구결과가 대부분 사실이었음을 확인하면서 그것들에 더 강한 신뢰성을 부여하는 세 번째 연구보고서를 제출했다. 이 보고서는 20세기에 걸쳐 지구의 평균기온이 섭씨 0.6도 상승했다는 것, 지상으로부터 8킬로미터 높이까지의 대기층에서도 온도 상승이 있었다는 것(이로써 지표면 온도와 대기의 온도 간에 차이를 보였던 초기 자료들의 모순이 해결되었다), 해수면 높이가 0.1~0.2미터 상승했다는 것, 그리고 대양의 온도 역시 상승하고 있다는 것을 분명히 보여주었다. 또 강수량, 폭우 발생 빈도가 늘어나고 있으며, 구름층 역시 증가했다는 것을 확인했다. 인간의 활동으로 배출된 온실가스의 대기 중 농도가 기후 변화를 야기할 수 있는 수준으로 변했다는 사실과, 지난 50여 년간 지구온난화의 주범이 인간의 활동이라는 새롭고 강력한 증거도 확인했다.

이 보고서의 확신에 찬 어조는 컴퓨터 기후예측 모델의 성능 향상에서 비롯된 것이다. 이 모델은 과거를 예측할 수 있을 뿐 아니라 이전에는 고려하지 않았던 태양의 활동 같은 요인들도 계산에 포함시켜 예측할 수 있게 된 것이다. 과학자들은 물론 모든 기후 변화 요인을 고려할 수 없다는 사실을 인정하면서 구름과 다른 요인들 간의 상호반응을 고려하기에는 아직 미진한 부분이 있다고 설명했다. 그러나 이 모델만으로도 다음 세기에 지표면 부근의 온도가 섭씨 1.4~5.8도 정도 상승할 것이라는 것은 확실히 예측할 수 있으며, 이런 상승폭은 세계가 20세기에 경험한 온도 상승폭을 웃돌 뿐 아니라, 어쩌면 지난 1만 년의 역사에서도 유례를 찾을 수 없는 상승폭이라고 주장했다.

이런 전망들은 인간의 유용성만을 고려하여 기업활동을 계속할 경우 대기 중 이산화탄소 농도 역시 지속적으로 상승할 것이라는 가정을 낳았다. 그런 가정을 좀더 발전시키면 해수면 상승, 더욱 극단적인 기상이변, 더욱 광범위한 가뭄, 빙하와 설선의 지속적인 후퇴가 멈추지 않을 것이라는 결론에 이른다. 물론 이런 변화들이 점진적으로 발생하지 않고, 미처 예상치 못한 순간이나 시점에 돌발적이고 과격하게 발생할 가능도 충분히 존재한다.

특히 인간과 자연 모두의 활동 때문에 이런 기상이변이 얼마나 자주 발생할지 알고 있는 사람은 아무도 없다. 아마도 인간과 자연은 문제를 개선시킬 수도 있겠지만, 악화시킬 수도 있을 것이다. 오늘날 알려진 지식에 따르면, 문제를 무시한다는 것은 주사위놀이를 하는 것과 전혀 다를 바 없는 것처럼 보인다. 다른 한편으로 문제를 확실히 예방하기 위해서는 아무도 논리적으로 추정할 수 없는 경제적인 결과들에 대비하면서 즉각적으로 온실가스 배출량을 축소해야 할 것이다. 인간이 지닌 정신력을 아는 사람이라면 거의 누구나 새로운 기술을 가능성으로 떠올릴 것이다. 또 인간의 행동에 잠재된 또다른 변화의 가능성은 문제 해결의 실마리가 될 것이다. 그리고 그것만이 진정한 해답처럼 보인다. 미국인은 진실로 스스로를 구원하지 못했기 때문에, 우리는 앞으로, 미국의 방식에 따라, 최선을 다해서, 스스로를 구원하기 위한 길을 만들어가야 할 것이다.

그러나 그러기 위해서는 시간이 걸린다. 그 과정에서 문제는 더 악화될 수 있다. 되도록이면 온실가스 배출량을 줄이는 방향을 모색하면서 시간을 버는 것은 보험을 드는 것처럼 현명한 행동일 것이다. 그 다음에 남는 문제는 비용과 정책의 효율성이다. 과도한 비용이 드는 정책은 감축효과도 거의 없을 뿐 아니라 시간도 거의 벌지 못한다. 비용이 많이 드는 정책을 줄이고 온실가스 감축량을 늘리는 방향이 아니라면 많은 비용을 들일 필요가 없는 것이다.

　최초의 교토 협상 결과는 분명 미국에게는 고비용의 정책을 요구했고, 어떤 것은 감축효과도 거의 없었다. 그런 길을 따라가야 하느냐 마느냐 하는 것은 또다른 문제다. 그러나 더욱 중요한 사실은 교토에서 마라케시로 가는 길은 매우 달랐고, 비용도 훨씬 적게 들었다는 사실이다. 미국은 마라케시로 갈 차비를 충분히 갖고 있었기에 마라케시에서도 서명을 했어야 했다. 경제도 감안하면서 국제사회의 엄청난 적대감도 피할 수 있었던 것이다. 그러나 미국은 마라케시라는 절호의 기회를 놓쳐버렸다. 9·11테러가 발생했을 때 미국에게 그처럼 극적인 지지를 표방해 준 우방국들과 좀더 돈독한 관계를 맺는 계기가 될 수 있었던 마라케시 협정에 서명을 했더라면, 그것은 참으로 탁월한 행동이었을 것이다.

주(註)

1. Dickey, Christopher and Adam Rogers, et al. "Smoke and Mirrors: The World Reacted in Outrage when President Bush Last Summer Spurned the Kyoto Treaty to Cut Emissions. His New Plan Won't Make Him Any Friends Either." *Newsweek International Atlantic Edition.* February 25, 2002.

2. Pianin, Eric. "U.S. Aims to Pull Out of Warming Treaty; 'No Interest' in Implementing Kyoto Pact, Whitman Says." *Washington Post.* March 28, 2001.

3. "President Bush Discusses Global Climate Change." June 11, 2001, www.whitehouse.gov/news/releases/2001/06/20010611-2.html.

4. Christie, Michael. "Outrage as U.S. Dumps Kyoto." *Daily Telegraph.* March 31, 2001.

5. "A Dirty Business." *The Guardian.* March 30, 2001.

6. Pianin, Eric. "EPA Chief lobbied on warming before Bush's emission shift; memo details Whitman's plea for presidential commitment." *Washington Post.* March 27, 2001, p.A7.

7. Christianson, p.168~169; and Molina, Mario J. and F. S. Rowland. "Stratospheric Sink for Chlorofluoromethanes: Chlorine Atom—Catalysed Destruction of Ozone." *Nature,* 249. June 28, 1974, p.810~812.

8. Christianson, Gale. *Greenhouse: The 200-Year Story of Global Warming.* New York: Penguin Books, 2000. p.169.

9. Farman, J. C., B. G. Gardiner, and J. D. Shanklin. "Large Losses of Total Ozone in Antarctica Reveal Seasonal CO_2/NO_2 Interaction." *Nature.* 1985, Vol.315, p.207~210.

10. "Causes and Effects of Changes in Stratospheric Ozone: Update 1983." *National Academy Press.* Washington, DC. 1984.

11. Christianson, p.194.

12. Ibid., p.195.

13. Houlder, Vanessa, and Clive Cookson. "Goodbye Hole in the Sky." *Financial Times.* September 21-22, 2002.

14. For an account of the life and work of Fourier, See Chapter 1, "The Guillotine and the Bell Jar," in Christianson, op. cit., p.3~12.

15. Christianson, p.113.

16. Callendar, G. S. "The Artificial Production of Carbon Dioxide and Its Influence on Temperature." Quarterly Journal of the Royal Meteorological Society, 1938.

17. Ibid., p.155.

18. Ibid., p.167.

19. Gelbspan, Ross. *The Heat Is On: The Climate Crisis, the Cover-up, the Prescription.* Boston: Perseus Publishing, 1998, p.136~139.

20. Sarewitz, Daniel, and Roger Pielke Jr. "Breaking the Global-Warming Gridlock." *Atlantic Monthly.* July 2000.

21. Schneider, Stephen. "Earth Systems Engineering and Management." *Nature.* January 18, 2001.

22. Christianson, p.171.

23. Kellogg, William, and Margaret Mead. *The Atmosphere: Endangered and Endangering.* Castle House Publications, 1977.

24. Gelbspan, p.139.

25. Christianson, p.216.

26. Ibid., p.218.

27. "International Environmental Conference Urges Tax on Fuels." *Reuters News.* July 1, 1988.

28. Christianson, p.197.

29. Christianson, p.196.

30. Commentary by Richard Lindzen. *Wall Street Journal.* June 11, 2001.

31. Houghton, J. T., G. J. Jenkins, and J. J. Ephraums, eds. *Scientific Assessment of Climate Change: Report of Working Group I.* London: Cambridge University Press, UK. 1990.

32. Christianson, p.176~177.

33. Ibid., p.180.

34. Ibid., p.178.

35. Charvolin, Florian. "1970: L'année clé pour la définition de l'environnement en France." *Revue d'Histoire du CNRS.* May 2001, No.4.

36. Seib, Gerald F. "He's Against Acid Rain; He's Also the Enemy, Say Many Environmentalists; He's John Sununu." *Wall Street Journal.* March 2, 1990.

37. Nelson, Daniel. "The Behind-the-Scenes Battles in the Lead-Up to 1992's Massive Environment Conference in Rio." *Guardian.* March 29, 1991.

38. Mathews, Jessica. "Corilla in the Greenhouse." *Washington Post.* July 25, 1991.

39. Gutfeld, Rose. "Earth Summit Has Put Bush on the Spot: Issue Is Whether to Attend Meeting in Brazil." *Wall Street Journal.* April 7, 1992.

40. Weisskopt, Michael. "Germans Play Lead on Rio's Stage; With U.S. Sidelined, Europeans

Take Initiative on Environment." *Washington Post*. June 13, 1992; and Devroy, Ann. "Bush Lashes Out at Critics; President Praises Results of Troubled Trip." *Washington Post*. June 14, 1992.

41. "A Greener Bush." *The Economist*. February 15, 2003.

42. Gore, Albert. *Earth in the Balance*. New York: Plume Books, 1993.

43. Combined News Services. "Gingrich Flashes His 'Green' Card, But Is Color Faded?" *Salt Lake Tribune*. February 17, 1995, p.A1.

44. Rep. Jim Hansen's letter to his Utah constituents. December 8, 1994.

45. Don Young's comment to the *Anchorage Daily News, The Spokesman Review*. December 18, 1996.

46. Don Young's comment to Alaska Public Radio in August 1996. *Salt Lake Tribune*. December 1, 1996.

47. Congressional Record, Government Press Releases by Federal Document Clearing House. January 31, 1996.

48. Gelbspan, pp.1~3.

49. "Scientist Reports Cracking of Antarctic Ice Shelf." *Global Warming Network Online Today*. March 28, 1995.

50. Gelbspan, p.15.

51. "IPCC Second Assesment Report: Climate Change 1995."

52. Szamosszegi, Andrew Z., Lawrence Chimerine, and Clyde V. Prestowitz Jr. *The Global Climate Debate: Keeping the Economy Warm and the Planet Cool*. Study by the Economic Strategy Institute and The Organization for Economic Cooperation and Development. September 1997. p.14.

53. Gelbspan, p.4.

54. Christianson, p.256.

55. Watson, Traci. "Global Warming Treaty Hanging in Thin Air." USA Today. December 1, 1997, p.6A.

56. Hall, Mimi. "Kyoto-bound Gore Accepts Political Risks in Making Trip." USA Today. December 2, 1997, p.8A.

57. Christianson, pp.266~267.

58. Thoning, Margo. *Kyoto Protocol, Climate Change Policy and U.S. Economic Growth*. American Council for Capital Formation (ACCF), Center for Policy Research, Special Reports. October 1998.

6

미국의 마지막 보루, 군사력

"미국은 언제나 법치주의를 설교하지만 끝내 법 위에 군림하고 맙니다."
— 어느 영국 외교관의 말

미국은 전형적인 법치국가다. 미국은 또한 세계에서 변호사가 가장 많을 뿐 아니라 천 명당 변호사의 숫자가 세계 최고를 기록했던 적도 몇 번이나 된다. 예컨대 일본의 전체 변호사 숫자보다도 미국의 한 중소도시에서 개업한 변호사 숫자가 더 많을 것이라는 설까지 있을 정도다. 국제적으로 사업을 하는 사람들이라면 누구나 미국에서 사업을 하려면 다른 어느 나라에서보다도 법적으로 검토해야 할 사항과 필요한 서류가 많다는 사실을 알고 있다.

세계에서 국회의원이 가장 많고 변호사 출신 정부 고위관료가 가장 많은 나라도 미국이다. 또 순수 법률 관련 회사가 주요 기업 중 매출 1위를 차지하는 나라도 세계에서 미국밖에 없다. 외교부문에서도 미국은 법치주의의 챔피언으로, 특히 틈만 나면 법치주의를 자유무역과 경제발전에 필수적인 요소라고 설교하고 있다(나도 종종 그런 설교자 행세를 해왔다). 그리고 국제적인 인권 확대 및 보호 정책이 미국 외교정책의 근간 중 하나라는 것은 이미 잘 알려져 있다. 우드로 윌슨 대통령 시절부터 미국은 숱한 국제협정들을 앞장서서 이끌어왔다.

그러나 2002년 4월 과거 미국이 주도한 8건의 중요한 국제협정을 재조명한 '힘에 의한 지배냐 법에 의한 지배냐'라는 제목의 보고서를 편집 발간한 니콜 델러(Nicole Deller)는 "우리가 면밀히 조사한 바에 따르면, 미국은 대부분의 협정을 상당 부분 직접 훼손하거나 훼손되는 것을 묵인하기도 했다"고 설명했다. 물론 미국은 지금껏 수천 건의 협정에 참가했다. 따라서 미국이 끝까지 준수한 협정이 하나도 없다고 한다면 그것은 틀린 말일 것이다.

그러나 최근 몇 년간 미국은 대인지뢰금지협약, 소형무기 거래규제협약, 포괄적 핵실험 금지조약, 탄도요격미사일협정, 화학전협약, 세균전협약, 핵확산 방지조약, 국제형사재판소 협약 등 몇몇 중요한 협정들을 무시하거나 소홀히 대해왔다. 오늘날 세계에서 미국이 소외당하고 있는 대표적인 이유 중 하나는 미국의 경제를 보호한다는 명분으로 군사력에 의존하면서 무기 다양화 방지를 위한 국제적인 노력에 저항한다는 데 있다. 미국은 바로 이런 태도를 재검토할 필요가 있다.

지뢰가 매설된 농토

천진난만한 어린아이가 있었다. 그 아이는 몇 년간이나 지뢰가 매설된 지역에서 숨바꼭질 같은 놀이를 해왔고, 엄마는 밥 먹을 시간이면 아이를 찾아 그 지역을 돌아다녔다. 소년들과 청년들은 그곳에서 공을 찼고, 농부들은 밭을 갈았다. 지뢰는 늘 그렇게 무심한 사람들을 기다렸다. 그렇게 안심하다가 부지불식간에 지뢰가 매설된 지점을 밟게 되면 아무 경보도 없이 지뢰가 폭발하고 희생자는 내장을 드러내고 팔다리가 떨어져나갔다.

미국이 남북전쟁을 벌일 때 처음 개발된 지뢰는 1차 대전 전까지는 거의 사용되지 않았다. 1차 대전 때 새로 발명된 대전차지뢰는 탱크를 파괴하는 데 결정적인 위력을 발휘했고, 장기전으로 치닫던 진지전들도 단번에 끝장내버렸다. 2차 대전 당시 양측이 매설한 대전차지뢰만 해도 무려 3억 개에 달했다고 한다. 그러나 전쟁 초기부터 대전차지뢰는 위험한 취약성을 드러냈다. 즉 적군이 그것들을 파내서 다시 매설하기 쉬웠기 때문이다.

그에 대한 대응책으로 재빨리 새로운 종류의 지뢰가 개발되었는데, 그것이 바로 대인지뢰였다. 대인지뢰는 적들이 대전차지뢰를 파내가지 못하도록 주로 대전차지뢰 주변에 매설되었다. 아마도 가장 큰 효과를 발휘한 대인지뢰는 독일군이 사용한 '바운싱 베티(Bouncing Betty)'라는 지뢰였을 것이다. 그 지뢰는 신관을 건드리면 사람의 허리까지 튀어올라 수천 조각의 치명적인 쇳조각들을 사방으로 폭발시켜 주변에 있던 병사들을 살상했다. 대인지뢰는 그만큼 큰 효과를 발휘했기 때문에 얼마 지나지 않아 방어용으로뿐 아니라 공격용으로도 사용되기 시작했다.

2차 대전 후 무기제조 기술은 급속히 발전했다. 1960년대에 이른바 살포지뢰(scatterable landmine)가 개발되었는데, 그 지뢰는 전폭기가 공중에서 투하하면 지상에 닿자마자 자동적으로 매설되는 지뢰였다. 사람의 손으로 일일이 땅을 파서 매설하기보다는 전폭기 같은 군용 비행기를 이용하여 지뢰를 대량으로 신속하게 매설할 수 있게 된 것이다.

살포지뢰를 처음으로 도입한 것은 베트남과 전쟁을 치르던 미군이었다. 살포지뢰는 적군과 보급기지를 잇는 보급로를 차단하여 적군을 불리한 지형으로 몰아붙일 수 있는 중요한 무기였다. 살포지뢰는 또한 마을을 소개하고, 농지를 파괴하며, 도로와 교량과 수원지를 파괴하는 데도 사용되었다. 이 때문에 살포지뢰는 종종 상당한 역효과를 낳기도 했다. 미군이 자신이 매설해 놓은 살포지뢰 때문에 후퇴해야 하는 경우도 자주 발생했다. 베트남 전쟁 중 발생한 미군 전체 사상자 중 거의 3분의 1이 바로 미군이 그처럼 애용하던 대인지뢰에 희생된 것으로 추산되고 있다.[1]

비교적 강도가 낮은 전쟁이 1960년대와 1970년대에 걸쳐 분산적으로 발생하면서 대인지뢰는 정규군은 물론 지원군, 경찰, 게릴라 등에 의해서 광범위하게 사용되었다. 1979년 소련은 아프가니스탄을 침공하면서 일명 '나비지뢰'라고 불린 막대한 양의 신형 고성능 살포지뢰를 아프가니스탄 전역에 살포했다. 2차 대전에서는 아군이 피해갈 수 있도록, 최종적으로는 제거할 수 있도록 지뢰매설 지역에 경고표지를 설치하고 지도상에도 위치를 표시해 두었지만, 살포지뢰가 등장하고 무분별한 사용이 증가하면서 지도상에 지뢰매설 지역을 표시하거나 경고표지를 설치하기가 불가능해졌다. 아프가니스탄만큼 이런 사정을 극명하게 보여주는 곳은 없다. 1989년 무자헤딘의 활동으로 소련군이 아프가니스탄에서 철수했지만, 전국에 매설된 엄청난 양의 대인지뢰가 그대로 남았기 때문이다.

1980년대에 피폐한 아프가니스탄의 농업을 되살리기 위해 아프가니스탄 현지에 파견된, 일명 '미친 미치(Mad Mitch)'라고 불린 영국 예비역 육군 중령 콜린 미첼(Colin Mitchell)도 이런 실정을 고통스럽게 확인했다. 그는 지뢰매설 장소를 표시한 지도나 표지가 전혀 없는 상황에서 극도의 위험을 감수하면서 지뢰를 제거하지 않는 한 제대로 된 농사가 아예 불가능할 정도로 무수한 지뢰가 곳곳에 매설되어 있는 것을 발견했다. 그럼에도 미첼은 굴하지 않고 인도주의적 지뢰 제거 프로그램을 수행하기 위해 할로 트러스트(Halo Trust)를 발족시켰다.

지뢰문제로 고통을 겪고 있는 나라는 비단 아프가니스탄만이 아니었다. 캄보디아와 베트남을 비롯한 여타 70여 개발도상국 역시 매설된 채로 장기간 방치되어 온 1억 1,000만여 개의 지뢰를 품고 있었다. 이 지뢰들로 인해 매년 2만 6,000명의 민간인이 사망하거나 중상을 입고 있었다.[2]

태국-캄보디아 국경선을 따라 형성된 난민촌에서 발생한 지뢰 폭발사고 희생자들에 대해 세계가 관심을 보이기 시작한 지 몇 달 후인 1991년 1월 여성 및 소년소녀 난민 보호를 위한 여성위원회(WCRWC) 대표는 미 하원에서 증언하면서 의원들에게 대인지뢰 사용을 금지할 것을 촉구했다. 그 해 여름 베트남퇴역군인재단(VVAF)은 캄보디아에서 참전용사들을 위한 인공 신체기관 시술회의를 처음으로 개최했다. 그 해 9월 국제인권감시단(Human Rights Watch)과 인권의사회(Physicians for Human Rights)는 「비겁자들의 전쟁: 캄보디아에 매설된 대인지뢰」라는 보고서를 공식 발간함으로써 대인지뢰 사용 금지를 위한 노력에 동참했다. 이들 단체를 비롯하여 많은 단체가 국제지뢰금지운동(ICBL)을 구성하기 위해 1992년 가을에 극적으로 한 자리에 모였다. 그들은 여기에서 베트남퇴역군인재단의 대표로 참가한, 단호하면서도 활기찬 여성 조디 윌리엄스(Jody Williams)를 국제운동의 대표로 선출하기 위해 노력했다.

윌리엄스는 국제지뢰금지운동의 기치 아래 85개국이 넘는 나라에서 1,300여 비정부기구(NGO)들이 모인 전례가 없는 운동에 자신을 던졌다. 그 운동은 유력한 대규모 협력체 구성을 비롯하여 종교계, 노동계, 기업계, 학계, 군대, 정계 등 각계각층의 지도자들과의 조속하면서도 빈번한 만남과 그들에 대한 설득작업을 무척 강조했다. 그런 만남을 통해서 일찍이 생각을 바꾼 중요한 인물 중에는 버몬트 주 출신 민주당 상원의원 패트릭 리(Patrick Leahy)도 있었다. 리는 일리노이 주 출신 하원의원 레인 에번스(Lane Evans)도 발안한 적이 있는 대인지뢰 수출 1년 유보 법안을 발안하여 1992년 미 의회에서 그 법안이 통과되는 데 일익을 담당하기도 했다.[3]

이 법안은 강력한 촉매작용을 했다. 전세계 정치인들은 미국이 그런 행보를 보인다면 실제로도 중요한 진전이 있을 것이라고 생각하기 시작했다. 1993년 3월 캄보디아 순방길에 나선 프랑스의 미테랑 대통령은 프랑스는 대인지뢰 수출을 금지할 것이라고 발표했다. 이 발표가 있자마자 세계의 10여 개국에서도 비슷한 발표가 이어졌다. 그후 1994년 6월 스위스 의회는 모든 지뢰에 대한 금수조치를 촉구했다. 이를 계기로 8월 이탈리아 상원은 이탈리아 정부에 모든 지뢰의 수출을 금지하라는 명령을 내렸다.

이 명령은 무엇보다도 강력한 충격파를 낳았다. 그 해 9월 열린 유엔 안전보장이사회 연례회의 연설에서 클린턴 대통령은 대인지뢰의 '결정적인 퇴출'을 촉구했다.[4] 그는 그간의 선례에 따라 1996년 5월 새로운 정책을 발표했다. 이어서 그는 1999년부로 한국을 제외한 모든 곳에서 '멍청한(dumb)' 지뢰의 사용을 금지한다고 선언했다. 그러고는 국제협정이 체결될 때까지 '똑똑한(smart)' 지뢰(일정 시간이 지나면 자동적으로 해체되는 지뢰)는 제한 없이 계속 사용하면서, 대인지뢰 사용금지를 위한 국제협정 체결을 위한 협상을 계속할 것이라고 말했다.[5]

이 연설은 1996년 10월 오타와 회담(Ottawa Conference)이라는 극적인 무대를 만들어냈다. 이 회담은 캐나다가 모든 지뢰의 사용을 금지하는 데 관심이 있는 국가의 정부를 초대하여 전략에 관한 토론을 갖기 위해 개최한 것이었다. 50개 정식 참가국과 24개 옵서버 국가의 정부 고위관리들을 비롯하여 NGO 및 유엔의 관련 직원들이 회담에 참가했다. 회담이 끝날 무렵 캐나다 외무장관 로이드 액스워시(Lloyd Axworthy)는 캐나다 정부의 의도를 설명했다. 그것은 회담에 참가한 나라를 비롯하여 참가 의사가 있었을지도 모르는 나라들과 더불어 1년 후인 1997년 12월에 모든 종류의 지뢰 사용을 완전히 그리고 즉시 금지한다는 협약에 서명하자는 의도였다. 이러한 캐나다의 의도는 현안을 지루하게 끌어왔던, 비대한 유엔을 대신하여 빠르고 신속한 절차를 마련하는 효과를 발휘했다.

그러나 오타와에서 마련한 절차가 기세를 올리기 시작하자 미국은 마치 어린아이가 머뭇거리듯이 발언하기 시작했다. 유엔 주재 미국 부대사 칼 인더퍼스(Karl F. Inderfurth)는 이렇게 말했다.

우리는 아직 날짜를 정할 준비가 되어 있지 않습니다. 하지만 우리는 지금 즉시 대인지뢰 사용을 금지할 준비는 되어 있습니다. 만약 이 오타와 절차가 정해진 시한 내에 실현될 수 있다면, 또 만약 우리의 관심사가 그것과 일치할 수 있다면, 우리는 서로에게 아주 큰 힘이 될 것입니다.[6]

이 말은 언뜻 긍정적으로 들리긴 하지만 '만약'이란 단서가 많다. 물론 미국은 그 동안 자체적으로 비축한 대인지뢰 300만 개를 해체하고, 전세계의 대인지뢰 해체작업에 다른 어느 나라보다 많은 자금을 지원함으로써 세계의 대인지뢰 해체작업을 주도해 왔다.[7] 미국은 또한 지속적으로 대인지뢰 수출 유보기간을 연장해 왔고, 유엔이 모든 국가에 대인지뢰 금지협약을 '엄격히 준수할 것'을 요구하는 결의안을 채택하는 데 상당한 힘을 보태기도 했다. 그러나 오타와 절차가 진행되면서 미국의 고위관리들은 유엔이 진행하는 좀더 느린 절차를 선호하는 태도를 보이기 시작했다.

미국 고위관리들이 이처럼 태도를 바꾼 것은 핵심적인 방위수단에 적합한 협약을 추진하기 위해 노력해 온 국방부가 세 가지 예외조항을 요구했기 때문이다. 그 조항들은 남한과 북한 사이에 가로놓인 비무장지대(DMZ)에 매설된 지뢰들은 그대로 유지되어야 한다는 것, 미국의 대전차 방어체계에 포함된 지뢰의 사용은 계속 허가되어야 한다는 것, 미국의 '똑똑한' 지뢰 사용권이 계속 유지되어야 한다는 것이었다. 논란이 된 한국은 냉전이 남긴 마지막 전장일 뿐 아니라, 3만 7,000명의 주한미군과 100만 명의 북한군이 대치하고 있는 비무장지대에는 아직도 온갖 종류의 지뢰가 매설되어 있기 때문에, 어떤 지뢰사용 금지협약으로부터도 예외로 간주될 수밖에 없다는 것이었다.[8] 또 똑똑한 지뢰는 어떤 경우에도 자동적으로 해체되기 때문에 문제가 되지 않을 것이라는 이유로 사용을 금지할 필요가 없다고 주장했다.

이런 미국의 입장에 대하여 세계의 언론은 물론 리와 다른 나라 의회 지도자들의 비난이 빗발쳤다. 영국의 다이애나 왕세자비는 앙골라를 여행하면서 직접 목격한 대인지뢰 희생자들을 예로 들면서 미국의 태도에 뼈 있는 비판을 가했다. 이에 대한 반응으로 클린턴은 8월 예정된 공식 일정을 변경하여 약 2주간 노르웨이 오슬로에서 열리는, 오슬로 절차에 관한 회담에 참석하기로 했다. 오슬로 회담은 12월 오타와에서 서명하게 될 협약안을 최종적으로 완성하기 위한 준비과정이었다.

그러나 미국은 오타와 절차에 따르기로 동의했음에도 조금이라도 더 시간을 벌기 위해 줄기차게 예외조항을 요구했다. 클린턴이 더 한층 그런 태도를 견지한 것은 단지 그에게 "확실히 결함이 있는, 타당하지 않은, 시의성이 없는, 무용한"[9] 협약이라고 주장하는 서한을 보낸 10명의 미국 퇴역 4성 장군들의 압력 때문이었다. 또다른 한 주를 고역스럽게 보낸 클린턴은 1997년 9월 17일, 그런 체제하에서라면 미국은 대인지뢰 금지협약에 서명하지 않을 것이라고 발표했다. 그후 미국과 가장 가까운 동맹국을 포함한 122개국이 대인지뢰 금지협약(MBT)에 서명하기 위해 12월 초 오타와에 모였을 때, 미국은 멀찌감치 떨어져 그 모습을 지켜보고만 있었다. 그 당시 클린턴 대통령이 한 말은 이렇다.

> 우리 나라는 독특한 책임을 지고 있습니다……. 군통수권자이기도 한 나는 우리 병사들의 안전이 최대한 보장되지 않는다면, 우리 국민의 자유와 다른 나라 사람들의 자유를 지키기 위해 우리의 병사들을 파견하지 않을 것입니다.[10]

그러나 이 발언으로 모든 것이 끝난 것은 아니었다. 협약이 체결된 지 얼마 되지 않아 조디 윌리엄스가 노벨평화상을 받은 것이다.

그후 클린턴 행정부는 현재 시스템을 대체할 새 시스템을 개발하여, 2003년부터 한국을 제외한 세계 전 지역에서 대인지뢰 사용을 금지하고, 2006년에 대인지뢰 금지협약에 서명할 뜻이 있다고 발표했다. 2001년 5월 전직 주한미군 지휘관 및 전직 미 육군사관학교 지휘관 몇 명을 포함한 8명의 미군 퇴역 장성이 신임 대통령 부시에게 대인지뢰 금지협약에 서명해 줄 것을 간곡히 부탁하는 서한을 보냈다.

그들은 또다른 입장에서 두 가지를 강조하고 있었다. 첫째, 한국의 방위에 필요하다고 하지만, 한편으로는 지뢰가 미군과 한국군의 작전 활동을 지연시키고 방해할 수도 있다. 둘째, 비무장지대에 매설된 대인지뢰들은 어찌 되었든 남한 정부의 관할에 속하기 때문에 미국이 협약에 서명하는 데 걸림돌이 되지 않는다. 그들은 또한 좀더 일반적인 견지에서 대인지뢰가 미군에 유리하기보다는 오히려 피해를 줄 수 있는 구식 무기라고 주장했다. 이러한 의견들은 전직 미군 대령 에드 마일스 (Ed Miles)와 같은 사람의 의견을 바탕으로 하고 있었다. 베트남 전쟁에서 대인지뢰에 두 다리를 잃은 에드 마일스는 "그 빌어먹을 무기는 실로 아무짝에도 쓸모가 없으며, 과거에도 유용했던 적이 한 번도 없었다"[11)고 분통을 터뜨린 바 있다.

2001년 8월 부시 대통령은 지뢰정책을 재검토할 것이라고 밝혔다. 몇몇 고위관리들은 안보와 관련하여 미국은 미군의 안전과 동맹국들의 안보를 우선시해야 하는 특수한 부담을 안고 있다고 강조했다(그것은 동맹국들이 이미 모두 대인지뢰 금지협약에 서명하고, 보유하고 있던 지뢰들을 해체했기 때문이다).[12)] 2002년 2월 말 베트남퇴역군인재단은 일간지 전면광고와 텔레비전 광고를 통해서 대통령에게 협약에 서명할 것을 촉구하는 일련의 캠페인을 벌이기도 했다.[13)]

우리가 믿는 우리의 총, 미사일, 폭탄, 독가스, 세균

총기류는 미국이 사용 금지를 머뭇거리는 또다른 범주의 무기다. 선진국들이 독가스, 세균, 핵무기에만 주의를 기울이는 동안 총기류는 가난한 사람들의 대량살상 무기가 되어버렸다. 미국 정부는 현재 전세계적으로 5억 정에 달하는 총기류가 유통되고 있을 것으로 추정한다. 지난 12년간 49차례 발생한 주요 무력분쟁 가운데 46차례가 총기류를 주요 무기로 사용한 분쟁이었다.[14)] 총기류는 입수하기 쉽고, 합법적이든 불법적이든 보관과 은닉이 용이할 뿐 아니라, 특히 분쟁을 주도해 온 AK-47소총의 경우 암시장가격이 형성되는 정확한 지점과 시점을 통제하기도 어렵다. 그 소총의 가격은 보통 230~400달러 정도 나간다. 그것이 100달러 아래로 떨어졌다는 것은 강력한 폭력의 시절이 끝나고 잠시 평화로운 휴전기가 도래했음을 가리킨다. 반대로 가격이 100달러를 넘어 폭등한다는 것은 곧 분쟁이 발생할 것이라는 강력한 경고라 할 수 있다.[15)]

우리는 반복되는 것에는 이골이 나기 쉽기 때문에 매일 밤 텔레비전을 보지 않고도 그 결과가 어떨지 알 수 있다. 그러나 서아프리카의 시에라리온, 동남아시아의 동티모르, 동아프리카 소말리아의 사막지대를 비롯하여 세계 각지에서 자행되고 있는 학살의 현장에서 지난 10여 년간 400만 명이 총기류로 학살당했다. 그 희생자들 중 90%가 민간인이었고, 그중 80%가 부녀자와 어린이였다.[16]

유엔 안전보장이사회는 이처럼 과도한 살상행위를 근절하기 위한 시도로 1995년 총기류 문제를 다루기 위한 특별 심의회를 만들었다. 그 심의회는 몇 년간의 조사활동 끝에 2001년 6월 뉴욕에서 모든 종류의 총기 및 경(輕)무기 밀무역에 관한 유엔 협의회를 열었다. 단순한 협의회였지만, 미국을 비롯한 몇몇 주요 무기수출국의 저항에도 불구하고 이 협의회가 열렸다는 자체만으로도 중요한 성과였다. 동시에 '무기 밀무역'을 집중 조명함으로써 그 협의회를 본격화하는 데 필수적이었던 무기수출국들의 양보도 이끌어냈다. 협의회에 참석한 국가들은 대부분 문제가 단순한 밀무역의 차원을 넘는다고 믿었지만, 그 문제를 더 심도 있게 다루는 것은 미국의 거센 반대에 부딪혀 무산될 것이라는 사실도 모두 알고 있었다. 심지어 밀무역 문제만 다루는 것도 극히 어려운 것으로 드러났다.

협의회의 목적은 "무기 밀무역을 통해서 총기 및 경무기의 과도하고 불안한 비축을 주도하는 모든 관련 요인들"[17]이 다루어지고 있다는 사실을 널리 알리는 데 있었다. 중요한 당면 목표는 법적인 금지 이전의 정치적 공식화였다. 즉 정치적 공식화를 통해서 오직 양성적으로 생산·거래되는 무기들만이라도 생산량과 무역량을 제한함과 동시에 무기등록 표시제를 실시하여 무기의 유통과정을 추적·확인할 수 있도록 하고, 기존의 '분쟁지역'에서 사용되는 무기들을 몰수하고 해체함과 동시에 전투원들의 무장해제·무력화·해산을 도모하자는 것이었다. 특히 남아프리카공화국이나 노르웨이 같은 나라가 중시한 것은 민간인의 총기나 경무기 소지를 제한하고, 비정부단체(예를 들어 테러단체, 마약밀매단, 범죄폭력단체 등)에 이것들을 판매하지 못하도록 예방하기 위한 방안은 있느냐 하는 점이었다.

무기 관리와 국제안보를 담당하던 미 국무차관 존 볼턴(John Bolton)은 협의회에 대표단을 파견할 시점을 놓치는 바람에 사태에 대처할 기회를 잃어버렸다. 이전 협의회에서 그는 "이 협의회가 추구하는 추상적인 목표와 목적들은 칭찬받을 만합니다"라고 의견을 피력한 바 있었다. 그러나 그는 자신이 엽총이나 권총이 아니라 오로지 군사용 무기와 무기 밀무역에 관해서만 말하고 있을 뿐이며, "우리는…… 처음부터 모든 총기와 경무기들이 다 똑같다거나 문제가 있을 것이라고 가정하지는 않습니다"라고 강조했다. 거의 누구나 총기를 소지하고 있어 치안이 불안한 남아프리카공화국이나 노르웨이 같은 나라의 반응에 대하여 볼턴은 "(미국 헌법) 제1조와 4조가 각 개인의 의사 표현과 안전을 위한 권리를 보장하고 있듯이 제2조는 개인의 무기 취득과 보유의 권리도 보호하고 있습니다"라고 강조했다. 따라서 정부가 인정하는 단체에 한하여 무기판매를 허용하자는 주장은 의미가 없다는 것이었다.

이어서 그는 자신의 의도를 곡해할지도 모를 사람들을 위해서 "우리는 총기 및 경무기의 합법적인 무역과 합법적인 생산을 제한하는 데 아무 도움이 못 됩니다. 우리는 비정부기구들의 활동에 대한 국제적인 지지를 촉진하는 데도 아무 도움이 못 됩니다. 우리는 민간의 총기 소지를 금지하는 데도 아무런 도움이 못 됩니다. 우리는 오직 각국의 정부에 한해서만 총기 무역을 허용하도록 하는 데도 아무 도움이 못 됩니다. 미국은 또 강제조사위원회에 도움을 제공하지도 않을 것입니다"[18]

라고 덧붙였다. 그럼에도 그는 자신의 발언 가운데 얼마간의 선의가 담겨 있을 것이라고 생각했을 것이다.

협의회는 비록 완화되긴 했지만 "국가들이 이런 문제들을 고려하면서 행동하게끔 유도하는 일련의 규준들"[19]을 공표할 수 있는 성과를 올렸다는 선언과 더불어 막을 내렸다. 이 선언에는 민간인의 총기 소지를 제한한다는 어떤 언급도 포함되어 있지 않았다. 이 선언에 기뻐한 사람들은 오직 미국인들뿐이었다. 남아프리카공화국 대표 장 뒤 프레즈(Jean Du Preeze)는 "미국은 스스로 부끄러움을 느껴야 한다"고 말했다. 멕시코 대표 루이스 알폰소 데 알바(Luis Alfonso de Alba)는 미국의 태도를 '유감스러운' 태도라 불렀고, 협의회 의장인 콜롬비아의 카미요 레예스(Camillo Reyes)는 "나는 단 한 나라의 관심사에 좌우되는 협의회의 무능함에 절망을 느꼈다고밖에 표현할 수 없습니다"[20]라는 말로 실망감을 드러냈다. 협의회에 참가한 나머지 국가의 대표들도 AK-47을 소지할 수 있는 미국인의 신성한 권리가 향후 10여 년간 몇백만 명이 넘는 사람들을 죽일 것이라고 믿었다. 그러나 미국인들만은 자신들이 무사할 것이라고 생각했다.

대인지뢰와 총기는 미국이 제한협정을 기피하기로 선택한 무기들이었다. 그런데 2001년 12월 13일 부시 대통령은 6개월 후인 2002년 6월 미국과 러시아가 맺고 있던 대륙간 탄도미사일 협정을 실질적으로 폐기할 것이라는 뜻을 러시아에 전달했다.[21] 1967년 6월 미국이 처음 제안한 이 협정은 방위를 위한 대륙간 탄도미사일 배치를 상호 중단하자는 목적으로 1972년 5월 체결되었다. 그 협정을 통해서 양국은 서로의 안보가 보장될 것으로 생각했다. 그것은 양국 중 한 나라가 선제공격의 유혹에 빠져 미사일공격을 가한다면, 두 나라 모두 안전을 자신할 수 없을 것이라고 확신했기 때문이다. 그 확신은 특히 대재앙을 초래할 게 뻔한 보복공격을 피할 수 있을 것이라는 믿음을 바탕으로 하고 있었다.

그 협정으로 인해 핵무기 생산이 결정적으로 중단될 것처럼 보였다. 바로 그런 믿음 때문에, 초기 부시 행정부가 처음으로 제기한 핵무기 무효화 가능성은 협정의 내용과 모순될 수도 있는 국가미사일방위(NMD) 체제를 추진하려는 미 행정부의 계획과 맞물리면서 국제적으로 커다란 파장을 불러일으켰다. 러시아 국방장관 이고르 세르게예프(Igor Sergeyev)는 유럽, 중국, 일본, 남한의 모든 실질적인 지도자들에게 "미국의 계획은 전략적 안전 보장을 목적으로 체결된 국제협정들의 전체 체계를 완전히 파괴시켜 버릴 것입니다"[22]라고 호소했다.

그러나 세 가지 발전이 이런 반응을 무디게 만들었다. 우선, 러시아인들은 재정적인 이유로 그 동안 비축해 온 핵탄두를 러시아에 계속 보관하기가 대단히 어려울 것이라는 사실을 잘 알고 있었다. 그들이 상호 핵탄두 감축 제의를 받아들인 것도 바로 이 때문이었다. 그들은 또한 미국이 구축하려고 하는 국가미사일방위 체제가 그들에게 위협이 되지 않을 것이라는 것도 알고 있었다. 왜냐하면 그들은 언제나 미국의 방위체계를 압도할 만큼의 충분한 핵탄두를 보유하고 있었기 때문이다.

또 그들은 러시아의 경제발전에 도움이 될 수 있는 서구와 좀더 가까운 관계를 맺고 싶어했다. 그런 이유로 러시아는 양국이 보유한 핵탄두의 3분의 2에 해당하는 1,700기 내지 2,200기의 핵탄두를 감축하자는 미국의 제안에 동의했던 것이다.[23] 한편 미국은 러시아가 NATO와 좀더 가까운 관계를 맺고 러시아의 경제발전을 용이하게 할 수 있도록 도움을 주기로 했다. 그랬기 때문에 러시아인들은 대륙간 탄도미사일 협정을 폐기한다는 미국의 통보를 묵인할 수 있었던 것이다.

다음으로, 이른바 '불량국가들'의 공격을 방어하는 데 필요하다는 명분으로 국가 방위 미사일을 배치하겠다는 미국의 논리에 정당성을 부여한 것은 2001년 발생한 9·11테러였다. 그 결과 중국은 미국이 추진하는 국가미사일방위 체제의 실질적인 표적이 될 수도 있다는 것을 알았지만, 적어도 일정 기간 동안은 미국의 그런 행보를 묵인하기로 결정했다. 왜냐하면 중국은 상대적으로 적은 양의 핵탄두를 비축하고 있었고, 미 행정부가 중국을 '전략적 경쟁국'으로 지목한 적이 있기 때문이다. 또 중국은 9·11테러 이후 미국과 예전보다는 훨씬 협조적인 관계를 형성하면서 서로에 대한 반감도 줄였고, 또 그런 관계를 계속 유지하고 싶어했기 때문이다. 그래서 2002년 6월 13일 미국이 대륙간 탄도미사일 협정을 파기한다고 공식 발표를 했을 때도 비판을 자제했던 것이다. 러시아인과 유럽인들은 협정의 파기는 현명하지 못한 행위지만, 그것이 자신들의 안전을 위협하지는 않을 것이라고 말했다. 중국인들도 단지 현명하지 못한 행위였다고만 말했을 뿐이다.

그러나 미 국무차관 볼턴이 2002년 1월 24일 제네바에서 기자회견을 열어 "미국은 포괄적 핵실험 금지조약(CTBT)에 반대한다"는 입장을 밝혔을 때 각국의 반응은 매우 상이했다. 핵실험 금지를 위한 노력은 핵실험이 처음 실시될 때부터 당연히 있어왔다. 그런 노력과 포괄적 핵실험 금지조약 체결을 위한 최근의 역사는 1991년 10월 5일 소련의 고르바초프 대통령의 발언으로부터 시작되었다. 그는 1년간 핵실험 포기를 선언한 소련을 잘 관찰해 보면 미국도 핵실험을 자제할 수 있게 될 것이라고 역설했다.

그로부터 얼마 후 미국은 포괄적 핵실험 금지조약을 위한 최종협상을 준비하기 시작했다. 다음해에 프랑스는 일방적인 핵실험을 포기한다고 발표했다. 그러자 미 하원은 다른 나라가 핵실험을 강행하지 않는 한 9개월간 핵실험을 포기하고 핵실험 금지를 위한 협상을 추진하며, 1996년 9월 이후 미국의 모든 핵실험을 금지한다는 내용을 골자로 하는 해트필드-엑슨 수정법안(Hatfield-Exxon Amendment)을 통과시켰다. 조지 부시 대통령은 내키지 않는다는 듯이 그 법안에 서명했다. 1993년 신임 클린턴 행정부는 핵실험 포기 이행상황을 감시할 것과 1996년 연말까지 포괄적 핵실험 금지조약의 타결을 위해 노력할 것을 약속했다. 미 하원은 압도적인 다수로 이 약속을 지지한다는 결의안을 통과시켰다.

그러나 1995년 중반 프랑스가 핵실험을 재개한다고 발표하고, 인도가 포괄적 핵실험 금지조약에 대한 서명을 유보하겠다는 의사를 밝히면서 분위기는 얼어붙어 버렸다. 그러자 중국도 줄곧 견지해 온 이른바 '평화적인 폭발' 정책을 포기하게 된다. 그 와중에도 1996년 말 포괄적 핵실험 금지조약안 전문(全文)이 완성되어 뉴욕에서 개최된 유엔 회의에서 각국의 서명을 기다리고 있었다. 미국은 러시아와 중국을 비롯한 7개국과 함께 제일 먼저 서명을 했고, 순순히 비준할 것을 약속한 바 있는 미 상원도 이 조약에 대한 비준안을 신속히 통과시켰다.

그러나 조약의 지지자들은 노스캐롤라이나 주 출신 공화당 상원의원이자 상원 외무위원회 의장이던, 극단적인 미국 예외주의자 제스 헬름스(Jesse Helms)를 계산에 넣지 않았다. 헬름스는 조약안을 2년 동안이나 위원회에 계류시키면서 1999년 가을까지도 검토할 생각조차 하지 않고 있었다. 이 즈음 세계 150개국 이상이 조약안에 서명을 한 상태였다.[24] 현역 미 합참의장 헨리 셸턴(Henry Shelton) 장군과 콜린 파월을 비롯한 4명의 전직 합참의장들도 다른 수많은 예비역 장성들과 외교계 및 학계 지도자들이 그랬듯이 조약을 지지했다. 레이건 행정부의 무기담당 협상가였던 폴 니츠(Paul Nitze)는 심지어 "미국의 핵무기는 재래식 무기를 기반으로 하여 세계적으로 압도적인 우위를 점하고 있는 미국의 군사력을 오히려 약화시킬 수도 있는 실질적인 위험요인으로 작용할 가능성이 있다"면서 미국의 일방적인 핵무기 해체를 주장하기까지 했다.[25) 여론도 82%라는 압도적인 비율로 조약을 지지하는 것으로 나타났다.[26)

하지만 반론이 사라진 것은 아니었다. 상원의 다수당 지도자 트렌트 로트(Trent Lott)는 그 조약은 근거가 모호하기 때문에 쉽사리 파기될 여지가 농후하다고 주장했다. 그는 또한 핵실험을 시뮬레이션으로 대체하는 것은 근거가 분명하지 않다고 주장하면서 미국이 보유한 무기의 효율성과 신뢰성을 유지하는 데 위험요소가 될 것이라고 설명했다. 끝으로 그는 조약안에 비준하는 것은 핵무장 해제를 향한 '미끄러운 내리막길'에 발을 들여놓는 것과 다름없다고 주장했다. 전직 미국 국가안보 담당 보좌관 헨리 키신저와 브렌트 스코프크로프트(Brent Scowcroft)는 조약이 충분한 강제력을 갖고 있지 못할 뿐 아니라, 이란이나 이라크 같은 나라들이 포함되어 있지 않다면서 표결을 연기해야 한다고 주장했다.[27)

그러나 이른바 계류정치(繫留政治)도 여전히 위력을 발휘하고 있었다. 상원의 공화당 지도부는 조약안을 검토대상으로 삼고 싶어하지 않았다. 그러다가 느닷없이 조약안을 표결에 붙이려고 하자 상원의원 60명이 논의할 시간이 좀더 필요하다는 요청서를 제출했지만, 시간은 단 하루밖에 더 주어지지 않았다.[28) 1993년 10월 최종표결에 부쳐진 협약은 51 대 48의 근소한 차이로 부결되었다. 많은 나라가 커다란 실망감을 표현했다. 어떤 나라는 새로운 부시 행정부가 다시 한 번 재고해 주기를 희망했고, 공화당 상원의원들의 마음이 바뀌는 행운을 기대했다. 그러나 볼턴이 제네바에서 확인시켜 주었듯 더 이상 개선의 기회는 오지 않았다.

많은 과학자들이 실효성을 의심해 온 국가미사일방위 계획에 대한 미 행정부의 관심은 선제공격 전략 및 패권적인 지배전략, 그리고 이른 바 상호필멸 전략(MAD) 개념에 내재된 취약성을 극복해 보려는 욕망에서 비롯되었다. 국가미사일방위 계획은 미국이 전세계 거의 모든 지역에 자유롭게 군사적 개입을 하기 위한 시도의 일환이었다. 이 시도는 미군의 유동성을 좀더 향상시키고, 특히 적성국들이 이전보다 강화한 지하대피소와 화생방무기를 무력화할 보복용 무기로 핵무기를 개조하려는 욕망과 맞물려 있었다. 이런 목표를 달성하기 위해서는 새로운 무기가 필요했을 것이고, 그런 무기를 개발하기 위한 실험도 필요했을 것이다.

생화학무기를 언급하면서 미국이 끝내 거부한 화학무기 금지협약을 거론하지 않을 수 없다. 생화학무기를 통제하기 위한 시도들은 1차대전 때 광범위하게 사용된 독가스에 대한 대응조치로 1925년에 채택된 제네바의정서로부터 시작되었다. 1962년 유엔에서 미소 양국은 모든 생화학무기를 폐기하자고 제안했다. 1969년까지 지루하게 이어진 국제회담 끝에 닉슨 대통령은 미국은 앞으로 생물학전을 일방적으로 포기하고, 화학무기로 선제공격을 하지 않을 것이라고 천명했다.[29]

1980년대 중반에 미국은 화학무기를 보유하는 것은 국가적 관심사가 아니라는 결정을 내렸고, 1985년 11월 미 하원은 미군에게 비축 화학무기를 모두 해체하라는 명령을 내렸다.[30] 1991년 5월 걸프전이 일단락되면서 부시 대통령은 보복을 비롯하여 어떤 이유에서든 화학무기를 사용하지 않겠다고 굳게 맹세한다고 선언하면서, 당시 진행 중이던 유엔 회의의 안건에 화학무기 금지협약(CWC) 체결안을 포함시켰다.[31] 여러 차례의 협상 끝에 1993년 1월 비축 화학무기 해체, 화학무기 생산 금지, 감시·감독 기구 창설을 골자로 하는 매우 허심탄회하고 강력한 협정을 체결하는 데 합의했다.[32] 미국은 즉각 서명을 하면서도 다른 나라들이 교묘하게 회피하지 않을까 의심했고, 미 하원은 1997년까지 연기해 놓은 무기 선택권 포기 조항에 더 많은 관심을 보였다. 미국의 화학업계는 미국이 참가하지 않은 상태에서 협약이 강제력을 갖게 되면 사업에 타격을 입을 수 있었기 때문에 대정부 로비를 벌임으로써 미국 정부가 협약을 비준하도록 하는 데 결정적인 역할을 했다.

그러나 협약이 비준되자, 미국은 정부 고위관리들에게 현지시찰 거부권과 독점적인 분석을 위한, 미국 영토 밖으로의 화학표본 반출 금지권, 국내의 시설들을 정부의 발표나 정기적인 시찰에 맞추어 철저히 제한할 수 있는 권한을 부여하는 법안을 통과시킴으로써 속셈을 드러냈다. 미국은 또한 협약 운영을 위한 분담금 지불을 거부했고, 러시아가 비축하고 있던 막대한 양의 화학무기를 파괴하기에 충분한 자금 지원도 태만히 했다.

닉슨은 1969년 발표한 성명서에서 화학무기와 생물무기를 특별히 구별하여 언급했다. 1972년 유엔은 생화학무기에 관한 토론회를 열어 토론회 참가국들에게 군사적 목적을 가진 생물무기를 "어떤 경우에도 개발·생산·비축 또는 기타 다른 방식으로 획득하거나 보관하지 않을 것"을 요구하는 생물무기 금지협약(BWC)을 이끌어냈다. 1975년 미국도 어쩔 수 없이 이 협약에 비준할 수밖에 없었고, 이후 이 협약만큼 강한 통제력을 가진 협약은 다시는 체결되지 않았다.

그러나 불행히도 그 협약의 내용은 전혀 강제적이지도, 법적인 공신력을 갖지도 못했다. 1990년대에 보리스 옐친 러시아 대통령은 구소련이 이라크의 세균전 가능성에 관심을 보였을 뿐 아니라 불법적으로 탄저균을 배양할 계획도 가지고 있었다고 폭로했다. 이 폭로는 법적인 금지를 보장할 수 있는 형태로 협정의 효력을 강화할 새로운 의정서를 개발하기 위한 유엔 위원회의 창설을 이끌었다. 위원회는 2001년까지 서명이 마무리되기를 기대했다. 미국은 위원회의 계획에 큰 도움을 제공하면서 그 계획을 "미래를 향한 중대한 발걸음"이라고 불렀다.

그러나 무기 전체를 잠재우거나, 전차를 비롯한 무기들의 유연성을 잠식하거나, 타이어를 못 쓰게 만들어 무력화시킬 수 있는 '치명적이지 않은' 종류의 화생방 무기는 허용하는 방향으로 화학무기 금지협약을 수정해야 한다[33]고 주장하는 민간 연구자들과 미국의 몇몇 정부 고위관리들의 글이 2002년 12월 『뉴 사이언티스트』라는 잡지에 실리면서 워싱턴은 새로운 분위기에 휩싸였다. 2001년 3월 서명만 남은 최종 협약안이 제출되었지만, 미국에게는 아직 불가피한 현장 검증과 사찰이라는 중요한 문제가 남아 있었다. 미국의 동맹국들은 미국에게 강제 사찰을 포함한 정기적인 보고 및 감시를 제안하는 협약안을 수용할 것을 강력히 촉구했다.

그러나 자국의 화학무기 군사시설에 대해 보고하고 감시할 것을 명시한 협약안에 발끈한 미국은, 그것은 실행 불가능할 뿐 아니라 오히려 실질적인 의혹만 증폭시킬 수 있다는 결론을 내렸다. 2001년 6월 25일 미국의 도널드 맬리(Donald Mahley) 대사는 유엔 위원회에서 "우리의 평가에 따르면 협약안은 국가안보와 신뢰성 있는 사업정보를 위기에 빠뜨릴 수 있기"[34] 때문에 미국은 협상을 중단할 수밖에 없다고 밝혔다. 일본의 세이치로 노보루 대사는 "저는 이 자리에서 미국의 논리에 마냥 경악할 따름입니다"[35]라는 말로 국제사회의 심경을 대변했다.

그후 11월에 생물무기 금지협약을 재검토하기 위해 열린 협의회에서는 미 국무차관 볼턴이 제청한, 협약안의 강화를 위한 몇 가지 제안을 결국 검토하지 않았다. 그런데 그 제안들 중 한 가지를 빼면 모두 미국이 거부한 협약안에 실제로 포함되어 있던 것들이었다. 협약안의 내용 중 볼턴의 제안과 모순되는 것은 하나도 없었음에도, 볼턴은 협의회 마지막 날 막무가내로 위원회가 해산되어야 한다고 주장했다.

몇 달 후 미국은 화학무기 금지협약의 수뇌부들이 저지르고 있는 재정 부실 관리를 감사하기 위한 사찰단을 현장에 급파할 것을 강력하게 주장했다.[36] 그러나 아무도 그 사실을 믿지 않았다. 영국의 리어 경(Lord Rea)은 재정적 곤란의 상당 부분은 미국이 부담금을 내지 않은 데서 비롯된 것이라고 지적했다.[37] 또 많은 사람이 재정 부실의 진정한 이유를 사찰 지도부가 비공개적으로 미국을 사찰하려 했기 때문이라고 믿고 있었다.

인권을 최우선시하는 주권

1987년에 체결된 고문방지협약(CAT, 많은 사람들은 이 협약이 관타나모 만의 탈레반 정치범 수용소 실태조사를 위한 사찰단 파견이 지연되면서 탄생했다고 믿는다), 여성에 대한 모든 형태의 범죄 추방을 위한 협약(CEAFDAW), 그리고 국제 어린이 인권협약(ICRC, 많은 사람들은 이 협약을 '가족의 가치관'에 개입할 수도 있다는 보수주의자들의 우려에서 비롯된 것으로 믿는다)을 강화하기 위한 협약안에도 미국은 이전과 비슷한 형태로 서명을 거부했다.

그러나 이 모든 국제 협정 및 협약을 사이에 두고 미국과 국제사회가 벌인 공방전들의 결정판은 바로 국제형사재판소(ICC) 협약을 놓고 벌인 공방전이었다. 그 동안 미국이 국제사회와 뒤엉키면서 겪은 다양한 개념적·제도적 난관들도 모두 바로 이 싸움을 통해서 하나의 극적인 폭로장면으로 결집되어 나타났다.

국제형사재판소는 2차 대전 후 유대인 집단학살에 대한 폭로를 고무하기 위해 1948년에 체결된 집단살해 범죄 예방 및 처벌에 관한 제노 사이드 조약(Convention on Genocide)을 모태로 하여 창설되었다. 이 조약의 채택을 명시한 유엔 결의안은 집단살해 혐의로 고발된 피고인을 재판할 국제재판소를 설립해야 한다는 열망에 따라 유엔 국제법위원회(ILC)를 소집했다. 그런 과정을 거쳐 1990년대 초반 유고슬라비아와 르완다에서 자행된 두 차례의 대학살을 계기로 국제형사재판소도 제 역할을 갖기 시작했다. 특히 미국의 긴급요청에 따라 유고슬라비아와 르완다에서 집단학살을 자행한 범죄자들을 기소하기 위한 특별 국제형사재판정이 설치되었다. 그와 동시에 국제법위원회는 오랜 토론 끝에 국제형사재판소를 창설한다는 임시법령을 마련했다. 이 법령은 1998년 6월에서 7월 사이에 로마에서 개최된 유엔 특별토론회에 의안으로 제출되었다.

여기에서 이 토론회에서 문제가 된 주요 현안들을 살펴볼 필요가 있다. 첫 번째 현안은 재판소의 독립성 문제였다. 국제형사재판소의 모든 판결에 유엔 안전보장이사회의 승인이 필요한가? 그리하여 국제형사재판소의 권한 역시 안전보장이사회의 영구회원국들(미국, 러시아, 중국, 영국, 프랑스)의 거부권에 종속되어야 할 것인가? 아니면 국제형사재판소에 독립된 권한을 부여할 것인가? 두 번째 현안은 고소자의 독립성 문제로, 누구나 마음대로 고소장을 제출할 수 있느냐 하는 것이 문제였다. 세 번째 현안은 이른바 의결체제(consent regime) 문제였다. 국제형사재판소는 세계 어디서나 발생할 수 있는 관련 범죄에 대해 기소권을 행사하는 등 보편적인 재판권을 가질 수 있는가? 또는 국제형사재판소의 판결에 대해 범죄가 발생한 국가의 승인이나 자국 국민이 고소당한 국가의 승인이 필요한가? 국제형사재판소는 내전 중에 발생한 범죄에 대해서도 재판권을 행사할 수 있는가? 네 번째 현안은 국가와 국제형사재판소 간의 재판관할권 문제였다. 국내재판소가 먼저 진행한 범죄소송을 국제형사재판소가 기소할 수 있는가? 마지막 현안은 과거 범죄의 소급 적용과 관련된 문제였다. 예컨대 1971년 칠레에서 발생한 쿠데타에 책임이 있다고 여겨지는 헨리 키신저를 국제형사재판소가 기소할 수 있는가?

이런 문제들은 물론 각국 주권과의 관계설정 문제를 비롯하여 미국의 입장에서 볼 때 반미정권들이 정치적 동기로 미국 시민에게 위해를 가할 수 있는 잠재적인 범죄에 대한 처리 문제를 내포하고 있다. 국제형사재판소 설립을 위한 노력은 미국의 전세계 동맹국 대부분, 그리고 캐나다 출신 의장의 지도력에 순종하여 의기투합한 이른바 60개국 모임이 주도했다.

미국은 원칙적으로 국제형사재판소를 지지한다고 주장했지만, 미국의 사전 동의 없이 미국인을 기소할 수 있는 재판소 설립에는 단호하게 반대했다. 미국은 특히 보편적인 재판권 개념에는 질색을 했다. 보편적인 재판권 개념은 독일이 소개한 것으로, 만약 뜻밖의 변수가 법전화될 경우 상당한 반대에 부딪힐 위험을 안고 있었다. 미 국방장관 코언이 이 현안과 관련하여 독일 주둔 미군 배치상황을 보고받을 정도로 미국은 국제형사재판소의 재판권에 강한 관심을 보였다.[38]

다섯 가지 주요 문제에 대한 논쟁과정에서 세계의 나머지 국가들이 추이를 지켜보는 가운데 미국과 60개국모임 간에 매우 심각한 반목현상이 드러났다. 그럼에도 미국은 많은 문제점을 지적하면서 상당수의 법률 초안을 무산시켜 버렸다. 독립성과 관련하여 미국은 사건마다 안전보장이사회의 승인을 받아야 한다고 주장했다. 안전보장이사회 영구회원국들은 처음부터 미국의 입장을 지지했지만, 영국이 법적으로나 도덕적으로나 미국의 입장을 옹호할 수 없다며 기권해 버리자, 댐이 붕괴되면서 미국은 고립되고 말았다.

　　국제형사재판소는 재판소의 독립성과 공신력을 확보하기 위해서
는 안전보장이사회의 사전 동의 없이도 기소가 가능해야 한다고 판단
했다. 그러나 국제형사재판소는 경술하고 정치적인 동기에서 비롯된
소송을 예방하고 수사권을 발동하려면 기소자가 국제형사재판소의 판
사들로 구성된 심의위원회의 승인을 받아야 한다는 데는 동의했다. 또
국제형사재판소는 안전보장이사회가 재판소가 수행하는 수사를 중지
시키기 위한 결의안을 채택할 수 있다는 데도 동의했다. 재판권 문제와
관련하여 미국은 부분적으로만 인정할 수 있다는 입장을 표명했다. 그
에 따라 보편적인 재판권 조항은 삭제되었다.

　　최종안에 따르면, 국제형사재판소는 범죄가 발생한 국가나 피고의
국가가 국제형사재판소 협약에 동의하거나 서명한 국가일 경우에만 재
판권을 행사할 수 있었다. 미국의 기대에 다소 어긋나기는 했지만, 국제
형사재판소는 내전문제와 관련하여 재판권을 행사한다는 합의를 이끌어
냈다. 그러나 국가와 국제형사재판소 간의 재판관할권 문제에 관해서는
국내재판소가 기소에 실패했을 경우에 한해서 국제형사재판소가 기소할
수 있다는 데 합의함으로써 미국의 의도가 충분히 반영되었다. 또 국가
가 일단 범죄자에 대한 재판권을 자발적으로 국제형사재판소에 넘기고
난 다음에는 7년 동안 결정을 번복할 수 없다[39]는 데도 합의했다.

　　그런데 마지막 순간에 미국이 공식 업무수행 중에 범죄를 저지른
비회원국의 국민에 대해서는 특례를 적용하자고 주장했다. 이 주장은
해당국 정부가 자국 국민에 대한 기소를 마음대로 방해할 수 있게 만들
고, 국제형사재판소의 공신력마저 훼손할 수 있었기 때문에 수용되지
않았다. 그러나 미국은 국가안보를 국제형사재판소에 대한 협력을 거
부할 수 있는 근거로 채택할 수 있게 하는 데 성공했고, 강대국의 논리
를 변호의 근거로 확립시키는 데도 성공했다. 국제형사재판소의 재판

권에 도전하고 이의를 제기할 수 있다는 두 가지 선택권도 회원국들에게 주어졌다.

그러나 미국은 도무지 여기에 만족할 수 없었고, 결국 중국, 이라크, 리비아, 예멘, 카타르, 이스라엘과 함께 국제형사재판소 창설에 반대표를 던졌다. 그러나 최종 투표결과는 찬성 120개국, 반대 7개국, 기권 21개국으로 나타났다. 국제형사재판소는 이후 60개국이 서명함으로써 효력을 발휘하게 되었다.

그렇게 국제공동체가 미국의 소망을 무시하자 미국은 국제형사재판소 설립을 무산시키기 위해 진정한 미국의 성전(U.S. jihad)에 돌입했다. 클린턴 대통령은 임기가 거의 끝나갈 무렵에 가서야 협약에 서명했지만, 그것은 단지 국제형사재판소의 재판권 행사방식에 대한 선택권을 후임 부시 대통령에게 제공했다는 의미밖에 없었다. 그러나 부시 행정부는 처음부터 협약을 거부할 조짐을 보였다.[40] 2001년 가을 미 상원은 헬름스 의원이 감수한 미군보호법(American Servicemembers Protection Act)을 채택했다. 이 법안은 어떤 식으로든 미국이 국제형사재판소에 협조하는 것을 금지하고, 국제형사재판소를 후원하는 모든 나라에 대한 미국의 군사 지원도 차단한다는 내용을 골자로 하고 있었다. 이 법안은 또한 국제형사재판소에 기소된 미국 시민을 방면시키기 위해서라면 미국 정부는 폭력을 포함하여 어떤 수단이든 사용할 수 있다고 명시하고 있었다. 이 조항으로 인해 법안은 '헤이그 침략법'이라는 악명을 얻었다. 그것은 법제화되지는 못했지만, 많은 나라가 국제형사재판소에 협조하지 못하도록 가로막는 또다른 수단으로 작용했다.

2002년 겨울에서 봄까지 협약의 발효에 필요한 정족수인 60개국이 순식간에 협약에 서명할 듯한 움직임을 보이자, 미국 정부는 아직 서명하지 않은 국가들의 서명을 저지하기 위해 압력을 강화했지만 아무 소용이 없었다. 4월 11일 60번째 국가가 서명을 하면서 국제형사재판소는 강제력을 갖게 되었다. 그때부터 미국 정부는 무리수를 두기 시작했다. 미 국무차관 볼턴은 유엔 사무총장 코피 아난(Kofi Annan)에게 예정에 없던 서한을 보내 미국이 국제형사재판소 협약에 서명한 국가들을 효과적으로 탈퇴시킬 수도 있다는 점을 주지시켰다. 그의 설명에 따르면 미국은 "세계의 자유를 수호하고 인간성을 발전시키는 데 도움이 되는 독특한 역할을 해왔기" 때문에 미국인이 정치적인 기소의 표적이 될 수 있다는 것이었다. 미국이 협약에 서명하기를 거부한 것도 바로 그 때문이라는 것이다.[41]

그러나 아직 한 가지 문제가 남아 있었다. 미국 내에서 국제형사재판소는 아무런 재판권도 행사할 수 없었지만, 미국 시민들은 국제형사재판소 협약에 서명한 국가들 내에서 활동할 수 있었고, 그 때문에 국제형사재판소는 미국 정부의 동의 없이도 서명국들 내에서 활동하는 미국인에 대한 재판권을 행사하기 위해 노력을 계속하고 있었다. 미국의 고위관리들은 미국 정부가 협약에 서명도 하지 않은 상태에서 세계 곳곳의 미국인들을 협약의 재판권에 예속시키는 것은 불공평한 처사라고 주장했다. 그들은 만일 어느 미국인이 외국에서 일반적인 범죄를 저질렀을 경우 외국 정부가 미국의 동의 없이 기소권을 행사할 수 있다는 점을, 또 미국인이 흉악 범죄를 저지른 경우 외국 정부가 보유한 재판권으로 기소권을 국제형사재판소에 넘겨주기도 용이하다는 점을 지적했다.

그러나 무엇보다도 미국은 협약에 서명만 하면 국제형사재판소가 행사하는 어떤 기소권에 대해서도 막강한 영향력을 발휘할 수 있었다. 미국은 또한 세계의 분쟁지역에서 핵심적인 역할을 해왔다는 점을 강조하지만, 오로지 미국만 그런 역할을 해온 것은 아니었다. 프랑스와 영국을 비롯한 다른 여러 나라의 군대나 개인들도 세계 각지의 분쟁지역에서 중요한 역할을 수행해 왔지만, 국제형사재판소에 대해서 어떤 문제점도 느끼지 않는 듯했다. 요컨대 국제형사재판소의 규칙을 따르는 다른 나라에서 미국인이 기소된다 하더라도 미국은 처음부터 기소권을 행사할 수 있었다는 말이다. 즉 오로지 미국이 수사를 포기하는 한에서만 국제형사재판소가 수사에 착수할 자격을 얻을 수 있었던 것이다. 이런 견지에서 미국은 부당하다고 생각되는 고소사건에 대해서는 국제형사재판소의 수사를 거부할 충분한 논리를 제시할 수 있었을 것이다.

그러나 이런 반론은 논쟁의 요점을 벗어난 권력의 문제다. 미국의 고위관리들은 협약에 서명한 국가들에게 그들 나라에서 활동하는 미국 시민에 한해서 국제형사재판소의 재판권이 미치지 않도록 예외를 인정하는 특별 쌍무협정에 서명하라는 압력을 넣기 시작했다. 이러한 압력은 유럽에서 미국과 유럽연합의 관계를 파국으로 몰고 갔다. 유럽연합은 루마니아나 폴란드 같은 나라들에게 미국의 압력에 굴복할 경우 유럽연합 가입자격을 상실할 수도 있다고 경고했다.

미국은, 안전보장이사회가 유엔 평화유지군에게 국제형사재판소에 대한 영구적인 면책권을 부여하지 않는 한, 보스니아 등지에서 평화유지 활동을 지속하고 있는 모든 유엔 평화유지군의 정기적인 병력 교대를 거부하겠다고 위협했다. 안전보장이사회는 결국 미국인에게 1년간의 면책권을 부여할 수밖에 없었다. 이로써 미국은 체면을 세우고 절반의 성공을 거두었다. 그런데도 안전보장이사회는 한술 더 떠서 매년 면책권을 갱신할 수도 있다는 의사를 표명했다. 그렇게 해서 미국이 승리한 듯 보였다. 그러나 당시 유엔 주재 멕시코 대사 아돌포 아길라르 신세르(Adolfo Aguilar Zinser)는 많은 사람에게 이런 말을 했다고 한다.

국제공동체의 일반적인 의견은 이런 면책권을 잘못된 것으로 봅니다.[42]

미국과 가장 오랫동안 가장 친밀한 관계를 유지해 온 아프리카의 동맹국 중 한 나라의 대사도 내가 이 장(章)의 서두에서 언급한 제사(題詞)와 같은 심경을 나에게 토로했다.

"미국은 언제나 법치주의를 설교하지만, 끝내 법 위에 군림하고 맙니다."

이 장에서 몇 번이나 언급한 존 볼턴과 제시 헬름스는 비판적인 제도적 특이성을 대표하는 사람들이다. 두 사람은 '보수적인 공화당원'으로 유명한데, 그것은 일반적으로 그들이 '자유'를 신봉하면서 정부를 의심한다는 것을 의미했다. 그들은 미국을 가장 민수적인 정부형태를 가진 나라로 이해하면서 미국의 신조를 전파하는 확고한 사도들이었다. 또 그들은 미국의 힘과 미국인의 생활방식을 전세계가 영원히 모방해야 할 절대적인 모델이라고 생각했다. 헬름스는 2002년 퇴임할 때까지 미 상원 외무위원회 위원장으로 재직했고, 볼턴은 미 국무부 고위직을 두루 거친 관료였다. 그럼에도 그들은 외국의 정부들을 미국 정부보다 비민주적이면서도 복지 지향적인 성격은 더 강하다고 생각하며 불신했을 뿐 아니라, 다른 나라들이 미국의 자유를 선망한다고 생각하는 경향이 있었다. 그들은 유엔이나 기타 다국적기구들을 미국의 자비로운 힘을 제지하고 가로막는 데만 열중하는, 타락한 비민주적 기구들로 간주하면서 그것들의 진가를 완전히 무시해 버렸다. 그들은 미국의 힘을 철저하게 신봉했으며, 절대적인 주권과 행동의 자유를 수호하는 것을 지상최고의 과제로 여겼다.

이런 그들의 견해는 미국의 권력분립 체제로부터 대단히 강한 영향을 받았다. 따라서 미국에서 협정들이 법제화되려면 우선 반드시 상

원의 인준을 받아야 한다. 또 협정들을 상원에서 표결에 부치기 위해서
는 그 전에 외무위원회 위원장이 안건을 위원회에 상정하여 청문회와
토론회를 거쳐야 한다. 특히 위원장은 협정안을 안건으로 상정하지 않
고 수년간 계류시킬 수 있었다. 위원장은 또 협정안을 표결에 부치는
대신 다른 법안을 상정할 수도 있었다. 또 대통령과 미국 국민의 다수
가 지지하는 특별한 협약이나 법안이라 하더라도 위원장의 강력한 반
대가 있을 경우 상원의 인준을 받지 못하는 경우도 종종 있었다. 이러
한 이데올로기적 편견과 권력의 야합은 미국과 세계가 그토록 자주 불
화를 겪게 만드는 이유 가운데 하나였다.

무장한 경제

　　미국의 군사주의가 내포한 세 번째 중요한 측면은 경제적 측면이
다. 미국은 세계 주요 국가들을 미국의 준속국 상태로 유지하기 위해
핵심 무기들과 군사기술을 장악하려고 했다. 1945년 미국 GDP의 반
이상을 차지하던 미국의 국방비는 1948년에는 GDP의 3.6% 정도인 91
억 달러로 감소했다.[43] 그런데 한국전쟁이 발발하자 미국은 GDP의 6
~7%에 이르는 국방비를 거의 주먹구구식으로 책정했다. 미국의 경제
규모를 고려할 때 이 정도의 국방비라면 엄청난 양의 무기를 구입할 수
있는 비용으로, 오늘날의 달러로 환산해 보면, 냉전기간 전체 무기구입
비용과 맞먹는 150조 8,000억 달러에 달하는 막대한 금액이었다.[44] 이
정도의 금액을 미국 경제가 감당하기에는 사실 역부족이었다. 결국 미
국도 소련과 별반 다를 게 없었던 것이다. 그럼에도 미국을 취약하게
만든 소련의 미사일 체계로 인해 경쟁으로 인해 뒤질지도 모른다는 불

안감과 안도감이 주기적으로 교차했다. 이런 과정에서 양국은 신무기 개발 경쟁으로 인해 상당한 출혈을 감수해야 했다.

1954년 소련의 노동절 기념행진 대열에, 미국이나 영국이 생각지도 못했던, 신형 미사일을 장착한 소련의 기갑부대가 등장하자 미국은 처음으로 경악했다. 그 미사일의 사정거리 안에는 미국 본토도 포함되어 있었다. 소련은 사실 그런 미사일 발사대를 몇 대밖에 보유하고 있지 않았지만, 노동절 기념행진에서는 그것들을 연속해서 순환시킴으로써 미사일을 무한정 보유하고 있는 것처럼 보이게 만들었다. 이 사실은 훗날 알려졌다.

그러나 당시만 해도 미소간의 '군사력 격차'에 대단한 관심이 쏠렸고, 미군은 소련을 '따라잡기' 위해 좀더 많은 B-52 전폭기를 구비해야 한다는 강력한 압력에 시달리기도 했다. 1956년 미국 최초의 전략정찰기 U-2기가 소련의 영공을 날면서 촬영한 사진을 통해서 그 동안 우려하던 격차가 기우에 불과했다는 것이 확인되기 전까지 이런 압력은 계속되었다. 그러나 미국의 불안이 기우였다는 사실이 밝혀졌음에도 당시 대통령 후보였던 존 F. 케네디는 1960년 선거유세에서 3,000억 달러라는 거금을 들여서라도 대륙간 탄도미사일(ICBM)의 보복능력을 배가시켜 위험하게 벌어진 '미사일 격차'를 좁혀야 한다고 역설했다.[45]

케네디가 대통령에 당선된 후 밝혀진 사실은 미소간의 미사일 격차가 실제로는 없었으며, 확인된 것은 다만 그런 불안감으로 인해 미국이 미사일을 확충하기 위해 수십억 달러를 투입하는 것을 막지 못했다는 사실뿐이었다. 어쨌든 1960년대부터 1970대까지 진행된 미사일 및 핵탄두 경쟁을 미국과 소련 둘 중 어느 쪽이 먼저 시작했다고 말하기는 사실상 불가능하다.

1970년대 탄도요격미사일 협정이 체결되고 핵실험을 제한하는 다각적인 규정이 마련되면서 미소 양국관계는 잠시나마 안정국면에 들어선 듯 보였다. 그러나 1980년에 로널드 레이건이 대통령에 당선되면서 다시금 취약성에 대한 미국의 고질적인 불안증이 도지기 시작했다. 레이건은 이른바 상호필멸 전략(MAD)을 언급하면서 그 정책이 유발한 핵억지 전략은 한마디로 정신 나간 전략이라고 말했다. 레이건은 '자발적으로 수용한 취약성'이라는 개념은 미국답지 않은 개념이라고 말하면서 스타워즈 계획으로 더욱 유명해진 전략방위계획(SDI)을 추진하기 위해 500억 달러의 예산을 책정했다. 이 방위계획은 미국을 향해 발사된 어떤 미사일이든 미국에 도착하기 전에 괴멸시키는 일종의 미사일 요격 시스템으로 구상되었다.

그러나 그 시스템이 효과적으로 작동하리라고 생각한 과학자는 거의 없었고, 더구나 목표 달성 가능성이나 비용 면에서도 성공을 예견하는 사람은 찾아볼 수 없었다. 냉전이 종식되면서 이 계획은 슬그머니 수면 아래로 가라앉았지만 완전히 폐기되지는 않았다. 그 계획은 2001년 미국이 탄도미사일협약을 파기하면서 대안으로 수립한 국가미사일 방위 체계로 탈바꿈했다.

앞서 설명했듯이 그 계획은 이른바 '불량국가들'의 미사일공격에 대비한 방위체계로 추진되었지만, 한편으로 중국을 겨냥하고 있는 것은 아닌가 하는 의혹을 사고 있다. 다시 말해서 그 계획의 효력에 대해 중대한 의문이 제기되고 있는 것이다. 미 국방부 보급 및 기술 담당 차관을 역임한 재크스 갠슬러(Jacques Gansler)가 2002년 8월 나에게 술회한 바에 따르면, 그 방위체계는 상황 통제라는 가장 단순한 기능조차도 수행하지 못할 뿐 아니라 미끼로도 이용하지 못할 만큼 극히 의심스러운 체계였다는 것이다.

물론 그런 체계가 정말 적의 공격으로부터 미국의 인구밀집 지역들이 파괴되는 것을 막을 수 있다면 대대적인 투자를 할 만한 가치가 있을 것이다. 그러나 그러기에는 몇 가지 아이러니들이 존재한다. 첫째, 몇 년간 수십억 달러의 돈을 들여 도입한 시스템이 9월 11일 세계무역센터를 강타한, 미사일 아닌 미사일에 대해서는 무용지물이었다는 점이다. 또 그 시스템은 아프가니스탄에서 무자헤딘의 승리를 이끌었던, 2002년 11월 28일 케냐의 나이로비 근방에서 이스라엘 여객기를 격추한 수동 조작 스팅어미사일에 대해서도 무용지물이기는 마찬가지였다. 당장이라도 사용 가능한 이런 미사일이 전세계에 70만 기 정도 있는 것으로 추산되며, 그것들 중 상당수는 미국이 테러리스트와 연관이 있는 국가나 단체로 반출한 것들이다.[46] 이처럼 값싸고, 운반과 은닉이 쉽고, 여객기를 통해서도 완벽하게 숨겨 반출입할 수 있는 무기들이야말로 이른바 불량국가들이 애용하는 무기다. 그러나 현실적으로 전략방위계획이나 국가미사일방위 계획을 제외하면 이런 무기들을 통제하거나 방어할 만한 어떤 노력도 존재하지 않는 실정이다.

또다른 관점에서, 핵무기나 미사일을 보유하고 있거나 보유하려고 하는 북한이나 이란 같은 나라들을 '악의 축'으로 지목하려는 시도는 그들에게 겁을 주기보다는 오히려 미국에 대한 그들의 적개심만 부추길 수 있다. 미국이 그들의 체제를 바꾸려 하면서 압도적인 군사력만 시위한다면 많은 나라들에게 전달되는 것은 확실한 위험신호밖에 없는데, 그런 위험신호보다 더 확실한 미국의 메시지는 없을 것이다. 그리고 그들이 핵무기를 보유하면 할수록 그 메시지는 미국인에게 더 확실한 이유를 제공할 것이며, 미국의 국가미사일방위 전략은 이런 전술을 바꾸지 않을 것이다. 왜냐하면 핵무기들이 미국 땅을 더 이상 겨냥하지 않아야 하기 때문이다.

미국이 이런 전략을 비롯하여 기타 시스템들에 집요하게 매달린다는 것은 미국의 정치체계에 어두운 면이 존재한다는 것을 반증한다. 미국에서는 아무도 무기 체계와 토대를 제거할 수 없게 되어 있다. 일단 하나의 계획이 수립되면 의회 내 관련 핵심 분과들로 예산을 몰아올 수 있는 관계나 정계의 실력자들이 발탁된다. 군수산업계는 가능한 한 많은 의원들, 특히 의회 내 핵심 분과위원회 위원장들의 지지를 확보하기 위해 전국적인 활동을 펼친다. 일례로 1998년 조지아 주 출신 공화당 의원이자 하원의장인 뉴트 깅리치는 전투기가 더 이상 필요하지 않다는 논의가 있음에도 불구하고 자신의 지역구인 조지아 주에서 전투기가 생산된다는 이유로 국방예산에 전투기 조달비로 25억 달러를 추가 배정하는 수완을 발휘했다.[47]

무기체계를 유지하려는 다양한 지역의 경제적 · 정치적 요구는 무기를 끝없이 증식시키면서 무기의 배치와 이용에 관한 새로운 압력을 가중시키고 있다. 그에 따라 흔히 세계에서 가장 성능이 뛰어나다는 F-15전투기를 이미 1,000대 이상 보유하고 있음에도, 미 국방부는 그 전투기들을 성능이 더 뛰어난 F-22전투기로 교체할 계획을 세우고 있다. 이와 비슷한 이유에서 미국의 우주 관련 시설에 대한 적국의 공격을 피함과 동시에 적국의 위성이나 우주 관련 시설을 파괴할 수 있는 우주무기를 배치하자는 제안까지 나오고 있다. 우주공간에서 미국을 위협하는 존재는 전혀 알려진 바가 없지만, 미국은 무엇이든 할 수 있다는 이유에서, 누군가 그런 계획 덕분에 연구보조금이나 일자리나 유권자의 표를 더 확보할 수 있을 것이라는 의미에서 우주공간을 군사지역으로 만들려는 유혹도 존재한다.

군수산업은 또한 미국의 주요 수출업종이면서 일자리의 주요 공급처 역할을 하고 있다. 기업인들이라면 누구나 알고 있는 경제적인 철칙 중 하나가 이왕이면 대량생산이 가능한 제품에 자본금과 연구개발비를 투자하여 단위당 생산비를 최소화해야 한다는 것이다. 미국이 투자하는 군사 연구개발비는 전세계 군사 연구개발비의 70%에 육박한다. 그런 미국이 무기수출 대국이라는 사실은 그리 놀랄 일이 아니다. 미국의 통상부, 국무부, 국방부는 모두 미국산 무기의 판매와 수출을 지원하는 담당 직원을 다수 보유하고 있다.

확인 가능한 가장 최근의 통계인 1999년 통계를 보면 세계의 무기 무역액은 1989년 700억 달러를 정점으로 감소하기 시작하여 1994년 400억 달러로 바닥을 쳤다가 1999년으로 오면서 520억 달러로 증가했다. 이 무기들 중에서 반 정도를 선진국이 수입했고, 나머지는 모두 개발도상국이 수입했다. 이렇게 팔린 무기들 중에서 64%가 미국이 수출한 무기인데, 이미 수출계약을 맺은 무기들을 포함하면 앞으로 70%까지 늘어날 것으로 보인다.[48] 미국산 무기를 주로 구입하는 단골국가는 사우디아라비아, 대만, 일본, 영국, 터키, 이스라엘, 한국, 이집트, 그리스 등이다. 만약 미국이 분쟁 중인 양측 모두에게 무기를 파는 듯이 보인다면, 그것도 사실이다.

문제는 미국이 무기만 팔지 않는다는 사실에 있다. 미국은 핵심적인 국가들과 관계를 공고히 하기 위한 협정 체결이나 전세계의 군사기술이나 군사작전을 표준화하는 데 미국산 무기를 이용할 뿐 아니라 외국 정부의 외교정책에 대한 일정한 통제력을 확보하기 위해서도 미국산 무기를 이용한다. 예컨대, 폴란드는 2003년 1월 NATO 신입 회원국의 책임에 걸맞은 군사력을 구비하기 위한 프로그램의 일환으로 미국산 신형 F-16 전투기 48대를 도입할 것이라고 발표했다.[49]

이 발표는 당연히 F-16전투기를 생산하는 제너럴다이내믹스 사는 물론 미국 경제에도 득이 되는 일이지만, 몇 가지 다른 의미도 담고 있었다. 이 발표에는 우선 유럽의 전투기 제조회사들이 판로를 잃고 생산비 상승압력에 시달림으로써 F-16에 고객을 빼앗기고 결국 경쟁력을 상실하고 말 것이라는 의미가 담겨 있었다(미국은 이 점을 노리고 유럽에게 방위체제를 개혁하라는 압력을 배가할 것이다). 또 이 발표는 폴란드 공군이 NATO의 다른 회원국 군대와 협조할 가능성이 사라지고, 대신 미국 공군과 호환 가능한 전투기를 보유하게 된다는 의미를 담고 있었다. 또 미국이 공급하게 될 전투기 부품 덕분에 미국 정부 고위관리들은 만에 하나 폴란드가 미국의 기대에 어긋나는 다른 전투기를 도입하려 할 경우 제동을 걸 수단을 확보할 수 있었다.

바로 여기에 가장 커다란 문제가 내포되어 있다. 폴란드는 과연 그런 전투기로 정확히 무엇을 할 수 있을까? 사실 NATO든 폴란드든 F-16전투기들이 출격해야 할 정도로 심각한 위기를 겪을 가능성이 없다. 그렇다면 개발도상국인 폴란드는 전투기 구입에 들일 돈을 좀더 생산적인 일에 사용할 수도 있었을 것이다. 브라질도 분명 그런 입장이었다. 브라질의 신임 대통령 '룰라'는 거의 비슷한 시기에 "브라질은 전투기 구입비를 좀더 좋은 일에 사용하기 위해 전임 정부가 주문한 미국산 전투기의 도입을 취소할 것"이라고 발표했다. 그러나 브라질 정부는 이런 돌출행동으로 인해 미국에게 '위험한 좌파정권'이라는 낙인이 찍히고 말았다.

일본과 한국을 비롯하여 많은 나라와 무기의 합자생산, 나아가 합자개발 협정까지 맺은 미국은 폴란드를 차기 협상 대상국으로 예정하고 있었다. 미국이 추진하는 무기체계의 판매, 특히 전투기 판매협상은 흔히 이른바 '보상' 협정의 형태로 체결된다. 그것은 예컨대 한국과 같은 무기구매국이 국내 공장에서 전투기의 부품을 생산하거나 전체를 조립·생산할 수 있다는 미국의 허가를 받고 미국의 전투기 제조회사로부터 생산에 필요한 기술을 이전받을 수 있다는 것을 의미했다.

그에 따라 많은 나라가 아무런 기반도 없던 국산 전투기산업을 발전시키기 위해 미국산 전투기를 구입했다. 일본은 특히 차세대 전투기 생산기술자들을 양성함으로써 미국 전투기 제조회사의 완전한 파트너가 될 때까지 차츰차츰 전투기 생산기술을 숙달해 갔다고 한다. 그러나 일본은 현실적으로 미국에서 모든 부품이 생산·조립되어 당장 실전에 투입할 수 있는 전투기를 수입하는 대신, 최대한 빠른 기간에 전투기를 생산해 내고자 했다. 일본의 그런 노력은 일본산 전투기의 최종 생산비를 상승시켰다. 일본이 개발한 FSX전투기는 대당 1억 5,000만 달러를 호가했는데, 그 돈이면 미국산 완제품을 2대 이상 구입할 수 있다.[50] 그러나 당장의 고비용을 감수하면서까지 추진한 기술이전은 미국 전투기산업의 주도권을 약화시킴과 동시에 비효율적인 일본의 무기체계를 효율적으로 개선할 수 있게 만들었다. 물론 이 모든 과정은 미국의 안보를 향상시킨다는 명분하에 이루어졌다.

이런 과정이 실제로 확연했든 아니든, 그것은 분명 미국 경제의 생산성을 감소시켰다. GDP의 3~5%를 국방비로 사용하는 미국은 결과적으로 그만큼 많은 돈을 대다수 미국인은 결코 사용하지 않을 군수품을 생산하고 군대를 유지하는 데 투자해 온 셈이다. 그래서 우리는 생산적인 자산에 투자함으로써 얻을 수 있는 이익을 첫 단계부터 놓쳐버렸다. 다음 단계에서 우리는 당장 사용할 수 있는 완제품을 수출함으로써 더 많은 이익을 얻을 수 있었지만, 보상협정이나 합자개발 협상을 통해서 많은 이익을 놓쳐버렸다. 마지막 세 번째 단계에서 우리가 값싸게 이전한 우수한 기술을 미국산 제품 및 서비스와 상업적으로 경쟁할 수 있는 제품 및 서비스의 질과 양을 향상시키려는 외국의 경쟁회사들이 사용하게 되었다.

우리는 우리가 짊어진 책임과 부담 때문에 그럴 수밖에 없다고 한

탄하면서 우리의 동맹국들이 우리와 동등한 군사력을 보유하기 위해 돈을 쓰지 않는다고 불평한다. 그러나 진실은 우리 스스로 이런 책임을 지고 싶어한다는 것이다. 우리는 이러한 우리의 요구에 책임을 져야 하는데, 보상협상이 바로 그 증거다. 우리는 공식적으로 우리의 동맹국들을 지키기 위해 이런 협상을 추진한다고 생각한다. 그러나 동맹국들은 이런 협상을 수용하는 대신 뇌물을 요구한다. 확실히 그들은 우리가 바라보는 방식으로 위기를 바라보지 않는다. 그들은 특별한 부담을 짊어지려는 우리의 욕구를 이용하고, 우리는 그들에게 우리의 그런 욕구를 이용해 달라고 애걸까지 한다.

우리는 또한 그들이 우리와 제휴하기를 원할 때조차 그들을 극히 곤란하게 만든다. 펜타곤은 전세계 무기 구입량의 반 이상을 차지하는 타의 추종을 불허하는 세계 최대의 무기 구입처다. 더욱 놀라운 것은 펜타곤에 무기를 팔지 못하는 군수업체는 경쟁에서 살아남기 힘들다는 사실이다. 그뿐만 아니라 군수업계에서 경쟁력을 유지하기 위한 생산량이나 연구비조차도 확보할 수 없을 것이다. 하지만 펜타곤은 외국 업체들이 무기를 팔기 가장 어려운 곳이기도 하다.

1990년대 중반은 미국의 군수산업 구조에 변화를 초래한 결정적인 시기 중 하나였다. 냉전 종식 후 무기수요가 급감하면서 방위산업의 필요성도 줄어들었다. 미 국방장관 윌리엄 페리(William Perry)는 '최후의 만찬'으로 알려진 저녁식사에 방위산업계의 최고경영자들을 불러 모아 인수합병과 경기침체를 고려할 때가 왔다고 충고했다. 이 만찬을 계기로 국제적인 인수합병을 통한 방위산업의 세계화가 검토되기 시작했지만, 그런 일은 일어나지 않았다. 그것은 한편으로는 외국의 반발 때문이었고, 다른 한편으로는 미국산 무기의 지배력을 손상시키고 제국의 역량을 약화시킬 수도 있었기 때문이다.

그들에게 싸우는 법은 가르치되 글 쓰는 법은 가르치지 마라

미국은 세계 제일의 무기수출국이자 전쟁에 관한 지도교사라 할 수 있다. 예컨대 미국은 1946년 파나마 운하의 미국 관할지역에 사관학교를 설립했다. 그 학교는 60명의 장교와 하사관을 배출했는데, 그들은, 미국인도 있었지만, 대부분 라틴아메리카 국가 출신이었다. 미국이 그곳에 사관학교를 설립한 데는 몇 가지 목적이 있었다. 첫째 목적은 라틴아메리카의 군부 인사들과 미국의 군부 인사들 간에 돈독한 관계를 수립하는 데 있었다. 미국은 그렇게 함으로써 군을 통제하는 것은 시민이라는 미국식 개념을 학생들에게 가르침과 동시에 특수작전이나 시민군 작전 같은 군사작전을 소개함으로써 인권과 민주주의를 훈련시킬 수 있으리라고 여겼다.

그러나 그런 훈련은 실천이 아닌 이론에만 머물렀고, 결국 그 사관학교는 '독재자 양성학교'라는 악명만 떨치게 되었다. 그 학교가 배출한 졸업생 중 많은 수가 라틴아메리카 국가의 독재자가 되어 자신을 양성한 명분인 인권을 탄압하는 수많은 압제를 저질렀기 때문이다. 물론 그 학교의 졸업생 중에는 독재정권을 무너뜨리고 민주적인 절차에 따라 정권을 시민에게 이양하는 데 일조한 온두라스의 파스 가르시아(Paz Garcia) 같은 인물도 있었다. 그런 소수의 인물들은 지난 수십 년간 라틴아메리카와 남아메리카의 모든 나라에서 독재정권을 타도하고 민주정권을 수립하는 데 이바지했다. 그러나 미국이 세운 학교들은 전반적으로 이러한 민주화에는 거의 아무런 도움도 되지 못했다.

그후로도 이런 미국의 노력이 초래한 이율배반적인 결과들을 곳곳에서 발견할 수 있다. 그만큼 미국은 프로그램을 다변화할 수 있었다. 탈냉전의 분위기 속에서도 미군은 일견 부차적으로 보이지만 실은 중요한 '국제적인 분위기 조성'을 위해 세계 각국으로 파견되었다. 그런 파견은 군사훈련, 계몽 프로그램, 반테러 활동, 교육 프로그램, 기술 이전과 연계하여 미국 군대와 외국 군대의 관계를 확대하자는 취지에서 이루어졌다.

이런 활동들은 일차적으로 현재 전세계 140개국 이상에 배치되어 연간 30억 달러의 예산을 사용하는 미국 특수작전부대(SOF)가 수행하고 있다. 이 부대의 작전은 주로 1991년 공동 합동교환 훈련(JCET)법에 따라 수행되고 있다. 이 법은 미국 특수작전부대가 외국 부대와 함께 훈련할 수 있을 뿐 아니라, 만일 외국 부대가 자체적으로 훈련비를 조달할 수 없을 때에는 미군 특수작전부대가 그 비용을 부담할 수 있다는 내용을 골자로 하고 있다. 이 법은 표면상으로는 미군 특수작전부대원들과 외국 부대원들이 서로 부족한 부분을 메우면서 함께 하는 합동훈련을 목적으로 하는 듯이 보였다. 그러나 그 법은 실제로 미국이 전세계의 군대를 훈련시키기 위한 광범위한 프로그램으로 변질되었다. 특정 기간 동안 전세계에 배치된 미군 특수작전부대에서 활동하는 합동교환 훈련 요원은 4,500여 명으로 4,000명에 달하는 미 국무부의 해외 파견 장교보다도 많다.

이런 사실을 뒤집어보면 군사력에 대한 우리의 믿음이 얼마나 강한지 확실히 알 수 있다. 냉전이 시작된 첫 해인 1948년 미국의 국제적인 군사적·외교적·비군사적 지원 프로그램에 소요된 비용은 그 당시 GDP의 3%가 넘는 총 60억 달러로 같은 해 국방예산과 맞먹었으며,[51] 2002년 달러로 환산하면 1,040억 달러에 달한다. 오늘날 미국이 외국의 대사관 운영, 원조, 교육 등 비군사적 활동에 사용하는 비용은 GDP의 0.17%에 불과한 170억 달러를 밑돌고 있다. 그나마도 특히 40억 달러는 주로 외국 군대 재정확충 프로그램을 통한 군사원조비로 사용되고 있다. 이 프로그램을 통해서 미국은 외국 정부들이 미국산 군수품을 구입할 수 있도록 보조금을 지급하고 있다.[52]

이렇게 따져보면 미국 GDP의 0.13%인 130억 달러만이 정상적인 원조금으로 사용되고 있다는 결론이 나온다. 이 원조금 중에서 약 30억 달러는 이스라엘에, 20억 달러는 (1972년 이집트-이스라엘 평화협상에 따라 지불해야 할 보상비가 아직도 남아 있는) 이집트에, 나머지는 기타 여러 나라에 분산 지원되고 있다.[53]

한편 냉전이 종식되고 이른바 평화분배(the Peace Dividend)의 시대가 도래했음에도, 다른 한편으로 에이즈가 전세계적으로 확산되고, 아프리카에서는 또다른 치명적인 전염병이 확산되고 있음에도, 1990년이 되면서 이토록 쩨쩨한 원조금마저도 삭감해 버린 미국은 결국 선진국 중에서 GDP 대비 해외원조금을 가장 적게 부담하는 소인국으로 변해버렸다.

또한 미국은 국제기구들에 대한 기부도 가장 태만히 하고 있다. 2001년 12월 31일 당시 우리는 그 동안 일부 갚긴 했지만 아직도 유엔에 9억 달러에 가까운 빚이 남아 있었다.[54] 이러니 특별한 부담을 짊어지겠다고 떠들어대는 우리에게 우리의 동맹국들이 넌더리를 내는 것도 당연한 일이 아닐까?

우리가 만일 진실로 일정한 비용을 부담하겠다고 결심했다면, 그 돈을 사용하고 남기지도 않았을 것이고, 그 돈의 혜택을 받지 못한 많은 사람들 역시 어떻게든 악착같이 돈을 받아내려고도 하지 않을 것이다. 지난 10여 년간 미 국무부는 해외 영사관 및 사무소의 숫자를 줄여왔다. 현재 세계에 설치된 미국 영사관 수는 1939년 당시 중국에 설치되어 있던 미국 영사관의 수보다 적다.

미국 회계감사원의 보고에 따르면, 미 국무부는 심각한 전문인력

부족난에 봉착했는데, 그나마 기존 직원들도 무자격자들이 많다고 한다. 회계감사원의 현장조사에 따르면, 중국으로 발령받은 외교관의 62%가 직위에 걸맞은 언어실력을 갖추지 못하고 있었고, 러시아 쪽도 41%나 언어실력이 부족한 것으로 나타났다. 더구나 사우디아라비아 주재 미국 외교공관장은 아랍어를 아예 할 줄 몰랐다고 한다. 아이젠하워 행정부가 미국 정부의 입장을 외국에 홍보할 목적으로 설립한 미국 공보처(USIA)도 1991년 문을 닫고 말았다.

9·11테러가 발발하면서 부시 행정부는 '글로벌 커뮤니케이션 사무소'라는 명패를 단 모종의 사무실을 하나 차려놓고는 메디슨 가의 광고 전문가들을 직원으로 채용했다. 그것이 똑똑한 대응이었든 영리한 대응이었든, 아니면 영악한 대응이었든 아무튼 사람들에게는 눈 가리고 아웅 하는 식으로만 비쳤다. 사실 미국인 중 단 14%만이 신분증을 소지하고 다니고, 또 수많은 대학이 더 이상 외국어를 필수과목으로 지정하지 않는다는 사실을 안다면 이러한 부시 행정부의 우행은 놀랄 일도 아니다. 최근 여론조사에 따르면, 미국인의 87%가 이라크가 어디 있는 나라인지 모른다고 한다.[55]

2차 대전 후 미국은 평화를 유지하기 위한 책임을 성실히 분담할 국가들의 공동체를 바탕으로 한 새로운 국제질서를 창출할 수 있을 것으로 상상했다. 그후 냉전이 종식되면서 미국은 2차 대전이 끝난 직후 일시적인 상상에만 그쳤던 기회를 비로소 다시 맞이한 듯한 분위기에 휩싸였다. 소련이 해체되고 시장경제 체제로 전환한 중국이 세계의 무역 및 투자 시스템에 차츰 통합되어 가면서 유엔의 역할도 점점 커질 것처럼 보였다. 또 미군의 해외 배치상황을 비롯하여 NATO나 미일안보조약과 같은 핵심적인 동맹관계들을 근본적으로 되짚어볼 여유도 생겼다. 그러나 이 모든 가능성은 무위에 그쳤다. 분명히 미국의 국방비는 1940년대 후반 수준에 비하면 GDP 대비 3.5%까지 감소했고, 미군의 군사활동 역시 규모 면에서 어느 정도 줄어들었다. 그러나 소련의 군사력이 급격히 와해되고 미국 경제의 규모와 성장률 역시 줄어들었음에도 미국의 군사력만은 상대적으로 증가했다. 또 해외 주둔 및 파견 미군도 그대로 남아 있었다. 1992년 이후 특정한 적대국이 사라지면서 미국은 20만 명을 상회하는 해외 주둔 및 파견 미군을 유지하기 위한 합당한 명분을 찾아야 한다는 초조감에 시달려왔다.

미국처럼 끊임없는 '변화'를 통해서 발전해 온 자본주의 국가의 적은 기이하게도 오히려 '불안'이었다. 그럼에도 기존의 동맹관계나 해외 주둔 미군에서 발생한 어떤 '변화'든 위험한 '불안'을 초래할 수 있었기 때문에 미국은 어떤 희생을 치르더라도 '변화'를 피해야 했다. 그 즈음 9·11사건과 테러와의 전쟁 선포는 이라크 체제 변화에 대한 세계인의 관심을 증폭시킴과 동시에 어떤 면에서는 전보다는 덜 위험한 새로운 적대국들을 미국에 제공했다. 그러나 이매뉴얼 월러스틴은 그런 변화들과 관련된 또다른 문제점을 지적했다. 즉 국제적인 포커게임에서 미국이 군사력이라는 단 한 장의 카드에만 지나치게 의존하고 있다는 것이다. 미국인은 자신을 호전적인 사람으로 생각하기 싫어한다. 그럼에도 미국인이 진실로 믿는 것이 오직 군사력뿐이라면, 어찌 다른 나라 사람들이 미국인을 '평화를 사랑하는' 국민으로 봐주기를 기대할 수 있겠는가?[56]

주(註)

1. "The Problem of Landmine-History." Canadian Landmine Foundation. www. canadianlandmine.org/landmineProb_History.cfm.
2. Fehribach, Bob. "Using landmines offers no benefits to U.S. military." *Lansing State Journal.* January 14, 2003.
3. Wheat, Andrew. "Exporting Repression." *Multinational Monitor.* January 1995.
4. "Ban Landmines Campaign: International Campaign to Ban Landmines Condemns Clinton Administration Landmine Policy." Statement by International Campaign to Ban Landmines. September 1, 1996.
5. Dunne, Nancy. "Clinton to work for an end to land mines." *Financial Times.* May 17, 1996.
6. Turner, Craig. "Canada will Offer Treaty on Landmines by Next Year." *Los Angeles Times.* October 6, 1996.
7. Remarks by President Clinton on landmines, The White House. September 17, 1997.
8. Ibid.
9. Open letter to President Clinton, published in the *New York Times.* April 3, 1996.
10. Remarks by President Clinton on landmines, The White House. September 17, 1997.
11. Stewart, John S. "Survivors Protest Refusal to Sign Land-Mine Treaty." *Rocky Mountain News.* March 2, 1999.
12. Calmes, Jackie. "Land Mines Treaty Draws Skepticism." *Wall Street Journal.* August 2, 2001, p.A1.
13. "Veterans Urge Bush to Sign Land Mine Treaty." Associated Press. February 26, 2002.
14. Kellerhals, Merle D., Jr. "UN Small Arms Conference a Success, U.S. Official Says: Action plan focuses on illicit arms trafficking." August 20, 2001; http://usinfo.state.gov/ topical/pol/arms/stories/01082001.htm.
15. Peck, Don. "The Gun Trade." *Atlantic Monthly.* December 2002, Vol.290, No.5.
16. Kellerhals; and "Small Arms in Failed States: A Deadly Combination." Center for Defense Information, 1999.

17. Laurance, Ed. *Small Arms Survey 2002*. New York: Oxford University Press, September 2002, p.206.

18. Bolton, John R., Undersecretary for Arms Control and International Security Plenary Address to the UN Conference on the Illicit Trade in Small Arms and Light Weapons. New York. July 9, 2001.

19. Ibid.

20. Linzer, Dafina. "Small Arms Conference Ends in Victory for U.S." Associated Press. July 21, 2001.

21. Raum, Tom. "Arms treaty expires today; Many mourn U.S. withdrawal from 1972 ABM agreement." The Associated Press. June 13, 2002.

22. Sergeyev, Marshal. "Russian Top Brass Develops Response in Case U.S. Drops out of ABM Treaty." *Daily News Bulletin*. December 26, 2000.

23. Raum.

24. "World: Americas U.S. Senate rejects test ban treaty." BBC News. October 14, 1999; http://news.bbc.co.uk/1/hi/world/americas/474220.stm.

25. Nitze, Paul H. "A Threat Mostly to Ourselves." *New York Times*. October 28, 1999,p.31, col.2.

26. "Analysis of Voter Attitudes Toward the Comprehensive Test Ban Treaty." Pollsters Mellman Group, Inc. and Wirthlin Worldwide. June 29, 1999.

27. Deutch, John, Henry Kissinger, and Brent Scowcroft. "Test-Ban Treaty: Let's Wait Awhile." *The Washington Post*. October 6, 1999.

28. Congressional Record-106th Congress. October 13, 1999, p.S12549.

29. "Report: U.S. used nerve gas against defectors in Vietnam." Associated Press Newswires. June 8, 1998.

30. Nalder, Eric. "An aging cache of nerve gas-U.S. plan to burn huge stores of outdated chemical munitions in Oregon has its risks." *The Seattle Times*. January 17, 1991, p.A1.

31. Daschle, Thomas. "S. EXEC. RES. 75, Resolution of Approval of U.S. Ratification of the Chemical Weapons Convention." Government Press Releases by Federal Document Clearing House. April 22, 1997.

32. Ibid.

33. Edwards, Rob. "War with tears." *New Scientist*. December 16, 2000, p.4.

34. "US gives up talks on germ warfare." *Yorkshire Post*. July 26, 2001, p.12.

35. Higgins, G. Alexander. "US Rejects Anti-Germ Warfare Accord." Associated Press Online. July 25, 2001.

36. Brugger, Seth. "Chemical weapons convention chief removed at U.S. initiative." *Arms Control Today*. May 1, 2002.

37. "Toxic Diplomacy-US Unilateralism Claims Another Victim." *Guardian*. April 24, 2002,

p.17.

38. "Nothing Gained by America's Global Tantrum." *Canberra Times.* July 21, 1998, p.9.

39. Schmitt, Michael N. "Into uncharted water: The international criminal court." *Naval War College Review.* January 1, 2000.

40. Neuffer, Elizabeth A. "US to Back Out of World Court Plan Envoy: Bush Team May 'Unsign' Treaty." *Boston Globe.* March 29, 2002, p.A22.

41. Gurdon, Hugo. "The U.S. Should Unsign Kyoto." *Wall Street Journal Europe.* October 11, 2002, p.A6.

42. Meyerstein, Ariel. "Security Council Grants US 12-month Immunity from International Court." July 23, 2002; www.crimesofwar.org/print/onnews/iccimunity-print.html.

43. "U.S. Military Spending, 1945~1996." Center for Defense Information, www.cdi.org/issues/milspend.html.

44. "2001~2002 Military Almanac." Center for Defense Information. www.cdi.org/products/almanac0102.pdf.

45. Leebaert, Derek. *The Fifty Year Wound: The True Price of America's Cold War Victory.* New York: Little Brown and Co., 2002, p.251.

46. Mintz, John. "U.S. Acts to Thwart Missile Threat Against Airliners." *Washington Post.* January 15, 2003, p.A1.

47. Johnson, Chalmers. *Blowback: The Costs and Consequences of American Empire.* New York: Metropolitan Books, 2000, p.90.

48. Department of State Bureau of Verification and Compliance. "World Military Expenditures and Arms Transfers 1999~2000." October 2001; www.state.gov/r/pa/prs/ps/2003/17447.htm.

49. Stylinski, Andrezej. "Poland to Buy Lockheed Jets; U.S.-Backed Loan Aided Decision." Associated Press. December 28, 2002.

50. "Japan Tries to Rein in Runaway Cost of FSX Fighter." *Defense News.* July 24, 1995.

51. Tarnoff, Curt and Larry Nowels. "Foreign Aid: An Introductory Overview of U.S. Programs and Policy." Congressional Research Service Report. Updated April 6, 2001, p.23; and "Foreign Military Sales, Foreign Military Construction Sales and Military Assistance Facts." Defense Security Cooperation Agency Facts Book, September 26, 2002; www.dsca.osd.mil/programs/Comptroller/2001_FACTS/default.htm.

52. Ibid., p.12.

53. Ibid., p.18.

54. Bite, Vita. "UN System Funding: Congressional Issues." Congressional Research Service. Jaunuary 8, 2003, p.5.

55. Recer, Paul. "Young Americans Flunk Geography, According to National Geographic Quiz Survey." Associated Press Newswire. November 21, 2002.

56. Wallerstein, Immanuel. "The Eagle Has Crash Landed." *Foreign Policy*. July/August 2002, p.60.

7

평화로운 사람들, 끊임없는 전쟁

북한과 팽팽한 긴장관계에 있던 부시 대통령은 2002년 2월 남한의 김대중 대통령과의 회담을 끝으로 극동지역 순방을 마무리했다. 부시는 판문점에 주둔하고 있던 미군부대를 방문하여 행한 연설에서 "우리는 평화로운 국민입니다"[1]라고 힘주어 말했다.

그런데 사람들은 그의 발언에 어느 정도의 진실이 깃들어 있다는 것을 잘 모른다. 미국인은 자신을 호전적이거나 폭력적이거나 야심만만한 제국주의자로 생각하지 않는다. 미국이 치른 전쟁 중에서 미국 국민의 열광적인 지지를 받은 전쟁은 극히 드물다. 또 많은 여론조사가 개인으로서의 미국인이 해외에서 일어나는 일에 거의 관심을 보이지 않는다는 사실을 일관되게 보여주고 있다. 만일 미군의 해외 배치나 군사활동 여부를 놓고 국민투표를 실시한다면, 아마도 대다수 미국 국민이 반대표를 던질 것이다. 그런데 이처럼 미국 정부가 남한의 대북한 '햇볕정책'에 부분적으로나마 반대의사를 표시하면서 긴장이 강화되고 있는 가운데 행해진 부시의 연설은 미국이 증오하는 공산주의 정권을 붕괴시키기 위한 압박을 배가한다는 취지로 행해진 것이었다.

이런 정황은 미국의 또다른 면을 노출시켰다. 말하자면 이른바 '평화를 사랑하는 본성을 지녔다'는 국민들이 건설한 미국이라는 나라는 전쟁 속에서 탄생했을 뿐 아니라 건국 이후 끊임없이 전쟁을 준비하거나 전쟁을 치러왔다는 사실이다. 내 계산으로는 1789년 미국 헌법이 제정된 후부터 지금까지 미국이 해외에서 군사활동을 수행하지 않은 해가 거의 없는 듯하다. 이런 군사활동에 소규모 군사적 충돌이나 호위작전까지 포함시켜 미국이 수행한 전쟁 횟수를 따져보면 전면전은 25회 내지 30회, 국지전은 235회에 이를 것이 분명하다.

미국은 심지어 독립전쟁 이전부터 아메리카 원주민들과 전쟁을 벌였다. 건국 초기부터 시작하여 100년 후 서부 개척기까지 미합중국과 수많은 원주민 부족과의 갈등과 분쟁이 없었던 해는 거의 찾아보기 어렵다. 워싱턴 대통령의 최초 임무 중 하나는 노스웨스트 주(다음으로 오하이오 주와 미시건 주)에서 봉기한 인디언들을 진압하는 것이었다. 물론 그는 인디언을 철저히 진압해야 하는지를 놓고 많은 고민을 했다고 한다. 그는 "미래에는 모든 탄압이 중단되기를" 희망하면서 의회가 인디언 부족들을 배려하는 박애주의적 법규를 채택하기를 염원했다.

토머스 제퍼슨 역시 같은 문제로 고민했다. 그는 인디언들의 운명을 안타까워하면서도 한편으로는 측은지심을 억누르고 서부를 향한 영토 확장을 고무했다. 세미놀 인디언들을 플로리다 밖으로 추방한 인물로도 유명한 앤드루 잭슨 대통령은 인디언들은 "문명인과 어울려 살 수도 없고 문명세계에서 성공할 수도 없다"는 믿음을 가지고 있었을 뿐 아니라 그런 믿음에 대한 어떤 고귀한 양심의 가책도 느끼지 않았다. 슬프게도 그의 믿음이 옳았던 것으로 증명되었지만, 그 이유는 달랐다. 어쨌든 1890년을 기점으로 인디언들은 모두 살해되거나, 아니면 보호구역에 수용되었다.[2]

남북전쟁과 영국으로부터 독립하여 내부 통합을 강화하기 위해 치른 1812년 전쟁을 차치하더라도 미국은 19세기만 해도 해외의 적대국들과 적어도 두 차례 이상 전쟁을 치렀다. 미국은 이러한 적대국들과의 두 차례 전면전을 비롯한 다수의 외침과 소규모 전투 외에도 미국인의 생명과 상업활동을 보호하기 위해 세계 각국에서 간섭이나 개입을 시도해 왔다. 그중 많은 전쟁은 미국이 먼저 일으킨 것이었고, 그럴 때마다 미국의 영토는 늘어났다. 일방주의적인 태도를 결연히 견지해 온 미국은 물론 동맹국들과는 한 번도 싸움을 벌이지 않았다.

미국이 해외에서 벌인 최초의 소규모 전투는 북아프리카 바르바리 지방(옛 모로코, 알제리, 튀니지, 트리폴리 등을 포함하는 지역)의 해적들과 치른 일련의 전투였다. 당시 지중해 연안에서 장사를 하던 상인들은 지중해를 지배하던 바르바리 지방의 해적들에게 뇌물을 바쳐야 안전을 보장받을 수 있었다. 그런데 미국 상인들은 뇌물 바치기를 거부했고, 그것이 미국과 해적들의 전투로 이어졌던 것이다.

1820년대 미국의 함대들은 지중해, 태평양, 아프리카 연안, 남대서양까지 세력을 넓혀 프랭클린 제도에서 물개 따위를 사냥하는 미국인들의 권리를 지켜주거나 미국 무역상의 아편을 훔친 수마트라 섬 원주민들을 처벌하는 등 광범위한 활동을 전개하고 있었다.

그후 발생한 세 개의 사건은 특히 중요한 의미를 띠고 있었다. 1840년대 미국은 중국과 무역을 트고 상하이에 조계지를 확보하면서 중국의 시장개방을 강요했고, 미국 전도사들을 보호할 목적으로 약 1세기 동안 진행될 양쯔 강 순찰을 개시했다. 1853년 매튜 페리(Matthew Perry) 제독은 당시 위명을 떨치던 '검은 함대'를 이끌고 일본의 도쿄 만에 진입하여 "포탄세례를 동반하는 침략의 고통을 당하지 않으려면 시장을 개방하라"고 요구했다. 그후 1871년 존 로저스(John Rodgers) 제독도 한국에서 똑같은 도발을 시도했지만 페리만한 성공을 거두지는 못했다.

미국이 치른 본격적인 전쟁은 1846년 치른 멕시코와의 전쟁과 1898년에 치른 스페인과의 전쟁이었다. 멕시코와의 전쟁은 제임스 포크 미국 대통령이 미군을 멕시코 영토 깊숙이 진격시키면서 텍사스를 미국에 병합시킨 것을 계기로 발발했다. 미국은 최소한의 사상자만을 내며 승리했고, 텍사스를 비롯하여 뉴멕시코, 애리조나의 대부분, 캘리포니아를 획득했다. 스페인과의 전쟁은 쿠바 독립투사들에 대한 스페인의 잔인한 탄압과 하바나 항구에 정박 중이던 미군 전함 메인(Maine)호의 의문의 폭발을 계기로 발발했다. 전쟁이 발발하자 미군이 쿠바로 급파되었다. 미 국무장관 존 헤이(John Hay)가 "한 판의 불꽃놀이 같은 전쟁"이라고 부른 그 전쟁에서 미국은 극소수의 사상자만 내고도 푸에르토리코, 버진아일랜드, 필리핀, 괌을 점령하면서 제국의 위용을 갖추게 된다.

그런데 아이러니한 것은 필리핀을 통치하게 된 미국이 자신의 독립선언을 모델로 한 필리핀의 독립선언을 인정하지 않으면서 쿠바의 독립투사들을 탄압한 스페인 못지않게 필리핀 독립투사들을 무자비하게 탄압했다는 사실이다. 그러나 한편으로 미국에게 필리핀 점령은 윌리엄 매킨리 대통령이 말했듯이 350년간 로마가톨릭의 지배를 받아온 필리핀 사람들을 '개신교로 개종'시킬 수 있는 절호의 기회로 여겨졌다.

미국인이 볼 때 20세기 역사는 군국주의, 살인적인 파시즘, 전체주의적인 공산주의로부터 세계를 구원하기 위한 세 차례의 십자군전쟁을 앞장서서 이끈 미국 중심의 역사였다. 미국이 참전한 첫 번째 십자군전쟁은 물론 1차 대전이었다. 러시아, 프랑스, 영국, 독일 중 1차 대전에 대한 책임이 가장 큰 나라가 어디냐 하는 문제는 아직도 논쟁의 여지가 있다. 그러나 미국이 군국주의 독일의 패권주의로부터 프랑스와 영국을 비롯한 대부분의 유럽 국가들을 지키기 위해 1차 대전에 참전했다는 사실만은 의심의 여지가 없다.

1차 대전은 또한 미국의 대외정책을 근본적으로 변화시킨 계기였다. 미국이 19세기에 치른 (남북전쟁을 제외한) 전쟁들이 대개 영토를 확장하고 무역로를 보호하거나 '명예'라는 다소 모호한 관념을 지키기 위한 전쟁이었다면, 이후의 세계적인 대전에 참전한 동기는 좀더 이상적인 것이었다. 우드로 윌슨이 신봉한 장로파주의(Presbyterism)는 미국이 단순히 물리적인 이득을 얻기 위해 전쟁을 하는 것을 용인하지 않았을 것이다. 그 대신 미국은 "세계의 생명력에 내재된 평화와 정의의 원리를 수호"하여 "세계 그 자체를 자유롭게 만들어야"[3] 했다. 이 말을 부시 대통령이 했다고 주장해도 의심할 사람은 별로 없을 것이다. 이처럼 이상주의는 미국의 대외정책에 끊임없이 영향을 미쳐왔다.

윌슨의 이상주의는 자신이 애착을 가졌던 국제연맹에 가입하기 위해 상원과 벌인 투쟁에서 패배한 결정적인 이유였다. 이를 두고 사람들은 흔히 "미국이 결국 스스로 부인하고 말 어떤 계획이나 제도를 고안하여 그것을 세계에 팔아먹었다"고 말했다. 윌리엄 보러(William Borah)나 헨리 캐봇 로지(Henry Cabot Lodge) 같은 상원의원들은 훗날 고립주의자라는 역사적인 평가를 받으면서 경멸받는 인물의 대명사로 전락하기도 했다. 그러나 그들은 고립주의자가 아니었으며, 로지는 오히려 제국주의의 열렬한 지지자였다. 이 책 2장에서 한 설명에 비추어보자면, 그들은 오히려 미국의 주권을 선망하고, 미국의 우월한 미덕을 확신하며, 다른 나라들의 동기나 신뢰성을 의심하는 일방주의자들이었다. 그들은 미국이 언제나 오로지 미국의 뜻대로 걸어가는 것이 훨씬 낫다고 믿었다.

미국의 대외정책을 변화시킨 또 하나의 결정적인 전쟁은 2차 대전이었다. 미국이 진정한 악의 제국들로부터 세계를 구했다는 것은 분명하다. 또 미국에게 이 전쟁은 자유와 정의를 수호하고 모든 전쟁을 종식시키기 위한 전쟁이기도 했다. 그래서 미국은 적국으로부터 무조건 항복을 받아내는 것을 목적으로 삼았고, 그런 항복을 받아내기 위해서라면 다소 과격한 무력도 사용할 수 있다고 스스로를 합리화했다. 그리하여 군사적 · 기술적 · 경제적으로 세계를 지배하는 강대국이 된 미국은 윌슨의 이상주의를 부정하기 않기로 결정하고, 과거에는 한 번도 한 적이 없던 일들을 하기 시작했다. 미국은 다른 나라들과의 장기간의 협상을 감수하면서도 미국의 행동에 자유를 부여할 수단이 될 유엔, IMF, 세계은행을 비롯하여 숱한 국제기구들의 창설을 주도하고, 또 그 기구들에 실제로 참여했다. 물론 미국은 이 모든 기구들의 최고 회원국 지위를 누리면서 유력한 거부권을 행사했지만, 그렇게 창설된 기구 자체만으로도 미국의 대외정책관이 눈에 띄게 발전했다는 것을 확연히 알 수 있다.

모든 나라가 자국의 이익을 추구한다는 것은 자명하다. 문제는 이익을 어떻게 규정하느냐에 있다. 히틀러는 세계를 정복하고 유대인을 말살시키는 것이 독일의 이익이라고 규정했다. 미국만의 자유와 행복을 일방적으로 추구하는 데 오랫동안 집중해 왔던 미국은 전세계의 경제적 조건을 향상시키고, 전쟁으로 폐허가 된 나라들을 재건하며, 세계적인 법치주의와 그에 상응하는 절차에 기초한 '국가들의 공동체'를 설립하는 것이 미국의 이익이라고 규정하기 시작했다. 그 결과 미국은 '국가들의 공동체'의 여론에 기초한 세계질서와 미국의 이익이 동일선상에 있다고 보았다. 그처럼 다원주의적인 태도를 취하던 미국은 심지어 원자력 에너지를 신생 유엔의 통제에 맡기자는 제안을 하기도 했다. 아마도 역사적으로 국력을 스스로 약화시키는 일에 그처럼 적극적으로 나선 지배적인 강대국은 미국이 처음이었을 것이다. 그러 나 미국은 그런 경험을 충분히 하기도 전에 세 번째 십자군전쟁에 휘 말리고 말았다.

냉전

한때 1,500만 명에 달하던 미군 병사와 군무원들이 1945년 2차 대 전이 끝난 지 채 1년도 지나지 않아 150만 명으로 급감했고, 그만큼 긴 장도 감소했어야 했다. 전쟁은 승리로 끝났고, 이제 "병사들은 집으로 돌아갈" 때였다. 그런 상황에서 아무도 미국을 제국으로 만들 계획을 갖고 있지 않았다. 그러나 냉전은 모든 것을 변화시켰다.

진정한 전쟁은 1946년 초부터 시작되었다. 그 해 2월 9일 요시프 스탈린은 "서구 제국주의자들과 평화를 사랑하는 사회주의 국가 국민 들이 협력하는 것은 불가능하다"고 선언했다. 그 해 2월 22일 미국의 외교관 조지 케넌(george Kennan)은 모스크바 주재 미국 대사관에서 유 명한 장문의 전보를 워싱턴으로 보내왔다. 그 전보에 따르면, 모스크바 의 지도자들은 미국과 더 이상 평화적인 관계를 유지할 수 없다는 견해 를 가지고 있으며, 소련 정권의 안전을 지키기 위해 미국의 국제적 권 위가 실추되어야 할 필요가 있다고 본다는 것이었다. 동시에 케넌은 소 련 사람들이 그리 일관된 성격은 아니지만, 그렇다고 해서 쉽사리 모험 을 감행하지도 않을 것이라고 강조했다. 같은 해 3월 5일 윈스턴 처칠 은 미주리 주 풀턴에서 다음 같은 유명한 연설을 했다.

발트 해의 스테틴에서 아드리아 해의 트리에스테에 걸쳐 유럽 대륙을 가로지르는 철의 장막이 쳐졌습니다.

같은 해 2월 21일 영국 대사는 "영국은 이미 힘을 상실했기 때문에 공산주의 폭도들과 악전고투를 벌이고 있는 그리스와 터키 정부를 더 이상 지원할 수도 없고, 중동에 파견된 수많은 영국군을 더 이상 유지할 수도 없을 것"이라는 말을 미국 정부에 전달했다. 이것이 결정적인 계기로 작용했다.

이제 트루먼 행정부는 중대한 판단을 내려야 했다. 미국이 과연 영국의 보호국이 될 수 있는가? 그리고 세계를 이끌어갈 광범위한 책임을 질 수 있는가? 트루먼은 3월 12일 하원 합동회의에서 이 문제에 대한 답변을 제시했다.

지금 이 순간 세계의 거의 모든 국가들은 새로운 삶의 방식을 선택해야 할 역사적인 기로 앞에 서 있습니다……. 우리는 다수의 의지에 따라 우리의 나아갈 길을 선택해야 합니다. 그 길은 자유로운 제도, 대의정부, 자유로운 선거, 개인의 자유 보장, 언론과 종교의 자유, 그리고 정치적 억압으로부터의 자유를 특징으로 합니다. 또다른 길은 다수의 의지를 억누르고자 하는 소수자들의 의지에 따르는 길입니다. 그 길은 폭력과 억압을 특징으로 합니다……. 나는 미국이 폭력으로 무장한 소수자들이나 외부의 압력에 굴복하려는 유혹에 저항하는 국민의 자유를 수호하는 정책을 선택해야 한다고 믿습니다……. 우리가 만일 여기서 머뭇거린다면 세계 평화를 위험에 빠뜨릴 것이고, 이 나라마저 전쟁의 위험으로 몰아넣을 것이 분명합니다.[4]

조지 부시만큼 저런 연설을 잘할 사람도 없을 것이다. 하여간, 곧이어 미국은 북대서양조약기구를 결성하자는 마셜플랜을 전격 제안했다. 소련이 최초로 원자폭탄 실험에 성공하자 미국은 수소폭탄 개발을 모색하기 시작했다. 아울러 1949년 미국은 지금까지 유지될 대대적인 군사력 강화작업에 착수했다.

트루먼이 구상한 정책은 선제공격이나 예방전쟁이 아닌 "나쁜 동기는 반드시 그 본색을 드러내고 만다"[5]는 매디슨 대통령의 논리에 근거한 봉쇄정책이었다. 그러나 그 정책은 단순한 봉쇄를 능가하는 훨씬 거대한 규모의 정책으로 변모되면서 장기간 지속되었다. 그리하여 미국은 국가적인 최우선 과제를 소련과 중국을 비롯한 전세계의 공산세력을 철저히 봉쇄하고 근절한다는 과잉목적에 복종시켰다.

'국가안보주의'[6]라는 새로운 복음은 신구 대외정책을 멋들어지게 종합한 새로운 독트린으로 미국을 인도했다. 봉쇄정책은 미국인의 기질과 떼려야 뗄 수 없는 '우리 편이 아니면 적'이라는 초애국주의적인 감정을 부추기면서 가장 신성한 가치인 '자유'가 공격받고 있다는 위기의식을 미국인들에게 불어넣었다. 그것은 또한 2차 대전 후 잠시 수그러들었던 미국의 고질적인 일방주의에 다시 생명력을 부여하기 시작했다. 미국은 아직은 다른 나라들과의 약속을 지키면서 '다각적인 동맹관계'를 맺어가고 있었지만, 그것은 언제나 미국의 행동의 자유를 확보하기 위한 방편에 불과했다.

봉쇄정책은 또한 미국이 스페인과의 전쟁에서 획득한 제국주의라는 진취적인 상표의 정당성과 합리적 근거가 되어주었다. 또 봉쇄정책은 광범위한 기반 조성의 필요성에 근거를 제공함으로써 분쟁을 감소시켰을 뿐 아니라 많은 나라들을 미국의 피보호국으로 만들었다. 나아가 봉쇄정책은 자유로운 국제주의적 가치들을 환기하고 그런 가치들을 무기로 활용함으로써 윌슨주의를 현실화했다. 그리고 봉쇄정책은 최종적으로 식민주의 및 공산주의 제국들에 반대하고 시장개방을 추진함으로써 상권을 넓히고자 하는 영토 확장주의자들의 목적에 봉사했다.

토니 스미스(Tony Smith)는 "미국의 패권은 반(反)제국주의적인 제국주의의 형태를 띠고 있다"[7]고 말하기도 했다. 제임스 워버그(James Warburg)는 그것을 외향적인 고립주의라고 부르면서 "세계가 미국의 연장지(延長地)가 되기만 한다면 우리는 기꺼이 세계시민이 될 의사가 있다"[8]고 말했다.

미국에게 냉전은 물질적인 이득이나 정복에 대한 희망 없이 최선의 의도만 가지고 사악하고 거대한 악에 대항하여 수행하는 숭고한 십자군전쟁이어야 했다. 미국이 다시 그때와 똑같은 결단을 내려야 할 상황에 부딪힌다면, 내가 판단하기로는, 우리는 분명 서슴없이 똑같은 선택을 할 것이다. 그러나 우리는 그때와 다른 수단과 방법을 모색할 수도 있을 것이다. 우리는 오늘날 우리의 무지와 편집증, 그리고 군사력과 권력에 대한 지나친 믿음에서 비롯된 심각한 오판의 대가를 치르고 있는 중이다. 이런 오판의 대가는 냉전의 역사가 아닌, 한국전쟁을 비롯하여 미국이 저지른 일련의 간섭과 개입으로 나타났다. 왜냐하면 그것들은 미국의 입장에서는 자유와 정의의 이름으로 치른 희생이었다 해도 외국의 입장에서 보면 흔히 미국의 두려움과 불신이 초래한 희생이었기 때문이다.

한국전쟁

냉전이 초래한 첫 번째 무력충돌은 한국전쟁이었다. 소련으로부터 훈련을 받고 소련의 무기를 공급받은 북한군이 1950년 6월 남한을 침공하면서 한국전쟁이 발발했다. 부분적으로는 미국의 극동방어선에서 한국을 제외한다는 성명서를 발표한 미국의 행동이 그런 기습적인 남침을 유도했을 수도 있었다. 그러나 전쟁이 발발하자 트루먼은 "미국의 성명은 특히 소련이 다른 지역을 위협할 경우에 취소될 수 있는 성질의 것"이라고 대담하게 발표했다. 미군은 북한군의 남진을 저지하기 위해 필사적으로 싸웠다. 이러한 미군의 노력은 북한군의 배후를 빠르고 신속하게 공격하는 유명한 인천 상륙작전으로 나타났다. 그 해 9월 미군은 남한 전역을 수복했을 뿐 아니라 북한의 수도 평양을 비롯하여 압록강연안까지 북진했다. 북한군은 곧 괴멸되거나 해산될 것처럼 보였다. 이 당시 미군의 사상자 수는 사망 3,614명, 실종, 4,269명, 부상 16,289명에 달했다.[9]

북한의 패배가 확연해지자, 중국은 북한군의 최후 방어선이던 압록강만은 미국이 넘보지 말 것을 경고했다. 사실 미국은 압록강까지 북진할 필요가 없었다. 공산세력은 이미 봉쇄되었고, 연합군이 이미 한국을 효과적으로 장악하고 있었다. 그러나 연합군 사령관 더글러스 맥아더 장군은 완전한 승리를 확신했을 뿐 아니라 중국의 공산정권을 당시 타이완으로 도피해 있던 장제스(蔣介石)의 국민당 정권으로 교체할 필요가 있다고 믿었다. 그는 미군에게 한국을 접수하라는 명령을 내렸고, 트루먼도 미 제7함대에 중국 본토와 대만을 가르는 대만 해협으로 출동하라는 명령을 내렸다. 그에 따라 미국은 몰락한 장제스 정권을 대신하여 중국내전에 개입하는 셈이 되어버렸다.

중국과 전쟁을 하리라고는 전혀 예상치 못했던 맥아더는 대만을 방문하여 중국 본토 진출을 위한 확실한 거점을 확보하고자 노력하고 있던 장제스에게 협조를 구했다. 맥아더는 또한 미군이 주도하는 연합군에게 압록강으로 진격하라는 명령을 내렸다. 바로 그 시점에서 중국 군의 공격이 시작되었다. 3년 후 미군 주도 연합군은 총 5만 4,246명의 전사자와 10만 3,234명의 부상자[10]를 내면서 남한으로 후퇴하여 언제 깨질지 모르는 휴전협정을 맺고 지금까지도 미군과 남한군이 순찰을 돌고 있는 비무장지대를 설치했다.

우리의 적에 대한 무지와 공산주의에 대한 편집증은 전쟁을 계속하게 되더라도, 그리하여 미국의 현실적인 입지를 약화시킬 사상자들이 늘어나더라도, 기꺼이 무력에 의지하겠다는 우리의 의지와 맞물려 있었다. 그런 노력에는 부산물이 따랐고, 우리는 지금까지 그 부산물의 효과를 느끼고 있다.

중국의 공산주의자들은 중국이 미국의 주요 적국이 될 것이라고는 미처 예상하지 못했다. 중일전쟁 기간 동안 그들은 미국 고위관리들과 우호적인 교섭을 개시했고, 실제로 장제스의 군대보다는 일본군과 더 심한 격전을 치렀다. 일본이 패전한 뒤 이어진 중국내전에서 장제스를 지지한 미국에게 중국 공산주의자들이 배신감을 느낀 것은 자연스러운 일이었다. 더구나 그들은 심지어 영국을 비롯하여 대부분의 나라가 베이징의 공산정권을 인정했음에도 장제스 군대의 패잔병들이 대만에 세운 중국 정부만을 계속해서 인정하는 미국에게 분노를 느꼈다.

그러나 중국은 미국과 일전을 벌일 의사는 없었다. 중국의 공산주의자들과 소련의 공산주의자들 사이에는 중요한 차이가 있었던 것이다. 존 서비스(John Service)나 존 패턴 데이비스(John Patton Davies) 같은 미국의 외교관들은 이런 차이를 워싱턴과 미국의 언론에 설명하기 위해 애썼지만, 그런 노력들은 당시 미국을 휘감고 있던 공산주의 히스테리와 곧이어 불어닥친 매카시즘의 광풍에 흔적도 없이 사라져버렸다. 압록강 진격론은 미국으로 하여금 한동안 중국내전에 개입할 수밖

에 없도록 만듦과 동시에 성마르고 의심 많고 호전적인 태도를 갖게 만
들었다.

1970년대가 되어서야 닉슨 대통령과 국가안보 담당 보좌관 헨리
키신저가 중국과의 관계 개선에 나설 수 있었고, 소련도 중국에 문호를
개방할 수 있게 되었다. 이후 미중관계를 지배한 잠정협정에도 불구하
고, 양국 간에는 해묵은 적대관계를 주기적으로 환기시키며 긴장관계
를 조성하는 깊은 의심의 원천들이 해소되지 않고 있었다. 그런 원천들
은 어떻게든 해소되어야 했다.

교전을 잠시 중단한다는 휴전협정은 이승만 독재권력의 강화에 이
바지했다. 이승만은 미국이 남한을 신탁통치하면서 뒤를 봐준 인물이
었다. 특히 아이러니하게도 이승만 정권은 과거 일제에 부역한 인물들
을 대거 중용했다. 비록 그런 등용이 차후 억압적인 공산주의로부터 남
한을 구했다 할지라도, 미국은 너무 빨리 원하는 바를 드러낸 셈이었
다. 하지만 미국은 미숙하고 혼란한 민주주의가 배출한 독재자들에게
의존함으로써 다시 한 번 냉전의 시대임을 환기시킬 수 있었을 것이다.
1960년 이승만 정권은 민주정권을 수립하려는 한국인들에 의해 전복되
었지만, 미국이 박정희의 집권을 지지함으로써 한국인들의 시도는 무
위로 돌아갔다.

그후 1979년 미국은 전두환의 쿠데타를 고무(encourage)했을 뿐
아니라 실제로 전두환이 1980년 광주에서 발생한 학생시위 진압에 (공
식적으로는 미군의 명령을 받는) 한국군 20사단을 투입하는 것을 허락했
다. 진압과정에서 광주민주화운동에 참가한 수백 명의 민간인이 학살
당하는 이른바 '광주 대학살' 사건이 발생했다. 이후 한국인들은 이 사
건을 되돌아볼 때마다 미국을 떠올리게 되었다. 또 전두환은 오랫동안
민주화운동에 투신했던 김대중을 체포하여 북한에 협력했다는 죄목으

로 사형을 선고했다. 레이건 행정부는 김대중에 대한 사형선고를 다른 형벌로 대체하라고 전두환을 설득했다. 미국은 수천 명의 한국인 유학생들을 환영하고 미국 시장과 기술을 한국에 개방하면서 한국의 경제발전을 지원했다.

1980년대 말 한국의 민주화운동가들은 결국 민주정부 수립을 향한 발걸음을 내딛을 수 있게 되었고, 미국에 망명해 있던 김대중은 귀국하여 마침내 대통령이 되기에 이른다. 김대중은 북한과의 점진적인 관계 개선을 도모하고, 북한 통치자의 철권통치를 완화하여 경제적 결합체를 완성할 목표로 '햇볕정책'을 처음으로 제안했다.

그러자 미국인들은 남한 사람들이 지금까지 미국이 남한에 베푼 은혜를 고마워하지 않는다고 느끼며 남한 사람들에게 과거를 상기시키려 했다. 그들은 또한 1994년 클린턴 행정부가 북한의 핵무기 개발을 저지하기 위해 북한과 '기본협상(Agreed Framework)'을 추진하기 시작했다는 사실을 주지시키고자 했다. 미국은 협상을 통해서 플루토늄을 생산할 수 있는, 북한이 건설 중인 원자력발전소의 원자로를 동일한 양의 전력을 공급할 수 있는 (플루토늄을 생산할 수 없는) 경수로로 교체하고자 했다. 미국은 또한 일정량의 연료용 석유를 공급하고, 한반도에서 핵무기를 사용하지 않겠다는 약속을 받아내며, 무역개방과 일정한 형태의 외교관계 수립을 추진하고자 했다. 이에 북한은 오랜 반목관계를 개선함과 동시에 핵확산 금지조약(NPT) 회원국으로 남아 국제원자력기구(IAEA)의 핵사찰에도 응하겠다고 약속했다.

그러나 미국은 모든 점에서 곤란한 입장에 처해 있었다. 미국은 석유 공급을 약속했으나 그것은 예정에 없던 일이었고, 북한 주민들이 기근에서 벗어날 수 있을 만큼의 충분한 식량을 지원했지만 외교관계나 경제관계를 트지는 않았다. 약속한 경수로 원자로도 언제 북한에 공급할 수 있을지 모르는 상황이었다. 북한이 이런 문제점을 알아차리고 위기의식을 느낀다면 체제 붕괴로 이어지거나, 기아 난민들이 무더기로 남한으로 흘러들거나, 더 나쁘게는 남한에 대한 절망적인 도발을 감행할 수도 있었다. 그래서 김대중은 북한에 경제원조를 하기 시작했던 것이다.

2001년 부시 행정부가 들어서면서 미국의 정책은 북한과의 우호관계를 모색하는 방향에서 북한의 체제 붕괴를 추진하는 방향으로 선회했다. 그러자 북한도 곧 기본협상을 부정하고 핵무기 개발을 재개했다. 그런 소식들은 어떤 이들이 보기에는 미국 정부의 강경입장에 정당성을 부여하는 것처럼 보였을 것이다. 그러나 군사적 보복은 고려할 가치조차 없는 일이었다. 서울이 큰 화재만으로도 쉽게 폐허가 될 정도로 취약했기 때문이다. 그러는 한편 미국은 클린턴 - 김대중 시절의 정책기조로 복귀하라는 여론의 압력을 받으면서 갈수록 핸디캡이 늘어났다. 급기야 강력한 반미감정이 남한에서 확산되면서 한미주둔군지위협정의 개정을 공약으로 내건 대통령이 당선되기에 이른다.

본래 북한의 공격으로부터 남한을 지키기 위하여 주한미군이 한국에 주둔하고 있다고 믿는 일부 미국인들은 이런 반미감정에 대응하여 주한미군의 철수를 주장했다. 그러나 그들은 미 국무장관 윌리엄 코언이 1997년 4월 발표한 성명을 통해서 "비록 한국이 통일된다 하더라도 미국은 한반도에 미군을 계속 주둔시킬 것"[11]이라고 밝혔다는 사실을 기억해야 할 것이다. 사실 미군은 한국을 보호하기 위해서뿐 아니라 미국이 노리는 목적을 위해서도 한국에 주둔하고 있다. 대부분의 미국인이 이 사실을 모를지라도 한국인들은 이 사실을 잘 알고 있다.

미국의 개입: 인도네시아에서 이라크까지

한국전쟁이 끝난 후 미국에 불만이 많은, 세계 곳곳의 권위주의 정권들을 민주선거를 통해 새로운 정권으로 바꾸기 위한 미국의 일련의 개입이 장기간 지속되었다. 1953년 CIA는 이란의 수상 모하메드 모사데크(Mohammed Mossadegh)를 축출하고 팔레비(Shah Reza Pahlevi)를 복권시키는 데 핵심적인 역할을 했다. 1954년 과테말라에서는 30년간 유혈정치를 자행해 온 우파 독재정권을 무너뜨리고 민주선거를 통해 대통령에 당선된 하코보 아르벤스(Jacobo Arbenz) 정부가 출범했다. 그러나 당시 과테말라의 대기업 치키타 바나나 사는 아르벤스 정부를 좌파정권으로 간주하며 불만을 품고 있었다. 미국은 이런 치키타 바나나 사의 불평을 받아들여 지원공작을 펼친 끝에 아르벤스 정부를 전복시켰다.

1955년 미국은 남베트남의 지도자 고 딘 디엠(Ngo Dinh Diem)에게 프랑스-인도차이나 전쟁을 종결짓고 남북 베트남의 통일을 위해 총선을 요구한 협정을 무시하도록 부추겼다. 왜냐하면 디엠이 북베트남의 지도자 호치민에게 패하리라는 것을 잘 알고 있었기 때문이다. 따라서 미국은 어떤 선거도 달가워하지 않았다. 남베트남이 공산화되면 동남아시아 전체가 자동적으로 공산화될 것이라는 도미노 이론이 나온 것도 바로 그때였다. 도미노 이론은 당시 워싱턴에서는 성경과 다름없었다. 그 이론을 그처럼 신봉한 이유는 정확히 설명하기 어렵지만, 그 이론이 미국의 정책을 북베트남과의 전쟁으로 유도한 것은 분명하다. 사실 미국은 "부담을 지는 만큼 보상이 따른다"는 판단에 따라 전쟁의 명분을 만드는 데 골몰했다.

미국인들은 북베트남의 '공격'대상이 바로 파괴자 매덕스(Maddox)

였다는 사실을 지금은 알고 있다. 매덕스는 최소한의 피해를 전제로 무력행동을 승인하는 미 의회결의안 초안을 마련하는 데 이바지했으며, 본격적인 전쟁도 그의 발포로부터 시작되었다. 그렇게 우리가 아는 슬픈 역사가 시작되었던 것이다.

1973년 9월 11일(칠레에서도 9월 11일은 기억할 만한 날이다) 미국은 민주선거를 통해서 당선된 칠레의 살바도르 아옌데(Salvador Allende) 좌파정부에 대한 쿠데타를 촉발시키면서 아우구스토 피노체트(Augusto Pinochet)의 군사독재정권에게 칠레를 맡겼다. 피노체트 독재정권 치하에서 수천 명이 숙청되거나 행방불명되었는데, 세계는 그 당시의 칠레가 얼마나 충격적인 야만의 시대를 경험해야 했는지를 한참 후에야 알게 되었다.

자이르, 인도네시아, 도미니카공화국, 레바논, 그리스, 필리핀, 대만, 태국, 아프가니스탄에 이르기까지 미국은 세계 곳곳에서 독재정권을 세우거나 소생시키기 위해 결정적인 지원을 하기도 했다. 물론 여기에서 그 모든 사례를 구체적으로 살펴볼 수는 없지만, 그중에서도 이 책에서 특히 많이 언급하고 있는 네 나라, 즉 인도네시아, 이란, 아프가니스탄, 이라크의 경우를 살펴보기로 하자.

인도네시아

인도네시아는 세계에서 네 번째로 인구가 많은 나라이자 최대의 이슬람 국가다. 인도네시아는 테러와의 전쟁이 선포되면서 발리 섬에서 발생한 일련의 테러사건으로 뉴스에 자주 등장하고 있다. 인도네시아는 과거 1950년대부터 1960년대 초반까지 중국에 의해 공산화될 가능성이 있기 때문에 보호할 필요가 있다며 미국이 우려 섞인 관심을 보인 덕분에 뉴스에 자주 등장한 바 있다. 당시 인도네시아의 화교들은 소수민족으로 차별당하고 있었고 중국도 거의 자급자족이 가능했던 상황이었기 때문에, 인도네시아에 살고 있는 중국인들을 누군가 두려워했다면 그 사람이 이상하게 보일 정도였다.

그런데도 미국 정부는 인도네시아의 공산화를 두려워했다. 왜냐하면 네덜란드와의 치열한 독립전쟁을 승리로 이끈 인도네시아의 지도자 수카르노(Sukarno)가 반(反)자본주의 정책을 채택했기 때문이다. 수카르노는 자본주의를 네덜란드인이 인도네시아의 모든 것을 독차지하고 인도네시아인은 자기 나라인데도 아무것도 갖지 못하게 만드는 체제로 간주하면서, 마니교도들 같은 미국과 소련에 반대하는 비동맹노선을 취하면서 사회주의를 지향했다.

이런 상황 전개는 워싱턴을 두려움에 떨게 만들었다. 1958년 CIA는 인도네시아 정부에 반감을 가진 인도네시아인과 용병들을 모집하여 필리핀에서 훈련시킨 뒤 인도네시아로 침투시켰다. 인도네시아에 침투한 반군들은 침투한 지 얼마 지나지 않아 현 정부에 반감을 품고 있던 현지 군 지휘관들을 규합하여 반군 정부를 세웠다.[12] 그러나 이러한 초반 기선 제압은 결국 실패로 돌아갔고, 수카르노는 입지를 더욱 강화하면서 스스로 종신대통령 직에 올랐다. 그는 또 미국인의 재산을 압류하여 국유화하고 유엔에서도 탈퇴했을 뿐 아니라 인도네시아에 파견 나온 미국 국제개발처(USAID) 직원들을 공격한 국내의 폭도들을 진압하지도 않고 묵인했다.

그후 1965년에 발생한 은밀하고 어두운 사건 하나가 게임의 전체 판도를 바꾸어버렸다. 공산주의자들과 끈이 닿아 있는 것으로 의심되는 일단의 인도네시아 공군이 부대를 이탈하여 군 고위간부의 저택을 공습, 6명의 군 장성을 살해하고 라디오 방송국을 장악하여 CIA의 손아귀에서 나라를 구하겠다고 선포했다.

구사일생으로 살아난 인도네시아군 병참전략 지휘관 수하르토 (Suharto) 장군은 반란군의 저항의지를 꺾기 위한 반격을 주도했다. 당시 인도네시아 주재 미국 대사 마셜 그린(Marshall Green)은 "인도네시아군 내부에는 우리의 친구들이 많다"[13]고 설명했다. 이런 친구들 중에는 수하르토도 포함되어 있었다. 인도네시아 주재 미국 대사관의 한 직원은 수하르토에게 인도네시아군 내부 반대세력의 명단을 제공하여 군부 개편을 지원하기도 했다.[14]

뒤이어진 피의 숙청을 통해서 20만 내지 50만 명이 살해되는 참극이 벌어졌다. 인도네시아는 국유화했던 미국인의 재산을 신속히 반환하고 미국 은행을 유치했다. 그러자 미국은 인도네시아에 투입할 2억 달러의 차관을 준비해 달라고 세계은행에 촉구했다.[15] 그후 32년 동안 수하르토는 연고주의에 입각한 엄격한 군법을 유지하면서 국내의 모든 잠재적인 적들을 제거해 나갔다. 인도네시아군 장교의 자녀들은 미국의 군사학교에서 반정부세력을 통제·관리하는 방법을 배워왔다. 수하르토의 부인과 아들딸들은 인도네시아의 대기업을 소유함으로써 막대한 부를 축적했고, 최고가 부동산도 독차지했다.

네덜란드는 인도네시아에 어떤 제도도 남기지 않았고, 수하르토는 군대를 제외한 어떤 제도도 도입하지 않았다. 미국은 인도네시아 병사들을 훈련시켰지만 법치주의나 민주주의 같은 개념들은 거의 가르치지 않았다. 1975년 인도네시아를 방문한 포드 대통령과 키신저는 수하르토에게 당시 포르투갈로부터 갓 독립한 동티모르를 침략해도 좋다는 암시를 주었다. 수하르토는 당연하다는 듯 일주일 후 군대를 움직였다. 이 당시 반대의 목소리를 낼 수 있는 유일한 제도기관은 모스크였다. 당시 점점 늘어나던 아랍 오일달러의 지원을 받고 있던 이슬람 원리주의자들이 세력을 확대하기 시작했기 때문이다.

1997년 태국을 강타한 금융위기가 인도네시아에도 들이닥쳤다. 위기도 심각했지만, 미국이 주도한 IMF의 처방은 더욱 심각했다. IMF는 긴급 구제금융을 조건으로 인도네시아에 식량보조금 지급 중단과 환율 안정을 위한 금리 인상을 요구했다. IMF는 또 인도네시아의 많은 은행들을 통폐합하라는 지시를 내렸다. 그런 처방들은 인도네시아 경제의 증상과는 전혀 맞지 않았다. 모든 사람이 앞다투어 루피아화를 팔기 시작하면서 금리가 치솟았고, 통화가치는 급락했으며, 인구의 20% 이상이 하룻밤 사이에 빈곤층으로 전락해 버렸다.

그와 동시에 워싱턴은 수하르토를 불편하게 여기기 시작했는데, 그것은 특히 수하르토의 군대가 동티모르에 대한 무단통치를 중단하지 않았기 때문이다. 수그러들 줄 모르는 인도네시아군의 만행을 진압하기 위해 결국 유엔이 나서서 오스트레일리아와 뉴질랜드에 파병을 요청했다. 수하르토는 워싱턴과 미국 민주당 지도부의 묵인하에 1998년 끝내 권좌에서 축출되고, 인도네시아는 선거를 통해서 시민 행정부를 구성하고 민주주의를 향한 길을 걷기 시작했다. 인도네시아 군대에 재미를 보지 못한 미국은 1998년 인도네시아군에 대한 훈련과 밀월관계를 청산했다. 그러나 새로이 민주주의가 발전하면서 인도네시아에서는 이슬람 정당들이 득세를 했고, 인도네시아 정부는 국내 질서를 확립하기 위해 힘겨운 노력을 하고 있었다.

한편 이런 상황에서 9·11테러가 발생하자 미국의 몇몇 고위관리들이 과거처럼 인도네시아 군대를 훈련시키고 지원하는 관계를 재개해야 한다고 강력히 주장하고 나섰다. 그 즈음 인도네시아를 여행하고 있던 나는 어느 날 밤 인도네시아 주재 미국 대사를 비롯하여 30여 명의 인도네시아 정계, 학계, 언론계 지도자들과 저녁식사를 같이 한 적이 있다. 나는 그들이 미국 대사에게 군사적인 밀월관계를 재개하지 말아

달라고 간청하는 모습을 보고 특별한 인상을 받았다. 그들은 "우리는 군대가 아니라 도시의 시장들, 경찰들, 법관들, 교사들을 훈련시켜 주기를 바라고 있습니다"라고 역설했다. 그들은 또한 미국에게 인도네시아가 진정 필요로 하는 것이 무엇인지 심사숙고해 달라고 부탁했다.

그러나 몇 달 지나지 않아 다시금 일부 군사관계가 재개되었다. 당시 내가 워싱턴에서 만난 인도네시아의 한 고위관리는 미국이 인도네시아를 테러리즘이라는 프리즘을 통해서만 바라보고 있다며 절망감을 감추지 못했다. 그는 "미국 정부는 우리가 돈세탁을 중단하기를 원합니다. 하지만 세금도 거둬들이지 못하는 상황에서 우리에게 돈세탁말고 달리 뾰족한 수가 있겠습니까?"라고 토로했다.

그리고 서너 달 뒤 인도네시아 발리 섬의 한 나이트클럽에서 폭탄 테러가 발생하여 수백 명의 관광객이 사망했다. 그 사건은 인도네시아가 테러리즘을 이용하여 또다른 요구사항을 관철하려고 한다는 인상을 주었다. 그러나 인도네시아인들은 아직은 행동을 주저하고 있었다. 많은 인도네시아인들은 폭탄 테러를 이슬람 과격파들에게 타격을 가하도록 메가와티 수카르노푸트리(Megawati Sukarnoputri) 대통령을 설득하려는 CIA의 공작이라고 믿고 있었다. 메가와티가 총수로 있는 정당의 한 국회의원은 "경찰은 행동대원이 누구인지는 밝혀낼 수 있겠지만, 배후조종 세력은 밝혀내지 못할 것이다. 그러나 나는 이 사건에 CIA가 연루되어 있을 것이라고 생각한다"[16]고 말하기도 했다. 이런 견해는 외국의 어느 정보기관이 "인도네시아의 이미지를 특정하게" 조작할 목적으로 테러를 공작했을 것이라고 말하는 또다른 주요 지도자들의 견해와 비슷하게 들렸다. 물론 이런 견해가 미국인들에게는 터무니없는 말로 들렸겠지만, CIA와 미국의 공작을 이미 경험한 바 있는 인도네시아인들의 입장을 고려한다면, 과연 누가 그들에게 돌을 던질 수 있겠는가.

이란

모하메드 모사데크는 1951년 민족전위운동(National Front)으로 알려진 정치운동을 이끌었다. 열렬한 민족주의자인 그는 2차 대전 후 북이란 지역에서 소련인들을 추방하는 데 중요한 역할을 담당했다. 그후 의회의 석유산업위원회 위원장이 된 그는 "영국-이란 석유회사는 수익금 중 50%를 이란 정부에 로열티로 지급해야 한다"고 제안했다. 이런 제안은 세계 굴지의 석유회사들이 사우디아라비아 정부나 베네수엘라 정부와 체결한 협정을 선례로 하고 있었지만, 요구액은 훨씬 더 많았다. 영국 정부가 지분의 반을 소유한, 그리고 액슨 사 및 모바일 사와 배타적인 마케팅 협상을 체결하고 있던 영국-이란 석유회사는 그의 제안을 거절했다. 그들은 중동석유를 독점 공급해 온 만큼 이란인들을 협상을 통해서 설득할 필요성을 느끼지 못했다. 그러자 모사데크는 영국-이란 석유회사를 국유화하도록 의회를 설득했고, 그런 노력은 이란 국민들의 열화 같은 지지를 얻게 되었다. 그러나 대규모 석유회사들은 사태를 진정시킬 수 있는 어떤 조치가 나오기 전까지 이란산 석유를 구입하거나 거래하지 않겠다는 의사를 이란 정부에 통보했다.

약 2년 동안 모사데크는 이란산 석유 판매실적을 전혀 올리지 못했다. 이란의 경제는 침체되기 시작했고, 심지어 그 동안 석유의 독점적인 지배에 반대한다는 입장을 고수해 온 미국 정부마저 원조를 중단하겠다며 이란을 압박했다. 더 이상 석유를 판매하지 못하면 재정이 바닥날 지경에 처한 이란은 소련에게 도움을 요청하기 시작했다.

미국이 역사적으로 영국 제국주의에 맞서 싸운 이란 민족주의자들과의 관계 설정을 타진했을지도 모르지만, 그로 인해 이란에서 공산주의 세력이 득세할 수도 있다는 미국의 두려움은 다른 가능성들마저 압도해 버렸다. 그에 따라 CIA는 테헤란에서 쿠데타와 대중봉기를 조장하여 팔레비를 다시 왕좌에 앉혔다.

그는 왕좌에 오르자마자 그의 재집권을 돕기 위해 워싱턴이 제공한 긴급원조금 4,500만 달러를 두말 않고 받았다.[17] 또 그는 CIA와 모사드(Mossad)가 설립과 훈련을 지원한 이란의 비밀경찰 조직 사바크(SAVAK)를 60년간 운영할 수 있는 8억 5,000만 달러의 자금도 따로 받아 챙겼다.[18]

팔레비는 이런 미국의 친절에 대한 보답으로 1971년 테헤란에서 개최된 OPEC회의에서 최초로 OPEC 회원국들이 석유가격을 올리는 데 결정적인 역할을 수행했다. 그에 따라 OPEC는 더 이상 석유생산량을 늘리지 않는다는 조건으로 1973년에서 1974년까지 유가를 4배나 올리기로 합의했다. 이렇게 되자 석유는 돌연 전략상품으로 부상하기 시작했다. 또 워싱턴은 페르시아 만에서 서서히 발을 빼온 영국을 대신하여 그 지역의 안정을 유지하기 위한 책임을 져야 할 상황에 처하게 되었다.

그 지역에 대규모 군대를 파견·배치하고 싶지 않았던 미국은 그 지역에서 그래도 강력한 힘을 발휘할 수 있는 오랜 친구이자 이젠 석유부자인 팔레비에게 눈을 돌렸다. 팔레비는 미국의 뜻을 쌍수를 들고 환영하면서 (지금의 달러로 환산해서) 800억 달러에 육박하는 미국산 군수품 구입비를 요구했다.[19] 그것은 참으로 대담한 흥정으로 보였다. 즉 팔레비는 걸프 만에서 미국의 대변자가 되고, 미국은 무기를 팔아먹을 수 있게 된 것이다. CIA는 이런 말을 덧붙였다.

이란으로부터의 석유 공급이 지속적으로 증가함에 따라 불확실한 세계에서 어떤 확실성이 나타나기 시작했다.[20]

그러나 이런 안이한 분위기에 젖어 있던 CIA가 깨달아야 했던 (그
럼에도 CIA의 성격상 깨닫지 못했던) 것은 팔레비의 압제가 강화되고 팔레
비를 지원하는 미국인에 대한 이슬람교도들의 원성이 커져가면서 이란
에서 폭동의 분위기가 팽배하고 있었다는 사실이었다. 결국 1979년 아
야톨라 호메이니(Ayatollah Khomeini)는 강력한 반란을 일으켜 팔레비
정권을 무너뜨렸다. 그는 미국인을 대악마(Great Satan)라 부르며 국외
로 추방하고 미국 대사관을 점령하여 직원들을 억류했고, 알라신의 이
름으로 이슬람 공화국을 수립했다.

이렇게 되자 미국은 당시 악화 일로에 있던 이스라엘-팔레스타인
분쟁에 더하여 페르시아 만의 새로운 불안요소로 등장한 이란의 이슬
람 급진주의와 반미 성향을 우려할 수밖에 없었다. 여기에서는 이 정도
만 해두고, 다만 그 다음해인 1980년 이라크의 독재자 사담 후세인이
샤트 알아랍 수로를 건너 이란의 유전지대를 공격하기 시작했을 때, 미
국이 그 공격을 마치 신의 내린 선물처럼 반가워했다는 사실만 밝혀두
기로 한다.

아프가니스탄

미국이 아프가니스탄에 처음 관심을 보이기 시작한 것은 1979년
12월 27일 밤이었다. 그날 밤 소련의 기갑부대와 십만 명의 병사를 실
은 군용 트럭들이 당시 제자리를 잡지 못하고 흔들리고 있던 아프가니
스탄 공산 괴뢰정권의 기초를 확립하기 위하여 아프가니스탄으로 굉음
을 울리며 밀려들었던 것이다.

이란에서 팔레비 정권이 무너지고 호메이니 정권이 등장하는 상황
에서 소련이 감행한 아프가니스탄 침공을 워싱턴은 사막을 휩쓴 재앙
의 행진으로 이해하기보다는 미국의 이익에 대한 중대한 위협으로 해

석했다. 아프가니스탄을 점령한 소련군은 진로를 서쪽으로 돌려 폭이 채 50킬로미터도 안 되는 페르시아 만의 호르무즈 해협을 향해 진군하기 시작했다. 거대한 유조선이 한 번에 한 대씩밖에 통과하지 못할 만큼 협소한 그 해협은 미국, 유럽, 일본으로 가는 석유의 60%가 통과해야 하는 요충지였다.

지미 카터 대통령은 미국 전역에 방영되는 텔레비전 연설을 통해서 소련의 아프가니스탄 침공을 2차 대전 이후 최대의 위기로 규정했다. 그가 왜 그런 말을 했는지 이유는 분명치 않다. 왜냐하면 소련이 진심으로 유조선들이 그 해협을 통과하지 못하게 막고 싶었다면 유조선을 격침시킬 수 있는 잠수함을 파견하면 간단한 일이었기 때문이다. 그러나 그 점은 전혀 고려되지 않은 채 긴급사태를 논의하기 위한 회의라든지 고위급 국제회담 같은 것이 열리고 있었다.

그런 일련의 회의를 통해서 미국은 사태를 훨씬 더 위험한 상황으로 몰고 갈 소지가 있는, 소련군을 집적 상대하는 방법밖에 없다는 결론을 내렸다. 다행히도 문제는 훨씬 쉽게 해결되었다. 험준한 산악지형과 용맹한 국민들이 지켜온 아프가니스탄은 과거 알렉산더 대왕의 군대부터 빅토리아 여왕의 영국 군대에 이르기까지 침략군들의 무덤이었다. 결코 외세에 정복된 적이 없는 아프가니스탄 사람들은 과거 다른 나라에게 그랬던 것처럼 소련군을 더 이상 반기지 않았다. 그들은 괭이를 비롯하여 19세기 영국제 엔필드 권총 등 무기가 될 만한 것은 모두 이용하여 유격전을 벌이기 시작했다. 그들의 사기는 충천했고, 소련군의 기세는 약화되기 시작했다.

워싱턴은 그런 유격전을 보면서 무언가 쉽사리 규정할 수 없는 어떤 문제를 느꼈다. 물론 유격전은 사기 진작에는 도움이 되는 듯했다. 아프가니스탄 사람들을 움직이는 힘은 그들의 강력한 반외세 의식과 더불어 이슬람교 신앙이 바탕을 이루고 있었다. 이슬람교도들은 신을 믿지 않는 소련 공산주의자들을 부정하거나 경멸하기까지 했다. 워싱턴은 파키스탄에 협조를 구하면서 이슬람 무자헤딘과 함께 반소전선을 구축하기 위한 노력을 배가했다. 미국은 1980년부터 총기류를 시작으로 개인용 지대공 미사일, 대전차총 등 50억 달러에 달하는 무기를 구입하여 아프가니스탄 국민들에게 보급했다.[21] 미국은 또 수천 권의 군사교본과 그림이 첨부된 무기 사용설명서를 찍어 소련과 싸우고 있던 호전적인 이슬람 학생들에게 배포하는 한편, 아프가니스탄 국민들과 함께 싸우고 신앙을 수호하겠다면서 사우디아라비아를 비롯한 여러 이슬람 국가에서 모여든 이슬람 전사들을 위해 파키스탄에 훈련소를 설립했다. 오사마 빈 라덴을 배출한 것도 바로 이 훈련소였다. 사우디 정부도 워싱턴의 금융지원 요청에 응하여 무자헤딘 전사들이 자금 부족에 시달리지 않도록 배려했다.

아프가니스탄은 소련군에게는 거대한 유혈의 현장으로 변해갔다. 소련군은 10년 후 소련 자체 붕괴의 서막이 오르기 시작한 1989년 2월 완전히 철수했다. 워싱턴의 백악관과 버지니아 주 랭글리의 CIA 본부에서는 샴페인이 터졌다. 아프가니스탄 전쟁은 불필요한 전쟁이었지만, 거대한 술책의 성공을 가져다주었던 것이다.

그러나 샴페인은 너무 빨리 터졌다. 승리는 한편으로 파키스탄의 공개적인 지지와 미국의 암묵적인 지지를 등에 업고 아프가니스탄 국민들에게 중세와 다름없는 억압을 가하기 시작한 탈레반 정권의 수립으로 이어졌다. 다른 한편으로 승리는 아랍의 이슬람 전사들에게 두 개의 초강대국 중 하나를 이기는 데 신성한 공헌을 했다는 확신을 가져다주었다. 신이 그들 편에 서 있는 한 그들에게 불가능한 일은 없었고, 이젠 또다른 초강대국마저 이길 수 있다는 자신감을 갖게 되었다.

2년 후인 1991년 걸프전이 발발하면서 3만 명의 미군이 사우디아라비아에 주둔하게 되었고, 그중 많은 부대가 사우디아라비아의 수도 리야드 남쪽 위대한 술탄 왕자의 성지에 주둔했다. 수많은 이슬람교도들이 신성한 땅으로 추앙하는 그곳에 미군들이 항구적으로 주둔할 것처럼 보이자, 이슬람 전사들 사이에서는 격렬한 분노가 일기 시작했다. 오사마 빈 라덴은 비록 부유한 사우디 명문가의 후손이었지만, 미국에 아부하는 사우디 왕가와 사우디 정부를 이슬람 세계를 정화하고 유구한 이슬람 문화의 영광을 회복하는 데 걸림돌이 되는 타락한 장애물로 간주했다. 반면에 미국은 모하메드가 태어난 나라에 이교도들인 미군을 상징적으로 주둔시킴으로써 사우디 정부의 버팀목이자 방패임을 과시하고자 했다. 빈 라덴은 두 번째 대악마인 미국이라는 초강대국도 마땅히 물리쳐야 한다고 결심했고, 신도 그의 편에 서줄 것이라 믿었을 것이다. 그렇게 탄생한 알 카에다는 9·11테러를 통해 역사의 한 페이지를 장식했다.

이라크

사담 후세인의 고약한 성질은 1980년에도 이미 잘 알려져 있었다. 미 국무부는 1979년 이라크를 테러리즘 후원국 리스트에 포함시켰다. 1980년 늦은 여름 이라크의 쿠르드(Kurd)족 5,000명이 어딘가로 끌려가 다시는 돌아오지 않았다. 런던의 〈인디펜던트〉지는 그들이 독가스나 화학무기의 실험대상으로 모두 사망했을 것이라고 보도했다.[22] 이 사건은 1970년대 중반부터 이라크가 화학무기를 비축해 왔다고 보고한 미 국방부 정보국 문서와도 일맥상통하는 것이었다.[23]

그러나 미국은 크게 우려하지 않았다. 죽은 사람들은 단지 서로 전쟁을 벌이던 쿠르드족과 이란의 이슬람교 광신도들뿐이었기 때문이다.

더구나 전쟁 역시 금방 끝날 것이 분명했다. 당시 이란의 무기는 대부분 팔레비 정권 시절 미국에서 구입한 것들이어서 부품 부족으로 거의 무용지물이었기 때문이다.

그러나 이란인들은 부족한 무기를 인해전술로 대신하여 1982년 이란에서 이라크군을 몰아내고 이라크 영토마저 압박해 들어갔다. 분노한 신의 군대는 이제 사담을 뒤흔들 만큼 위협적인 공세를 펼치며 이라크의 유전지대까지 점령해 버렸다. 그때 레이건 대통령은 미국 첩보위성이 촬영한 사진들을 포함한 군사첩보들과 전쟁에 패하지 않을 만큼의 충분한 무기를 이라크에 제공하도록 미국 국방부와 CIA에 지시했다. 미국은 당시 테러집단들에 대한 이라크인들의 지원이 줄어들지 않고 있다는 국무부의 보고에도 불구하고 이라크에 대한 군사지원을 정당화하기 위해 이라크를 테러리즘 후원국 리스트에서 삭제했다.[24] 1983년 11월 조지 슐츠(George Shultz) 미 국무장관은 이라크 군대가 거의 매일이다시피 화학무기를 사용하고 있다는 것도 알고 있었다.[25]

그럼에도 12월 19일 미국 정부는 이라크와 외교관계를 재개할 의사가 있다는 뜻을 사담에게 전달하기 위하여 도널드 럼즈펠드 특사를 바그다드로 파견했다. 럼즈펠드는 이란과의 전쟁에 도움을 제공할 수 있다는 이스라엘 수상 이차크 샤미르(Yitzhak Shamir)의 메시지도 전달했다.[26] 몇 달 후 미국은 바그다드에 대사관을 다시 개설하고, 이라크가 수행하고 있던 전쟁을 다방면으로 지원하기 위해 CIA 요원과 미군 장교들을 파견했다. 심지어 미국은 1986년 5월 탄저균 두 봉지를 보툴리누스박테리아 두 봉지와 함께 이라크 고등교육부로 보내기도 했다.[27] 그와 동시에 미국 정보기관들은 이라크가 탄도미사일 개발을 추진하고 있다는 첩보를 입수했다. 그러나 이 첩보는 미사일 개발을 추진 중인 이라크의 연구소에서 사용될 미국산 컴퓨터의 이라크 수출을 막지 못했다.

　1988년 1월과 2월 사이에 미국 통상부는 이라크가 스커드 미사일 개발에 사용할 장비의 이라크 수출을 승인했다. 3월에는 이라크가 미국이 공급한 벨 헬리콥터들을 이용하여 쿠르드족이 모여 있던 할랍자(Halabja) 계곡에 치명적인 화학무기를 살포했고, 그로 인해 약 5,000명이 목숨을 잃었다.[28] 그 해 여름 이라크가 화학무기를 사용하고 있다는 보고가 늘어나자 슐츠 미 국무장관은 확실한 증거를 찾을 수 없다고 발뺌했다. 또 리처드 머피(Richard Murphy) 미 국가안보 담당 보좌관은 이렇게 쓰고 있었다.

　미국-이라크의 관계는 우리의 정치적·경제적 장기 목표들을 달성하기 위해…… 중요하다. 우리는 경제제재 조치가 이라크인들에게 아무런 영향을 미치지 못할 뿐 아니라 역효과마저 낳을 수 있다고 믿는다.[29]

　그 해 9월 미 상원은 이라크가 미국의 차관이나 군사 및 비군사적 원조를 받기 어렵게 만드는, 이른바 1988년 집단학살 방지법(the Prevention of Genocide Act of 1988)을 만장일치로 통과시켰다. 상원은 또 이라크 석유의 수입을 불법화했다. 그러나 레이건 행정부는 하원에서 다수결로 그 법안을 부결시키는 데 성공했다.[30] 1989년 3월 윌리엄 웹스터(William Webster) CIA 국장은 의회에 출석하여 이라크가 세계 최대의 화학무기 생산국이긴 하지만,[31] 이런 사실이 이중용도(dual-use)로 쓰일 장비들의 이라크 수출을 위한 허가증 발부를 막지는 못할 것이라고 진술했다.

　1990년 6월 부시 행정부는 화학무기와 핵무기 개발에 관계하고 있는 것으로 알려진 이라크 연구소에 50억 달러에 달하는 첨단기술 장비를 판매할 수 있다고 허가했다.[32] 그것은 같은 달 사담이 쿠웨이트와 전쟁을 벌이기로 결심하게 만든 결정적인 계기로 작용했다. 그러나 사담은 그런 결정을 내리기 전부터 이미 미국이 어떤 반응을 보일지 알기 위해 노력하고 있었다. 6월 25일 사담은 에이프릴 글래스피(April Glaspie) 이라크 주재 미국 대사를 만난 후 확신을 얻었다. 글래스피 대사가 사담에게 부시 대통령은 "좀더 우호적이고 깊은 관계를 원하고 있으며, 또 미국은 서로 국경을 맞대고 갈등하는 당신의 나라와 쿠웨이트처럼 아랍국가와 아랍국가 간의 분쟁에는 일체 간섭하지 않을 것이다"[33]라는 말을 했던 것이다. 그후 8월 1일 미국이 이라크에 70만 달러 상당의 유무선 통신장비를 판매한 것으로 드러났다.[34] 다음날인 8월 2일 이라크군은 국경을 넘어 쿠웨이트로 폭풍처럼 질주해 들어갔다.

그런데 미국이 돌연 태도를 바꾸어 사담을 히틀러 취급하면서 유엔의 후원하에 연합군을 조직하여 이른바 '사막의 폭풍'이라는 군사작전을 구사하면서 이라크 군대의 쿠웨이트 진군을 저지하고 나섰을 때 사담이 얼마나 놀랐을까. 그럼에도 사담은 1992년 2월 27일 연합군이 이라크군 괴멸작전을 중단한 것은 분명히 부시 대통령의 명령 때문이라고 생각했을 것이다. 상상력을 좀더 동원해 보자면, 사담은 그 전에 연합군에게 선동당한 북부의 쿠르드족과 남부의 시아파가 반란을 일으키려는 낌새를 미국의 무장 헬리콥터들이 감지해 냈듯이, 미국과 연합군도 미국이 공급한 헬리콥터를 자신이 사용하는 것을 결코 저지하지 않을 것이라고 생각했을 것이다.

여기에서 미국과 연합군은 다시 한 번 야비한 배신을 했다. 그들은 이라크 정권이 붕괴되면 그 지역에서 이란의 영향력이 강화될 것이라는 데 두려움을 느꼈고, 아직은 사담이 호메이니 정권을 막는 방패 역할을 해주기를 원했기 때문이다. 바로 그 덕분에 사담은 살아남을 수 있었다. 또 수천 명의 미군이 주둔하게 된 위대한 술탄 왕자의 성지에 세워진 미 공군기지와 관제시설도 살아남았다. 그곳은 미국 정부가 사우디아라비아에 처음으로 세운 대규모 외국인 거주지였다. 이러한 미군의 주둔은 오사마 빈 라덴을 격분하게 만들었다. 그는 지금까지도 망령처럼 우리를 괴롭히는 9·11테러로 우리에게 복수했으며, 또 우리는 앞으로도 그런 망령에 계속 시달릴 것이다.

걸프전이 일단락되면서 채택된 유엔 결의안 687조는 사담에게 이라크의 핵무기 개발 시설과 화학 및 생물학 무기들을 파괴하고, 그 실행 여부에 대한 외부 사찰단의 실사작업을 수락하도록 명시하고 있었다. 유엔은 쿠르드족과 시아파를 보호하기 위한 뒤늦은 노력의 일환으로 이라크 북부와 남부에 비행금지 구역을 설정함으로써 사찰체계를 완성했다. 그러나 사찰단은 모든 해체대상 무기를 발견하여 해체하는 데 결코 완전한 성공을 거두지 못했다. 그러자 유엔은 철저히 비협조적인 이라크인의 태도에 대응하여 이라크에 대한 경제제재 조치를 단행했다.

그러나 경제제재 조치는 더 많은 무기를 파괴하기는커녕 숱한 이라크인을 가난의 굴레에 빠뜨리고 말았다. 또 사찰활동은 갈수록 이라크인의 방해활동을 증가시면서 더 많은 미국 첩보요원의 개입을 초래했다. 이라크인의 방해활동은 미국의 첩보활동을 위한 합리적인 이유만 제공하고 말았던 것이다. 미국은 때때로 이라크인이 무기를 은닉한 것으로 의심되는 곳에 크루즈 미사일을 일방적으로 발사하곤 했다. 그러던 사찰단이 1998년 어느 날 이라크에서 전원 철수해 버렸다. 그후 4년 동안 사찰단은 이라크를 비워두고 있었다.

9·11테러가 발생하자 미국은 사담이 만일 테러집단들과 제휴하여 이라크가 알 카에다에 대량살상 무기를 넘겨줄 경우 그 동안의 봉쇄

정책이 더 이상 효과를 발휘하지 못할 것이라는 점에 관심을 갖기 시작했다. 전 부시 행정부로부터 많은 것을 물려받은 신부시 행정부는 사담을 향해 재빨리 스포트라이트를 돌리면서, 과거 탈레반 정권을 무너뜨려 아프가니스탄의 체제를 변화시켰듯이 이라크에도 그런 체제 변화가 필수적이라는 데 초점을 모았다.

부시 행정부의 주장에 따르면, 사담은 과거 여러 가지 잘못을 저질렀지만 그중에서도 이란인에게 화학무기를 사용했을 뿐 아니라 심지어 자신의 국민들에게도 독가스를 사용했기 때문에 마땅히 제거되어야 한다는 것이었다. 그처럼 사악한 인물은 부시 대통령 휘하 최고의 안보담당 관리들에 의해 제거될 것이 분명해 보였다. 그들은 심지어 사담을 제거하기 위해서라면 의회의 지지를 받을 필요가 없다고까지 호언장담했다. 1983년 미국이 사담을 위해 더 많은 일을 할 기회를 달라고 사담에게 간청하던 도널드 럼즈펠드도 국방장관이 된 지금에 와서는 되도록이면 빨리 이 권력자를 제거하기 위해 미국이 즉각적이고 일방적인 공격을 해야 한다고 촉구하고 나섰다. 그는 이라크에 대한 유엔 사찰 결의안과 1991년 합의한 교전 중단 협정을 이라크가 위반했다고 주장하면서 그것을 공격의 근거로 내세웠다.

부시 행정부는 그렇게 위기를 침소봉대하면서 선제공격이 필요하다고 주장했다. 국내적으로 비등하는 반대여론과 세계적으로 거세지는 반전운동에 부딪힌 부시 행정부는 유엔 헌장 제1조에 명시된 결의안 1441항을 채택하자는 안건을 유엔 안보리에 제기하고 만장일치의 결의안 채택을 이끌어냈다. 이 결의안은 사담에게 대량살상 무기의 보유내역과 장소에 관한 완벽한 정보를 제시할 것을 요구하고, 이 정보들을 새로이 구성된 유엔 사찰단의 실사작업에 이용할 수 있음을 명시하고 있었다.

세계의 반대여론은 그만큼 많은 사람의 관심을 반영하고 있었다. 고삐 풀린 미국의 힘에 대한 세계인의 두려움이 팽배하고 있는 가운데 미국 내에서도 유엔의 외곽지원 없이 미국 단독으로 치르는 전쟁은 자제해야 한다는 여론이 비등했다. 미국 안팎의 많은 관측자들은 부시 행정부가 주장하는 것보다는 이라크를 덜 위협적으로 느끼고 있었다. 이라크가 핵무기나 탄도미사일을 보유하고 있지 않았고, 알 카에다와 연결되어 있다는 증거도 매우 희박했기 때문이다. 더구나 이라크를 침공하는 것은 문제를 해결하기보다는 더 많은 문제를 야기할 것이고, 그 지역은 물론 넓게는 이슬람 세계 전체의 불안을 가중시킬 뿐 아니라, 소기의 목적을 달성하는 데도 많은 시간과 비용을 투입해야 할 것이기 때문이다.

특히 아랍권 국가와 이슬람 국가들은 미국이 취하는 태도를 서구가 흔히 제시하는 이중잣대의 전형이라고 믿음과 동시에, 이스라엘-팔레스타인 문제와 이라크 문제를 뒤바꿔 생각하는 서구의 고질적인 버릇을 대변하는 것으로 믿었다. 미국은 이라크가 유엔 결의안을 무시하는 것은 용납하지 않으면서 이스라엘이 결의안을 무시하는 것은 왜 흔쾌히 용납하는가? 미국이 이라크를 공격하기 전에 아랍권 국가와 이슬람 국가들이 한 말에 따르면 "미국을 비롯한 연합국은 정말 결정적인 문제인 이스라엘-팔레스타인 문제부터 해결하기 위해 노력해야 할 것이며, 혹여 이라크 공격이 필수적이라 하더라도, 이스라엘이 요르단 강 서안지역 및 가자 지구를 점령하면서 몰래 이슬람교도들을 공격했듯이, 이슬람 세계가 모르게 이라크를 공격해야 한다"는 것이다.[35] 이런 분위기에 직면하여 결의안 1441항은 실행에 옮겨지는 과정에서 험악한 논쟁을 불러일으켰다.

그런데 이런 논쟁이 낳은 최초의 결과는 유엔 안보리에서 사담에게 최후통첩을 보내자고 주장한 콜린 파월에 대한 이라크 전 국민의 불만을 희석시켜 버렸다. 프랑스와 독일을 위시해 많은 나라가 최후통첩 대신 사찰을 강화하는 방향의 계획을 지지하고 발전시켰기 때문이다. 그러나 미국은 이런 노력을 거부했다. 유엔 안보리를 통한 타협에 실패한 미 행정부는 결국 독자적으로 전쟁을 벌이기로 결정했고, 그럼으로써 미국과 전세계의 반목은 확연해졌다.

여기에서 한마디 덧붙이자면, 미국이 20여 년 동안 발을 들여놓지 못한 채 두려워한 이란의 호메이니 정권이 인터넷과 록 음악을 즐기며 자유를 요구하는 이슬람 공화국 젊은이들 앞에서 갈피를 못 잡고 머뭇거리고 있다는 것이다. 베트남이 그랬듯, 이란 사람들도 미국의 군대와 무기에서 멀어질수록 더 미국을 좋아하게 될 것이다.

주(註)

1. Kornblut, Anne E. "In Seoul, Bush Tries to Assuage Those Wary of His Intent on North Korea." *Boston Globe*. February 20, 2002.
2. Turner, Frederick Jackson. *The Frontier in American History*. New York: Henry Holt, 1921.
3. Wilson, Woodrow. *War Messages*, 65th Congress, 1st Session, Senate Document No.5, Serial No.7264, Washington, DC, 1917; p.3~8, *passim*.
4. McDougall, Walter. *Promised Land, Crusader State: The American Encounter with the World Since 1776*. New York: Houghton Mifflin Co., 1997, p.163; and Thomas G. Patterson and Dennis Merrill, *Major Problems in American Foreign Relations*. New York: Houghton Mifflin Co., 1999, p.267~300.
5. McDougall, 169.
6. Yergin, Daniel. *Shattered Peace: The Origins of the Cold War*. New York: Houghton Mifflin Co., 1977, p.196~200.
7. McDougall, p.168; and Tony Smith, *America's Mission: The United States and the Worldwide Struggle for Democracy in the Twentieth Century*, Princeton: Princeton University Press, 1994, p.143.
8. McDougall, p.164; and James P. Warburg, *Faith, Purpose, and Power: A Plea for a Positive Policy*. New York: Farrar, Straus and Co., 1950.
9. Kwitny, Jonathan. *Endless Enemies: The Making of an Unfriendly World*. New York: St. Martin's Press, 1984, p.273.
10. Ibid.
11. Mannion, Jim. "No reduction in US forces in Asia even if Korea reunites: Cohen." Agence France Press. April 6, 1997.
12. Kwitney, p.278~283.
13. Leebaert, Derek. *The Fifty Year Wound: The True Price of America's Cold War Victory*. New York: Little Brown and Co., 2002, p.329.
14. Ibid., p.328~329.

15. Ibid., p.330.

16. Sipress, Alan. "Indonesians Begin to See Conspiracy as Home Grown." *Washington Post.* January 14, 2003, p.A14.

17. Leebaert, p.158.

18. Kwitny, p.158.

19. Leebaert, p.407.

20. Ibid, p.408, Note 67.

21. Ibid, p.484.

22. Fisk, Robert. "Did Saddam's Army Test Poison Gas on Missing 5000?" *Independent.* December 13, 2002, p.15.

23. *Financial Times.* February 23, 1983, cited in Mark Pythian's *Arming Iraq: How the US & Britain Secretly Built Saddam's War Machine.* Boston: Northeastern University Press, 1997.

24. Dobbs, Michael. "U.S. Had Key Role in Iraq Buildup." *Washington Post.* December 30, 2002, p.A1; *Financial Times* article February 23, 1983, cited in Pythian's (see previous note); and Bruce W. Jentleson, *With Friends Like These: Reagan, Bush, and Saddam, 1982~1990.* New York: W. W. Norton, 1994, p.52.

25. Dobbs, p.A1.

26. Windrem, Robert. "Rumsfeld Key Player in Iraq Policy Shift." NBC News. August 18, 2002; www.msnbc.com.

27. Mackay, Neil, and Felicity Arbuthnot. "How Did Iraq Get Its Weapons: We Sold Them." *Sunday Herald.* September 8, 2001, p.1.

28. Auerbach, Stuart. "$1.5 Billion in U.S. Sales to Iraq: Technology Products Approved up to Day Before Invasion." *Washington Post.* March 11, 1991, p.A1; and Henery Weinstein and William C. Rempel. "Iraq Arms: Big Help from U.S. Technology was Sold with Approval—and Encouragement—from the Commerce Department but Often over Defense Officials' Objections." *Los Angeles Times.* February 13, 1991, p.1.

29. Dobbs, p.A1.

30. Jentleson.

31. Senate Committee on Foreign Relations Hearings, 101st Congress, 1st Session, March 1, 1989, p.27~45.

32. Committee on Government Operations, House, "Strengthening Export Licensing System." July 2, 1991, Paragraph 10.

33. Dobbs, p.A1.

34. Auerbach.

35. "MUI Asks Indonesian Moslems to Pray for Iraqi People," LKBN Antara, February 11, 2003; and "Iran Judiciary Chief Says Stoning No Longer Handed Down," Agence France Presse, February 4, 2003.

8

꼬리가 몸통을 흔들다: 두 개의 이야기

　이 장에서 다룰 주제는 정치적으로 매우 민감하다. 그래서 나는 이 글을 쓰기 오래 전부터 망설여왔다. 그러나 이스라엘과 대만이 지닌 중요성은 미국의 대외정책은 물론이려니와 미국에 대한 외국의 인식과도 불가분의 관계를 맺고 있다. 이스라엘과 대만 양국은 각기 620만 명과 2,200만 명이라는 적은 인구를 가지고 있지만, 나는 이스라엘, 대만, 종교, 로비라는 네 개의 말로 미국과 세계 사이에 존재하는 차이들을 거의 다 설명할 수 있으리라 느껴왔다.

이스라엘

　사실 이스라엘이라는 나라 및 이스라엘과 팔레스타인의 기나긴 분쟁에 대해서만큼 미국과 다른 모든 나라가 커다란 이견을 보이는 주제는 없다. 다시 말해서 이 주제야말로 미국과 다른 나라들이 서로를 이질적으로 느끼게 만드는 가장 커다란 주제인 것이다. 이러한 견해차는 아리엘 샤론(Ariel Sharon) 이스라엘 수상이 2002년 봄부터 여름 사이에 눈에 띄게 증가한 팔레스타인 사람들의 자살 폭탄 공격에 대한 보복조치로 이스라엘 군대에 가자 지구와 요르단 강 서안지역을 공격하라는 명령을 내리면서 더욱 확연해졌다. 그 조치의 파괴력은 국제적인 소동을 초래했다.

그러나 이스라엘 수상은 이스라엘군을 철수시키라는 세계 각국의 거듭된 요구를 무시했다. 그런 상황에서 부시는 샤론을 아예 '평화의 인간'이라고 부르며 그를 계속 지지할 것이라고 말했다. 6월 24일 부시는 "팔레스타인도 최종적으로는 이스라엘과 나란히 하나의 국가를 건국해야 하지만, 그러기 위해서 팔레스타인 사람들은 테러 공격을 중단하고 '테러에 영합하는' 야시르 아라파트(Yasir Arafat) 같은 현 지도자들이 아닌 새로운 지도자들을 뽑기 위해 선거를 실시해야 한다"는 입에 발린 연설을 했다. 그의 연설은 비록 이스라엘 군대의 철수에 관해서 건성으로 언급하고 있었지만, '팔레스타인 사람들이 평화 정착을 위해 미국의 도움을 바란다면 그에 합당한 의무를 감당해야 한다'는 사실만은 분명히 밝히고 있었다.

미국의 의회 지도자들도 부시 대통령의 연설에 수긍했다. 리처드 게파트(Richard Gephardt) 민주당 지도자는 "우리는 이스라엘과 함께할 것이다"라고 말했고, 미치 매코널(Mitch McConnell) 공화당 상원의원은 팔레스타인해방기구(PLO)를 테러집단으로 규정하는 법을 만들자고 주장하기도 했다. 특히 부시 대통령이 연설 도중 연단에 놓여 있던 성경을 펼쳐들고 "내가 너희 앞에 삶과 죽음을 꺼내 보이니, 너희는 삶을 택할지니라"라는 구절을 인용한 것은 눈여겨볼 대목이다.

부시가 성경을 인용한 것은 이스라엘과 팔레스타인이 구약성경 혹은 토라(이른바 '모세 5경')에 나오는 신이 약속한 땅에 강력한 기반을 두고 있다고 인식하는 대다수 미국인의 생각을 반영하는 것이었다. 기독교도와 유대교도들을 포함하여 미국인들은 이스라엘 사람들을 적어도 현재의 이스라엘 영토와 어쩌면 성경에 등장하는 그 밖의 지역에 대한 역사적인 권리를 지닌 민족으로, 즉 신이 약속한 땅의 상속인으로 생각하는 경향이 있다.

미국인들은 또한 이스라엘을 많은 점에서 미국과 닮은 나라로 이해하고 있다. 다시 말해서 양국은 이주민들이 세운 나라, 압제를 피할 수 있는 안식처, 진취적인 개척자들의 사회, 정의를 위해서라면 기꺼이 싸울 수 있는 강인하고 용감한 나라, (중동지역에서 유일한) 법치주의에 입각한 민주주의 국가, 이국적인 사막의 한가운데서 솟는 서구식 소비문화의 오아시스라는 유사성을 갖고 있다는 것이다. 또 이스라엘에는 많은 미국인이 살고 있으며, 특히 이스라엘을 미국의 51번째 주라고 여길 만큼 양국의 결속은 돈독하다.

미국 언론에 의해 널리 보도된 팔레스타인 테러리스트들의 이스라엘 공격은, 부시의 연설이 보여주듯, 세계무역센터와 펜타곤을 공격한 알 카에다와 즉각 동일시되면서 그들의 존재 자체가 위협으로 해석되고 있다. CNN은 예닌에서 벌어진 이스라엘과 팔레스타인의 전투를 보도하고, 팔레스타인에 너무 우호적인 태도를 보였다는 비난을 시인하고, 역사상 처음으로 사과방송을 내보낸 바 있다.[1] 미국 언론계는 CNN의 이런 방송태도에 대한 이스라엘인들의 비판을 민감하게 받아들였다. 그러면서 미국 언론계는 팔레스타인 사람들에 대한 이스라엘 군대의 공격에는 주목하지 않은 채 이스라엘의 팔레스타인 공격을 이스라엘의 정당방위로 간단히 각색해 버렸다. 그 결과 이스라엘의 전쟁은 곧 미국의 전쟁으로 보였다.

다른 나라들의 견해는 매우 달랐다. 대부분의 나라가 미국 언론계를 비난했고, 팔레스타인의 이스라엘 테러 공격과 알 카에다가 연관이 있다고 보는 나라도 극소수에 불과했다. 유럽의 일부 관측자들은 팔레스타인 지역에 대한 이스라엘의 압박이 지속될 경우 극히 위험하고 다양한 형태의 테러가 다수 발생할 것이라고 우려했다. 예루살렘의 루터파 기독교 감독목사는 이스라엘의 보복공격에 대해서 다음과 같은 의견을 피력했다.

> 이것은 테러리즘에 대한 전쟁으로 보이지 않습니다. 이것은 팔레스타인 사람들의 희망과 미래에 대한 전쟁으로 보입니다.[2]

그는 이어서 이스라엘은 미국 무기를 사용하고 있으며, 미국과 이스라엘의 돈독한 결속력은 이따금 미국이 이 전쟁을 지지한다는 인상을 준다는 의견을 덧붙였다.

전세계 많은 사람들도 이런 견해에 동감하고 있었다. 나는 이스라엘이 보복공격에 나설 당시 아시아를 여행하고 있었다. 일본, 싱가포르, 말레이시아, 인도네시아의 텔레비전 방송들은 일방적으로 이스라엘을 지지하는 듯한 CNN 방송을 그대로 내보내고 있었다. 그러나 미국이 공급한 헬리콥터와 다른 무기들로 팔레스타인 민간인들을 공격하는 장면과 이스라엘 군대를 철수시키라는 부시의 요청을 샤론이 물리치는 장면은, 부시가 샤론을 '평화의 인간'으로 특화했을 때와 마찬가지로 전세계에 깊은 반미감정을 심어주고 있었다.

샤론이 역사적으로 팔레스타인 사람들에 대하여 폭력대응을 주로 한 이스라엘에서 가장 과격한 강경론자들 중 한 명인 동시에 평화와는 정반대의 발언만 해대는 인물이라는 것은 이미 널리 알려진 사실이었다. 말레이시아의 인기작가 다토 모하메드 자하르 빈 하산(Dato' Mohamed Jawhar bin Hassan)은 "부시는 어떻게 저런 인간을 평화의 인간라고 부를 수 있는가? 나처럼 미국에 우호적인 이슬람교도들도 이젠 팔레스타인에 대한 이스라엘의 압박을 모른 체하는 미국을 나쁘게 생각하기 시작했다"고 말했다.

〈이코노미스트〉는 "미국의 일간지들은 팔레스타인 사람들의 집을 불도저로 밀어버리는 이스라엘군에 대한 기사를 싣지 않으며, 미국은 갈수록 이스라엘을 위해 무기를 제작하는 나라로서의 책임을 스스로 떠맡고 있다는 사실을 깨닫지 못하고 있다"[3)]고 논평했다. 아시아의 어디서든 나와 대화를 나눈 사람들은 우선 미국의 이중잣대부터 성토하고 나왔다.

"미국이 대량살상 무기를 그토록 싫어한다면, 이스라엘의 그 많은 핵무기 창고는 왜 그대로 두고 있는가?"

"미국은 유엔 결의안을 무시하는 이스라엘에는 아무 말도 안 하면서 왜 다른 나라들에게는 결의안을 엄격히 준수하라고 고집하는가?"

"미국은 정말 비민주적인 이스라엘은 가만둔 채 다른 나라들에게만 민주화를 강요한다."

확실히 중요한 모순이 존재한다. 여기에는 두 가지의 설명이 있을 수 있다. 그중 하나는 샤론의 최근 발언에서 찾을 수 있다. 그는 이스라엘에 대한 유럽인의 비판은 (반유대주의가 포함된) 편견에서 비롯된 것[4)]이라고 지적하면서 아마도 그런 유럽의 편견이 전세계가 이스라엘에 대해 편견을 갖게 된 원인이 되었을 것이라고 추측했다. 또다른 가능성은 이스라엘과 미국이 고의로 이런 문제들을 무시하는 것이다. 아무도 완벽한 객관성을 견지할 수는 없겠지만, 나처럼 외국인과 함께 생활한 경험이 많은 사람이라면 〈폭스 뉴스 *Fox News*〉나 〈르 몽드〉를 자주 보는 사람에게는 좀더 균형 잡힌 견해를 표현하기 위해 노력할 것이다.

텔아비브와 예루살렘

나는 2002년 9월 27일 텔아비브의 벤거리언 공항에 도착했다. 이스라엘은 일말의 반미감정도 찾아볼 수 없는 나라였지만, 당시에는 미국인들의 여권조차 철저히 조회하면서 강력한 보안조치를 취하고 있었다. 며칠 전 시내 한복판에서 버스를 이용한 자살 폭탄 테러가 발생하여 5명이 사망하고 15명이 중상을 입었기 때문이다. 나는 택시를 타고 알렌비 거리를 지나 호텔로 가는 길에 버스가 돌진했다는 건물들을 가까이에서 목격할 수 있었다. 그러나 폭발의 흔적은 전혀 찾아볼 수 없었고, 보도에는 아무 일도 없었다는 듯이 쇼핑을 하거나 카푸치노 커피를 마시거나 하는 사람들이 북적거렸다.

그러나 누구나 그곳에서 테러 사건이 발생했다는 것을 알고 있었고, 바로 다음날 또다른 자살 폭탄 공격이 이스라엘 북부지역에서 발생하여 경찰 한 명이 사망했다. 이런 테러 사건들은 이스라엘이 가자 지구와 요르단 강 서안지역을 재점령한 뒤로는, 그러니까 부시의 연설이 있은 후 6주간 잠잠하다가 처음 발생한 것이었다. 그 당시 부시의 연설이나 샤론의 군사공격이 아무것도 바꿀 수 없다는 것을 모두 분명히 알고 있었다. 이슬람지하드와 하마스(Hamas, 이슬람 저항운동 단체)라는 두 팔레스타인 과격단체들은 그런 공격을 자신이 한 일이라고 주장하면서 앞으로도 더 많은 공격을 할 것이라고 약속했다.

그런데 나는 잘 정돈되고 세련된 거리와 사람들의 편안한 행동을 보면서 저렇게 행복하게 물건값을 흥정하느라 시간 가는 줄도 모르는 사람들이 대규모로 희생되었다고 떠들어댄 사람들은 과연 누구인지 궁금해졌다. 아라파트와 팔레스타인 임시정부(PA)는 서둘러 자신들과 그 공격은 무관하다고 발표했지만, 그런 발표를 믿는 이스라엘인이나 미국인은 거의 없었다.

CNN 방송이 보여주는 잔혹한 장면들에 무심히 길들여져 왔던 내가 실제 이스라엘 사람들의 생활을 보면서 받은 첫인상은 놀라우리만큼 평온하다는 것이었다. 물론 모든 공공건물과 호텔의 입구에는 무장한 경비원들이 출입하는 사람들을 금속탐지기와 특별한 감시장비를 동원하여 곳곳에서 검문활동을 벌이고 있었다. 공공관청들은 마치 요새처럼 보일 정도였다. 그러나 해외관광객임이 확실해 보이는 사람들에 대해서는 어떤 경우든 놀라우리만큼 신중한 태도로 검문을 자제하고 있었다.

텔아비브의 거리는 마치 지중해 연안의 산타모니카와 같은 분위기를 자아내고 있었고, 잘 정돈된 길에는 사업가들이 바삐 오가고 있었다. 거리는 사람들로 북적였고, 식당과 스타벅스 커피가게들은 실업률이 10%에 달했다느니 정부가 불법체류 외국인 노동자들을 추방하기로 했다느니 하는 기사들이 실린 신문들을 가득 구비해 놓고 있었다. 텔아비브도, 예루살렘도 언론이 떠들어대는 전쟁지역처럼 보이지 않았다.

그러나 한편으로는 깊이 들여다보지 않아도 불안하고 고통스런 삶의 징후를 찾아볼 수 있었다. 내가 받아보던 조간신문 〈예루살렘 포스트〉에 실린 여론조사 결과에 따르면, 이스라엘 사람 중 60%가 그들의 생존에 극히 위협적인 전쟁을 치르고 있다고 믿는 것으로 나타났다.[5] 그런 조사를 뒷받침하는 온갖 폭력에 관한 기사와 보도들이 넘쳐나고 있었다. 여기에서 매일 들을 수 있는 전형적인 뉴스 중에는 요르단 강 서안지역에서 택시를 타고 가던 95세의 여성 노인이 총에 맞아 죽었다거나, 예루살렘에서 또다른 자살 폭탄 테러가 발생했다거나, 이스라엘 군을 처음 공격한 팔레스타인 사람의 집을 파괴시켰다거나, 요르단 강 서안지역의 아랍인들이 시도하려던 버스 폭탄 테러를 이스라엘의 아랍인들이 막는 데 성공했다거나 하는 소식들도 포함되어 있었다. 이런 뉴스들은 끊임없이 불안감을 조장했다. 어느 날 나와 점심을 함께 먹던 한 동료는 불안감을 감추지 못하고 있었다. 그래서 우리는 서둘러 식사를 끝내고 식당을 나왔다. 그러고는 그는 바로 옆자리에서 저녁식사 때나 먹는 음식을 시켜 먹는 사람 때문에 신경이 날카로워졌다고 내게 말해주었다.

그런 야단법석에다가 경기마저 악화되고 있었다. 나는 예루살렘에서 도시가 한눈에 내려다보이는 곳에 자리잡은 700여 개의 객실을 구비한 매리엇이란 이름의 대형 호텔에 묵었다. 이스라엘의 관광부는 몇 달 전에 이 호텔에 대한 무장경비를 해제했다. 나는 당시 그 호텔에 묵고 있던 10명 남짓한 손님 중 한 명이 나라는 사실을 알게 되었다. 호텔 식당은 공식적인 아침식사 시간을 제외하면 늘 닫혀 있었다.

얼마 후 나는 올리베스 산을 산책하면서 이슬람교의 성소인 알 아크사(Al Aqsa), 통곡의 벽, 옛 시가지를 비롯하여 예루살렘이라는 도시가 펼쳐내는 갖가지 장관들을 구경할 수 있었다. 예루살렘은 세계에서 꼭 가볼 만한 도시 중 하나였다. 예루살렘이 벌어들이는 관광수입만 해도 이스라엘 GDP의 3%를 약간 넘는다. 이런 사실만으로도 관광객이 얼마나 많은지 알 수 있었다.

그런데 나는 관광객들에게 조잡한 기념품 따위를 팔기 위하여 떼지어 거리를 배회하는 이스라엘의 아랍 소년들을 만나고 싶었다. 거리 한쪽에 서서 그런 아이들이 나타나기를 기다리던 나는 이렇게 속삭이는 말을 들었다.

"저 사람은 미국인이야. 미국인은 우리를 싫어하기 때문에 저 사람도 우리 물건을 사지 않을 거야."

나는 그 아이들이 안쓰러워 지도 한 장과 책 한 권을 샀다. 그날 밤

내가 그 아이들의 첫손님이었던 것이 분명했다. 하지만 그 아이들은 내가 그 물건들을 호텔방에 남겨둔 채 떠나더라도 상관하지 않을 것이다.

그렇다고 해서 나의 작은 동정심이 이스라엘 경제에 도움이 될 리도 없었다. 이스라엘 경제는 한 해 동안 성장률이 3%나 떨어진 데다가 물가상승률도 8%에 달했다.[6] 이스라엘 정부는 일본 다음으로 많은 정부 부채를 지고 신용도마저 떨어지면서 미국에 한 사람당 645달러에 해당하는 40억 달러의 군사비 원조를 포함한 차관을 추가로 요청했다. 특히 요르단 강 서안지역과 가자 지구의 군사시설 유지, 점령지역 내 검문활동, 테러리스트 추격, 이주민들의 안전보호 활동을 계속하려면 많은 인원을 점령지역에 배치해야 했다. 그런 엄청난 재원이 소요되는 활동은 미국의 지원 없이는 불가능했다.

〈뉴욕타임스〉의 제임스 베넷(James Bennet)은 나에게 "이스라엘 경제를 제대로 평가하기는 어렵습니다만, 이스라엘 경제가 안고 있는 모든 모순을 전쟁이 가리고 있는 것은 분명합니다"라고 말했다. 그는 또한 미국으로부터 개인적·공식적 기부금도 줄기차게 답지하고 있다고 덧붙이면서, 바로 그런 기부금이야말로 많은 미국인으로 하여금 이스라엘이 요새화된 성에서 농성을 벌이고 있다는 인식을 갖게 만드는 요인이라고 강조했다.

유대계 이주민과 이스라엘의 아랍인들

많은 이스라엘인들이 절박한 생존을 위해 싸운다고 말한다. 하지만 그들 중 많은 이들이 다른 생각을 품고 있었다. 이스라엘 이주민들은 사실 강력한 군대라 해도 과언이 아니다. 1967년 발생한 6일전쟁은 이스라엘이 아랍세계를 위협하기 위해 이집트, 시리아, 요르단을 일제히 선제공격하면서 시작되었다. 전쟁의 결과 이스라엘은 요르단 강 서안지역과 동예루살렘, 가자 지구와 시나이 사막을 점령했다. 이스라엘 군대는 1979년 이집트와 평화협정을 체결하면서 시나이 반도에서 철수했지만, 나머지 점령지역들은 해당 국가들과 평화협상을 마무리 짓기 전까지는 반환하지 않을 심산이었다. 그렇게 해서 이스라엘이 영토를 확장한 것은 진실이다.

이스라엘 사람들은 1967년 그들의 역사적 성지인 동예루살렘을 병합하면서 수도를 텔아비브에서 예루살렘으로 옮겼다. 그들은 또한 요르단 강 서안지역과 가자 지구, 예루살렘 주위에 이스라엘인 거주지를 새로이 건설하기 시작했다. 거기에는 두 가지 목적이 있었는데, 첫째는 앞으로 있을 공격에 대비하여 안전벨트를 구축하는 것이었고, 둘째는 유대교 경전에서 신이 유대인들에게 약속한, 팔레스타인이라는 이름의 땅을 수복하는 것이었다.

이러한 이주민들은 처음부터 커다란 갈등과 분쟁의 원천이었다. 대부분의 전문가들은 "점령국은 점령한 영토를 병합하거나 점령국의 국민들을 점령지역으로 이주시킬 수 없다"고 규정한 4차 제네바 협정의 조항을 상기시키면서 이스라엘의 이주정책을 불법으로 간주했다. 전문가들은 또한 이스라엘의 이주정책이 최종 평화협상에 따라 이스라엘 군대를 "점령지에서 철수시킬 것"을 요구한 유엔 결의안 242항과 338항에 어긋난다고 주장했다. 그런 전문가들은 지미 카터에서 현재의 부시에 이르는 미국 대통령들의 요구사항에 확실한 반론을 제기하고 있는 셈이었다. 그리고 그런 반론을 제기하는 전문가들은 그 수가 과거 몇 년간 두 배로 급증하면서 1993년 체결된 오슬로 평화협정을 준수하지 않으려는 국가를 저지할 수 있는 확실한 세력으로 성장했다.

그보다 더 중요한 것은 이스라엘 이주민들이 팔레스타인 땅을 차지하여 검문소를 비롯하여 특별한 출입로를 건설하고, 이스라엘 이주민 거주지와 팔레스타인 현지인 거주지를 뚜렷하게 구분하기 위한 수백 가지 조치를 취했다는 사실이다. 최초의 이주민들은 소규모였고 전적으로 전략적 활동을 담당했다. 그러나 1977년 메나헴 베긴(Menachem Begin) 이스라엘 수상과 아리엘 샤론 농업부장관이 이끄는 리쿠드(Likud)당의 후원으로 이주민 거주지 확장을 위한 대대적인 노력이 진행되었다. 베긴 수상은 이스라엘이 점령한 팔레스타인 영토를 모두 위임 통치하겠다는 뜻이 담긴 '에레츠 이스라엘(Eretz Israel)' 또는 '더 거대한 이스라엘'의 건설이라는 신념을 가진 인물이었다.

이스라엘 정부는 이주민들에게 이스라엘 본토에서는 결코 누릴 수 없던, 고급주택 건설 및 각종 편의시설을 갖추는 데 필요한 금융혜택을 주기 시작했다. 그 결과 1970년대에는 3,000~4,000명에 불과했던 이주민 인구가 지금은 40만 명에 육박할 정도로 늘어났고,[7] 군사지역과 특별 출입로를 포함한 이주민들의 주거지 면적이 요르단 강 서안지역 전체 면적의 42%를 차지하게 되었다.

이주민들과 그들을 지원하는 사람들은 두 종류의 집단으로 구성되어 있다. 한 집단은 종교적인 동기로 이주한 사람들이다. 이 집단에 속하는 사람들은 대부분 미국에서 온 사람들로, 유대교 단체를 비롯한 기독교 재단의 후원을 등에 업고 있다. 그들의 견해는 〈워싱턴포스트〉에 실린 몰리 무어(Molly Moore)의 다음과 같은 글에 잘 나타나 있다.

이스라엘의 모든 땅이 성경의 약속대로 이스라엘 사람들의 손에 들어올 때까지 평화는 불가능할 것이다.[8]

다른 한 집단은 좀더 유물론적인 동기를 가진 집단으로, 이들의 견해는 한 이주민이 무어 씨에게 한 다음과 같은 말로 대변할 수 있다.

"문제는 이주정책이 합법이냐 불법이냐 하는 것이 아니다. 중요한 것은 그곳에서 아랍인들이 살도록 내버려둘 것이냐 아니면 유대인들이 살 것이냐 하는 것이다. 문제는 바로 이것이다. 합법성 문제는 이차적인 것이다."

또다른 이주민들이 있는데, 바로 무장군인들이다. 그들은 전투를 수행하면서 요르단 강 서안지역과 가자 지구를 이스라엘의 영토에 합병하기 위해 노력하고 있다.

대다수 이스라엘 사람들은 이주민의 생존을 위해 싸우지 않는다. 연이어 발표되는 여론조사 결과는 이스라엘 사람 중 다수가 대부분의 이주민이 철수하기를 원하고 있으며, 확실하고 항구적인 평화가 보장된다면 기꺼이 이주민 거주지를 팔레스타인 사람들에게 넘겨줄 의사가 있는 것으로 나타났다. 대부분의 이스라엘 사람들은 1967년에 약간 넓어진 국경선 안에서 사는 데 만족하고 있으며, 또 사실상 요르단 강 서안지역과 이스라엘의 국경선도 이미 완공된 상태다. 그러나 많은 이스라엘 사람들은 팔레스타인 사람들이 단지 요르단 강 서안지역과 가자 지구에 거주하고 있는 이스라엘 사람들을 내쫓는 데만 관심이 있을 것이라고는 믿지 않는다. 그들은 이스라엘이 망하기 전까지는 팔레스타인 사람들이 결코 만족하지 않을 것이라고 생각한다.

이런 믿음은 성쇠를 거듭해 왔다. 1993년 백악관의 중재로 이루어진 이츠하크 라빈(Yitzhak Rabin) 이스라엘 수상과 아라파트 팔레스타인 지도자의 역사적인 악수를 통해서 오슬로 평화협정이 발효되기 시작한 이후 글이나 형태로나 빈번히 돌출하던 장애물들이 서서히 사라지면서 행복과 희망의 파도가 밀려오는 듯했다. 2000년 여름부터 가을 사이에 미국의 캠프데이비드(Camp David)와 이집트의 타바(Taba)에서 연이어 개최된 회의들이 장고 끝에 합의로 이어지면서 다시 희망을 부풀리는 듯이 보였다.

그러나 이스라엘 측이 본연의 태도로 돌아가겠다는 결심을 확고히 굳히면서 이런 노력은 물거품이 되고 말았다. 이스라엘 사람들은 에후드 바라크(Ehud Barak) 수상이 캠프데이비드에서 아라파트에게 거부할 수 없는 제안을 했고, 2000년 볼링 공군기지에서는 좀더 진전된 제안을 했을 뿐 아니라, 2002년 1월 타바에서는 최고의 아량을 보였다고 믿었다. 바라크 수상과 클린턴 대통령은 만일 아라파트가 "예스"라는 대답만 했더라도 거의 모든 이주민이 철수했을 것이고, 동예루살렘을 수도로 한 팔레스타인 독립국을 세울 수 있었을 뿐 아니라, 요르단 강 서안지역의 97%를 되찾을 수 있었고, 하람 알샤리프(Haram al-Sharif) 혹은 성전산(聖殿山, Temple Mount)을 관할할 수 있었으며, 1948년 이스라엘 건국전쟁으로 발생한 팔레스타인 난민들도 귀향권을 얻었을 것이라며 입을 모았다.

하지만 아라파트는 논쟁을 벌이며 거부의사를 표했고, 그것은 이른바 두 번째 인티파다(Intifada: 이른바 '돌멩이 전투')라는 자살 폭탄 테러의 고삐를 푸는 계기가 되었다. 이러한 거부의 배경에는 '팔레스타인의 진정한 목표는 이스라엘의 절대적인 파멸'이라는 꺼림칙한 결론이 자리잡고 있었다. 편집인이자 작가인 요시 클레인 할레비(Yossi Klein Halevi)는 나에게 다음과 같은 말을 해주었다.

"이번 회의는 나에게는 최후의 지푸라기 같은 것이었습니다. 당신은 내가 지난 20년간 세계 곳곳을 여행했다는 사실을 아실 겁니다. 처음에 나는 평화의 희망은 없다고 생각했죠. 그후 나는 팔레스타인의 입장을 어느 정도 이해하기 시작하면서 그들의 진심을 믿기 시작했습니다. 그러나 지금은 아닙니다. 우리는 이제 싸우는 것말고는 다른 선택의 여지가 없습니다."

이스라엘의 항구도시 하이파(Haifa)에 내걸린 "지금부터 우리는 모두 이주민이다"라는 선동문구도 동일한 입장을 표명하고 있었다. 이스라엘 사람들 중 정치적 중도노선을 걷는 많은 사람은 팔레스타인 사람들이 수많은 이스라엘 이주민을 한 명도 남기지 않고 다 쫓아내버릴 것이라고 느낀다.

그러나 우리가 주목하는 문제에 대해 질문을 하는 사람들이 생겨나기 시작했다. 이스라엘은 이주민들의 거주지를 지속적으로 확장함으로써 팔레스타인 사람들에게도 그들이 느낀 것과 유사한 불신과 좌절감을 조장하지 않았을까? 그리고 이스라엘 사람들이 허락한 것은 오직 사느냐 죽느냐 하는 선택권밖에 없다고 믿는 팔레스타인 사람들이 이스라엘 사람들을 공격하게 만든 것도 바로 그런 불신과 좌절감이 아니었을까? 또한 일부 이스라엘 분석가들의 의견에 비추어본다면, 더 거대한 이스라엘을 추구하는 강경론자들이 생존을 위한 싸움이라는 명분 아래 이스라엘을 통일시키기 위하여 팔레스타인을 과격하게 만드는 분쟁을 조장하고 있는 것은 아닐까? 이스라엘의 한 반전운동가가 묻듯이 "그들은 팔레스타인 사람들이 다 쫓겨난 팔레스타인 땅을 모두 원하고 있는 것은 아닐까?"

이 논쟁은 생존의 문제에 포함된 두 가지 비판적인 견해와 관련이 있다. 그중 한 가지 견해는 '유대인 국가'의 보존에 관심을 보인다. 이런 입장은 미국에서는 잘 이해되지 않는다. 이스라엘에서 '유대인 국가'라는 말은 흔히 이슬람의 정체성을 찾자는 많은 아랍 국가들의 주장과 거의 비슷하게 들린다. 이스라엘의 토대를 건설하자는 시온주의 운동의 전체적인 입장은 결국 유대인이 살고 유대인이 관리하기 때문에 유대인이 핍박당하지 않을 그런 국가를 건설하자는 것이다.

오늘날 그런 관리활동은 이스라엘 본토뿐 아니라 점령지의 인구학적 분포 면에서도 갈등을 증가시키고 있다. 이스라엘의 인구는 500만 명의 유대인과 12만 명의 아랍인으로 구성되어 있지만, 인구증가율 면에서 아랍인이 유대인을 훨씬 앞서고 있다. 이스라엘은 이러한 유대인의 부족한 인구를 해외에 거주하는 유대인들의 이민을 장려함으로써 해결해 왔지만, 러시아를 비롯한 동유럽 지역의 생활수준이 향상되고, 특히 이스라엘과 주변 국가들의 분쟁이 지속되면서 이민자 수가 줄어들었다. 그 과정에서 이스라엘인들은 갈수록 아랍인과 닮아가고 있다.

이런 추세는 곤란한 문제들을 제기하고 있다. 이스라엘의 아랍인들이 이스라엘 사회에 완전히 통합된다면, 그들은 불가피하게 유대인의 국가라는 개념을 약화시키거나 그 개념에 도전하게 될 것이다. 반면에 그들이 완전히 통합되지 못한다면, 결국 유대주의와 이스라엘 국가라는 근본적인 가치관마저 훼손할 수 있는 민족차별 정책 같은 것을 피하지 못할 것이다. 그러나 불길하게도 이스라엘에서는 이스라엘의 아랍인들을 이스라엘 밖으로 내보내야 한다는 '이주론(transfer)'이 심심찮게 회자되고 있다. 그 말은 인종청소란 말만큼이나 불편하게 들린다. 이스라엘 사람들의 이주정책은 이 문제를 더욱 복잡하게 만들 뿐이다.

점령지역에 거주하고 있는 350만 명의 팔레스타인 사람들은 유대계 이스라엘 사람들보다 인구증가율이 훨씬 높다. 2010년이 되면 이스라엘의 팔레스타인 점령지역에는 유대인보다 이스라엘 아랍인들과 팔레스타인 사람들이 더 많이 살게 될 것이다.[9] 이스라엘 이주민들의 정착지가 그대로 유지되거나 확대된다면 이른바 '더 거대한 이스라엘'에서 다수를 차지하게 될 팔레스타인 사람들의 지위는 어떻게 될까? 이스라엘의 한 대학교수는 나에게 "아라파트가 영리한 사람이었다면, 팔레스타인 독립국 건설의 이상을 포기하고, 팔레스타인 사람들이 각기 한 장의 투표권을 행사하는 이스라엘 국민이 되고 싶어한다고 말했어야 합니다"라고 말해주었다.

라빈 수상이 1993년 튀니지로 망명한 아라파트를 노르웨이로 불러들여 오슬로 평화협상을 추진하리라는 것은 이미 예견된 일이었다. 라빈 수상은 유대인의 민주국가가 활기를 유지하기 위해서는 1967년에 약간 수정된 국경선 안에서 작은 이스라엘에 만족해야 한다고 생각했다. 그는 평화를 가져다줄 수 있는 사람으로 팔레스타인의 본질이랄 수 있는, 즉 오직 한 가지 선택권밖에 가지고 있지 않았던, 온 얼굴에 사마귀 자국이 가득한 아라파트가 필요했던 것이다.

이런 사실은 최후의 질문을 요구한다. 작은 이스라엘에서 이스라엘 아랍인의 지위는 이스라엘이 유대인의 국가가 되느냐 아니면 단순히 세속적인 국가가 되느냐에 따라 커다란 차이가 있을 것이다. 레브 그린버그(Lev Grinberg)는 "평균적인 이스라엘 사람들에 의한 민주주의는 불가능하다"고 말한 바 있다. 이 말은 물론 너무 과장된 말이다. 왜냐하면 이스라엘의 유대인들에게 이스라엘은 세상에서 가장 답답하면서도 가장 역동적인 민주주의 국가이기 때문이다. 실제로 일부 이스라엘 사람들은 '너무도 민주적인' 팔레스타인 사람들 때문에 팔레스타인으로 이주하기가 곤란하다는 믿음을 갖고 있다. 그러나 이스라엘 아랍인들이 분명히 2류 계층으로 취급당하고 있는 것도 진실이다.

라히크(Raheek)는 아랍어, 히브리어, 프랑스어, 영어를 유창하게 구사하는, 자파(Jaffa) 출신의 젊고 매력적인 이스라엘 아랍 여성으로 이스라엘 아랍인의 권익보호 단체에서 일하고 있다. 그녀는 아랍인들이 사는 지역의 학교, 공공 서비스, 도로 확충에 배정되는 예산이 유대인 거주지역보다 훨씬 적다는 점, 아랍인들이 토지를 구입하거나 사업을 하는 데 심각한 제한이 따른다는 점, 학교에서 배우는 역사교과서에 오직 이스라엘의 관점만 반영되어 있는 점, 아랍인들은 군복무를 할 수 없다는 점을 지적했다.

이런 후진적인 상황이 벌어지고 있는 이유는 확연하고 이해할 만하지만, 이스라엘이 선진국으로 나아가는 데 반드시 필요한 것은 군대가 사회에 봉사하는 것이다. 이러한 2류 계층이라는 시민의식은 2003년 이스라엘 총선에서 중앙선거관리위원회의 관리하에 재선거까지 치른 끝에 최초로 두 명의 아랍인이 이스라엘 의회(Knesset)에 진출하면서 거의 사라지게 되었다. 그 이후 대법원이 선거결과를 번복했지만, 그런 번복이 오히려 유대인의 국가와 민주주의는 서로 양립할 수 없다는 니심 칼데론(Nissim Calderon)의 주장을 증명하고 말았다.

요르단 강 서안지역

분규의 실상을 알자면 요르단 강 서안지역에 직접 가보아야 할 것이다. 나는 어느날 오후 3시경에 걸려온 전화를 받고 문제를 다시 생각해 볼 좋은 기회를 얻었다.

"아라파트 의장이 당신을 만날 수 있다고 합니다. 단, 오후 5시에 라말라(Ramala) 검문소에서 잠시 만날 수 있습니다."

라말라는 예루살렘 근교에 위치한 곳으로 일반적인 교통사정이라면 가는 데 30분도 안 걸렸다. 그러나 요르단 강 서안지역으로 가는 길은 사정이 전혀 달랐다. 이 지역은 35년간 이스라엘군이 점령하고 있었다. 점점 늘어나는 이주민을 보호하기 위하여 팔레스타인의 인구중심지까지 가는, 400킬로미터에 달하는 특별 출입로는 복잡한 체계로 구축되어 있어 이주민들과 이스라엘 군인들은 빠르고 안전하게 출입할 수 있었다. 그만큼 이 도로에는 자주 차단되거나 멀리 우회하기도 해야 할 정도로 곳곳에 검문소가 설치되어 있다.

이 모든 사정을 고려하여 나는 출발시간을 조금 앞당겨 나를 안내해 줄 사람들을 먼저 만났다. 그들은 베들레헴의 시장과 그의 동생, 팔레스타인 대사가 임명한 미국인, 이렇게 세 명이었다. 우리는 트럭, 오토바이, 당나귀가 끄는 수레, 걸어가는 사람들이 길게 줄을 서 있는 검문소를 향해 천천히 움직였다. 이스라엘 병사들은 18세 내지 25세 가량의 청년들이었다. 그들은 정중하면서도 신중했지만, 검문을 하고 있는 그들 바로 뒤쪽에서 질문을 던지고 있던 어린아이들로부터 나의 회사 동료들과 나이 지긋한 노련한 관리들이 받은 모욕감을 알아차릴 정도는 아니었다.

일단 검문소를 통과하자 나는 도시의 거리를 쿠르릉거리며 도로를 파헤치듯 지나는 탱크와 군용 트럭들을 발견했다. 우리가 탄 차는 그런 탱크의 바퀴자국과 구덩이들이 즐비한 비포장도로를 비틀비틀 피해가면서 무카타(Muqata)에 있는 아라파트의 총사령부로 향했다. 그 건물은 마치 불도저에 반쯤 무너진 듯이 보였다. 2~3일 전 샤론은 이스라엘군의 탱크와 불도저를 아라파트를 좀더 강하게 압박할 수 있는 곳으로 이동 배치했다. 우리가 아라파트에게 가까이 갈수록 더 많은 탱크들이 다 부서진 건물들을 울리며 우리 곁을 지나서 가시철조망과 낡은 모래주머니들로 둘러싸인 주둔지로 속속 진입해 들어가고 있었다.

아라파트는 파킨슨병을 앓고 있는 77세의 작달막한 남자로 나이에 걸맞게 노쇠한 외모를 하고 있었다. 이스라엘을 위협하는 재앙의 원흉으로 보기는 어려웠다. 그러나 그의 정신은 아직 날카로웠고, 최근 미국 하원이 대통령으로 하여금 이스라엘 주재 미국 대사관을 텔아비브에서 예루살렘으로 옮기도록 하는 법안을 통과시킨 것에 주목하면서 그것을 자신에 대한 위협으로 간주했다. 그날 아침 이스라엘 언론들은 이러한 미국의 조치를 대단히 환영할 일이라면서 대서특필했다. 팔레스타인 사람들이 보기에 미국 대사관의 이전은 이스라엘의 동예루살렘 병합을 정당화하고, 빼앗긴 땅을 되찾으려는 팔레스타인 사람들의 희망을 더욱 요원하게 만드는 일처럼 보였을 것이다.

나는 그 모든 것이 정치적인 실험에서 비롯된 것이라고 해명했다. 즉 그 법안에는 대통령이 대사관 이전이 미국의 국가안보에 해롭다고 판단할 경우 하원의 결정을 무시할 수 있다는 단서조항이 포함되어 있다고 설명해 주었다. 또 하원에서 진행될 표결방식은 대사관의 이전이 실제로 단행되더라도 위험이 없을 경우에 한해서 이스라엘을 지지하는 의원들에게 유리하다는 설명도 해주었다. 빈틈없는 미국 정치의 전형적인 모습이었지만, 외국인의 의심을 사지 않기 위해서 친절히 설명해 줄 필요가 있었기 때문이다.

아라파트는 괴로운 표정으로 자신은 이스라엘에 대한 테러 공격을 지시하지도 않았고, 선동하지도 않았다고 해명했다. 이스라엘의 군대가 팔레스타인의 대학을 폐쇄하고 컴퓨터 하드디스크를 압류하면서 팔레스타인 임시정부의 모든 경찰서 및 파출소와 공공건물들을 다소간 파괴했다 하더라도, 그는 그런 일과는 완전히 별도로 다른 어떤 일도 지시할 능력을 갖고 있지 않다고 주장했다. 그는 "부시는 개혁과 선거를 주장하고 있지만, 전화조차도 걸 수 없는 상황에서 우리가 무슨 선거를 치를 수 있겠습니까?"라고 반문했다. 그는 자살 폭탄 테러를 팔레스타인 사람들을 지원하려는 자신의 팔레스타인해방기구(PLO)와 경쟁하는 극단적인 하마스와 이슬람지하드의 소행으로 간주하면서, 이스라엘이 자신을 공격하고 팔레스타인 임시정부의 권위를 훼손하면 할수록 하마스의 공격은 더욱 거세질 것이라고 설명했다.

그는 또한 클린턴의 제의와 타바 평화협정안을 부정하지 않았다고 주장했다. 그는 협정안을 이스라엘의 여론에 팔아넘길 수 없다는 데 합의했지만, 그후에 진행된 타바 회담에 바라크 수상이 참가하지 않았다고 주장했다(실제로 바라크는 차기 선거에서 샤론에게 패했다). 아라파트 같은 역전의 용사에게는 천성적으로 회의주의적인 면이 있긴 하지만, 미국이 강요하는 이주정책이나 미국과 국제적인 압력에 휘둘리는 국제공동체를 환영할 수도 있다는 그의 견해는 상당히 설득력 있게 들렸다. 그의 견해가 나에게 미국이 강요하는 이주정책이 유일한 희망이라고 말한 일부 이스라엘 사람들의 견해와 거의 일치했기 때문이다.

사이브 에레카트(Saab Erekat)는 팔레스타인의 협상대표다. 캘리포니아 대학에서 경제학 박사학위를 취득한 그는 8년간 샌프란시스코에서 살았고, 캠프데이비드 회담에서부터 타바 회담 사이에 진행된 모든 협상에 참가했다. 그는 또한 예리코(Jericho)의 시장이기도 했는데, 나는 다음날 오후 예리코에서 그를 만날 계획이었다. 다음날 나를 태운 이스라엘 아랍인 택시 운전사는 예리코의 검문소까지 나를 데려다주었지만 그 이상은 갈 수 없다고 말했다. 나는 할 수 없이 택시에서 내려 걸어가다가 팔레스타인 지역의 택시를 잡아타고서야 에레카트의 사무실에 도착할 수 있었다.

나는 에레카트를 만나자마자 자살 폭탄 테러 등 테러리스트들의 공격이 끊이지 않는 이유를 물으면서, 미국을 잘 아는 사람으로서 그런 공격들이 팔레스타인을 지원하려던 미국인들에게마저 실망감을 줄 수 있다는 사실을 분명히 알아야 한다고 덧붙였다. 그는 매우 난처하다는 반응을 보였다. 그도 물론 잘 알고 있다면서 말문을 열었다.

"하지만 클라이드, 내 말을 한 번 들어보게나. 나를 예리코에서 어느 정도 권위를 갖고 있는 인물로 여기겠지만, 사실 나는 여기서 점점 아무런 힘도 행사할 수 없게 되어가고 있는 중이야. 예리코의 실세는 바로 저 아래에 있는 검문소의 소장인 뤼테난트 알론(Lieutenant Allon)이란 인물이지. 이 도시에 들어오거나 나가는 사람은 모두 저 자의 허가를 받아야 해. 늙은 여성 노인이 병원에 갈 때도, 연료를 얻을 때도 마찬가지야. 그리고 나의 권위를 깎아내리고 있는 그와 마찬가지로, 저기 있는 녀석들마저."

여기서 그는 모스크를 가리켰다.

"'에레카트는 당신들을 위해 아무것도 할 수 없으며 오로지 신만이 당신들을 구원할 수 있다'고 사람들을 선동하면서 나를 무력하게 만들고 있지. 테러 공격에 대해서 몇 마디 하도록 하지. 요르단 강 서안지역의 생활상은 한마디로 지옥이야. 대부분의 지역에서 실업률이 80%에 육박하고 있어. 인구의 절반 가량은 오두막 같은 곳에 살면서 하루 2달러도 못 되는 돈으로 연명하고 있지. 그래서 사람들은 오히려 이스라엘 이주민들을 서로 먼저 모셔가기 위해 검문소마다 진을 치고 있는 실정이야. 이스라엘 사람들은 자살 폭탄 공격에 불만이 많겠지만, 오히려 나는 그들이 비도덕적이라고 생각해. 실제로는 이스라엘 군인들보다 팔레스타인 사람들이 훨씬 많이 살해당하고 있단 말이야. 샤론이 복수와 암살 명령을 내릴 때마다 그는 하마스와 이슬람지하드 단원을 더 많이 만들어내고 있는 거야. 사실 나에겐 10대의 아들이 한 명이 있지. 그녀석은 학교에서 내가, 즉 그 녀석의 아버지인 내가 비겁한 미국의 앞잡이로 보인다는 이유로 따돌림과 조롱을 당하고 있어. 나는 그 녀석이 제발 자살폭탄 대원이 되지 않고 가족의 명예를 지키려는 멋진 10대 소년이 되기를 바란다는 기도를 매일 밤마다 하고 있는 중이야. 샤론이 이처럼 우리의 근본적인 토대마저 망가뜨리려 들 때 우리가 과연 그런 짓을 막을 수 있을까? 내 말이 부시에게는 농담처럼 들리겠지?"

캠프데이비드에서 에레카트는 자신과 아라파트가 클린턴에게 회담을 시작하기 전에 준비할 시간을 좀더 달라고 애원했지만 거절당했다고 강조했다. 클린턴은 임기를 6개월밖에 남겨두지 않았고, 바라크는 약화된 자신의 정치적 입지를 코앞에 닥친 이스라엘 총선을 통해서 강화하는 데 회담을 이용할 심산이었다. 에레카트는 요르단 강 서안지역의 대규모 이주민 거주지역 중 일부를 이스라엘의 영토에 합병하는 대신 팔레스타인 난민과 이스라엘의 점령지를 교환하자는 등의 공상적인 제안들을 내놓은 것은 팔레스타인 사람들이라고 설명했다.

그는 또 팔레스타인 사람들은 이주민들의 주거지를 모두 반환하라는 요구를 이스라엘 측이 수용할 수 없으리라는 것도 잘 알고 있었다고 강조했다. 그러면서 에레카트는 팔레스타인 사람들에게 양해를 구한 PLO에게 이처럼 매우 감정적인 문제를 거론할 여지를 줄 수 있는, 그러나 팔레스타인 사람들의 새로운 거주지로 이스라엘 이주민들의 유입을 막을 수 있는, 선택적인 반환절차를 제안했다고 역설했다. 요컨대, 그는 실행이 어려운 클린턴의 제의를 받아들이지 못했다는 것을 인정하면서도 타바 회담을 통해서 양측이, 바라크의 불운한 낙선으로 인해 실패했다는 점만 제외하면, 합의에 매우 가까이 접근했었다는 사실을 강조했다.

캠프데이비드 회담이 결렬된 후 에레카트는, 당시 샤론이 팔레스타인 사람들의 뜻을 무시하면서 성전산(聖殿山)을 도모하려고 계획하고 있었다는 것이 알려졌다면, 아라파트가 곧장 바라크의 고향으로 달려가 샤론의 계획이 무슨 결과를 초래할지 모른다고 말하면서 샤론의 계획을 말려달라고 바라크에게 간청했을 것이라는 말을 남겼다. 특히 에레카트는 샤론의 성전산 점령계획으로 불가피하게 발생한 시위 도중에 처음 발포한 것은 이스라엘 병사들이었지 팔레스타인 사람들이 아니었으며, 또한 처음 몇 달 동안 진행된 인티파다로 인해 사망한 사람은 거의 다 팔레스타인 청년들이었다고 설명했다.

팔레스타인이 처한 상황을 전체적으로 조망하려면 몇 가지 중요한 요인을 좀더 가까이 접근해서 살펴보아야 한다. 첫째, 외부의 관측자들은 경제와 사회의 실정에 대한 에레카트의 의견을 확실한 것으로 단정하거나, 심지어 더 강한 신뢰를 보이기도 한다. 이스라엘의 주요 일간지 〈하아레츠 *Ha'aretz*〉는 팔레스타인 학생 중 4분 1 이상이 더 이상 학교를 다니지 못할 것이라고 보도했다.[10] 유엔과 기타 국제단체들은 1999년 GDP가 35억 달러에 불과한 팔레스타인이 다양한 형태로 입은 피해액만 40억 달러에 달한다고 보고했다. 이러한 피해는 대부분 이스라엘 이주민들의 출입로 근방에 자리잡고 있어 팔레스타인 저항군의 은신처로 사용될 수 있다는 이유로 이스라엘 군대가 파괴한 과수원이나 건물들이 입은 것이었다.[11] 또 유엔은 팔레스타인 병원들의 병상 숫자가 감소하고, 30~70%에 달하는 환자들이 의약품이나 의료인력 부족으로 제대로 된 치료를 받지 못하고 있으며, 어린이들의 영양실조 현상도 늘어나고 있다고 보고했다.[12]

이런 사태는 거의 전적으로 요르단 강 서안지역과 가자 지구 내에서 실시되고 있는 야간 통행금지와 이동제한 조치로 인해 발생한 것이다. 요컨대 팔레스타인의 경제·사회 실태는 이스라엘보다 훨씬 더 열악한 처지에 있다고 할 수 있다.

두 번째로 주목해야 할 것은, 점령지역 내에서 이스라엘 사람들과 팔레스타인 사람들의 관계가 아무리 좋은 환경이 주어져도 서로 좋은 감정을 가질 수 없을 상황에서 이스라엘의 이주민들이 이스라엘 법만 준수함으로써 서로에게 더욱 커다란 악감정만 불러일으키고 있다는 사실이다. 게다가 이스라엘 군대의 안전 보장을 목적으로 설치한 접근금지 구역도 너무 광범위하다.

유엔 인권위원회는 팔레스타인 사람들이 갈수록 늘어나는 이스라엘 군대 이주자들의 폭력으로 많은 피해를 입고 있음에도 이스라엘 법원이 손해를 배상해 줄 것이라고는 거의 기대하지 않는다는 사실을 발견했다. 실제로 그들은 이스라엘군에 피해를 당해도 어떤 보상도 기대하지 않았다. 그런 상황은 점령지역 사람들에게 봉사하기를 거부하는 이스라엘 병사들의 활동이 많아질수록 더욱 악화되고 있다. 점령군 지휘관인 다비드 존셰인(David Zonsheine)은 이런 말을 하기도 했다.

검문소에 한 번 서 있어 보세요. 이스라엘 이주민들은 지시에 잘 따르지만 아랍인들은 그렇지 않아요. 그런 광경을 보고 있노라면 남아프리카 공화국이 떠오를 겁니다.[13]

그런데 더욱 충격적인 것은 전직 이스라엘 협상가 유리 사비르(Uri Savir)의 설명이다. 그는 오슬로 평화협정을 위한 준비협상 과정에서 놀라운 사실을 발견했다면서 이렇게 적었다. 팔레스타인 사람들은 "집짓기, 일하기, 공부, 토지매매, 증산, 사업, 야간통행, 가자 지구나 요르단 지역에 있는 자신의 가족 방문을 비롯하여 모든 활동을 우리의 허락 없이는 할 수 없었다."[14] '계몽을 위한 점령'이란 신화는 그의 이 한마디로 완전한 허구였다는 것이 증명되고 말았다.

마지막으로 주목해야 할 사항은 팔레스타인의 착잡한 정치상황이다. 아라파트는 팔레스타인 해방운동의 상징적인 인물이 되어버렸기 때문에, 또 샤론이 그를 그런 식으로 묘사했기 때문에, 세계의 많은 사람들에게 모든 팔레스타인 해방운동을 배후 조종하는 독재자처럼 보이기에 이르렀다. 하지만 진실은 다르다. 아라파트는 PLO의 의장이면서 팔레스타인 임시정부 수반이기도 하다. 이 임시정부는 이스라엘이 점진적으로 양도할 지역을 관리하기 위해 오슬로 평화협정 절차에 따라 설립된 실무기관이다. 아라파트는 또한 팔레스타인 의회를 대표했으며, 텔아비브 대학의 니심 칼데론 교수는 그를 아랍세계에서 가장 민주적인 인물로 묘사하기도 했다.

그러나 그는 최소한 세 세력의 강력한 도전을 받고 있다. 첫 번째 세력은 하마스로 이 단체가 처음 만들어질 때 도움을 준 사람들은 아이러니하게도 아라파트의 힘이 약화되기를 바라는 이스라엘 고위관리들이었다. 하마스는 확실히 아라파트의 힘을 약화시키는 데 공헌했지만, 이스라엘이 기대한 만큼의 성과는 올리지 못했을 것이다. 국제적인 이슬람 단체들과 연계되어 커다란 지지와 풍부한 자금을 지원받으며 활동해 온 이스라엘 내의 하마스는 두 가지 무기로 무장하고 있었다. 즉 한편으로는 식량 공급과 의료 지원을 통해 빈민구제 활동을 벌이는 자선단체이면서, 다른 한편으로는 자살 폭탄 공격을 전문으로 하는 군사단체의 면모를 띠고 있었던 것이다.

이슬람지하드는 하마스보다는 덜 조직적인 단체지만, 이슬람교의 원리를 신봉하는 투사집단으로 테러를 주요한 활동방식으로 선택했다. 헤즈볼라(Hezbollah) 역시 호전적인 이슬람 단체다. 레바논을 근거지로 이란에서 주로 활동하고 있는 헤즈볼라는 하마스처럼 군사활동과 자선활동을 무기 삼아 활동하고 있다.

이 단체들은 모두 이스라엘 타도를 궁극 목적으로 설정하고 있지만, 평화라든지 요르단 강 서안지역과 가자 지구에 팔레스타인 국가를 건설하는 것에는 전혀 관심이 없다. 모 아니면 도를 요구하는 이 단체들은 좀더 거대한 이스라엘을 지향하는 이스라엘의 강경파들과 정확히 대척점에 서 있는 거울이라 할 수 있다.

　이스라엘인과 많은 미국인은 흔히 아라파트도 그런 단체들과 똑같은 것을 원하고, 또 언젠가 그도 그런 단체의 일원으로 활동했을 것이라고 말한다. 하지만 대부분의 전문가들은 오슬로 평화협상에서 아라파트가 비록 껄끄러웠을진 몰라도 이스라엘의 요구를 수용하여 팔레스타인의 분리 독립을 도모하기로 결심했을 것이라는 데 동의하고 있다. 그에 따라 그와 팔레스타인 임시정부의 입장에서 이스라엘과의 투쟁은 본질적으로 영토분쟁이었지 생존투쟁은 아니었다. 그러나 아라파트가 아무런 성과도 올리지 못하자, 팔레스타인의 여론조사가 칼리드 시카키(Khalid Shikaki)의 설명처럼, PLO의 낡은 지도력에 도전하는 강력한 청년전위대가 득세하기 시작했다. 이 젊은 세력들은 이스라엘의 말살에 이바지하기보다는, 그들이 어떤 대가를 치르더라도 이스라엘이 점령정책을 중단하지 않을 것이라는 믿음만 키우고 있었다.

　이런 역학구도 속에서 아라파트의 힘을 약화시키고, 팔레스타인 사람들의 목적을 정당화하기 위한 활동들을 무위로 돌린 샤론과 부시의 행동은 하마스를 비롯하여 아라파트에 도전하는 모든 단체의 활동을 대거 강화시키게 될 증오심을 부추겼다. 샤론은 이 점을 잘 알고 있었기 때문에 아라파트를 계속 압박하면서 팔레스타인 사람과 대다수 이스라엘인로 하여금 아라파트가 정말 팔레스타인의 존망을 걸고 싸우려 한다고 믿게 만들었다. 그렇게 함으로써 샤론은 팔레스타인 사람들을 요르단 쪽으로 밀어붙이는, 최종적으로 성경에 나오는 대로 이스라엘의 국경을 확실히 하는 전쟁을 통하여 이스라엘 단일민족 국가를 건설하겠다는 복안을 가지고 있었다. 그 지역의 많은 나라들은 미국이 주도하는 이라크 전쟁이 샤론에게 팔레스타인 사람들을 그 지역에서 몰아내고 요르단 강 서안지역을 병합할 수 있는 기회를 줄 것이라고 우려했다.

불가능한 평화

현재 벌어지고 있는 이스라엘 지역분쟁의 기원은 19세기까지 거슬러 올라간다. 당시 테오도르 헤르첼(Theodore Herzel), 레오 핀스케르(Leo Pinsker), 모세스 헤스(Moses Hess) 같은 유대인 지도자들은 유대인 대학살과 인종차별에서 벗어나기 위한 유일한 길은 예루살렘 주변 고대 유대인의 고향땅에 유대인의 국가를 건설하는 것밖에 없다는 결론을 내렸다.

그들은 1878년 초부터 유럽에 거주하던 유대인들을 당시 오스만 제국의 일부였던 팔레스타인 지역으로 이주시키기 위한 준비작업에 착수했다. 이들 초기 시온주의자들은 이전부터 그 지역에 살고 있던 아랍인들의 존재를 인식하지 못했던 것으로 보이는데, 순진하게도 그들은 "사람이 살지 않는 땅은 땅 없는 사람들을 위한 땅"[15]이라고 장담하기까지 했다.

그러나 새로운 이주민들과 그 지역에 이미 살고 있었던 아랍인들은 이내 심각한 마찰을 빚기 시작했다. 그것은 이주민들이 아랍인들과 어울려 살려고 하기보다는 이주민만으로 구성된 매우 유별난 사회를 독립적으로 건설하려고 했기 때문이다. 유대인식민지이주협회를 이끌고 있던 차임 마르갈리트 칼바리스키(Chaim Margalit Kalvarisky)는 아랍인에게 연민을 느끼면서도 25년간 힘겹게 그들의 땅을 강탈하고 그들을 추방해 왔지만, 유대인 공동체를 건설하기 위해서는 어쩔 수 없는 일이었다고 말했다. 유대인 철학자이자 작가인 아하드 하암(Ahad

Ha'am)은 다음과 같은 예언적인 말을 한 적이 있다.

> 우리는 현지인들을 사랑과 존경으로 대해야 했다……. 그런데 이스라엘
> 땅의 우리 동포들은 어떻게 했는가? 정반대로 행동했다……. 그들은 아
> 랍인들에게 가혹하고 잔인하게 행동했다……. 팔레스타인에서 우리의
> 삶의 방식을 현지 토착민들에게 강요한다면 그들은 쉽사리 양보하지 않
> 을 것이다.[16]

1차 대전은 팔레스타인 지역에 결정적인 변화를 불러왔다. 유럽과 미국의 동맹 의지에 유대인들을 참여시키기 위해 노력하던 영국의 외무장관 밸푸어 경(Lord Balfour)은 영국은 "유대인들이 팔레스타인에 유대인 민족국가를 건설하는 것"을 지지할 것이라고 말하면서 이른바 '밸푸어 선언'을 들고 나왔다. 그는 "시온주의는 현재 유서 깊은 땅에 거주하고 있는, 70만 명에 이르는 아랍인들의 욕망과 특권보다는 좋든 나쁘든 훨씬 더 심오한 의미를 담고 있다"[17]고 부연했다. 불행히도 그의 의견은 헨리 맥마흔(Henry McMahon)의 의견과 달랐다. 그 당시 맥마흔은 영국의 이집트 총독으로서 오스만투르크와 독일의 동맹에 대항하는 아랍의 반란을 부추기기 위해 노력하고 있었다. 맥마흔은 아랍의 지도자 샤리프 후세인(Sharif Hussein)에게 아랍인들이 투르크에 대항하여 반란을 일으킨다면 오스만투르크 치하 아랍인들의 독립을 약속하겠다는 서한을 보냈다. 맥마흔은 또한 T. E. 로렌스(T. E. Lawrence, 일명 '아라비아의 로렌스')에게 반란을 도우라는 편지를 보내기도 했다.

이처럼 상반된 약속들은 결국 베르사이유 평화회의에서 충돌하고 말았다. 미국의 윌슨 대통령은 민족자결 원칙을 신봉하고 있었지만, '후진국 국민들'은 국제연맹의 신탁통치하에 임시 행정관리들의 '지도'

를 받을 필요가 있다[18]는 말을 하기도 했다. 오랫동안 로렌스와 아랍의 반란을 잊고 있던 영국은 팔레스타인 위임통치안을 적극 지지하고 나섰다. 윌슨은 팔레스타인 현지인들의 정서를 살피기 위해 대통령 직속 조사위원들을 현지에 파견했다. 위원들은 그곳 사람들이 미국의 위임통치를 원하고 있을 뿐 아니라 기독교도들과 이슬람교도들이 다수 거주하고 있는 곳에서는 시온주의자들의 계획을 강력히 반대하고 있다는 사실을 발견했다. 미국이 다수결원칙을 고집하여 아랍인들에게 팔레스타인을 맡길 수도 있다고 여긴 시온주의자들은 윌슨의 위임통치안에 반대했다. 그래서 시온주의자들은 영국과 밸푸어 선언 쪽을 선호했다. 이에 고무된 톰 세게브(Tom Segev)는 "시온주의의 꿈은 민주주의 원칙들과는 반대로 가는 것이다"라고 주장하기도 했다. 어쨌든 윌슨은 가던 길을 계속 갔고, 영국이 팔레스타인 문제를 떠맡게 되었다.

하지만 그것은 성가신 책임이었다. 유럽으로부터 이주민들이 밀려들면서 빚어진 아랍인들과의 긴장관계는 빈번한 폭동으로 이어졌다. 영국은 결국 이주를 막기 위해 노력하지만, 그로 인해 이젠 시온주의 단체들과 갈등을 겪어야 했다. 이런 문제들은 2차 대전의 소용돌이 속에서 잊혀진 듯했지만, 전쟁이 끝나고 대학살에서 살아남은 수백만 명의 유대인들이 다시 팔레스타인을 찾기 시작했다. 대대적인 변화를 두려워한 아랍인들은 유대인들의 유입에 반대하고 나섰고, 영국은 다시 이주를 억제하기 위해 노력했다. 그 시점에서 지하에서 아랍인들과 투쟁해 온 유대인들의 비밀결사대 이르군(Irgun)은 유엔의 신탁통치를 거쳐 1948년에 정권을 이양한다는 쪽으로 선회한 영국으로 총구를 돌려 폭탄 테러를 감행하기도 했다.

그 당시 서구 56개국과 라틴아메리카 국가들이 회원국으로 있던 유엔은 예루살렘을 국제도시화하여 팔레스타인을 유대인들의 국가와 아랍인들의 국가로 분리하자는 2개국 분리통치안을 제안했다. 아랍인들은 이 계획을 거부하면서 새로이 건국된 이스라엘에 대한 전쟁을 선포했다. 그러나 아랍은 결국 오늘날 국제적으로 이스라엘의 국경선으로 인정되고 있는 휴전선을 따라 팔레스타인과 예루살렘이 분할되는 것을 방치하고 말았다. 그리하여 지금의 이스라엘 지역에서 약 75만 명의 팔레스타인 난민들이 흘러나와 요르단 강 서안지역과 가자 지구를 비롯하여 요르단과 레바논 같은 주변 국가에 난민촌을 형성하게 되었다.[19] 그때부터 지금까지 끊임없이 발생해 온 크고 작은 분쟁들은 아랍인들에게는 불공정하다는 의식과 '성지 탈환'의 염원을, 이스라엘인들에게는 포위공격당하고 있다는 의식을, 국제사회에는 끊이지 않는 당혹감을 증가시켜 왔다.

1967년 6일전쟁이 발발하기 전까지는 근본적인 변화가 없었다. 6일전쟁을 통해 요르단 강 서안지역과 가자 지구에 이스라엘군이 진주하면서 이스라엘의 이주운동이 시작되었다. 이스라엘은 20여 년간 저항투쟁, 테러 공격, 레바논과의 전쟁, 평화협상과 점령지로부터 이스라엘군의 철수를 요구하는 유엔 결의안들, 다각적인 평화회담을 상대하면서도 이주운동을 준비해 온 참이었다. 물론 실제 이주운동을 촉발한 계기는 1987년부터 1989년 사이의 1차 인티파다와 1990년부터 1991년 사이에 진행된 걸프전이었다. 25년째 팔레스타인을 점령하고 있던 이스라엘군을 향해 팔레스타인 청년들이 돌을 던지기 시작하면서 발생한 인티파다는 국제사회의 동정을 얻음과 동시에 많은 이스라엘인들로 하여금 점령군과 이주민들의 도덕성에 의구심을 갖게 만들었다.

걸프전은 중동지역의 안정을 향한 열망과 오랜 분쟁의 상처가 곪아 터진 결정판이었다. 처음에 부시 대통령은 스페인 마드리드에서 평화회의를 개최하자고 제의하면서, 미국의 입장에서는 불가피하게 원조할 수밖에 없는 이스라엘 이주민 정착지 건설을 중단하자고 제안했다. 그러나 '큰 이스라엘'을 꿈꾸던 이츠하크 샤미르(Yitzhak Shamir) 이스라엘 수상은 이주정책을 중단하지 않을 것이라는 뜻을 확고히 밝혔고, 이에 부시는 이스라엘에 대한 원조금의 일부를 잠정적으로 지원 중지시켰다.

마드리드 회의는 거의 성과를 거두지 못했지만, 이스라엘인과 팔레스타인 사람들이 최초로 직접 마주앉아 대화를 나눌 수 있었던 자리였다는 점에서 의미가 있었다. 또 원조금 삭감은 샤미르가 선거에서 이츠하크 라빈에게 패하는 데 일조했다. 그 당시 라빈은 1993년 오슬로 평화회담에서 이스라엘과 팔레스타인이 합의에 도달하는 데 바탕이 될 비밀회담을 진행하고 있었다.

오슬로 평화협상안에는 "이스라엘은 일부 점령지역에서 이스라엘군을 단계적으로 철수시키고, 팔레스타인 사람들에게 교육권·보건권·경찰권과 같은 권한들을 넘겨주기로 한다"고 명시되어 있었다. 협상안에는 또한 "팔레스타인은 이스라엘인들의 거주권을 인정하고, PLO는 모든 폭력행동을 포기한다"고 명시되어 있었다. 제한된 권한의 점진적인 이양은 유엔 안전보장이사회 결의안 242항과 338항에 근거한, 이주민 거주지의 영속성에 대한 보장을 조건으로 하고 있었다. 이스라엘군은 일차적으로 가자 지구와 예리코 지역에서 철수하기로 되어 있었다. 라빈이 협상안을 이행하는 한 비록 느리기는 하지만 모든 상황이 호전될 것처럼 보였다.

그러나 1995년 말 이스라엘의 한 광신도에게 라빈이 암살되면서 협상안은 위력을 잃기 시작했다. 사태를 악화시킨 가장 중요한 문제는 협상안에 숨겨진, 상반된 두 가지 해석의 가능성이었다. 팔레스타인은 비록 이스라엘이 협상에 서명을 하지는 않았어도 이주민 거주지 확대를 중지할 것으로 기대했다. 그러나 이스라엘은 협상안에 거주지 확대 중단을 명시하지 않았다는 점을 이용하여 꾸준히 거주지를 확대했고, 그것은 이스라엘이 협상안의 기본정신을 무시하고 있다는 사실을 분명히 보여주었다. 그와 같은 이유로, 이스라엘은 PLO가 폭력을 포기하겠다고 약속했지만, 하마스와 다른 단체들도 폭력행동을 중단할 것으로 기대했다. 결국 오슬로 평화협상안이 이행되는 몇 년 동안 이스라엘의 이주민 수는 두 배로 늘어났지만, 폭력사태는 급감했다. 그 덕분에 이스라엘인들이 예리코에 들어선 카지노의 주고객으로 부상했고, 그런 현상은 계속되었다.

그렇게 된 이유는 하마스를 비롯한 과격단체들이 최종적으로 원한 것이 바로 이런 협상의 결과였고, 테러야말로 사보타지를 위한 최선의 도구였기 때문이다. 테러는 또한 큰 이스라엘을 꿈꾸는 강경파들에게도 유용한 수단이었다. 점령지에서의 이스라엘군 철수를 거부하기 위한 핑곗거리로 테러를 이용하여 팔레스타인에 대한 폭력을 정당화할 수 있었기 때문이다. 많은 이스라엘인과 미국인들은 이스라엘이 불안한 팔레스타인 땅을 포기할 것이라고 생각했지만, 외국의 많은 관측자들은 팔레스타인 사람들이 상당한 양보를 하게 될 것이라고 생각했다.

이런 관점에 따라 팔레스타인 사람들은 과거와 같은 과도한 위임통치에 대해 어떤 불만도 표시하지 않으려 했지만, 증오스런 이스라엘 이주민들의 철수를 약속받지도 못했으며, 언제 가능할지 모르는 '최종적인 평화 정착'을 위한 협상권을 제외한 어떤 것도 보장받지 못했다. 이스라엘의 한 해설가는 "아라파트는 그런 기회마저 놓쳐버린 것이 분명하다"고 평했다. 그러던 1999년 말 평화 정착을 향한 모든 일정은 원점으로 돌아가 버렸고, 양측이 다시 폭력을 앞세우기 시작하면서 평화를 향한 길은 더욱 깊은 혼란에 휩싸였다.

로비활동

이스라엘-팔레스타인 분쟁사를 이해하기 위해 반드시 살펴보아야 할 핵심적인 사실은 분쟁과정에서 이스라엘이 점령·관리하게 된 땅이 점점 늘어났다는 사실이다. 1967년 이래 이런 추세는 대개 이스라엘 이주민의 지속적인 증가와 맞물려 있었다. 팔레스타인의 테러 공격이 이스라엘인들을 모든 정착지에서 물러나게 만들 만큼 철저히 이루어지지 못했지만, 이스라엘인들이 모든 땅을 독차지하려 든다고 여기는 팔레스타인 사람들의 인식은 모두 폭력으로 이어졌다.

최근 나와 저녁식사를 함께 한 어느 전직 미국 국가안보 담당 보좌관은 이런 인식에 동의하면서 이주민 거주지 확대를 중단시키지 못한 자신에게 실망감을 느낀다는 심경을 토로했다. 나는 이렇게 물었다.

"세계에서 가장 강력한 나라의 대통령이 미국의 돈과 보호에 전적으로 의존하고 있는 그런 자그마한 나라의 행동을 저지하지 못하는 까닭은 대관절 무엇입니까?"

그는 이렇게 대답했다.

"클라이드, 그 질문은 자네가 내게 한 질문 중에서 확실히 대답할 수 있는 최초의 질문이군. 답은 바로 뉴욕과 플로리다라네."

무슨 뜻이냐 하면, 뉴욕 주와 플로리다 주의 유권자 중 유대인들의 표가 선거에 중대한 영향을 미칠 뿐 아니라, 좀더 넓게는 이스라엘인들의 강력한 로비활동이 미국의 정책을 좌우할 수 있다는 것이다. 나는 그에게 미국 기독교연합회를 비롯한 기타 기독교재단들도 한몫 하고 있다고 덧붙였고, 그도 즉각 동의했다.

평화 정착을 위한 노력을 무산시킨 결정적인 요인 중 하나는 바로 미국이 이스라엘에 압력을 가하지 않도록 하기 위해 유대인들이 벌인 로비 활동이었다. 미국 이스라엘공보위원회(AIPAC)는 가장 강력한 친이스라엘 로비단체다. 이 단체는 이스라엘과 밀접한 관계가 있는 법안이 의회에 상정되면 곧바로 미 하원에 포진한 200명의 믿을 만한 의원들과 44명의 상원의원을 움직이기 위한 로비활동에 돌입한다.[20]

전도사 팻 로버트슨(Pat Robertson)은 2002년 10월 기독교연합회에서 행한 연설에서 "우리는 이스라엘과 함께할 것입니다. 그리고 팔레스타인은 저주받을 것입니다"[21]라고 말하면서 복음공동체의 중요성을 강조했다. 전직 하원의원 폴 파인들리(Paul Findley)는 로비는 "아랍과 이스라엘의 분쟁에 대한 공개토론을 차단하는" 확실한 방법[22]이라고 쓰기도 했고, 미국 국가안전보장회의(NSC)의 전직 관리였던 윌리엄 퀀트(William Quandt)는 하원의원의 70% 내지 80%가 미국 이스라엘공보위원회를 지지할 것이라고 말하기도 했다.[23] 이런 사실을 증명하려는 듯이 〈폭스뉴스〉는 2002년 5월 초순 이스라엘군의 활동비로 2억 달러를 지원하는 친이스라엘 결의안이 하원에서는 352 대 21로, 상원에서는 94 대 2로 통과됐다고 보도했다.[24] 그 전달인 4월 부시가 요르단 강 서안지역에 진주한 이스라엘 기갑부대의 철수를 요청했을 때, 백악관 홈페이지에는 10만 통이 넘는 기독교 보수주의자들의 분노에 찬 이메일이 폭주했다.[25]

이스라엘의 한 정치분석가는 나에게 "미국에는 이스라엘 본국보다 이스라엘에 대한 논쟁의 공간이 훨씬 적습니다"라고 말해주었다. 또 그는 논쟁의 수위도 미국이 더 낮고, 어떤 논쟁은 유치할 정도라고 덧붙였다. 그런가 하면 하원의 다수당 지도자 리처드 아메이(Richard Armey)는 2002년 5월 〈하드볼 *Hardball*〉과의 인터뷰에서 "팔레스타인이 이스라엘이 관리하는 지역을 포기할 뜻이 없는 한 팔레스타인을 지지한다"고 말하기도 했다.[26]

저주의 게임

2000년 3월 정치적 생명을 걸고 선거에서 패할 수도 있는 위험을 감수하면서까지 오슬로 평화협상에 임한 이스라엘의 바라크 수상은 클린턴 대통령에게 장황한 협상문안들을 일괄 타결하는 방식으로 최종적인 평화 정착 여부를 놓고 캠프데이비드에서 담판을 벌이자는 대담한 제안을 내놓았다. 양측 모두 준비기간이 부족했고 자칫 분쟁을 격화시킬 수도 있는 위험한 제안이었지만, 클린턴은 그것이 역사적인 기회일 뿐 아니라 어쩌면 자신의 업적이 될 수도 있다는 생각에 약간의 기대감마저 가졌다.

그러나 이 도박은 끝내 실패하고 말았다. 그 결과 자살 폭탄 테러, '큰 이스라엘'을 꿈꾸는 강경파 샤론의 선거 승리, 이스라엘의 잔인한 복수극을 초래하고 말았다. 더욱이 주목할 것은 그처럼 필연적인 양측 간의 저주가 이스라엘과 미국의 지도층 사이에 팔레스타인에 대한 전통적인 부정적 견해만을 널리 확산시켰다는 사실이다. 그들은 팔레스타인 사람들이 이스라엘을 증오할 뿐 아니라 평화보다는 폭력에 호소하는 것을 좋아하기 때문에 관대한 이스라엘의 제의를 거부했다고 생각했다.

이런 논리는 사실 바라크의 전매특허였다. 어느날 나와 저녁식사를 함께 한 바라크는 아라파트에게 소생의 길을 열어주었다고 주장했다. 당시에 그는 요르단 강 서안지역의 92%와 1967년 이전의 팔레스타인 영토를 포함한 가자 지구 전체를 팔레스타인 국가로 인정하고 그 지역에서 이스라엘 군대를 철수시키겠다고, 또 이스라엘에 병합된 요르단 강 서안지역의 나머지 8% 지역에 형성된 이스라엘인 거주지역에서 이주민을 대부분 이스라엘로 귀환시키겠다고 제안했다고 주장했다. 또 그는 팔레스타인이 동예루살렘을 수도로 삼는 것을 인정하고, 성전산에 대한 (통치권이 아닌) 관리권을 인정하며, 팔레스타인 난민의 (이스라엘 영토가 아닌) 팔레스타인 본국 귀환과 대규모 국제원조 프로그램을 약속했다고 주장했다. 그러나 고집 센 늙은 팔레스타인 지도자는 거절만 했다고 한다. 바라크는 아라파트가 "우호적인 신뢰를 바탕으로 한 협상"을 거부한 채 이스라엘이 '무조건적으로' 최대한 양보하기만을 고집했다고 주장했다.

그는 아라파트를 비롯한 대부분의 아랍인들을 근본적으로 불신했다. 그는 아랍인들의 문화에는 '진실'이란 것이 없기 때문에 밥 먹듯이 거짓말을 한다며 불쾌한 심사를 감추지 않았다. 바라크의 말에 따르면, 아라파트가 그처럼 좋은 제안을 거부한 이유는 팔레스타인 사람들이 이스라엘이란 나라도 존재할 권리가 있다는 사실을 믿지 않고, 그들이 사는 모든 곳에 팔레스타인의 국가를 건설하려고 하기 때문이라는 것이다. 그는 아라파트가 인구를 가장 큰 무기로 여긴다고 믿었다. 또 그는 팔레스타인 사람들이 이스라엘을 '모든 시민들의 국가'로 바꾸기 위한 이스라엘의 민주화를 지지할 것이고, 팔레스타인 사람들이 인구의 대다수를 차지하여 '유대인의 국가'가 종말을 맞을 때까지 양(兩)민족국가를 지지할 것이라고 말했다. 이어서 그는 아라파트가 회담을 통해서 가능한 모든 것을 쥐어짜낼 계획을 품고 있었고, 더 많은 양보를 얻어내기 위해 이스라엘을 더욱 압박하는 방법으로 폭력도 기꺼이 사용할 마음을 먹고 있었다는 말도 했다.

아라파트가 정확히 그런 식으로 말하지는 않았겠지만, 클린턴이 주도한 캠프데이비드 협상의 중재자 데니스 로스(Dennis Ross)는 아라파트가 이스라엘의 제안을 거절하고 폭력의 가능성을 열어젖힘으로써 협상 실패에 대한 모든 비난을 한 몸에 짊어지게 되었다는 점을 시인했다. 그는 아라파트를 멋진 파도를 놓쳐버린 '파도타기 선수'로 묘사했다. 아라파트가 절호의 파도를 놓친 것은 파도를 타고 해변에 도착하기보다는 파도타기 자체만 계속 즐기고 싶어했고, 또 어쩌면 제한된 팔레스타인 독립국가라는 해변이 그가 찾던 해변이 아니었기 때문이라는 것이다. 클린턴도 아라파트를 협상을 실패로 몰고 간 장본인으로 지목했다. 그는 "역사상 처음으로 미국 대통령이 팔레스타인의 고집스런 요구사항에 근접하는 협상안을 내놓았지만, 아라파트는 그것을 협상을 위한 기본조건으로조차 검토하기를 거부했다"고 말했다.[27]

그런데 핵심 인물들의 이러한 발언을 현직 부시 대통령도 믿었다는 것이 더 중요한 사실이다. 그랬기에 부시는 샤론의 저항에 고민했고, 특유의 모순어법으로 아라파트가 아닌 새로운 지도자를 뽑기 위해 자유선거를 실시해야 한다고 팔레스타인 사람들에게 요구했으며, 전세계에서 발생하는 테러를 팔레스타인의 테러로 간주했고, 평화협상을 진행하기 전에 모든 폭력을 중단할 것을 요구했으며, 아라파트를 만나거나 유엔에서 그와 악수를 나누는 것조차 거절했던 것이다. 비록 부시의 행동과 태도가 선동적인 경향이 있더라도, 만약 그런 통설이 진실이라면 대안을 찾기란 무척 힘들었을 것이다. 그런데 그것이 만일 진실이아니라면 어땠을까?

나는 그 협상에 참가한 미국, 이스라엘, 팔레스타인 협상가들과 대부분 적어도 한 번씩은 이야기를 나누어보았는데, 그럴 때마다 나는 마치 〈라쇼몬(羅生門)〉이라는 일본 영화를 볼 때와 비슷한 인상을 받았다. 그 영화에서는 전혀 다르게 보이는 몇 가지 사건들과 연관이 있는 한 가지 사건에 몇 사람이 연루된다. 아라파트와 그의 수석 협상가는 협상안을 거절했다는 사실을 부정하면서 팔레스타인 측이 협상안을 거절했다고 고집하는 바라크를 협상을 결렬시킨 장본인으로 지목했다. 미국의 협상단에 참가한 로버트 맬리(Robert Malley)의 분석은 더욱 흥미롭다. 그는 어느 글에서 그 동안 진행된 협상들에 대해서 '수정주의적인' 평가를 내리고 있었는데, 그것은 내가 연구조사와 인터뷰를 통해서 얻은 결론과 거의 일치했다.

맬리는 우선 아라파트가 관심을 기울인 것은 준비시간 부족과 협상을 결렬시킬 수도 있는 위험요소들이었다고 확신했다. 2000년 6월 15일 그는 클린턴에게 모든 것이 "대통령의 표정 하나로 뒤바뀔" 수도 있다는 점이 우려된다는 말을 전했다. 이어서 그는 "정상회담은 우리가 내놓을 수 있는 마지막 카드입니다. 그것을 정말 사용할 참입니까?"[28] 라고 클린턴에게 물었다고 한다. 클린턴은 그럴 참이라고 대답했고, 아라파트는 큰 기대도 없이 단지 미국의 분노를 사지 않기 위해 회담에 응했다.

바라크의 염원과 아라파트의 그런 동기가 저변에 깔린 회담은 실제로 가능할 것처럼 보이던 상호 이해를 더 어렵게 만들었다. 이스라엘의 수상은 느리고 완만한 절차를 명시한 오슬로 평화협상안에 깊은 의구심을 갖고 있었다. 그가 보기에 그 협상안은 점령지에서 이스라엘군이 철수할 것을 요구하는 듯이 보였다. 왜냐하면 이스라엘은 아무런 실질적인 성과도 올리지 못한 채 팔레스타인 사람들의 요구사항에도 확실히 대처하지 못하는 점령군을 운용하기 위해서 너무 많은 비용을 투입하고 있었기 때문이다. 이처럼 빼도 박도 못 하는 상황에서 가중되고 있는 팔레스타인 지역의 불안은 점령군을 좀더 조속히 철수시켜야 한다는 바라크의 압박감을 가중시켰다.

그 와중에 바라크가 제시한 극적인 평화협상안은 선거 전 여론조사에서 그의 정치적 입지를 약화시키는 계기로 작용했다. 그가 그런 극적인 제안을 한 것은 모든 사정을 고려할 때 지루한 공방전을 피해서 일거에 상황을 역전시키는 것이 낫다고 판단했기 때문이다. 그는 게임의 마무리에만 초점을 맞추고 있었기 때문에 중간에 검토할 필요가 있던 여러 가지 절차를 등한시했다. 특히 그가 검토했어야 할 가장 중요한 절차는 이스라엘이 오슬로 평화협상안에 따라 공식적으로 약속한 요르단 강 서안지역 점령군의 철수, 예루살렘 근방 세 개 마을에 대한 관할권의 팔레스타인 이양과 관련하여 삼자의 입장을 정리하는 것이었다. 그러나 바라크가 마지막 카드를 꺼내자마자 요르단 강 서안지역의 이스라엘인 거주지 확대는 가속되었다. 바라크는 그래도 전혀 문제가 없다고 생각했을 것이다. 왜냐하면 최종적인 평화를 위한 담판만 성공적으로 이끈다면 모든 문제는 자연스럽게 해결될 것이기 때문이다.

아라파트는 물론 협상이 어려울 것이라고 보았다. 바라크와는 다른 이유에서 오슬로 평화협상안이 지루하고 복잡한 절차를 요한다고 보았기 때문이다. 팔레스타인 사람들에게 오슬로의 약속은 끊임없는 불만만 야기할 뿐, 언제 이행될지도 모르는 공약(空約)처럼 보였다.

"협정 체결 후 6년이 지났지만, 이스라엘 이주민들은 더 늘어난 반면 우리의 이동의 자유는 더 축소되었고 경제사정은 더욱 악화되었다."

이런 실정과는 반대로 점령군 철수 문제와 급증하는 이주민 문제에 대한 바라크의 무관심은 이스라엘과 바라크에 대한 아라파트의 의심만 굳게 만들었다. 아라파트는 정상회담에 참석할 것을 다시 한 번 약속하면서 클린턴에게 준비기간을 좀더 달라고 부탁했고, 그와 동시에 이스라엘에 대해 점령군을 철수하겠다는 이전의 약속을 일부라도 이행하도록 압력을 넣어주기를 요청했다.

아라파트의 관심에 일부나마 공감하고 있던 클린턴은 최종 협상과 함께, 혹은 협상과 무관하게 이스라엘군을 철수시킨다는 약속을 바라크에게서 받아내도록 노력하겠다는 뜻을 전했다. 클린턴은 또한 "일방적으로 한쪽을 몰아붙이는 일은 없을 것"이라고 말하면서, 만일 협상이 결렬되더라도 그에 대한 어떤 비난도 없을 것이라고 아라파트에게 약속했다. 그러나 드러난 결과만 보면, 협상 준비기간은 늘어나지 않았고 이스라엘군의 철수도 이루어지지 않았다. 결국 아무 선택권도 없던 아라파트만 약속대로 회담에 참석한 셈이었다.

캠프데이비드 회담에서 미국이 중재하는 협상 테이블에 마주앉아 흥정을 벌이며 서로에게 요구사항을 제시한 이스라엘과 팔레스타인 양측 협상단의 태도는 알려진 것과는 무척 달랐다. 바라크와 아라파트는 결코 실질적인 대화를 나누지도 않았고, 대부분의 시간을 각기 따로 마련된 방에 머물면서 두 방을 분주히 오가는 미국인들을 통해서만 서로의 생각과 반응들을 접했다. 나는 여기서 심사숙고 끝에 '생각들'이란 말을 선택했는데, 그것은 두 사람이 각자의 제안을 적은 어떤 공식적인 메모나 문서도 주고받지 않았기 때문이다. 미국인 전령들이 그들의 말을 받아적어 가서 읽어주는 식으로 의사를 주고받았지만, 사실 그렇게 전달된 말들은 모두 형식적인 것뿐이었다. 바라크의 생각들이란 것도 이스라엘 측의 제안이라기보다는 미국 측이 요약한 전달사항에 불과했고, 단지 이스라엘 측이 그 생각들을 기꺼이 협상의 근거로 사용했다는 점에서만 효력이 있을 뿐이었다. 물론 아라파트도 그런 견지에서 생각들을 전달했을 것이다.

이런 상황에서 미국 측 협상팀은 양측이 요구하는 하한선도 모른 채 회담이 고품격으로 진행되도록 돕는 일 외에는 애초에 계획한 바를 추진하지 못하고 있었다. 즉 미국의 중재자들은 한편이 목표를 향해 접근하는 듯이 보이면 반대편에 유리한 의견을 유도하는 정도에 머물렀다. 그럴 때마다 팔레스타인 측의 커다란 취약성이 드러나곤 했다. 그런데도 팔레스타인 측은 예리코의 에레카트도 나에게 말한 바 있는 특유의 창의력을 발휘했다.

　팔레스타인 측은 일부 중요한 이주민 주거지를 이스라엘이 합병하는 대신 다른 땅을 요구한다는 발상을 떠올렸다. 또 이스라엘 측이 일부 팔레스타인 난민들의 귀향권을 인정하여 제한적으로라도 이스라엘로 귀향할 수 있도록 허가한다면 동예루살렘의 유대인 구역에 대한 이스라엘의 통치권을 보장하겠다는 뜻도 밝혔다. 그러나 궁극적으로는 미국의 협상단에게 일관된 평화 정착 계획을 제시하기 힘들다는 의사를 분명히 전달했다. 팔레스타인 측이 그런 제안을 한 데는 몇 가지 요인이 작용하고 있었지만, 그 이유를 완전히 알 수는 없었다. 단지 그들이 모호하고 임의적인 협상안들을 일찌감치 포기해 버렸다는 느낌만은 분명했다.

　따라서 만약 이런 제안들이 협상 게임을 위해 굴리는 마지막 구슬이었다면, 그것들은 수정구슬만큼이나 투명해야 했고, 또 어떤 상상의 여지도 남겨두지 않는 명확한 문구의 협상안이 작성되어야만 했다. 그러나 이번이 정말 마지막 게임인지 아닌지조차 아직 명확하지 않았다. 바라크는 최종적인 서명을 할 입장이 결코 아니었기 때문이다. 물론 협상안은 이미 바라크의 마음속에 22개 조항의 초안으로 마련되어 있었다. 그러나 바라크는 아라파트가 진지하게 협상에 임하기 전에는 마음먹고 있던 최종안을 내보이기 싫었다. 그런 반면에 아라파트는 바라크가 최종안을 내보이기 전까지는 아무것도 할 수 없다고 생각했다.

　또다른 요인은 사분오열되어 있던 팔레스타인 내부의 정치적 상황이었다. 늙은 아라파트가 협상에 성공할 조짐이 보이자 팔레스타인 협상단에서 내부분열이 일어난 것이다. 결국 팔레스타인 협상단은 미묘하면서도 중대한 위험을 내포하고 있는, 그리고 어쩌면 '다음 협상을 위한 기안'이 될지도 모르는 미국의 생각들을 수용하려는 듯이 보였다.

그들에게 일면 유리하게도 보이는 그 생각들은 난민들에 대해 침묵했을 뿐 아니라 영토 교환 문제에도 불공평한 측면이 있었으며, 성전산 지역과 예루살렘의 아랍인 거주지 대부분을 이스라엘의 통치하에 둔다는 내용을 담고 있었다. 팔레스타인 측은 그런 제안들을 수용하면서도, 다각적인 유엔 결의안에 대한 이스라엘의 책임 문제에서 불확실한 미국의 생각들로 논쟁의 초점이 이행함에 따라 팔레스타인의 근본적인 입지가 약화될 수 있다는 두려움을 느끼고 있었다. 그럼에도 협상단을 괴롭힌 문제는 아라파트가 더 나은 제안을 하지 않는 이유를 모른다는 것이었다. 내가 만나본 몇몇 주요 팔레스타인 지도자들은 아라파트가 좋은 기회를 놓쳤다고 생각한다는 말을 했다.

한편 미국은 이스라엘이 지난 35년간 추진해 온 이스라엘인들의 팔레스타인 이주정책을 불법행위라고 불렀다. 그런데 바라크는 미국 측으로부터 이주민을 철수시키라는 압력은 고사하고 이주정책을 중단하라는 압력조차도 받지 않았다. 클린턴과 그의 협상단은 협상의 타결을 비롯하여 타결수단들과 상당한 이해관계를 가진 강력한 지휘자로 행동하기보다는 양측의 말을 전달하는 전령처럼 행동했다. 이렇듯 다양한 이유로 캠프데이비드 정상회담은 아무런 성과도 없이 막을 내렸다.

하지만 그것으로 모든 논의가 끝난 것은 아니었다. 3자간의 대화는 2000년 가을을 지나 12월 23일까지 계속되었다. 임기를 채 한 달도 남겨놓지 않은 시점에서 클린턴은 팔레스타인에 좀더 많은 영토를 제공하고, 팔레스타인 난민들에게 가능하다면 (이스라엘이 아닌) 새로 건국된 팔레스타인 국가로 귀환할 권리를 부여하며, 예루살렘에서 팔레스타인이 좀더 강력한 입지를 갖게 한다는 내용이 포함된 새로운 제안을 하고 나섰다. 아라파트는 여전히 신중한 태도를 보이고 있었다. 그는 2001년 1월 2일 클린턴과 만난 자리에서 다음과 같은 말을 바라크에게 전달해 달라고 부탁했다.

"나는 당신(바라크)이 제시하는 매개변수를 인정하면서 꼭 말하고 싶은 몇 가지 견해를 가지고 있습니다. 동시에 우리는 이스라엘이 우리에게 설명해야 할 견해들을 가지고 있다는 것도 알고 있습니다."

이 시점에서 바라크는 클린턴과 은밀히 교감을 나누면서 자신의 속셈을 발전시켜 온 것으로 드러났다. 3주 후 클린턴은 무대에서 퇴장했지만, 이스라엘과 팔레스타인의 협상단은 타바에서 직접 얼굴을 맞대고 회담을 계속했다. 이 회담이 막을 내린 것은 어느 한쪽이 협상안을 거부했기 때문이 아니라 회담 전에 실시한 이스라엘 총선의 결과가 나왔기 때문이었다. 회담의 진행과 팔레스타인과의 공동성명서 채택을 위임받고 있던 바라크는 "양측은 공히 서로 어떤 합의에도 도달하지 못했다고 선언했다. 그리고 우리는 해소하지 못한 양측의 견해차에 대해서는 이스라엘의 총선이 끝난 후 다시 일련의 협상들을 재개함으로써 접근로가 모색될 수 있을 것이라는 믿음을 공유했다"[29]고 언급했다.

아리엘 샤론 신임 이스라엘 수상은 즉각 타바 회담을 무효로 선언하고, 더 이상의 평화회담에도 반대한다고 밝혔다. 바라크가 선거에 패한 이유 중에는 9월 말부터 폭력사태가 급증하면서 그가 선도한 평화정신의 신뢰성이 훼손당했다는 점도 있었다. 또다른 이유로는 아라파트를 비난해 온 정통파들이 아라파트가 캠프데이비드 협상 결렬을 빌미로 이스라엘에 더 많은 양보를 얻어내기 위한 압력으로 폭력사태를 계획하고 부추겼다고 생각한 점을 들 수 있다. 그러나 정황을 주의 깊게 살펴보면 그림이 좀더 복잡하다는 사실을 알 수 있다.

9월 하순이 되면서 샤론이 성전산 지역을 점령할 계획을 가지고 있다는 것이 알려졌다. 아라파트는 바라크의 집으로 찾아가 점령계획을 중단시켜 달라고 간청했지만, 바라크는 아라파트처럼 안타까운 말

투로 자신은 아무것도 할 수 없는 처지라고 말해주었다. 바라크는 이어서 그런 계획은 이스라엘의 국내정치와 관련된 문제이자 팔레스타인 안보 담당 관리들이 협조를 구해야 할 사항일 뿐, 연발하고 있는 폭력사태와는 무관하다고 말했다.

하지만 이런 견해는 그 당시 양식이 있는 관측자라면 모두 갖고 있었을 견해와는 다른 것이었다. 데니스 로스는 샤론의 점령계획에 관해서 "나도 사악한 생각을 많이 할 수 있지만, 샤론의 생각보다 더 사악한 생각은 하지 못할 것이다"라고 말했다. 샤론의 반평화 · 반팔레스타인 노선이 악명을 떨치면서 불안감이 확산되는 가운데서도 확실한 것은 샤론이 도발을 감행하리라는 것이었고, 또 그런 도발이 샤론에게 유권자를 배당할 시점도 이미 계산된 것처럼 보였다.

9월 28일 샤론은 흔히 1,000명에 달하는 경찰 간부들이 수행하던 거창한 산책도 하는 듯 마는 듯 금방 끝마쳤다. 다음날 곳곳에서 시위가 발생하면서 폭력사태로 발전하여 몇 주간이나 지속되었다. 전직 미상원 다수당 지도자 조지 미첼(George Mitchell)이 제출한 보고서에 따르면, 모 위원회의 위원장이 폭력사태를 유발하기 위한 공작을 펼쳐 팔레스타인 사람들의 대규모 비무장시위를 촉발했고, 그 시위대와 이스라엘의 대규모 경찰진압대가 충돌하면서 폭력사태가 발생했다는 것이다. "팔레스타인 시위대는 통곡의 벽 부근에서 돌을 던지기 시작했다. 경찰들은 시위대를 해산하는 과정에서 실탄을 발사했고, 그로 인해 4명이 죽고 200명이 중경상을 입었다." 이스라엘 경찰도 14명이 부상을 당했다. 그후 석 달간 팔레스타인 측 사망자 수가 급증했다. 미첼의 보고서에 따르면 "인명사고의 대부분은 팔레스타인 사람들이 사용한 총기나 폭탄과는 무관한 사고였다."[30]

시위가 발생한 지 일주일이 지날 무렵 60명이 넘는 팔레스타인 사람들이 5명의 이스라엘 병사들에게 살해되자, 국제단체들은 이스라엘 군이 무력을 지나치게 사용하고 있다고 항의했다. 내가 이야기를 나눠본 몇몇 이스라엘 사람을 비롯하여 수많은 팔레스타인 사람들은 이스라엘 군부가 서서히 우익세력에게 장악되면서 샤론의 충복이 되어버린 나머지, 평화회담을 결렬시키고 점령지로의 대규모 이주정책을 재개할 정당성을 제공하는 인티파다를 촉발하기 위해 의도적으로 과도한 폭력을 사용한다고 믿었다.

하지만 나는 그런 관측의 진위 여부와는 별도로 팔레스타인 사람들을 미화한다거나, 아니면 캠프데이비드 협상 결렬이나 과거 20여 년간 그 지역을 폐허로 만들어버린 폭력의 책임을 묻는 비난과 저주로부터 그들을 면제시켜 주고 싶은 생각은 없다. 많은 팔레스타인 사람들도 인정하듯이, 나는 아라파트가 좀더 적극적이고 창의적으로 캠프데이비드 협상에 임하지 않은 커다란 실책을 저질렀다고 믿는다. 그러나 협상 결렬과 폭력사태의 책임이 오로지 아라파트에게만 있었던 것은 아니다. 또 그런 사태들이 아라파트가 이스라엘을 파멸로 몰아넣는 데만 몰두해 왔다는 사실을 증명하는 것도 아니었다.

이러한 나의 견해는 실질적인 문제를 제기한다. 전통적인 견해들이 틀렸음에도 미국의 정책은 그런 견해들을 근거로 수립되고 있다. 그리하여 미국인의 행동은 미국이 최소한 몇 개국만이라도 우방국을 필요로 하는 바로 그 시점에서 미국의 세계적인 고립을 가속화시키고 있는 것이다. 이런 사정은 텔아비브 주재 미국 대사관의 한 고급관리가 나에게 해준 상황설명을 통해서도 짐작할 수 있다.

"이스라엘 정권은 언제나 연합정권이기 때문에, 극단적인 정당들이 분에 넘치는 권력을 획득할 수 있고, 그 덕분에 이스라엘은 이주정책과 '큰 이스라엘주의' 강경파들의 볼모로 쉽사리 전락할 수밖에 없습니다. 그런 정당들은 또한 유대인의 국가를 원하고, 그런 유대인 국가에 대한 욕망과 결합된 땅에 대한 욕망은 필연적으로 얼마간의 인종청소 내지는 남아프리카공화국식의 인종차별 가능성을 내포하고 있게 마련입니다. 유일한 실용적인 해법은 아마도 미국이 NATO와 연합하여 일정한 형태의 평화를 강제적으로 정착시키는 방법일 것입니다. 그러나 미국의 이스라엘계 기독교인들이 로비활동을 벌여 이스라엘을 2,000% 배후 지원하면서 미국 의회를 조종하고 있기 때문에 그런 일은 불가능할 겁니다."

여기서 나는 로비스트들과 의회와 백악관이 회개하지 않는 한 미국은 앞으로도 이스라엘 이주민들의 거주지 확대를 위해 수십억 달러의 비용을 쏟아부을 수밖에 없다는 점만을 언급해 두고자 한다. 이런 거주지 확대 지원정책은 폭력을 촉진하고 잔인한 복수극을 양산할 것이고, 그것은 세계로 하여금 미국을 더욱 심하게 따돌리게 하는 원인이 될 것이다. 그리고 모든 국가가 필사적으로 염원하는 평화는 더욱 요원해져 갈 것이다.

대만

중국은 세계에서 인구가 가장 많고, 급속도로 발전하고 있을 뿐 아니라 양적인 면에서 가장 많은 부를 소유한 최강대국 중 하나다. 그런 중국과 미국의 관계는 어쩌면 세계에서 가장 중요하면서도 대칭적인 관계일 것이다. 1972년 '중국 개방' 정책을 추진한 이래 미국의 대중국 정책의 목표는 미중관계를 정상화하고 중국이 중앙집권적인 계획경제 체제와 사회주의 정치체제를 단념하도록 유도하는 것이었다. 어떤 면에서 미국의 정책은 실질적인 성공을 거두어왔다고 할 수 있다. 세계적인 기업의 공장들이 중국에 입주하게 되었고, 미국의 기업만 해도 무려 400억 달러에 달하는 자금을 중국에 투자했다.[31] 중국은 또한 미국의 전폭적인 지지를 받으며 세계무역기구에 가입했고, 미국에서도 중요한 투자국이 되었다. 중국은 자본주의를 도입하면서 사회와 정치체제 역시 대대적인 개방의 물결을 타고 있다. 아직 민주주의는 요원하지만, 국민들의 일상적인 권리와 자유는 대단히 늘어났다.

이렇게 본다면 중국과 미국의 관계는 별 문제가 없는 것 같다. 그러나 미중관계에 걸림돌이 되는 요인이 하나 있는데, 그것이 바로 대만-중국 관계에 대한 미국의 간섭이다.

중국인들은 주권국가 여부와 준식민지 체제의 마지막 잔재 탈피 여부를 대만의 지위와 관련된 근본적인 문제로 이해한다. 또 중국 본토에서는 1949년 일단락된 중국 내전의 종식 여부도 중요한 문제로 여긴다. 중국인들은 외국이 대만문제에 개입하는 것을 용납할 수 없는 내정 간섭으로 이해한다. 약간의 상상이 가미된 비유를 통해서 이 문제를 좀더 쉽게 이해해 보기로 하자.

내 딸은 하와이 제도의 마우이(Maui) 해협과 카훌라웨(Kahoolawe)라는 무인도가 내려다보이는 마우이 섬에 집을 한 채 가지고 있다. 최근 몇 년간 폴리네시아 제도에서 대대로 살아온 원주민의 후손들은 하와이 독립운동을 추진해 왔다. 여기에서 하와이의 독립투사들이 카훌라웨 섬을 점령하여 신하와이 왕국의 독립을 선포했다고 상상해 보자. 미국의 해안순찰대나 해군이 그들을 진압하기 위해 나설 것은 불을 보듯 뻔한 일이다. 그런데 그때 중국인들이 나서서 신하와이 왕국을 보호하기 위해 마우이 해협으로 해군을 파병한다고 가정해 보자. 물론 나는 그런 일이 발생하지 않으리라는 걸 알지만, 만에 하나라도 그런 일이 발생한다면 아마도 모든 미국인이 그것을 자신들의 신경을 건드리는 모욕적인 행위로 간주할 것이다.

2002년 봄에 나는 중국을 여행하면서 중국인들도 정확히 그런 모욕감을 느끼고 있다는 것을 알았다. 만나는 사람마다 처음부터 또는 마지막에 미국의 대만에 대한 개입문제를 화제로 삼으면서 "왜 미국은 모든 중국인들이 지대한 관심을 갖고 있는 문제를 건드려 위험한 전쟁을 벌이고 싶어하느냐?"고 내게 물었다. 정말 왜 그럴까? 답을 구하기 전에 먼저 이런 혼란의 원인이 무엇인지 알아보기로 하자.

2001년 4월 24일 미국은 대만에 무기를 대량으로 판매할 것이라고 밝혔다. 40억 달러어치의 무기 중에는 4대의 구축함과 10대의 대(對)잠수함 전투기를 비롯하여 어뢰는 물론 크루즈 미사일까지 발사할 수 있는 8대의 잠수함도 포함되어 있었다. 미 행정부가 공격용이 분명한 무기를 대만에 판매하는 것은 사상 처음 있는 일이었다. 게다가 이런 무기 판매와 더불어 미국이 대만의 군대가 첨단 무기체계를 운용할 수 있도록 대만 군사들에 대한 훈련을 확대한다는 데 합의했다는 예기치 않은 발표도 나왔다.

그런데 그 발표는 주미 중국 대사가 미국이 주최한 오찬간담회에 참석하여 "중미관계가 기로에 섰습니다. 대만에 대한 미국의 첨단무기 판매는 중국의 주권을 위협하고 손상시킬 수 있을 뿐 아니라 중국의 한 섬에 근거지를 둔 분리주의 세력들의 용기를 부추기는 위험한 행위가 아닐 수 없습니다"[32]라고 주장한 지 채 몇 시간도 지나지 않아 이루어졌다. 무기 거래는 대만(특히 중국으로부터의 독립을 추진하고 있는 대만인들)과 미국의 로비스트들에게는 커다란 승리였다(그런 로비스트들 중에는 대만으로부터 많은 지원금을 받고 있던 미국의 주요 연구집단과 짝을 이룬, 거대한 군함 조선소가 있는 미시시피 주 출신 공화당 상원의원 트렌트 로트도 포함되어 있었다). 그들은 중국과의 관계 개선을 도모하고 있던 클린턴 정부 시절 대만에 대한 무기 판매를 건의했다가 좌절당한 경험이 있었다.

하지만 더욱 놀라운 것은 다음날 나온 부시 대통령의 논평이었다. 부시는 대만이 미국의 군사력 전체를 필요로 하는 처지에 있지만, 그나마 미국이 무기를 판매함으로써 "어떤 식으로든 대만의 자주국방에 도움이 되었을" 것이라고 말했다.[33] 중국이 이 발언을 "공개적인 도발"이라고 비난하고 나섰음에도, 이후 몇 달 동안 미국 국방부 고위당국자들을 '비공식적으로' 만나기 위한 대만군 장성들의 예기치 않은 미국 방문이 이어지면서 미군의 대만 군대에 대한 군사훈련이 확대되고 대만 군대와 미군의 협조체제가 마련되었다.

이 모든 과정에 내포된 문제이자 베이징을 격분에게 만든 이유는 그것이 중미관계를 규정하는 세 가지 핵심적인 문건 중 하나인, 1982년 8월 17일 발표된 중미 공동성명의 정신과 내용을 완전히 무시하는 처사였기 때문이다. 그 성명서에서 미국은 "중국의 주권과 영토의 통일성을 침해하거나, 중국의 내정에 간섭하거나, '두 개의 중국' 또는 '하나의 중국, 하나의 대만'과 같은 정책을 추진할 의도가 전혀 없다"는 것을 거듭 밝히고 있었다. 미국은 또한 "대만에 대한 장기적인 무기 판매 정책을 추진하지 않을 뿐 아니라, 설사 대만에 무기를 판매하더라도 양적으로나 질적으로나 도를 넘지 않도록 할 것이고, 대만에 대한 무기판매량 역시 미국과 중국이 국교를 맺은 시점을 전후로 한 몇 년간의 수준으로 제한하여, 최종적으로는 무기거래를 중단하는 방향으로 점진적으로 줄여나갈 것이다"라고 밝히고 있었다.

그러나 미국이 이런 협정을 위반하는 행보를 보인 것은 이번 한 번만이 아니었다. 1992년 미국 대통령 선거운동이 한창일 때 전직 부시 대통령은 텍사스에서 자신의 정치적 기반을 확고히 하기 위한 노력의 일환으로 텍사스의 전투기 제조회사들이 제작한 (중국 본토에서 개발한 어떤 전투기보다 성능이 월등한) F-15전투기 150대를 대만에 판매할 것이라고 공약했다. 그와 동시에 부시는 흔히 중국 관련 로비 혹은 최근에는 대만 관련 로비로 유명한, 반(反)중국노선을 표방하는 공화당 내 우파의원들의 비위를 맞추고자 했다. 이런 사정을 좀더 자세히 알려면 여기에서 역사를 잠시 되돌아볼 필요가 있다.

19세기 후반에서 20세기 초반 사이에 중국은 미국의 프로테스탄트 전도사들을 받아들여야 할 운명에 놓여 있었다. 중국 당국은 중국의 '구원'에 필요한 등불을 밝힐 석유를 공급하기 위한 상업적인 목적에 걸맞게 전도단을 대우해야만 했다. 어린 시절 내가 다니던 교회에서 이따금 중국으로 전도사들을 파견했다는 것을 나는 기억하고 있다. 그런 전도단에는 시어도어 화이트(Theodore White)가 미국에서 가장 강력한 여론 형성자라고 묘사했던 〈타임〉의 창간자이며 편집자인 헨리 루스 (Henry B. Luce)의 부모도 포함되어 있었다. 화이트는 또한 "루스는 기독교의 목적과 미국의 목적은 가장 단순하고 간단한 형태로 일치된다고 생각했으며, 나아가 그런 목적 아래 중국 사람들도 끌어안을 수 있을 것이라고 생각했다"[34]고 썼다.

그런 목적을 수용한 중국인 중에는 1937년 〈타임〉이 '올해의 부부'로 선정하기도 했던 장제스(蔣介石) 총통과 그의 부인도 있었다. 국민당 혹은 중국민족주의당 지도자였던 장제스는 잃어버린 중국 군부에 대한 지배력을 탈환하기 위해 노력하며 중국 통일운동을 추진하는 과정에서 옛 동지였던 마오쩌둥이 이끄는 중국공산당의 완강한 저항에 부딪히긴 했지만 몇 가지 성과를 거두었다. 장제스의 부인 메이링은 당시 중국어 성경 출판자금을 대기도 한 중국 최고의 부자 쑹(T. V. Soong)

의 딸이었다. 메이링은 웰레슬리 대학을 졸업한 감리교 신자로, 장제스를 기독교로 개종시키는 데 결정적인 역할을 했다. 중국을 2차 대전의 위기 속으로 몰고 갔을 뿐 아니라 루스와 전도사들을 중국에 불러들인 것도 바로 이 두 사람이었다. 당시 〈미셔너리 리뷰 오브 더 월드〉에는 "중국은 지금 중국 역사상 가장 계몽되고 애국적이며 유능한 지도자들을 보유하고 있다"[35]는 글이 실리기도 했다.

하지만 그것은 중국-버마-인도 전역(戰域)의 미군을 지휘하던 조셉 스틸웰(Joseph Stilwell) 장군이 장제스의 참모장으로서 장제스 부부와 함께 활동하면서 갖게 된 견해와는 다른 것이었다. 중국어를 유창하게 구사한 스틸웰은 그 특유의 솔직한 견해 때문에 '신랄한 조(Joe)'라고 불렸다. 그는 마오쩌둥과의 국공합작이 결정적인 파국으로 치달으면서 일본과의 싸움보다는 군자금을 아끼는 데만 관심을 쏟는 장제스에게 실망감을 느꼈다. 그리고 몇 년 후 그는 이렇게 잘라 말했다.

중국의 문제는 간단하다. 우리는 무식하고, 교양 없고, 미신에 사로잡힌 빌어먹을 시골뜨기와 동맹을 맺고 있다.[36]

스틸웰은 공산주의자들은 잘 훈련되고 굳셀 뿐 아니라 일본에 대한 전의로 불타는 반면, 장제스의 병사들은 지휘관들이 군자금을 착복하는 바람에 굶주리고 보수도 제대로 받지 못할 뿐 아니라 일본과의 싸움보다는 공산주의자들과의 싸움에 더욱 열을 올리고 있다는 사실을 발견했다. 스틸웰은 독재의 형태를 띠는 장제스 체제를 개혁하기 위해 용감히 싸웠을 뿐 아니라, 일본군과 싸우고 있는 공산주의자들과 함께 싸울 수 있도록 중국군을 실전에 배치할 일정한 권한을 획득하기 위해 노력을 아끼지 않았다.

하지만 장제스의 부인은 그녀의 매력과 인맥, 루스가 아낀 언론을 동원하여 스틸웰을 제거하는 데 열중했다. 화이트는 그런 상황을 잘 설명하고 있다.

"나는 중국 정부가 완전히 통치력을 상실했다고 믿기 시작했다. 그(장제스)는 우리에게 쓸모없을 뿐 아니라 우리보다 훨씬 중요한 그의 국민들에게도 쓸모가 없었다. 스틸웰의 방식이 성공했다면 공산주의자들이 중국을 차지하지도 못했을 것이고, 또 만일 공산주의자들이 중국을 차지했더라도 공산주의자들과 우리가 연합하여 중국을 통치했거나, 아니면 적어도 우리가 공산주의자들의 적으로 간주되지는 않았을 것이다."

그러나 스틸웰의 방식은 성공하지 못했다. 일본이 항복하자 중국인들은 서로 파국으로 치달은 장제스의 국민당과 마오쩌둥의 공산당이 벌이는 격심한 대립의 참극에 휩싸이게 되었다. 미국은 국민당에 수십억 달러의 원조금을 비롯하여 막대한 장비와 무기들을 지원했지만 무용지물이었다. 중국공산당은 미국이 원조한 무기로 무장한 장제스의 군대를 마치 썩은 짚단 베듯 몰아치면서 거침없이 진군했고, 수많은 포로를 사로잡았다. 그것은 마치 미국인이 국민당의 군대를 배달부 삼아 중국공산당에게 무기를 공급하는 형국과 다름없었다. 화이트는 그런 무능한 군대체제와 정권의 부패상을 두고 마치 미국이 "태머니 홀(Tammay Hall)의 가장 추악한 모습과 스페인의 종교재판"[37]을 한데 합친 듯하다고 묘사했다. 그러나 루스는 그런 홍보를 "나의 세계관을 파괴한다"는 이유로 기사화하지 않았다.

루스만이 차마 진실을 접할 수 없었던 유일한 사람은 아니었다. 화이트가 〈타임〉에 기사화되지 않을 소식을 전하는 동안, 존 서비스(John Service)를 비롯한 주중 미국 외교대표부의 중국 전문가집단은 미국 고위관리들이 읽지 않을 비슷한 전문을 워싱턴으로 보내고 있었다. 끝내 화이트는 〈타임〉을 떠났고, 중국공산당은 중국 본토를 접수했으며, 장제스는 중국의 금괴를 대만으로 실어 날랐고, 그와 그의 부인은 여전히 루스의 애인들로 남았으며, 존 서비스는 조 매카시(Joe McCarthy) 상원의원과 더불어 탄핵을 당했고, 보수우파들은 군부를 비롯한 그 잘난 중국 전문가들에게 "중국을 빼앗겼다"고 비난을 퍼부어댔다.

한편 대만에 안착한 장제스는 몇천 명에 달하는 반대파 인사들을 숙청했고 근 40년간이나 군림할, 군법을 남용하게 될 국민당 독재정권을 수립했다. 그는 자신이 수립한 정부를 중국에서 유일한 합법정부로 유지하고 중국 본토 탈환을 위한 거점으로 삼고자 했다. 세계 대부분의 국가들은 약간의 시차는 있지만 신속하게 마오쩌둥의 공산당 정권을 대만을 제외한 중국 전역을 통치하는 정권으로 승인하고 베이징과 공식적인 외교관계를 수립했다. 그러나 미국은 달랐다. 미국은 1972년 닉슨이 과거로 돌아가 중국에 대한 문호 개방을 현실화하기 전까지 23년 동안 대만의 장제스 정권을 중국의 합법정부로 인정하는 허위의식을 견지했다.

이러한 허위의식을 실천할 수 있었던 배경에는 한국전쟁과 관련한 중국의 로비가 있었다. 1949년 장제스가 대만에 안착하자마자 딘 애치슨 미 국무장관은 포모사(Formosa, 대만)를 미국의 기본 방어선에서 제외한다고 선포했다. 대만이 미국의 방어선에서 제외됨으로써 중국공산당이 대만을 신속히 접수하여 내전을 마무리 지으려 할 것은 의심할 나위가 없었다. 그런데 한국에서 전쟁이 터지면서 미국의 제7함대가 대만해협으로 파견되었다. 그후 한 세대가 지나자 〈타임〉, 종교단체들, 그리고 상원의 월터 조지(Walter George), 존 포스터 덜레스(Jon Foster Dulles), 딘 러스크(Dean Rusk) 같은 정치지도자들은 대만의 장제스 정권을 붕괴시키는 것이야말로 자유와 민주주의의 승리라고 미국 국민들을 설득했다.

베이징과의 관계를 회복하기 위하여 닉슨에게 필요한 속임수는 미국이 이전처럼 대만을 지지하는 듯이 보이면서도 장제스를 깎아내리는 것이었다. 이것은 이른바 '창조적인 양다리 걸치기'와 교묘한 수사학을 통해서 이루어졌다. 1972년 닉슨이 중국 방문을 마치면서 이루어진 상하이 공동성명을 통해서 미국은 장제스 정권이 중국의 합법정부로서 곧 중국 본토를 접수할 수 있을 것이라는 허구를 유지할 가능성을 획득했다. 성명서에서 중국은 대만이 중미관계 정상화를 저해하는 결정적인 걸림돌이 되고 있다는 사실을 확인하면서 중국의 일부로 통합되지 않는 어떤 형태의 대만의 지위에도 반대한다고 강조했다.

물론 이유는 달랐지만 장제스도 중국과 같은 견해를 갖고 있었기 때문에, 미국은 "대만해협을 사이에 두고 단 하나의 중국이 아닌 모든 중국이 있다는 것을 인정하고, 대만이 중국의 일부라는 것도 인정한다"고 선언했다. 그것은 정직하지는 않았지만 현명한 선언이었다. 물론 미국은 현실적으로 그 선언에 일정한 책임을 져야 했다. 공동성명은 성명의 "궁극적인 목적은 대만에 주둔한 미군과 군사시설의 철수"라는 점을 확인하고 있었다. 그런데 '궁극적인'이라는 말은 '장기적인'이라는 의미로 해석될 수 있었고, 더구나 특히 대만에 대한 미국의 무기판매와 군사관계가 감퇴되지 않고 지속되는 한 미국 대사관도 대만에 존속할 수 있다는 의미로 해석될 수 있었다.

1979년이 되어서야 미국과 중국은 관계정상화에 동의하는 2차 공동성명을 발표하게 된다. 성명을 통해서 미국은 하나의 중국 원칙을 재차 확인하면서 대만과 몇 가지 공식적인 관계를 유지하는 것과 관련하여 중국의 합의를 이끌어냄과 동시에, 베이징에 미국 대사관을 설치하고 대만과 체결했던 상호방위협약을 파기하며 대만으로부터 미군을 철수하는 데 합의했다. 무기판매 문제는 미해결로 남았다. 이 문제로 인해 장제스의 아들이자 국민당 정권의 총통 장징궈(蔣經國)가 더 이상 대만의 통치권을 행사하지 못하게 될 것처럼 보였다. 그러나 장제스의 부인과 그녀의 의붓아들이 30년 동안이나 대만의 언론을 감시하며 군법으로 탄압해 왔음에도 미국에는 그들을 자유를 위해 싸워온 대표적인 인물로 미화하는 팬들이 남아 있었다.

그들은 또한 미 하원에도 친구들을 갖고 있었다. 카터 행정부는 미국의 외교적인 인식을 타이베이에서 베이징으로 이동시키기 위해 수많은 법조항을 변조하는 데 예산을 사용했다. 이렇게 마련된 온건한 법조문 초안은 매사추세츠 주 민주당 상원의원 테드 케네디와 뜻을 같이 하는 우리의 오랜 친구 제시 헬름스 상원의원이 주도한 친대만 의원들의 양당 제휴를 통해서 1979년 대만관계법으로 변형되었다. 그 법안은 (어떤 의미로 해석되든 상관없이) 대만의 자주국방에 충분할 만큼만 무기를 판매하고, 또 미국은 대만에 대한 어떤 강제나 강압도 거부할 것을 약속한다는 내용을 골자로 하고 있었다. 그 법안은 또한 타이베이에 대사관급 사무소를 설치하고, 대만에 연구기관을 개설하며, 워싱턴 DC와 결연을 맺은 민간단체를 창설하여 미 국무장관이 임명하는 외국인 이사들을 통해서 미국 정부의 보조금을 지원한다는 내용도 포함되어 있었다.

중국인이라면 이 법안을 미국이 2차 공동성명을 통해서 한 약속을 침해하는 법안으로 이해했을지도 모른다. 그리고 중국인들이 이 법안을 그런 관점으로 본 것도 사실이다. 그들은 그 법안에 대한 해명을 요구했고, 그것은 1982년 8월 3차 공동성명으로 이어졌다. 물론 중국인이 이 성명의 모든 내용을 만족스럽게 여기지는 않았다. 그들은 대만에 대한 미사일 방어전선을 구축하고, 1996년 실제로 몇 발의 미사일을 발사하기도 하면서 대만이 독립을 선포할 경우 선전포고하겠다는 경고를 보냈다. 그러나 미국이 대만 정권에게 홍콩과 같은 재통일을 위한 어떤 심각한 논의도 거부할 수 있다고 보장해 주자 그들은 실망했다. 그들의 행동이 종종 불쾌한 심사를 드러내면서 험악해지기도 했지만, 미국은 아무리 그래도 대만을 자신들의 나라라고 생각하고 있었다. 내가 앞에서 든 마우이 섬의 비유는 중국의 논쟁가들도 자주 인용하는 비유 가운데 하나다. 즉 미국에서 남북전쟁이 벌어지고 있을 때 중국이 남부연방을 지원하기 위한 군대를 파견했다면 어땠을까?

하지만 다행히도 우리는 이 질문에 반드시 대답할 필요가 없어졌다. 미국이 소련을 상대하기 위해 중국과 체결한 준동맹관계의 유용성이 냉전이 끝나면서 사라져버렸기 때문이다. 대만에서는 오랫동안 진행되어 온 민주정권을 수립하기 위한 노력이 결실을 맺기에 이르렀다. 그와 더불어 미국의 보수주의자들이 대만의 독립선언을 지지하자는 움직임을 보이기 시작하면서 때때로 격론을 벌이기도 했지만 다수의 지지를 얻지는 못했다.

그러나 지난 10여 년간 중국 경제가 급속히 발전하면서 대만의 기업가들이 중국 본토로 대거 몰려가 공장을 세우거나 투자를 하기 시작했다. 처음에 대만 정권은 중국 본토에 대한 투자나 첨단기술의 유출을 제한하기 위해 필사적인 노력을 기울였지만, 이미 205만 명의 대만 사람들이 상하이에 살고 있었고 그들과 합류하는 대만 사람들도 갈수록 늘어나고 있었다. 특히 최근 중국 거주 대만인들이 중국 본토의 경제발전의 등대요 견인차가 되고 있다는 사실이 드러나면서, 부시는 대만의 방위도 '대만 하기 나름'이라는 사실을 깨달았을 것이다.

실제로 내가 이 책을 쓰고 있는 지금, 그러니까 2003년 1월 24일 중국 본토와 대만 사이를 잇는 상업용 여객기가 1949년 이후 최초로 운항하기 시작했다. 이제 여객선으로 대만과 중국을 오가던 대만인들도 여객기로 하늘을 날아서 오갈 수 있게 된 것이다.

이야기꾼들의 도덕

이스라엘과 대만에 대한 미국의 정책은 미국에 엄청난 손실을 입혔을 뿐 아니라 미국의 현실관을 왜곡시켜 미국에 대한 불필요한 긴장감과 적대감을 양산했다. 이러한 왜곡은 강력한 이익집단들의 이해관계에 따라서 또는 그들의 이익을 방해한다고 여겨지는 증거들을 고의적으로 외면함으로써 이루어졌다. 권력분립과 함께하는 미국의 정부체계는 외교적인 요인들과 관련하여 때로는 강력한 영향력을 행사하는 소수의 의견에 따름으로써 핵심적인 입지를 쉽게 차지하기도 한다. 물론 소수의 이익이 미국의 이익과 직접적으로 상충할 경우에도 그렇다. 인구가 100만 명이 채 안 되는 미국의 어느 주 출신 상원의원이 적시에 해당 분과위원회 위원장직을 맡을 경우 미국의 대외정책을 장악할 수 있는 것이다. 내가 지금까지 암시해 온 것처럼, 미국의 막강한 국력은 우리로 하여금 당면한 현실을 장기적으로 유보하면서 회피할 수 있게 만들고, 우리의 행동을 다른 나라 사람들에게는 물론 우리 자신에게까지 해가 되는 행동으로 만들 수 있다.

미국의 언론들은 이런 문제에 대해서 지금까지 많은 답을 내놓았다. 미국의 언론들은 오래 전부터 베트남의 실상을 보도했다. 그러나 지금도 이스라엘, 팔레스타인, 대만을 비롯하여 기타 문제 지역들의 실상에 대해서만큼은 제대로 보도하지 않고 있는데, 이는 미국의 언론들이 자신의 이념적 선입관에 너무 자주 눈멀기 때문이며, 또 독자와 청중들의 편견에 도전하는 것을 두려워하기 때문이다. 그러나 궁극적으로 문제는 너무나 자주 선택적이고 순간적으로 자국과 관련된 문제만을 염려하거나 자신의 윤리적 · 종교적 · 정치적 편견들만 표현하고 마는 미국의 독자와 청중들에게 있을 것이다. 미국인은 다른 나라를 진짜 국민이 살고 있는 실제 장소가 아니라 미국인의 이념 실현이나 미국인의 역사적인 불만 해소를 위해 동원하는 세계적인 교통수단으로 생각하는 경향이 있다. 그렇다고 해서 나를 쿠바 출신으로 오해하지는 마시기를.

주(註)

1. Harper, Jennifer. "Trouble for Ted Turner's CNN." *The Washington Times*, June 21, 2002.

2. Press release, "The Evangelical Lutheran Church in Jerusalem," Bishop Dr. Munib A. Younan. April 16, 2002.

3. "Friendly Fire: Why Palestine Divides Europe and America." *The Economist*. April 20, 2002, p.9.

4. Bennet, James. "Sharon Says Europe Is Biased in Favor of the Palestinians." *New York Times*. January 20, 2003, p.A6.

5. Toameh, Khaled Abu and *Jerusalem Post staff*. "Poll: 60% of Israelis Say They Are Fighting For Their Survival." *Jerusalem Post*. October 4, 2002.

6. Devi, Sharmila. "Intifada Inflicts Acute Pain on Israelis." *Financial Times*. October 24, 2002, p.9.

7. "West Bank Settlements Swallow All Before Them." *The Economist*. October 31, 2002.

8. Moore, Molly. "On Remote Hilltops, Israelis Broaden Settlements." *Washington Post*. December 8, 2002. p.A1.

9. Morris, Harvey. "Israel Faces 'Demographic Time Bomb.'" *Financial Times*. June 14, 2002, p.5.

10. Halpern, Orly. "An Education in Defiance." *Ha'aretz*. October 4, 2002.

11. Bishara, Marwan. "Israel's Pass Laws Will Wreck Peace Hopes; Apartheid in the Territories." *International Herald Tirbune*. May 22, 2002, p.6.

12. "Question of the Violation of Human Rights in the Occupied Arab Territories, Including Palestine." UN Human Rights Commission. March 2001.

13. Gorenberg, Gershom. "The Thin Green Line." *Mother Jones*. September/October 2002, p.50.

14. Christison, Kathleen. *Perceptions of Palestine: Their Influence on U.S. Middle East Policy*. Berkeley: University of California Press, 1999, p.305; this book was of great

help to me in writing this chapter, and provided an excellent analysis of U.S. policy in the Israeli-Palestinian dispute.

15. Christison, p.22.

16. "Truth from Palestine" by Ahad Ha'am, quoted in Tom Segev. *One Palestine, Complete: Jews and Arabs Under the British Mandate.* New York: Henry Holt and Company (An Owl Book) p.104, 537; and Avineri, Shlomo, *The Making of Modern Zionism: Intellectual Origins of the Jewish State.* New York: Basic Books, 1981, p.123.

17. Christison, p.31.

18. Speech to U.S. Senate, July 10, 1919.

19. Various estimates put the number of 1948 Palestinian refugees between 700,000 and 1 million; see Appendix 4 of the "General Progress Report and supplementary Report of the United Nations Conciliation Committee for Palestine, Covering the Period from 11 December 1949 to 23 October 1950" of October 23, 1950, which estimates the number at 711,000. (http://domino.un.org/unispal.nsf/); see also Abu-Lughod, Janet "The Demographic Transformation of Palestine," in Abu-Lughod, Ibrahim (ed.), *The Transformation of Palestine.* Evanston, IL: Northwestern University Press, 1971 (p.139~161), where the estimate is 780,000.

20. Pear, Robert, with Richard L. Berke. "Pro-Israel Group Exerts Quiet Might as it Rallies Supporters in Congress." *New York Times.* July 7, 1987, p.A8.

21. Goldstein, Avram. "Christian Coalition Rallies for Israel in Comeback Bid." *Washington Post.* October 12, 2002, p.B1.

22. Findley, Paul. "Liberating America from Israel." Media Monitors Network. September 11, 2002.

23. Massing, Michael. "Deal Brakers." *American Prospect.* March 11, 2002.

24. Vlahos, Kelley Beaucar. "Pro-Israeli Lobby a Force to Be Reckoned With." FoxNews.com. May 28, 2002.

25. Engel, Matthew. "Meet the New Zionists." *Guardian.* October 28, 2002, p.2.

26. *Hardball.* MSNBC May 1, 2002.

27. Morris, Benny. "Camp David and After, an Interview with Ehud Barak." *New York Review of Books.* June 13, 2002.

28. Malley, Robert and Hussein Agha. "Camp David: The Tragedy of Errors." *New York Review of Books.* August 9, 2001.

29. Israeli-Palestinian Joint Statement. January 27, 2001.

30. Final Report of the Sharm El-Sheikh Fact Finding Committee (Mitchell Report), April 20, 2001.

31. Xinhua's China Economic Information Service. "Sino-U.S. Trade Imbalance Should Be

Solved Through Development." December 23, 2002.

32. Mufson, Steven and Dana Milbank. "Taiwan to Get Variety of Arms; But U.S. Witholds Aegis Radar that China Strongly Opposed." *Washington Post.* April 24, 2001, p.A1.

33. Mufson, Steven. "President Pledges Defense of Taiwan; Policy Unchanged, White House Says." *Washington Post.* April 26, 2001, p.A1.

34. White, Theodore. *In Search of History.* New York: Harper Row, 1978.

35. Tuchman, Barbara. *Stillwell and the American Experience in China.* New York: Grove Press, 1971, p.188.

36. White, p.134.

37. White, p.208.

9

아군과 적군

1989년 11월 9일, 전세계 수백만 명의 사람들과 마찬가지로 나도 CNN방송을 통해 기쁘면서도 믿어지지 않는 장면을 지켜보았다. 동서 베를린 사람들이 베를린 장벽 위에 올라서서 샴페인을 터뜨리고 있었다. 오랫동안 폭정과 분열의 상징이 되어왔던 장벽이 어느날 갑자기 자유와 희망의 상징으로 바뀌어버린 것이다. 40년간 지속되던 냉전, 나의 세대 전체를 불길하게 감싸던 그 어두운 배경이, 아마겟돈이 아닌 자유로운 민중의 웃음과 환희의 노래 속에서 사라지고 있었다. 그것은 나에게, 나의 세대에게, 지금껏 냉전을 주도해 온 미국에게, 그리고 서양의 이상과 가치에게 정말 위대한 순간이었다.

모든 사정이 좋아졌다. 1991년 3월 2일, 이라크가 미국이 주도하는 연합군의 요구대로 걸프전 종전협정을 수용하면서 이라크의 독재자 사담 후세인의 위협에 시달리던 주변 국가들도 모두 한시름 놓을 수 있게 된 듯이 보였다. 1991년 7월에는 바르샤바조약기구(Warsaw Treaty Organization)도 해체되었다. 그리고 1991년 크리스마스에는 결코 무너지지 않을 것 같던 거대한 소련이, 로널드 레이건이 '악의 제국'이라고 불렀던 소련이 붕괴되었다. 20세기를 규정했던 파시즘, 공산주의, 민주자본주의 간에 끊이지 않던 이데올로기 투쟁도 막을 내리면서 민주자본주의만이 살아남았다. 프랜시스 후쿠야마가 선언한 '역사의 종언'이 곧 옳은 판단으로 증명되는 듯했다. 민주주의가 한때는 불모의 땅이던 라틴아메리카에 뿌리를 내리기 시작했고, 중국은 자본주의를 특이한 용어로 표현한 이른바 '사회주의식 시장경제 체제'를 채택하기 시작했다. 더구나 이스라엘인과 팔레스타인 사람들이 오슬로 평화절차에 조인함으로써 화해무드에 들어선 듯이 보였다. 무엇보다도, 세계의 경제는 미국 역사상 최대의 경기활황에 힘입어 성장가도에 진입했다. 특유의 미국식 자본주의 모델은 이제 미국을 넘어서 전세계를 필연적으로 하나로 묶는 규범으로 등장했다.

이제 미국에게 적은 없는 듯이 보였다. 미국의 대통령은 런던, 파리, 리야드, 모스크바, 베이징, 서울, 자카르타, 카이로, 멕시코시티, 부에노스아이레스 등 세계 어디를 가더라도 대대적인 환영을 받았다. 미국은 마치 1946~1948년에 맞았던 시대와 거의 비슷한 기회와 희망의 시대를 맞이한 듯했다. 미국은 다시금 세계 속에서 우뚝 솟아 새로운 다국적 협력을 위한 기초질서를 다잡기 시작했고, 냉전이 발발하면서 중단되었던 사업들을 이젠 거침없이 추진해 나갈 수 있는 유일한 강대국으로 부상했다. 실로 이보다 더 좋은 기회는 없는 듯했다. 제도와 개념들은 지난 호시절에 이미 완성해 놓았으니 이제는 새로운 갈등과 분쟁의 위협이 발생할 여지도 거의 없어 보였다.

하지만 지난 호시절과는 또다른 중요한 차이가 존재했다. 애치슨을 비롯한 2차 대전 후시대를 이끈 지도자들은 의식적으로 '현재를' 새로운 세계질서 수립과 세계 재편을 위한 직접적인 역할을 '창조하고 있는 순간'으로 생각하려는 경향이 있었던 반면에, 1990년대를 이끈 지도자들은 미국의 이상이 자동적으로 실현되리라고 생각했다. 따라서 그들은 로널드 레이건의 조언에 따라 "가던 길을 계속 간" 것이 틀림없다.

후쿠야마는 자유민주주의는 "모든 역사를 통해서 자아의 가치를 추구해 온 개인에 부응하기"[1] 때문에 정치가 사라진 국가를 대변한다고 주장했다. 그는 자유민주주의 정신을 따르는 세계는 전쟁을 일으킬 동기가 거의 존재하지 않는 세계라고 말한다. 왜냐하면 누구나 알고 있듯이 민주국가들은 전쟁으로 문제를 해결하지 않으며, 오히려 무역을 통해서 서로의 부를 증진시켜 왔기 때문이라는 것이다. 그는 그런 민주국가들로 이루어진 세계는 안정되고 평화로운 질서를 정착시킬 수 있다고 말한다. 그 가운데서도 최고의 지위를 점하고 있는 미국이야말로 민주주의 왕국의 확대를 촉진할 적임국가가 분명하며, 그런 작업을 어떻게 진행할 것이냐 하는 질문에 대한 해답으로 미국이 제시한 유일하고 매혹적인 단어가 바로 '세계화'라는 것이다.

이처럼 유혹적인 어휘는 세계 여러 나라들이 부자가 되기 위해서는 시급히 요구되는 (톰 프리드먼이 말한 '황금의 구속복'[2] 같은) 공통된 규칙들을 기꺼이 채택하자고 나설 만큼 매혹적으로 여겨졌다. 세계화는 또 그것을 채택하는 나라들의 민주화를 자동적으로 촉진할 것으로 생각되었다. 그렇게 국부가 증가함과 동시에 민주화가 촉진된 나라들은 더욱 현대화될 것이고, 평화와 안정과 순수한 행복의 추구에만 전념할 수 있게 되리라 여겼다. 그것은 아름다운 꿈이었고, '창조 중인 현재'를 위해 더 이상 아무것도 할 필요가 없는 최선의 상태였다.

그러나 미국의 지도자들은 전쟁에서 승리하자마자 평화를 부실하게 관리하기 시작했다. 그들은 냉전이나 20세기가 아직 끝나지 않았다는 듯한 행동을 계속했다. 미국의 국방비는 줄었지만, 요컨대 구소련이나 다른 적성국들이 사라졌다는 점을 고려하면 상대적으로 증가한 것이 사실이었다. 한국과 일본, 어찌 보면 여전히 미국의 피보호국 내지

속국이라 할 수 있는 유럽 국가들과 미국이 과거에 맺은 동맹관계들 역시 변함없는 조건하에서 유지되고 있었다. 미군의 해외활동과 해외주둔지들은 특히 사우디아라비아에 대규모 공군기지를 건설하는 등 걸프만을 중심으로 오히려 확대되는 추세를 보였다.

그러면서도 비군사적인 외교활동만은 여전히 태만히 했다. 미국이 유엔에 지불하지 않은 부담금은 점점 늘어나는데, 해외원조금과 해외주재 미국 대사관 및 외교대표부들에 대한 미국 정부의 예산은 줄어들었다. 미국은 GATT를 세계무역기구로 발전시키거나 NAFTA 같은 국제 무역협정들을 체결하기 위한 협상들에 줄곧 공격적으로 임해왔다. 그러나 시장에 대한 새로운 참여와 새로운 시장 개방을 위한 기본토대를 이루는 하부구조와 조건들에 대한 진지한 고려는 전혀 없었다. 이른바 워싱턴 여론은 자유무역만 실현되면 모든 문제가 자동적으로 해결될 것이라고 설교했다.

또다른 중요한 발전도 간과하고 있었다. 소련이 무너졌지만, 미국은 소련을 계승한 러시아가 공산주의와 중앙집권적 계획경제에서 민주적 자유시장 경제로 이행하는 데 거의 아무런 도움도 제공하지 않았을 뿐 아니라 위험한 물질로 가득한 창고들을 안전하게 지키기 위한 경비활동에도 거의 무관심했다. 핵탄두가 유출될 리 없다고 안이하게 믿고 있던 미국과 동맹국들은 인도와 파키스탄이 새로운 핵보유국이 되었다고 발표하자 경악에 휩싸이고 말았다. 또 세계화는 비록 일부 지역의 경제성장을 촉진했지만, 지역적으로 편중되어 진행된 까닭에 부국과 빈국 간의 경제적 격차만 심하게 벌리고 있었다. 그럼에도 세계화가 낳은 그런 부익부 빈익빈 현상은 쉽사리 간과되고 말았다. 또 세계화가 빈부격차를 더욱 뚜렷이 심화시키고, 매우 상이한 믿음과 가치관을 지닌 사람들의 정체성을 위협할 정도로 세계인의 접촉을 긴밀하고 빈번하게 만들었다는 사실도 간과되고 있었다. 냉전의 종식과 유럽연합의 발전, 유럽연합의 새로운 통화인 유로화는 미국과 유럽 국가의 관계를 극적으로 변화시켰다.

하지만 미국의 극약처방과 정책들이 라틴아메리카를 부식시켜 버릴 만큼 강한 충격을 가했다는 사실을 인식하지 못했듯이, 혹은 이슬람교도들이 미국에 대한 존경심을 상실했다는 사실에 함축된 의미를 인식하지 못했듯이, 혹은 일본의 정치부패, 한국의 새로운 민주주의, 중국의 부활이 지닌 의미를 인식하지 못했듯이, 세계화가 초래한 이러한 발전들도 인식하지 못했다. 또 세계 인구의 3분의 1이 식수 부족에 시달릴 것으로 예상되는 2025년이 되면, 해수면의 상승과 범람으로 인해 이집트나 파키스탄 같은 나라의 20% 내지 50%가 바다에 잠겨 밀농사를 중단해야 할 때가 오면, 아마도 급속히 확산되고 있는 에이즈나 그보다 더욱 광범위하게 확산되고 있는 말라리아와 결핵 같은 전염병은 먼 옛날의 재앙으로나 기억될지도 모른다.[3] 그런 재난들을 언급하는 것만으로도 심란한데, 여기에 월스트리트에서 흘러나오는 훨씬 더 중요한 소식들까지 뒤섞인다면 얼마나 혼란스러울 것인가.

요컨대 20세기는 1991년 크리스마스에 사실상 막을 내렸지만, 21세기는 2001년 9월 11일까지 시작되지 않고 있었다. 세계무역센터와 펜타곤에 대한 테러 공격은 역사는 여전히 지속되고 있다는 것, 세계화가 반드시 기적의 만병통치약은 아니라는 사실을 확실히 증명했다. 이러한 테러 공격들은 세계 각국이 맺고 있던 기존 관계들의 광범위한 재편을 촉발했다. 그리하여 과거 미국의 우방국들이 이제는 적국으로 보이고, 과거 미국의 적국들이 우방국으로 보이기 시작했다.

유럽

이러한 변이는 미국과 오랫동안 가장 중요한 국제적 결연관계를 맺어온 유럽에서 제일 극심하게 진행되었다. 미국이란 국가는 좁게는 영국, 크게는 유럽 전체에 대한 반역의 과정에서 탄생했음에도, 미국의 독립선언서와 헌법에 명시된 이상들은 모두 유럽인의 사상에서 나왔다. 미국은 민주주의, 인권, 반(反)억압을 공통적인 가치관으로 삼는, NATO를 바탕으로 한 유럽과의 동맹을 통해서 냉전을 승리로 이끌었다. 그런 미국과 유럽의 동맹관계는 IMF와 세계은행과 세계무역기구라는 핵심적인 세계 경제기구들의 창설을 주도했다. 세계화를 선두에서 이끈 것도 미국과 유럽의 경제적 상호작용이었다.

유럽에 대한 미국의 투자액은 아시아와 라틴아메리카에 대한 투자액을 합한 것보다 훨씬 많은 800억 달러에 이른다.[4] 또 유럽에서 활동 중인 미국 기업의 매출액은 유럽 전체 GDP의 4분의 1에 달한다. 미국에 대한 유럽의 투자액도 규모 면에서 미국의 대유럽 투자액과 비슷하다. 미국과 유럽을 합하여 대략 10조 내지 9조 달러에 육박하는 GDP는 전세계 GDP의 60%를 차지한다. 전직 세계무역기구 의장이자 현직 영국석유회사 회장인 피터 서덜랜드(Peter Sutherland)는 나에게 "우리의 동맹관계가 성공한 것은 근본적으로 세계체계가 원활히 작동했기 때문입니다"라고 말했다.

서덜랜드의 견해는 정확했다. 그런데 바로 그 점이 동맹관계를 점점 더 유지하기 어렵게 만드는 원인으로 작용했다. 퓨 연구소의 여론조사는 여전히 유럽인의 다수가 미국을 긍정적으로 생각하고 있다는 사실을 보여주고 있지만, 비율 면에서는 나머지 다른 세계보다 다소 낮은 편일 뿐 아니라 계속 떨어지고 있는 추세다.[5] 2003년 1월 다보스

(Davos)에서 열린 세계경제포럼, 2002년 봄에 열린 빌더베르그회의, 2002년 봄에 열린 범대서양 정책네트워크 회의에 참석한 미국과 유럽의 기업계·정계·언론계·학계의 최고 지도자들은 미국과 유럽의 격차가 결코 벌어진 적이 없다는 데 의견을 모았다.

그런데 NATO가 9·11테러 이후 미국과 동등한 선전포고권을 요구하면서 아프가니스탄에 대한 지원도 동맹의 형태로 하자고 주장하자, 미국은 이를 거절했다. 이러한 미국의 태도에 풀이 죽고 자존심에 상처를 입은 유럽인들은 동맹의 목적에 의문을 제기하기 시작했다. 그리하여 미국이 이라크의 대량살상 무기 폐기 문제를 군사적인 방식으로 신속하게 해결하자며 압력을 가했을 때, 유럽은 이라크에서 대량살상 무기의 존재를 확인하고 폐기를 담당할 유엔 사찰단을 파견하자는 주장을 굽히지 않았다. 실제로 독일의 슈뢰더 총리는 독일은 어떤 경우에도 이라크 내에서의 군사활동을 지원하지 않을 것이라고 맹세했다.

예방 및 선제공격이라는 미국의 새로운 정책은 유럽 국가들에게는 지금껏 겪은 어떤 전쟁보다 훨씬 더 피부에 와닿는 전쟁을 치를 수도 있다는 경고의 종소리로 들렸다. 미국이 교토 의정서에 이어 국제형사재판소 협약과 기타 협정들에 대한 비준을 거부했을 때도 유럽은 미국의 비준 없이 그런 일련의 협약과 협정들을 실행하려는 움직임을 보였다. 이런 불화들은 끝내 우후죽순처럼 확대되어 감정적인 문제를 넘어서는 격렬한 무역논쟁으로까지 번졌다.

무엇보다도 이러한 문제들은 과거 어느 때보다 격심한 논쟁으로 비화했다. 미국의 오랜 우방이던 유럽 국가들은 미국에 대한 실망감과 배신감을 표현하기 시작했다. 전직 유럽연합 의장 에티엔 다비뇽은 나에게 "미국은 자발적인 협력국가들의 모임인 NATO에 일격을 날렸습니다"라고 토로하기도 했다. 또 〈파이낸셜 타임스〉의 칼럼니스트 마틴 울프(Martin Wolf)는 이렇게 말했다.

"미국은 지금까지 미국의 이익과 세계의 이익이 동일하다는 환상에 빠져 자부심을 갖고 있었는지 모르나 이젠 모든 것이 변했다. 미국은 이제 아무도 막을 수 없을 만큼 안하무인이 되어가고 있다. 좌파세력들은 미국을 언제나 불량국가로 생각해 왔지만, 이제 주류세력들마저 그렇게 생각하고 있다."

많은 유럽인이 보기에 미국은 세계체제의 버팀목이었던 가치들을 저버리고, 울프의 표현처럼, '힘이 곧 정의'라는 태도를 취하는 것으로 비치고 있다. 그런 가운데 미국의 국방차관 더그 페이스(Doug Feith)는 미국의 NATO 정책이 "신화의 생명력을 유지하는" 방향으로 나아가야 한다고 말했으며, 백악관의 한 고위관리는 유럽인들을 "급할 때는 믿을 수 없는 친구들"이라 부르기도 했다.[6] 로버트 케이건(Robert Kagan)은 2002년 출간하여 커다란 논쟁을 불러일으킨 『낙원과 권력을 위하여 *Paradise and Power*』라는 책에서 "유럽이 비너스라면 미국은 마르스"라고 비유하면서, 유럽의 군사적 취약성은 미국의 환심을 살 수 있는 매력임과 동시에 미국과의 연대를 약화시킬 요인이 될 수도 있다고 주장했다.[7] 미국인이 보기에 유럽은 미국의 힘과 성공을 부러워하고 시기하면서 유럽의 방위를 위해 막대한 자금을 투입하고 있는 매력적인 군수품시장으로 비칠 뿐 아니라, 반민주적이고 반시장적이며 내부 지향적이고 무임승차를 일삼는 반항적인 이미지를 자아낸다.

이처럼 특수한 현안들과 욕구불만의 저변에는 가치관, 동기, 모델이라는 더욱 심층적인 문제들이 깔려 있다. 프랑스의 칼럼니스트 도미니크 무아지(Dominque Moisi)는 〈포린 어페어스〉에 "1970년대 반미주의는 미국의 행동에 대한 반동이었지만, 오늘날의 반미주의는 미국의 존재에 대한 반응이다"[8]라는 논평을 실었으며, 〈내셔널 리뷰〉의 존 오설리번(John O' Sullivan) 같은 미국의 해설가들은 유럽연합이 서서히 미국의 적대세력으로 변할 수도 있다고 경고했다.[9] 여기에 마틴 울프는 유럽연합, 중국, 인도가 미국과 대등한 힘을 갖추기 위해 연대할 수도 있다는 말을 보탰다.

이런 상황은 흔히 볼 수 있는 갱년기의 부부싸움과는 다르다. 그것은 파멸에 이르지 않고도 극적인 변화를 야기할 수 있는, 서덜랜드가 세계체제라고 묘사한, 거대한 구조적 기반의 흔들림이라고 할 수 있다. '역사의 종언'론은 민주자본주의가 끝내 영광의 승리를 거두리라고 추측했지만, 실제로는 다양한 긴장요인들이 존재한다. 역사가 그런 긴장요인들 간의 갈등으로 치달았다면 미국 대 유럽의 투쟁으로 비화되었을 것이 분명하다. 왜냐하면 전세계를 통틀어 오직 유럽만이 규모, 자원, 제도, 기술적인 면에서 미국에 도전할 만하기 때문이다. 실제로 후쿠야마를 비롯한 일부 관측자들은 '서양(the West)'이란 말이 아직도 의미가 있는 말인지 의문을 제기하고 있다.[10] 미국은 도전국의 등장을 예방하겠다고 선언했지만, 이러한 일련의 의문들은 미국이 국제형사재판소 협약에 반대하면서 추진된 헤이그 협정을 기습한 미국의 꼬락서니를 웃지 못할 가관으로 만들어버렸다. 물론 실제로 습격이 이루어진 것은 아니었지만, 미국과 유럽 간에 일종의 냉전과도 같은 특이한 기류가 형성된 것만은 사실이었다.

유럽 경제의 성과

유럽이 경제적으로 얼마나 커다란 성과를 거두었는지 제대로 아는 미국인은 거의 없다. 대신에 미국인은 유럽인이 단일한 입장을 도출하기 힘들어하고 회의와 모임을 끝없이 지속하면서 갖가지 규칙과 규제 조항으로 가득한, 8,000여 쪽에 달하는 복잡한 유럽연합 내규집을 전거로 들고 나오곤 한다는 이유로 몹시 짜증스러워하는 경향이 있다. 그러나 케네디 대통령은 1962년에 행한 연설에서 유럽인들의 그런 치밀한 노력에 지지를 보낸다고 말하면서, 유럽연합 결성을 위한 과업이 미국 건국을 위한 과업보다 훨씬 까다로울 것이라고 평하기도 했다. 나는 개인적으로 1970년대에 스콧 제지회사의 유럽 마케팅 사업을 이끌면서 브뤼셀에서 일한 적이 있기 때문에 케네디의 평가가 옳다고 생각한다. 미국 회사들은 대부분 주요 유럽 회사들의 관행 때문에 곤란을 겪어본 적이 있기 때문에, 유럽의 회사들이 일개 국가를 근거지로 하기보다는 유럽 전체를 근거지로 운영될 수 있도록 우리의 판매활동을 표준화하기 위해 노력했다.

우리는 이런 노력을 하는 과정에서 변화를 모색하는 토론을 하기 위해 유럽 여러 국가의 판매관리인들을 자주 한 곳으로 불러모아야 했다. 최초로 부딪힌 난관은 언어소통 문제였다. 영어가 주요 업무언어로 기여했지만, 마냥 그러지는 못했다. 더구나 범유럽 전략을 적용하기 어려운 이유는 언어문제를 빼고도 천 가지가 넘었다. 예컨대, 우리 회사는 북이탈리아와 북벨기에에 각기 제지공장을 보유하고 있었다. 우리는 이 두 공장을 통해서 프랑스 시장에 종이를 공급하고자 했지만, 이탈리아 공장의 종이재단기 폭보다 벨기에 공장의 재단기 폭이 약간 넓었다. 그 때문에 프랑스의 슈퍼마켓에 제품이 도착했을 때 혼란이 발생했다. 게다가 영국에서 생산된 제품의 라벨에는 네덜란드산보다 더 복잡한 정보를 기입해야만 했다. 나는 그런 사정을 이해할 수 있지만, 다른 사람들은 짐작조차 어려울 것이다. 그것은 길고 지루하고 때로는 골이 지끈거리는 과정이었다. 그래도 나는 단일 회사와 비교적 간단한 생산공정만 관리했기에 그나마 사정이 나은 편이었다. 덕분에 나는 어느 시점에서 표준화될 유럽연합을 건설하기 위해 동분서주하고 있던 유럽의 담당 관리들의 정력과 인내력과 헌신에 경이로움마저 느꼈던 것이다.

여기서 그들이 유럽연합을 이룩해 낸 과정을 살펴보기로 하자. 유럽연합은 유럽에 만연하던 인플레이션을 정복했고, 고질적인 국내 경상수지 적자를 감소시키고 새로운 적자요인을 차단했으며, 단일한 유럽 중앙은행을 설립했고, 유럽 단일화폐의 사용을 이룩해 냈다. 그뿐만 아니라 지금은 환전을 하지 않고도, 여권을 제시하지 않고도 유럽 어디든 거침없이 여행할 수 있게 되었다.

흔히 세계 제일의 경제대국은 미국이고, 그 다음은 일본이라고 말한다. 그러나 사정을 자세히 살펴보면 그것은 이제 옛말이 되어버렸다. 2002년 1월 13일 유럽연합은 2004년 6월부로 완전히 유럽연합의 일원으로 인정될 10개국을 새 회원국으로 받아들이기로 결정했다. 그렇게 되면 유럽연합은 총인구 4억 5,000만 명에 GDP가 9조 달러에 이르는 거대한 경제공동체로 거듭나게 된다. 그 결과 유럽연합은 일본 GDP의 2배를 넘어서 GDP가 10조 달러인 미국의 턱밑까지 따라붙는 막강한 경제규모를 자랑하게 될 것이다. 무엇보다도 유로화가 달러보다도 강세를 띠게 되면 유럽은 명실상부 세계 제일의 경제공동체로 발돋움하게 될 것이다.

이러한 발전의 의미는 과장된 것이 아니다. 세계경제에서 유럽이 제몫을 충분히 한다면 미국이 일방적으로 행동할 수 없을 것이다. 또 유럽연합이 단일한 관리체계를 통해서 무역·농업·기술의 표준화, 경쟁정책, 통화와 같은 주요 현안들에 대해서 단일한 목소리를 낸다면 미국과 완전히 동등한 지위를 얻고, 이를 바탕으로 어떤 협상에서도 뒤로 밀리는 일이 없을 것이다. 따라서 관건은 표준화에 있다.

제너럴일렉트릭 사의 전직 최고경영자이자 기업계의 우상이던 잭

웰치(Jack Welch)는 퇴직 전 자신의 마지막 사업이던 제너럴일렉트릭 사와 허니웰 사의 인수합병을 추진하는 과정에서 표준화가 얼마나 어려운 작업인지 여실히 실감했다고 한다. 인수합병 서류가 미국 법무부의 트러스트 규제법안을 무사히 통과했을 때 그와 월스트리트는 최대 고비를 넘긴 것을 기념하여 샴페인을 주문했다고 한다. 그러나 그들은 유럽연합 경제정책위원회 의장이던 마리오 몬티(Mario Monti)를 계산에 넣지 않았다. 몬티는 인수합병 서류에 퇴짜를 놓았고, 웰치의 퇴임 축하 파티를 망쳐놓고 말았다. 몬티는 유럽을 공략하리라고 추정되는, 미국에 본사를 둔 두 회사의 인수합병이 유럽인의 승인 없이는 결코 성공할 수 없다는 본보기를 보여준 셈이었다. 또 미국이라면 전형적으로 소비자들에게 미칠 충격에 관심을 가졌겠지만, 그는 그런 퇴짜조치를 통해서 소비자보다는 경쟁회사들에게 미칠 충격에 관심을 집중하는 경쟁정책의 실효성을 확실히 입증해 보인 셈이었다.

그러나 경쟁정책을 능가하는 힘을 발휘한 것은 바로 유럽 단일통화였다. 단일통화가 등장하기 전 월스트리트에서 흘러다니던 정보들, 그중에서도 특히 〈월스트리트 저널〉에 실린 기사들은, 유럽의 통화는 결코 단일화되지 않을 것이라 확신하고 있었다. 그후 단일화가 이루어지자 그런 단일통화 체계는 잘 운영될 수 없을 것이고, 설사 운용된다 하더라도 유로화가 달러화에 감히 도전할 엄두를 내지 못할 것이라는 말이 나돌았다.

유로화가 얼마나 오랫동안 유통될지는 시간만이 증명해 줄 것이었지만, 미국은 이미 유로화가 달러화에 미치는 충격을 목격하고 있었다. 2002년 2월 하순 달러화가 계속 약세를 보이자 러시아는 준비금의 일부를 달러화에서 유로화로 바꾸기 시작했다. 유로화는 지난 60여 년간 세계가 경험해 보지 못한 일련의 현상들을 자아내고 있었다. 유로화는 달러를 대신할 유용한 지불수단으로 유통되기 시작했다. 이에 따라 미국은 금리, 저축률, 나아가 점점 더 부담스러워지고 있던 무역수지 적자와 관련하여 유로화를 자유롭게 활용할 수 있다는 사실을 깨달았을 것이다. 또 미국은 이제 IMF와 세계은행을 비롯한 국제 금융체계의 통제권을 놓고 유럽과 대대적인 씨름을 벌이게 되었다는 사실도 자각했을 것이다. 이러한 미국과 유럽의 경쟁은 좀더 광범위한 현안들에 대한 미국과 유럽의 견해차를 넓히는, 특별한 긴장요인으로 작용할 수 있었다. 그리고 그런 긴장은 궁극적으로 실력을 행사하고 싶어하는 미국의 기질을 자극할 수도 있었다.

유럽식 사고와 미국식 사고의 차이

두 경제권의 갈등은 또다른 방향에서 증폭되고 있는 듯이 보였다. 로마제국이 분열된 결과 로마와 비잔티움이 매우 상이한 사회로 발전했듯이, 미국과 유럽도 세계화로 인해 서로 마찰이 커지는 가운데 매우 상이한 사회경제 모델을 발전시켰다. 핵심적인 차이는 개인과 정부의 역할과 책임이 서로 다르다는 데 있었다. 미국은 물론 개인을 중시하고 정부를 불신했다. 2002년 8월 26일자 〈비즈니스 위크〉의 편집장은 미국 내의 빈부격차를 심화시킬 수도 있는 정책들을 채택하라고 촉구하면서, 비록 빈부격차는 더 커질지 모르나 그 대신 빈곤층의 절대적인 소득수준은 향상될 것이므로 문제가 되지 않을 것이라고 설명했다.[11]

이런 주장은 유럽에서는 인기를 얻지 못할 것이다. 유럽에서는 소득 불평등의 해소가 강조되고, 정부가 사회복지 향상을 위해 적극적인 역할을 해야 한다고 여기기 때문이다. 성장론과 복지론의 논쟁과 관련하여 미국은 언제나 자유방임주의적인 접근법에 따라 실업률을 낮추기 위해 공장가동률을 높이고, 경영혁신을 촉진하며, 성장률을 배가하고,

생산성을 높여야 한다고 주장해 왔다. 미국의 해설가들은 그런 주장의 근거로 유럽의 낮은 성장률과 높은 실업률을 지적하지만, 유럽인들은 유럽 실업자의 생활수준이 미국의 취업자들보다 오히려 높다고 주장한다. 그러면서 유럽인들은 건강보험 혜택도 받지 못한 채 최저생계비로 살아가는 많은 미국인의 삶에 애도를 표한다.

1990년대에 이런 논리는 미국인들 사이에서 어느 정도 공감대를 형성하는 듯이 보였다. 또 한편에서는 유럽인들이 '주주(株主)'라는 단어를 입에 올리고 나스닥(Nasdaq)이라는 새로운 주식시장을 만들어내면서 탈규제와 기업사유화를 위해 노력하기 시작했다. 그러나 기술적인 거품경제가 붕괴하면서 미국식 모델은 매력을 잃었고, 논의는 또다른 방향으로 진행되고 있다. 레놀트 사의 전무이사 루이스 슈바이처(Louis Schweizer)는 최근 나에게 이렇게 설명한 바 있다.

"단기적인 주식가격이 회사의 가치나 경영자의 활동가치를 가장 잘 평가할 수 있는 기준이라고 여기는 미국식 사고법은 믿기 어려운 것입니다."

무엇보다도 '유럽 경제의 경직성'을 지적하는 미국인의 태도에도 불구하고, 스웨덴이나 네덜란드처럼 높은 세율과 복지예산을 적용하고 있는 많은 유럽 국가의 경제는 무척 잘 돌아가고 있다. 그리고 특히 유럽연합은 미국처럼 멀리서 뒷짐 지고 바라보고만 있지 않는다. 이를테면, 최근 유럽은 생산량의 적절한 조정과 그에 상응하는 실천이 어우러진 생산을 하고 있다. 그 때문에 미국이 아무리 생산성이 향상되었다고 요란스레 떠들며 자랑을 해대더라도, 실질적으로 유럽의 생산성보다는 뒤떨어진다는 결과가 나왔다.[12]

좀더 중요한 사실은, 유럽연합의 경제적 토대가 많은 면에서 미국의 토대보다는 튼튼한 것처럼 보인다는 것이다. 유럽연합의 저축률은

3% 정도인 미국보다 높은 6.35%를 유지하고 있으며,[13] 무역수지도 미국의 고질적인 대규모 무역적자에 비하면 어느 정도 균형을 유지하고 있다.[14] 따라서 미국이 아무리 압도적인 경제성장률을 자랑한다 해도 유럽을 비롯한 세계 여러 나라에 연간 5,000억 달러에 가까운 빚을 질 수밖에 없는 것이다. 마틴 울프가 지적한 바대로 미국은 너무 많은 빚을 지고 있어 감당할 수 없는 지경에 이르고 있다.

무엇보다도 많은 사람이 유럽이 세계화의 절차와 기법 면에서 미국보다 훨씬 앞서 있다고 이해한다. 왜냐하면 유럽 국가들은 자국의 경제를 유럽연합에 철저히 통합시키는 과정에서 충분한 경험을 할 수 있었기 때문이다. 세계화가 진행될 동안 유럽연합은 자체적인 모델을 강력하게 적용할 것이고, 그럼으로써 모델의 흡인력도 생겨날 것이다. 그에 따라 세계는 미국식 표준화 모델 대신 유럽연합식 모델을 채택할지도 모르고, 인터넷상에서의 프라이버시 보호와 관련하여 미국의 법규 대신 유럽연합의 법규를 채택할지도 모른다. 그렇게 되면 미국은 세계화라는 게임에서 주도적인 입지를 순식간에 상실하고 말 것이다.

유럽인들은 바야흐로 이러한 성과들은 물론, 그것들을 생산한 가치에 대해서도 자부심을 느끼고 있다. 미국과 유럽이 대화할 때면 서로가 동일한 가치를 공유하고 있다는 말이 오랫동안 일종의 만트라(mantra, 진언)처럼 반복되었다. 그러나 미국인과 유럽인은 동일한 문화적 배경의 상속자인 동시에 민주주의의 옹호자들이긴 하지만, 양측의 가치관에는 실제로 커다란 차이가 존재한다.

종교관도 그처럼 커다란 차이를 보이는 가치관 중에 하나다. 주말이면 미국인 중 반수가 종교행사에 참가하지만 유럽인은 15% 정도에 머문다. 유럽인은 대개 미국인이 벌이는 낙태 찬반론이나 진화론과 창조론의 논쟁에 대하여 이해하기 어렵다는 반응을 보인다. 그런데 유럽인이 그보다 더 이해하기 어렵고, 또 심지어 그들을 화까지 내게 만드는 것은 미국의 정치지도자들이 틈만 나면 미국에 대한 신의 가호를 빈다는 사실이다. 그것은 마치 신은 다른 어느 나라보다도 미국을 좋아한다고 말하는 듯한 인상을 준다. 그에 비해 가령 토니 블레어 영국 총리나 자크 시라크 프랑스 대통령은 공식적인 연설에서 신의 가호를 비는 경우가 거의 없다.

유럽인은 미국의 대외정책이 불필요하고 무익한 폭력사태를 유발할 수 있는 십자군전쟁 내지 마니교 같은 성격을 띠는 것이 바로 이런 종교적 성향 때문이라고 생각한다. 유럽인은 문제의 원인을 선악의 대립에서 찾기보다는 사회경제적인 원인에서 찾는 경향이 강하다. 또 미국인만큼 종교에 몰입하지도 않을 뿐 아니라 미국인만큼 지나치게 애국주의적인 행동도 하지 않는다. 나의 가족과 몇 달간 함께 살았던 한 스위스 유학생은 처음 미국에 왔을 때 미국에 너무 많은 성조기가 나부끼고, 너무 자주 국기에 대한 맹세를 하는 미국인들을 보고 충격을 느꼈다고 한다.

다시 한 번 말하지만 유럽인은 이처럼 열광적인 미국주의가 너무나 쉽게 적개심으로 바뀔 수 있다는 느낌을 받는다. 유럽인이 국가주의를 경시하고, 위험한 현안들을 해결하기 위해 끝없는 협상과 토론에 몰입하는 듯 보이는 것은, 그들이 지난 유럽의 역사를 잊지 않고 있기 때문이다.

미국인은 기회의 균등을 강조하는 반면에 유럽인은 결과의 균등에 더 초점을 맞춘다. 세계 굴지의 휴대폰 제조회사 노키아(Nokia) 사의 유럽 경영진은 회사의 매출액에 비해 상대적으로 적은 봉급을 받고 있는 편이다. 따라서 유럽인은 미국 경영진이 노동자들에 비해 상대적으로 너무 많은 봉급을 요구하는 이유를 궁금해한다. 유럽인은 또한 미국의 기업들이 왜 주주의 이익에만 매달리는지 묻는다. 유럽인은 주주보다는 기업주를 비롯한 피고용인, 원료 공급자, 소비자, 지역공동체를 아우르는 광범위한 이익도 고려해야 한다고 생각한다.

유럽인의 이러한 공동체 지향성은 정부는 공동 선을 위한 수단이라는 믿음을 포함하고 있다. 유럽인은 개인주의를 중시한다는 미국인과 미국 정부가 가히 미쳤다고 할 정도의 구속 수감률을 자랑하는, 폭력과 범죄에 물든 사회를 조장하고 있다면서 미국을 불신한다. 미국에서는 백인 남성 10만 명당 417명, 흑인 남성 10만 명당 3,400명이 구속 수감 중인 데 비해 유럽에서는 남성 10만 명당 100명만이 구속 수감되는 데 그치고 있다.[15] 유럽인은 특히 '미국에서는 쉽게 총을 구입하고 사용할 수 있다'는 사실과 '민주주의를 지키기 위해 총이 필요하다'는 미국인의 논리를 이해하지 못한다.

유럽인은 자신들의 민주주의는 모든 시민의 비무장을 통해서만 보장될 수 있다고 생각한다. 또 유럽인은 사형을 아주 가혹한 형벌이라고 생각하며, 사형선고를 받을 가능성이 있는 테러 용의자들을 넘겨달라는 미국의 요청을 거절하기도 한다. 실제로 그토록 종교적인 미국 사회가 그토록 무자비한 형벌을 환영할 수 있다는 사실에 유럽인들은 혼란을 느낀다. 요컨대 유럽인들은 유별나리만큼 이해관계에 민감한 미국식 민주주의를 극히 불완전한 민주주의로 이해하고 있다. 하지만 유럽인들이 미국 사회에서 발견한 그 모든 결점에도 불구하고, 예컨대 프랑스인의 61%는 여전히 미국에 대해서 대체로 긍정적인 태도를 보이고 있다.[16]

반면에 미국인은 파시즘이나 공산주의와 같은 파괴적이고 세속적인 종교들에 유럽인이 감염된 것도, 근세기 미국이 유럽을 그런 종교들로부터 몇 번이나 구원해야 했던 것도 바로 유럽인의 무신론적인 태도 때문이라고 생각한다. 미국인은 또한 유럽인을 배은망덕한 무임승차자로 간주한다. 왜냐하면 미국인이 보기에 유럽인은 한 번도 엄격한 독재자를 만난 적이 없는 것처럼 보이고, 그래서 도덕적으로 훨씬 우수한 미국이 제공하는 보호막의 장점을 받아들일 줄 모르는 것처럼 보이기 때문이다. 또 미국인에게 유럽인은 유럽의 인구가 줄고 있는데도 이민자를 받아들이지 않고, 터키의 유럽연합 가입 신청에 대한 승인을 머뭇거리며, 이스라엘의 정책을 비판하는 인종주의자 내지 반유대주의자처럼 비친다.

특히 미국인의 관점에서 볼 때 유럽은 전혀 민주적이지 않다. 미국인은 유럽이 민중들과는 동떨어진 준귀족적 엘리트 관료주의 집단에 휘둘리고 있다고 본다. 나아가 미국인은 결코 다시는 회복할 수 없는, 잃어버린 세계패권에 대한 질투와 노스탤지어에 매몰된 유럽인이 유럽보다 훨씬 역동적인 미국의 발목을 붙들고 있다고 생각한다. 그렇지만 나는 여기에서 미국인이 대체로 유럽에 대하여 우호적인 태도를 보이고 있음을 보여주는 여론조사 결과를 다시 한 번 강조하고 싶다. 물론 미국의 여론을 주도하는 사람들의 비판적인 견해도 여전하지만 말이다.

유럽연합과의 관계

특히 유럽의 미래와 미국-유럽 동맹관계의 미래는 미국에게 핵심적인 문제가 되고 있다. 처음부터 유럽은 점진적인 경제적 통합을 통하여 최종적으로는 정치적인 연합을 달성한다는 계획을 가지고 있었다. 바야흐로 경제적인 통합이 실제로 거의 완성단계에 이르자 유럽의 지도자들은 헨리 키신저가 제기한 유명한 질문에 관심을 기울이기 시작했다. 즉 유럽에 전화를 걸려면 몇 번을 눌러야 하는가?

내가 전에도 말했듯이, 지스카르 데스탱 프랑스 전 대통령은 2003년 6월에 유럽의 지도자들에게 검토용으로 제안할 유럽 헌법의 초안을 작성하기 위한 작업을 주도하고 있었다. 그 헌법안이 채택되었다면 더욱 믿을 만한 목소리를 내는, 더욱더 통합된 유럽연합의 기틀이 마련되었을 것이다. 물론 그 동안 각국의 공식 보고서와 지도자의 연설들도 이미 은연 중에 그런 목표를 내포하고 있었다.

토니 블레어 영국 총리는 1999년 5월 샤를마뉴 상을 수상하는 자리에서 "유럽이 받고 있는 도전 중에서 가장 핵심적인 도전은…… '우리가 유럽을 얼마나 강력하고 영향력 있게 만들 수 있을까, 세계의 선(善)을 위하여 유럽의 잠재력을 십분 발휘할 수 있을까' 따위의 의문을 야기하는 외부세계의 도전입니다"[17]라고 말했다. 블레어는 이어서 "이런 도전은 또 하나의 초강대국으로 등장할 수도 있는…… (유럽이) 발휘하게 될 집단적인 힘과 영향력에 대한 도전일 것입니다"[18]라고 언급했다. 2000년 9월 유럽위원회가 유럽의회에 제출한 설명서에는 "우리의 목표는 유럽을 유럽의 경제력에 상응하는 정치적 위력을 발휘하는 세계적인 행위자로, 즉 세계적인 사안들과 관련하여 강력한 목소리를 내고 세계의 진로에 영향을 미칠 수 있는 행위자로 만들어야 한다"[19]는 내용이 포함되어 있었다. 이런 목표가 달성된다는 것은 의당 거의 모든 유럽 국가들이 고대로부터 누려온 주권을 포기해야 한다는 것을 의미했다. 따라서 유럽연합 외무위원회의 크리스 패튼(Chris Patten)은 2000년 옥스퍼드의 채텀 대학에서 행한 강의에서 다음과 같이 말했다.

행동의 자유를 의미하는 주권은 일종의 난센스다. 사하라 사막에서 헐벗고 굶주린 외로운 한 남자가 가질 수 있는 주권은 '죽을 주권' 밖에 없을 것이다.[20]

이 말은 "국민국가는 이제 독립적인 행위자의 지위를 상실했다"[21]
고 말한 카를 빌트(Carl Bildt) 스웨덴 수상의 말을 떠올리게 한다.

그런 감정은 미국의 정치인에게는 아무런 호소력을 발휘하지 못했
을 것이다. 그러나 독일의 〈디 차이트 *Die Zeit*〉 편집자 요제프 요페
(Josef Joffe)는 나에게 "유럽의 지도자들은 자신들의 무기력함에 통탄을
금치 못하고 있다"고 논평했다. 그런 무기력은 냉전기간 내내 가려져
있었다. 2차 대전으로 강대한 유럽의 시대가 막을 내렸지만, 유럽은 다
시금 냉전의 주요 격전장으로 부상했고, 그 결과 미국은 유럽인의 자문
과 긴밀한 협조가 필요해졌다. 이에 유럽인들은 이미 오래 전에 유럽의
시대가 흘러가 버렸음에도 강대했던 유럽의 환상을 버리지 못하고 있
었다. 특히 소련이 해체되면서 미국의 관심이 다른 지역으로 옮겨가자
쉼 없이 울리던 유럽의 전화통은 잠잠해져 버렸다.

유럽의 무기력은 유고슬라비아에서 드러났다. 보스니아에서 인종
분규가 발생한 1991년 당시 유럽연합 의장국은 룩셈부르크였다. 당시
룩셈부르크 외무장관이던 자크 포스(Jacques Poos)는 "지금은 유럽의
시대이지 미국의 시대가 아니다"[22]라고 선언했다. 포스는 지금도 이 선
언을 할 당시의 감동을 잊지 못한다고 한다. 그러나 유럽연합은 사태를
해결할 능력이 없는 것으로 드러났다. 인종분규를 종식시킨 데이턴 평
화협정을 이끌어낸 것은 결국 미국이었다.

그러나 유럽은 코소보 사태에 임하여 더욱 심각한 무기력을 드러
냈다. 유럽연합은 유럽 내에서 수행한 군사작전에 대해 신뢰를 얻는 데
실패했을 뿐 아니라 미군의 군사작전에 대해서도 충분한 지원을 하지
못했다. 무엇보다도 유럽연합은 미군의 베오그라드 집중공습 전략에
근본적으로 반대하면서 코소보에 진주한 유럽 지상군을 활용하자고 주
장했지만, 미국의 전략계획을 변경시킬 힘이 전혀 없었다. 유럽은 그런

상황에 대해서 복잡한 반응을 보였다. 유럽은 밀루셰비치 정권과 불필요한 골칫거리들을 처리해 준 미국에 고마움을 느끼면서도 한편으로 미국과 유럽 사이에 존재하는 현격한 군사기술적 격차에 경악과 분노를 느꼈다.

이런 경험을 계기로 유럽연합은 1999년 공동외교안보정책단(CESP)을 전격적으로 확대 개편하면서 하비에르 솔라나(Javier Solana)를 정책단의 대표로 임명했다. 솔라나의 임무는 무엇보다도 NATO와 미국에 도움을 요청하지 않고도 코소보 사태와 같은 사태에 효과적이고 신속하게 대처할 수 있는 군사장비와 화력을 갖춘, 6,000명 규모의 독립된 유럽연합 방위군을 조직하는 것이었다. 이 군대가 바로 헨리 키신저가 눌러야 할 전화번호 내지 최소한 자동응답기 정도는 되어야 했다.

그러나 NATO도 자체적으로 그런 신속대응 방위군을 조직할 수 있었고, 또 얼마 후 실제로 그런 부대를 조직했다. 그에 따라 유럽연합 방위군을 조직한 진의가 무엇인지 묻는 질문도 당연히 나올 만했다. 그 질문에 대한 대답은 대개 미국인이 영원한 우정과 상호협력의 외투를 입고 있는 듯이 보이지만 언젠가는 외투를 벗고 말 것이라는 대답으로 귀결되는 듯이 보였다. 토니 블레어는 다음과 같이 주장했다.

어쨌든 오늘날의 유럽은 더 이상 평화롭지 않습니다. 지금은 유럽이 힘을 모아야 할 때입니다.[23]

이 주장은 곧바로 전통적으로 미국의 지배권 아래에 있던 북한과 중동국가들을 분발하게 만들었다.

유럽연합은 대내적인 정책을 발전시켜 왔듯이 대외적인 정책도 발전시켜 왔다. 그렇지만 그런 발전의 강도와 내용을 규정하는 중요한 지표들이 몇 가지 존재한다. 첫 번째로 주목할 것은 유럽연합이 한창 확대 일로에 있다는 것이다. 2004년 10개국이 추가로 회원국으로 가입하면 유럽연합의 규모가 극적으로 확대될 것이고, 일레인 스키올리노(Elaine Sciolino)의 말마따나 1,200년 만에 가장 많은 국가가 자발적으로 주권을 양보한 최대의 국가연합이 구성될 것이다.[24]

이런 변화는 유럽 및 주변국가들에게 경제적으로도 중요한 계기로 작용할 뿐 아니라 외교정책상으로도 획기적인 전환점인 동시에, 중동 지역을 비롯하여 러시아와 우크라이나 같은 인접국의 안정화와 민주화에 대한 유럽연합의 영향력을 확대시킬 것이다. 부단한 토론을 통해 내부 여론을 형성하기 위한 유럽연합의 노력으로 미루어보면, 유럽연합의 외교정책은 거침없이 다변화될 것이고, 또 유엔을 비롯한 여러 국제기구들을 통해서 세계적인 현안에 대처하는 정책을 고수할 것이다.

로버트 케이건(Robert Kagan)을 비롯한 보수적인 미국 논평가들은 이러한 유럽연합의 정책이 유엔이라는 소인국을 이용하여 미국이라는 걸리버의 수족을 묶어 약화시키려는 전략의 일면을 보여주는 증좌인 동시에, 2차 대전 후 유럽이 겪은 체험의 실체를 증명하는 단적인 증거라고 주장한다. 요컨대 전쟁의 세기를 지나온 유럽은 절대적인 주권에 대한 요구를 불신하게 되었고, 영광을 향한 좀더 나은 길을 모색하기 위한 타협의 여지를 발견하게 되었다는 것이다.

그에 따라 유럽인들은 이라크에 대한 어떤 행동이든 합법성을 획득하려면 유엔 안전보장이사회 결의를 통과해야 한다고 고집하면서 예방전쟁에 적극적으로 동참해 주기를 요구하는 미국의 관심에 대응했다. 이런 대응과 관련하여 솔라나는 이렇게 말했다.

어쩌면 테러에 대한 새로운 형태의 봉쇄가 필요할 수도 있겠지만, 예방을 위한 무력시위는 유엔과 같은 다국적인 형태의 지원을 통해 좀더 넓은 합법성을 구비해야 합니다. 미국이 자국의 이익을 위해서 무력을 사용하고자 한다면 미국에 대한 다른 나라의 원성만 키울 뿐 아니라 미국의 국가적인 이익마저 해치게 될 것입니다.[25]

거기에 더해질 다국간 공동정책의 초점은 경제적·사회적 프로그램을 수행하는 과정에서 장애가 될 근본적인 불안요인을 퇴치하기 위한 공격에 맞추어질 것이다. 여기서 솔라나는 "미국이 군사적인 해결방안을 강조하는 경향이 있는 반면에, 유럽연합은 군사작전만으로는 테러 문제를 해결할 수 없다고 믿고 있습니다"라고 덧붙였다. 그는 "유럽연합은 모든 문제를 대화를 통해 예방하기 위해 고민하고 경제적·사회적 폭력의 근원들에 대해서는 민감하게 반응하는 특수한 문화를 가지고 있습니다"라고 말한다. 그의 동료이자 유럽연합 외무위원이기도 한 크리스 패턴은 이렇게 덧붙였다.

나는 당신네 미국이 내일이면 테러리즘이 사라질 아프가니스탄에 2,000만 달러를 원조금으로 지원할 것이라고 생각할 만큼 순진하지는 않지만, 세계적인 불평등과 국가파산과 폭력과 불안과 테러 사이에는 분명 어떤 관계가 있다고 믿습니다.[26]

그런 맥락에서 유럽이 미국의 거의 3배가 넘는 3,000만 달러를 아프가니스탄에 개발원조금으로 지원했다는 사실을 언급할 필요는 없을 것이다.

요컨대, 유럽은 중동국가들과 마찬가지로 '오락가락하는' 미국의 대외정책은 물론, 그 정책에 영향을 끼친 도덕적 정열에 대해서도 회의적인 태도를 보인다. 런던경제학술원 교수인 윌리엄 월러스(William Wallace)는 다음과 같이 말한다.

> 미국은 미국만이 민주주의를 고양시킬 수 있고, 또 미국만이 유력한 발전 모델이라고 생각하지만, 그처럼 도덕적·경제적 우월감에 젖은 거만한 목소리는 이스라엘을 지원하는 동시에 이슬람 국가인 사우디아라비아의 안방에 거대한 기지를 건설하는 등 이치에 맞지 않는 정책들과 더불어 미국에 대한 반발심만 부추기고 있습니다.[27]

따라서 마틴 울프(Martin Wolf)의 표현을 빌자면 "(유럽연합의 미래를 예측할 수 있는) 균형추는 자기 달성적 예언이다."

미국의 이중적 태도

미국은 오랫동안 유럽에 대해서 이중적인 태도를 취해왔다. 1962년 4월 케네디 대통령은 미국 독립기념관에서 이런 연설을 했다.

"미국은 희망과 존경심을 가지고 이처럼 영웅적인 사업에 임하고 있습니다. 우리는 강하고 연합된 유럽을 경쟁자가 아닌 동반자로 이해합니다. 유럽의 발전을 돕는 것은 지난 17년간 우리 외교정책의 기본적인 목표였습니다."

그는 이어서 미국과 유럽 사이의 '독립선언'을 주창했다. 그러나 유럽이 더욱 강력해지면서 이런 관점은 변했다. 1991년 열린 유럽연합 정부간 협의회에서 유럽연합에 안보 차원의 역할을 부여하고, 최종적으로는 군사적 능력을 부여하자는 제안들이 나왔다. 여기에 대해서 미국은 흔히 그랬듯이 유럽인들이 충분한 책임을 공유하지 않는다고 불평했지만, 많은 이들은 미국이 이러한 유럽연합의 결의를 환영할 것이라고 생각했다. 그러나 워싱턴은 실망스럽다는 반응을 보이면서 NATO 체제가 훼손될 위험이 있다고 경고했고, 그 제안들은 결국 기각되고 말았다. 6년 후 보스니아 사태가 발생하면서 미국은 유럽연합이 안보와 방위의 역할도 담당하는 방향으로 발전해야 한다는 제안에 전적으로 동의하고 나섰다. 동시에 미국은 아무런 설명도 없이 폴란드, 헝가리, 체코를 포함시켜 NATO의 확대를 추진했다.

그런데 유럽연합이 공동 외교안보 정책을 담당할 기구들을 본격적인 형태로 구성하기 시작하고 신속대응 부대 창설을 위한 계획들을 1999년부터 2000년까지 실행에 옮기기로 결정하자 워싱턴은 또다시 불만을 터뜨리며 경고하기 시작했다. 제시 헬름스 상원의원은 '유럽 군대'가 "NATO의 내부분열을 획책한다"고 주장하면서 유럽연합을 공격했다. 그의 주장은 미국의 매들린 올브라이트 전직 국무장관과 윌리엄 코언 현 국방장관의 목소리를 반영하고 있었다.[28]

신임 조지 W. 부시 대통령의 업무인수위원회는 유럽의 신속대응 부대를 "NATO의 심장을 겨냥한 비수"[29]라고 주장했다. 그리하여 미국의 정책은 유럽에 대해 좀더 많은 방위비를 부담하라는 요구와 독립적인 유럽의 군사력 증강을 막기 위한 노력 사이에서 갈피를 잡지 못했다. 전직 미국 국가안보 자문위원 즈비그뉴 브레진스키는 "유럽은 미국의 피보호자였다"[30]고 평한 바 있다.

워싱턴은 유럽을 미국의 중동 진출을 위한 전초기지로서, 세계적인 소통망의 일부로서 필요로 했다. NATO는 유럽이라는 테이블에 마련된 미국의 좌석이었다. 때문에 미국은 NATO와 미국의 주도권에 대한 유럽의 좀더 많은 지원과 지지를 원하면서도 유럽에 실질적인 역할을 부여하는 데는 소홀했던 것이다.

유럽이 미국에 대한 독립성과 발언권을 주장하고 나오자 미국은 특유의 부정적인 태도로 돌변했다. 9·11테러 이전에도 〈내셔널 리뷰〉의 편집자 존 오설리번(John O' Sullivan) 같은 분석가들은 유럽연합이 "경쟁적이고 적대적인 정책으로 흐르는 경향이 있다"[31]는 경고의 목소리를 내고 있었다. 오설리번은 또 이렇게 썼다.

유럽의 안보를 위한 군대나 정책은 전혀 필요가 없다. 그런 것은 순전히 반국가주의를 가장한 국가주의와 민족주의를 조장하는 표현일 뿐이다.[32]

무엇보나도 그는 독사적인 유럽의 정책을 반미주의와 미국에 도진하려는 욕망에서 비롯된 것으로 간주했다. 9·11테러가 발생할 당시 (영국의 특수부대와 같은 몇몇 부대를 예외로 한) 유럽의 군대는 우수한 장비와 기동력을 갖춘 미군에 비하면 무능했을 뿐 아니라, 유엔의 절차를 따르라는 주장만 거듭하던 이라크의 사담 후세인을 제거하려는 미국을 지원하는 데도 주저하고 있었다. 그러한 유럽의 무능함과 망설임을 보면서 많은 미국인은 유럽인들이 기대할 것이 전혀 없는 우유부단한 사람들일 뿐 아니라, 유럽이 아닌 지역에서는 치안 유지보다 미국의 힘을 시험하는 데 더욱 큰 관심을 쏟고 있다고 확신하게 되었다.

물론 유럽인들은 "소련이 아프가니스탄을 침공했을 때 가장 먼저 평화유지군을 파견하고 원조금을 지원한 것도, 유엔의 절차에 따르는 것이 국제적인 무정부상태를 피하기 위한 근본적인 해법이라고 일관되게 주장한 것도 바로 자신들이었다"고 주장했다. 하지만 이런 주장은 미국에게는 간에 기별도 가지 않았다. 미국은 비너스의 후손이 유럽인이고 마르스의 후손이 미국인이라는 로버트 케이건의 견해를 선호했기 때문이다.

　케이건의 논리를 요약하면, 미국의 보호를 받고 있는 유럽은 저렴한 방위비 덕분에 맘껏 호사를 누린 탓에 군사력에 의존하지 않고 법과 규칙에 따라 국가간 상호협력을 추진할 수 있다는 미망에 빠져 있다는 것이다. 이런 관점에 따르면, 유럽은 미국이 조성하고 있는 것이 확실한 홉스주의(국민의 동의에 기초한 전제주의)적 세계를 이해하지 못하기 때문에 미국을 억제해야 마땅한 위협세력으로 간주하면서도 유럽이라는 환상의 땅이 오로지 미국의 힘 덕분에 존재할 수 있다는 사실을 깨닫지 못한다는 것이다.[33]

　이런 논리에는 일말의 진실이 있기는 하지만, 불행히도 전체적으로 보면 틀린 말이다. 미국의 방위력에 의존하고 있는 일본이나 다른 몇몇 국가들처럼 유럽 국가들도 완전한 자주국방의 책임을 다하지 못하고 있기 때문에 편견을 가지고 세계를 바라볼 수는 있다. 그러나 이런 편견은 미국의 전매특허다. 유럽이 좀더 많은 책임을 지는 방향으로 움직일 때마다 미국은 유럽의 노력에 반대하고 나서면서 그런 노력을 무산시키기 위해 애써왔다.

　예컨대, 유럽은 페르시아 만의 석유에 미국보다 훨씬 적게 의존하고 있지만, 그에 합당한 방위력 분담비율을 따져보면 유럽 국가들이 미국보다 훨씬 더 많은 공군과 육군을 페르시아 만 지역에 배치하고 있는 셈이다. 그러나 미국은 유럽의 군대가 그 지역에 배치되는 것을 특별히 원하지도 않고, 또 그 지역에 대한 미국의 영향력과 위력이 희석되는 것도 원하지 않기 때문에 유럽에 결코 그런 도움을 요청하지 않는다. 미국은 자체적으로 문제를 해결하는 것이 훨씬 쉽고 빠르며 간단하다고 믿는다. 진실을 말하자면, 미국은 유럽을 믿지 못한다. 유럽인의 관심사는 미국인의 관심사와 다소간 차이가 있을 것이다. 특히 유럽인은 이스라엘-팔레스타인 분쟁을 미국인과 같은 시각으로 바라보지 않는다. 유럽인에게 그 지역에서 중요한 역할을 맡기면 우리의 관심사에 대한 우리의 인식과 다르게 사태가 흘러갈 수밖에 없을 것이다.

그러나 우리가 유럽인에게 완전한 주권을 행사할 수 있도록 권한을 기꺼이 부여하지 않는 한 우리에게도 유럽인을 겁쟁이라고 매도할 명분이 없다. 우리는 유럽이 방위비를 아낀다고 불평하면서도 유럽의 무기기술 수준이 미국의 발뒤꿈치도 못 따라온다며 불만을 표시한다. 두 가지 불만 모두 장단점을 가지고 있다. 확실히 유럽 국가들은 방위비보다는 의료보건비와 장기휴가비에 훨씬 더 많은 돈을 쓴다. 다른 한편 미국은 중국과 같은 국가들이 훨씬 더 많은 돈을 방위비로 지출하고 있으며, 그것을 미국의 정당한 군사력 증강에 대한 '협박'으로 활용하고 있다는 논리를 줄기차게 강조하고 있다.

미국은 또한 유럽의 무기 개발 노력을 체계적으로 방해해 왔다. 내가 레이건 행정부에서 일할 당시 기술 수출 허가문제를 놓고 늘 격론이 벌어지곤 했다. 미국은 미국과 거래하는 외국기업들을 곤란하게 만들거나 실망시키는 다양한 방법을 동원하여 기술 수출을 저지했다. 무엇보다도 세계 최대의 무기구입처인 펜타곤은 미국의 군수업체들과 야합하여 그 업체들이 세계적인 판매력을 유지하는 데 도움을 제공했다. 펜타곤에 대한 무기판매를 저지당한 외국의 군수업체 중에서 규모가 가장 큰 BAE시스템조차도 펜타곤이 조달하는 무기 및 무기체계 중 겨우 1% 정도를 판매하는 데 그치고 있다. 펜타곤이 투자하는 신무기 개발비도 대부분 미국 군수업체들에게 돌아가고 있다.[34]

더욱이 미국은 유럽연합을 조종하기 위한 또다른 수단으로 NATO를 이용하고 있다. 더 이상 러시아의 위협이 커질 기미가 보이지 않는 상황에서 미국은 NATO를 확대할 명분을 찾을 수 없게 되었고, 새로 가입한 회원국들도 NATO에 전혀 힘이 되지 않았다. 실제로 신규 회원국들은 오히려 운영비 부담만 가중시켰을 뿐 아무 도움도 되지 못했다. 그렇지만 NATO의 확대는 한편으로는 미국이 자국 내에서 인종정치(racial politics)를 펼칠 구실을 제공하면서, 다른 한편으로는 동유럽 국가들을 미국의 직접적인 간섭 아래 묶어둘 수 있게 만들었다.

가령 미국과 강력한 인종적 유대감을 갖고 있는 폴란드 같은 나라가 NATO의 회원국이 된다는 것은 무척 매력적인 일이었다. 그러나 폴란드는 NATO 회원국이 되면서 공군력을 증강시켜야 했고, 펜타곤은 폴란드 공군이 F-16전투기를 구입하게 만드는 데 일익을 담당했다. 그 결과 유럽 전투기 제조회사들의 경쟁력은 그만큼 약화되었다. 또 앞서도 설명했듯이, 폴란드 공군은 미국의 수많은 특허권, 공급자 우선권, 취급·사용 요건에 예속되었고, 미국은 미국산 전투기를 사용하는 폴란드 공군을 효과적으로 다룰 수 있게 되었다. 요컨대, 유럽인들이 환상의 땅에 살고 있다면 그런 환상의 땅을 창조하고 관리하는 것은 미국이었던 것이다.

유럽에서 두 번째 냉전이 발발할 것처럼 보이지는 않는다. 그러나 유럽 국가들 간의 마찰이 끊이지 않으리라는 것은 충분히 예상할 수 있고, 특히 '옛' 유럽과 '새로운' 유럽을 갈라놓으려 하는 미국의 노력을 고려하면 예측은 더욱 분명해진다. 미국의 이라크 정책도 영국과 유럽 대륙 간에 깊은 골을 만들었다. 그런데 아이러니한 것은 러시아아인들이 이제는 미국인을 매우 우호적인 친구로 여기게 되었다는 사실이다. 미국이 국가 미사일 방위체세를 구축하면 그들도 비록 내키지는 않겠지만 미국을 따라할 것이다. 그러나 러시아아인들은 미국에 도전할 처지가 전혀 못 된다.

이런 사실은 피터 서덜랜드의 지적을 되짚어보게 만든다. 그는 세계체제는 미국과 러시아의 동맹이 아닌 미국과 유럽연합의 동맹을 통해서 안정될 수 있다고 본다. 그는 "우리가 최근에 발견한 모든 차이는 냉전의 산물임에도, 우리는 그런 차이들을 좀더 광범위한 가치와 목적들에 담으려는 억지를 부려왔다"고 지적한다. 그리하여 그는 미국-유럽 동맹체제의 붕괴는 미국이나 세계에 이익이 되지 않기 때문에 미국이 대유럽정책을 되짚어보고 유럽연합과 새로운 협력체계를 구축해 나가는 것이 가장 중요한 문제라고 충고한다.

아시아

유럽에서처럼 아시아에서도 이전의 적대국들과 더 우호적인 관계를 맺고 있는 듯이 보이는 미국의 옛 우방국들과 미국의 관계에 냉기류가 발견되고 있다. 그러나 특히 충격적인 것은 아시아 전체를 관류하는, 미국에 대한 놀라우리만치 유사한 인식이다. 도쿄든 베이징이든 자카르타든, 미국의 목적과 동기를 분석할 때면 어디에서나 미국의 기본 논리와는 극단적으로 다른 분석이 나오고 있다.

아시아인들은 처음부터 미국인들이 자기 나라를 도덕성, 정치철학, 국가조직의 보편적 기준들을 제시하는 나라로 생각하거나 "개명된 국제적 행위의 이상적 모범이자 심판자"[35]로 자처할 수 있는 유일한 나라로 생각해 왔다고 믿었다. 또 아시아인들은 미국을 다국적 기구들을 비롯한 패권적인 지배력을 이용하여 서구의 가치들을 담은 상표를 남용하고 강제하기에만 급급한 나라로 이해한다. 그러나 무엇보다도 동맹국과 적대국이 모두 미국의 핵심적인 가치라고 믿는 개인주의 및 물질주의와 좀더 공동체적이고 위계적인 아시아의 고유한 가치 사이에 존재하는 분명한 차이를 알고 있다.

　아시아인들은 미국의 군사력이 아시아 전반에 대한 미국의 지배력을 보장하고, 미국에 견줄 만한 어떤 세력의 등장도 예방할 수 있을 것이라고 믿는다. 아시아인들이 보기에 미국은 강력하고 부유한 아시아·태평양 공동체를 원하는 한편, 그것의 선결조건으로 경제적인 견실함, 정치적 안정과 민주화, 미국의 주도권 수용을 아시아인들에게 일방적으로 강요하는 듯이 보인다. 또 아시아인들은 미국이 첨단무기로 무장한 대규모 군사력을 유지 및 지정학적 전략집중의 정당성과 명분을 제공하는 적대국을 부지불식간에 필요로 한다고 믿고 있는 듯하다. 왜냐하면 냉전이 끝나면서 미국이 '불량국가'의 개념과 '안정'의 필요성을 강조하기 시작했기 때문이다. 그뿐만 아니라 아시아인들은 오사마 빈 라덴이 전보다 더 확실한 미국의 공격표적이 되고 있는 가운데 부시 행정부가 중국을 '적국'의 범주에 포함시킬 준비를 하고 있다고 믿었다.

　미국은 또 부드러운 패권국가라는 인상을 주려는 듯이 다른 나라들을 억지로 지배하려 들지 않겠다는 태도를 보인다. 그에 따라 미국은 흔히 위협적으로 보이게 마련인 미군의 전진배치가 전혀 위협적인 일이 아니라고 해명하면서 국방비의 끝없는 증가를 정당화하는 동시에, 다른 나라의 군사력 확충노력을 훨씬 더 강력하게 제약하고 있다. 다시 말하면, 내가 만나본 대부분의 아시아인들은 특히 핵무기 같은 대량살상 무기들과 관련하여 미국이 내세우는 이중잣대를 극도로 민감하게 받아들이고 있었다. 즉 미국은 영국이나 프랑스나 이스라엘의 핵무기 보유는 용납하면서도 아시아인의 손에 핵무기를 쥐어줄 수는 없다는 태도를 보인다는 것이다.

　그렇다고 해서 아시아인들이 미국을 싫어한다는 말은 결코 아니다. 실제로 퓨 연구소의 여론조사 결과를 보면 아시아인들은 대체로 미국을 긍정적으로 볼 뿐 아니라 많은 척도에서 미국에 대해 상당한 존경심까지 갖고 있는 것으로 나타난다. 특히 주목할 것은 다른 지역 사람들과 마찬가지로 아시아인들도 대부분 미국 사람들을 좋아하지만, 당혹스럽고 불쾌한 정책과 행동을 빈번하게 구사하는 미국이라는 국가만큼은 그리 좋아하지 않는다는 사실이다. 그러나 미국이 아시아에서 벌이는 활동에 대한 아시아와 미국의 견해만큼 커다란 차이를 보이는 것도 없다. 이러한 차이의 뉘앙스와 함의를 이해하기 위해서 그런 긴장들이 가장 확실하게 나타나는 한국을 우선 살펴보기로 하자.

한국

앞서 7장에서도 한미관계가 점점 악화되어 왔다고 설명한 바 있다. 특히 2002년 노무현이 남한의 대통령에 당선되면서 워싱턴의 당혹감은 극에 달했다. 워싱턴은 노무현과 경쟁한 이회창이 대통령에 당선되기를 염원했다. 미국의 오랜 친구인 이회창은 김대중의 대북 햇볕정책에 반대하는 정책을 고수해 왔기 때문이다.

노무현은 대선에서 승리했을 뿐 아니라 젊은 층의 압도적인 지지를 받았다. 그의 당선은 북미관계의 긴장을 증폭시켰다. 북한은 전부터 비밀리에 우라늄 농축 프로그램을 시행해 온 것으로 드러났을 뿐 아니라, 국제원자력기구의 사찰단을 추방하고 영변의 원자로를 재가동할 준비를 시작했다. 북한은 이런 원자력 발전설비들을 이용하여 북미협정뿐 아니라 핵확산금지조약에도 위배되는, 핵무기 제조를 위한 플루토늄을 추출할 수 있었다. 워싱턴은 북한이 이처럼 위협적인 행위를 포기하지 않는 한 타협의 여지가 없다고 주장했지만, 노무현은 햇볕정책을 견지함은 물론 북한과의 협상도 계속할 것이라고 발표했다. 이러한 불화의 배경에는 워싱턴이 한 번도 귀담아들은 적이 없는 한국의 상황에 대한 견해차가 자리하고 있다. 물론 양측의 견해가 틀렸을 수도 있지만, 미국인에게 중요한 것은 최근 남한의 고위협상단 중 한 사람이 내게 설명한 한국의 입장을 이해하는 것이다.

미국인들은 미국이 북한을 침공할 의사가 없다는 것을 알고 있지만 북한은 그것을 모른다. 한국전쟁은 결코 평화협정을 통해 종료되지 않았다. 미국은 남한에 근 40년간 미군을 주둔시켜 왔을 뿐 아니라 남한 군대에 대한 전시 작전지휘권을 50년간이나 행사해 왔다. 또 북한도 포함된 이른바 '악의 축' 가운데 하나인 이라크에 대한 미국의 확연한 공격의지는 북한이 미국을 북한의 안보에 위협적인 국가로 간주하게 만들었다. 근본적으로 미국은 쌍무적 협정이든 다자간 협정이든 북한이 참가하는 협정은 어떤 것도 확실히 신뢰할 수 없다고 여긴다. 그리고 이러한 견해를 입증하는 단적인 사례로 1994년 북한이 미국과 체결한 기본협정을 어기고 우라늄 농축 프로그램을 재개한 것을 들고 있다.

그런데 1994년 미국은 기본협정을 통해서 플루토늄 생산시설의 가동 중단을 조건으로 북한에 특별히 발전소를 건설해 주기로 약속했고, 또 실제로 발전소 건설에 착수하기까지 했다.[36] 하지만 미국은 자체적인 문제로 애초에 약속한 발전소 건설을 중단할 처지에 봉착했다. 2003년까지 건설해 주겠다고 약속한 2,000메가와트급 핵발전소는 결국 건설되지 않았고, "정치적·경제적 관계의 완전 정상화"[37]도 이루어지지 않았으며, "북한을 위협하지 않고 핵무기를 사용하지 않겠다는 미국의 공식적인 확약"[38]도 없었다. 따라서 북한은 미국이 낭상 원하는 바를 달성하고 나면, 즉 이른바 플루토늄 생산계획을 폐기하고 나면, 미국이 자신에게 약속한 것들 중 거의 아무것도 얻어내지 못할 것으로 여겼다.

특히 2002년 평양을 방문한 미국의 제임스 켈리 국무차관이 "미국은 북한의 우라늄 농축계획을 알고 있다"고 밝히자 북한은 "미국이 북한을 공격하지 않고 북미관계의 정상화를 약속한다면 우라늄 농축계획을 당장이라도 포기하겠다"고 제안했다. 그러나 켈리는 북한이 우라늄 농축계획과 일정을 포기하는 것은 당연하기 때문에 어떤 타협의 여지도 없다고 일축했다. 남한의 협상단에 따르면, 북한이 가장 원하는 것은 미국이 북한을 인정하는 것과 전시상황을 종식시키기 위해 상호 불가침 협정을 체결하는 것이라고 한다.

남한 사람들은 사실상 세계 거의 모든 나라가 북한을 인정하고 있는 상황에서 유독 미국, 일본, 프랑스만 북한을 인정하려 하지 않는 이유를 이해하지 못한다. 남한 사람들은 강경노선을 추종하는 매파들이 워싱턴의 정책을 이끌고 있다고 믿는다. 다시 말해서 워싱턴의 매파들이 북한의 붕괴를 획책하면서 태평양에서 미군이 계속 활동할 수 있는 명분을 제공할 적대국을 존속시키고 싶어한다는 것이다. 그에 따라 많은 남한 사람들은 미국이 북한만큼이나 문제 해결에 걸림돌이 되고 있다고 생각한다.

더 나아가 남한 사람들은 워싱턴이 고압적인 태도를 보인다며 원망한다. 1994년 클린턴 정부가 북한의 핵시설을 파괴하기 위해 공습을 고려했다는 사실이 최근에 알려지면서 그런 원망은 더욱 불거졌다. 하지만 그런 공습은 이루어지지 않았고, 그 대신 북미기본협정이 체결되면서 북한이 핵시설의 가동을 중단했다. 그러나 남한 사람들은 남한 정부가 그런 공습계획을 제일 늦게 알아차리고 뒤늦게 강력한 반대의사를 표명했다는 사실에 충격을 금치 못했다. 남한의 수도 서울은 남방한계선에서 27킬로미터밖에 떨어져 있지 않고, 북한은 서울을 완전히 초토화시켜 버릴 수 있는 세계 최대의 화력을 서울을 향해 집중 배치해 놓고 있다. 그런데 한국인들에게 진정 충격적인 것은 그들의 수도가 폐허가 될지도 모르는데도 그들의 확고한 동맹국이어야 할 미국이 그런 사실을 전혀 고려하지 않았다는 사실이다.

워싱턴에서는 아무도 남한 사람들에게 북한이 '악의 축'에 포함될 것이라거나, 아니면 미국의 매파들이 남한의 햇볕정책을 방해할 것이라는 언질을 주지 않았다. 요컨대, 남한 사람들은 미국인이 그들을 그 정도로밖에 취급하지 않는다고 생각하고 그런 사실에 치를 떨었다. 그런데 아이러니한 것은 이런 감정을 추동한 것이 미국에서 공부하거나 일하다가 한국으로 귀국한 수천 명의 젊은이와 사업가들을 통해 새로이 확산된 민주적 이상이었다는 것이다. 그들은 한국인이 그들의 미국인 친구들과 동등한 권리를 누려야 한다고 주장했다. 많은 유럽인처럼 한국인도 자신이 설파한 이상을 스스로 저버리고 있는 미국에 배신감을 느끼고 있었다.

한 가지 흥미롭고 기이한 사실은 남한이 미국에 전도사를 파견하기 시작했다는 사실이다. 50여 년 동안 개신교, 그중에서도 특히 장로파 교회가 확산되면서 거의 기독교국가가 되다시피 한 한국의 많은 사람이 이제 미국을 영적인 부흥이 필요한 나라로 바라보게 된 것이다.

또다른 변동요인은 중국의 경제성장이다. 중국은 한국 제품의 주요 수입국이 되었고, 한국은 대중(對中) 수출액이 미국을 앞지를 날을 기대할 수 있게 되었다. 이런 추세는 한국 내에서 지역 내 무역전략과 무역의 지역 편중에 관한 논란을 부추겼다. 이러한 논란은 주한미군의 지위에 관한 공적인 논쟁을 야기했다. 50여 년간 미국인들은 "주한미군은 남한을 보호하기 위해 남한에 주둔하고 있다"는 말을 해왔다. 물론 1997년 코언 미 국방장관이 한국이 통일되더라도 미군이 계속 주둔할 것이라고 말함으로써 무심결에 미국의 속셈을 드러내고 말았지만, 사실을 말하자면 미국이 한국에 미군을 주둔시키는 것은 아시아 전체에 미국의 힘을 과시하기 위한 방편의 일환이다. 그러나 지금은 무신경하고 이데올로기에 편향된 미국의 정책이 그 동안 유지하기 위해 애쓴 주한미군의 지위를 확실히 실추시키고 있다.

일본

대한해협을 사이에 두고 한국과 마주하고 있는 일본의 대미관계는 훨씬 더 복잡하다. 물론 일미관계는 서서히 개선되어 왔지만, 전반적으로 그 성격은 변하지 않고 있다. 일본은 실제로 위기를 겪고 있지만 겉보기에는 매우 안정된 듯이 보인다. 도쿄의 거리를 걷거나 일본을 여행하다 보면 모든 것이 극히 정상적이고 안정되어 보인다. 교통은 여전히 복잡하고, 음식점마다 손님으로 붐빈다. 기차는 시간을 정확히 지키고, 지하철은 정확히 정지선에 멈추어 선다. 어디서나 건설용 크레인을 볼 수 있고, 가장 작은 마을에까지 고속도로와 고속철도망이 연결되어 있다.

그런데 그것이 바로 문제의 실마리다. 겉으로는 화려해 보이는 일본 경제는 지금 벼랑 끝에 몰려 있고, 일본의 정치는 뿌리부터 썩어 있다. 그런 경제위기와 정치부패상만 놓고 보면 일본의 건설용 크레인과 고속도로와 고속철도망이 그처럼 잘 유지될 수 있다는 것이 잘 믿어지지 않는다.

일본은 지난 50여 년간 딱 2년을 제외하고는 자민당이 정권을 독차지해 왔다. 자민당은 농민과 농촌 토착민, 건설회사와 노무자, 소규모 사업자와 상점 주인들로 이루어진 이른바 '철의 삼각구조'를 기반으로 권력을 구축했다. 일본 정치체계는 19세기에서 20세기 초 영국에서 시행하던 것과 비슷한 부패선거구제(rotten borough, 유권자가 격감해도

의원 선출권리를 보유한 선거구)를 시행하고 있다. 그래서 일본에서는 투표결과를 집계할 때 농민 1명이 행사한 표와 도시민 2.2명이 행사한 표를 동수로 간주한다. 자민당은 농민들에게 막대한 보조금을 지급하고 강력한 보호정책을 구사함으로써 이러한 철의 삼각구조를 유지하고 있다.

일본 농민은 세계에서 가장 높은 관세장벽 덕분에 수입농산물과 충분히 경쟁할 수 있다. 예컨대 쌀농사를 짓는 일본의 농민들은 막대한 정부보조금을 지급받고, 그 덕분에 세계시장 가격보다 10배나 높은 쌀값을 독점적으로 보장받고 있다. 소규모 사업체들 역시 다양한 방식으로 정부보조금을 지원받고 있기 때문에, 사실상 세금을 거의 내지 않는다고 해도 과언이 아니다. 건설업계 역시 농촌 마을과 마을을 잇는 도로와 교량을 건설하는 과정에서 정부와 수의계약을 체결하여 얻는 엄청난 특혜로 유지되고 있다. 그 결과 일본의 건설비용은 일본 전체 경제의 10%에 달하고, 그것은 미국의 두 배에 가깝다.

그뿐만 아니라 일본 경제의 거의 모든 부문은 수입품 및 외국인 투자자들을 오랫동안 일본으로 진출하지 못하게 만든 일본 정부의 강력한 보호정책의 혜택을 받아왔다. 2차 대전 후 일본 정부는 자동차, 전자, 철강과 같은 대량생산 체계가 필요한 산업에 자금을 공급할 금융체계 구축을 위해 저축을 강조하면서 수출주도 발전전략을 채택했다. 그 덕분에 일본의 산업계는 막대한 생산력을 창출할 수 있었고, 그렇게 생산한 제품을 대부분 외국으로 수출했다. 따라서 일본의 국내시장은 수출하기 전의 일본 제품들을 일시 저장하는 물류창고와 다름없었다. 그런 수출 주도 시스템은 1980년대 중반까지만 해도 원활하게 작동했다.

그런데 막대한 수출량에 비해 수입량이 너무 적었던 일본은 1985년 미국과 체결한 플라자 합의(Plaza Accord)에 따라 엔화 가치 인상압력을 받기 시작했다. 일본은 수출전략을 변경해야 했지만, 이미 길들여진 성공의 공식을 포기하기는 힘들었을 것이다. 따라서 일본 정부는 성공의 공식을 견지하면서도 엔화 강세의 충격을 완화하기 위해 일본 경제에 막대한 자금을 투입하여 수출경쟁력을 유지하고자 했다. 그 결과 1991년부터 1992년 사이에 발생한 저 유명한 버블 붕괴는 수많은 기업을 파산으로 몰고 갔고, 수많은 은행을 지불불능 상태에 빠뜨렸다. 그렇게 파산한 회사 중에는 자민당과 긴밀한 유대관계를 맺고 있던 건설회사와 은행들도 다수 포함되어 있었다.

하지만 자민당은 그런 관계들을 적극적으로 청산하기보다는 오히려 과거 10여 년간 제공해 온 것보다 더 많은 특혜와 보조금을 지급하고자 했다. 그런 와중에 일본 경제는 이미 회생 불가능한 기업들의 명맥을 유지하기 위해 쏟아부은 막대한 부실대출을 감당할 수 없는 지경에 이른 은행들 때문에 침체에 빠져들고 있었다. 그 과정에서 일본 정부가 진 빚은 세계 최대에 달했고, 지금도 계속 늘어나고 있는 추세다. 그리하여 일본은 가구소득의 급격한 감소와 1930년대 같은 대공황이 엄습할지도 모르는 상황에서 실질적인 인플레이션 이외에는 다른 대안이 없는, 위협적인 디플레이션의 악순환에 휘말린 듯했다.

그렇다면 미국은 어느 시점부터 일본에 개입했을까? 자민당을 만든 것은 사실 미국이었다. 1955년부터 1958년까지 CIA의 동아시아 담당 국장을 역임한 앨프레드 울머 주니어(Alfred Ulmer, Jr.), 케네디와 존슨 행정부에서 첩보와 조사연구를 담당한 로저 힐스먼(Roger Hilsman), 1966년부터 1969년까지 일본 주재 미국 대사를 역임한 알렉시스 존슨(U. Alexis Johnson), 이 세 사람은 모두 1955년부터 1972년 사이에 자민당이 선거에서 승리하는 데 결정적인 역할을 했다.[39] 특히 CIA와 자민당, 일본의 마피아라 할 수 있는 야쿠자는 서로 밀접한 관계를 맺고

있었다.[40)]

　　워싱턴은 일본 점령기부터 지금까지 반공을 표방하는 자민당을 선호했고, 자민당이 정권을 유지할 수 있는 토대를 제공했으며, 자민당으로 하여금 미국 주도의 외교정책을 따르게 만들었다. 그런 거래는 오랫동안 유지되었다. 미국은 일본의 안전을 보장함과 동시에 일본을 미국의 동아시아 운영의 거점으로 이용했다. 미국은 그 대가로 일본의 경제정책을 지원하거나 용인했다.

　　그런데 문제는 최근 몇 년간 미국이 일본의 정책을 용인한다 만다 하는 차원을 넘어서 이젠 도무지 어찌해볼 수 없을 정도로 두 나라의 관계가 구조적 · 재정적으로 복잡하게 꼬여버렸다는 점이다. 즉 문제의 요점은 미국이 일본의 병폐들을 조장하고, 특히 일본의 진정한 민주화를 가로막는 중요한 원인 제공자(그러나 유일하거나 가장 큰 원인 제공자는 아닌)였다는 사실이다.

　　미국은 또다른 방식으로 일본의 발전을 왜곡했다. 미국은 도쿄 전범재판에서 일본 천황의 전쟁 책임을 묻는 일체의 논의를 (천황을 통해서 일본을 통치할 필요가 있다는 판단에 따라) 배제했다. 때문에 도쿄 전범재판은 승전국의 정의를 제외한 어떤 일본인의 의견도 받아들여지지 않았고, 그 결과 일본은 전쟁사에서 완전히 탈루되어 버렸다. 이 때문에 일본의 각급 학교에서는 전범재판과 관련된 역사를 가르치지 않고 있다. 더욱이 이런 사실은 다른 나라와 일본이 연루된 전쟁에 대한 일본의 접근을 애초부터 불가능하게 만들었다. 최근 몇 년간 이어진 일본 수상들의 야스쿠니 신사 참배는 아시아의 많은 나라들을 분노하게 만들었는데, 많은 일본인은 이런 반응에 오히려 당혹감을 느꼈다. 일본인의 입장에서 야스쿠니 신사 참배는 미국인의 알링턴 국립묘지 참배와 다름없는 일이기 때문이다.

미국은 또한 일본에 유럽과 똑같은 환상의 땅을 창조했다. 일본은 석유수송로 확보나 아시아의 전략적 현안들에 대처하기 위한 방위비를 전혀 부담할 필요가 없었고, 결국 GDP의 1%에 불과한 저렴한 방위비만으로도 골치 아픈 현안들에 개입할 필요 없이 경제발전에 집중할 수 있었다. 흥미로운 점은 미국이 유럽보다 훨씬 낮은 수준의 방위비를 부담하는 일본에 대해서만큼은 불만을 표시하지 않았다는 사실이다. 일본에 진주한 미군은 한국보다 더 큰 재판관할권을 일본에 부여하고 있지만, 실상은 한국과 비슷하다. 일본은 미국의 피보호국이자 예속국가다. 일본은 또 실제로 북한의 미사일의 표적이 분명한데도 미국의 대북한정책에 대해서 지금까지 아무런 의견도 개진하지 못했다. 그렇다고 해서 이런 사정이 한국에서처럼 일본에서도 반미감정을 촉발하는 원인이 되고 있는 것은 아니다. 그것은 한편으로는 일본이 미국과의 경제적 관계에서 한국보다 훨씬 더 큰 이득을 보고 있기 때문이기도 하려니와, 다른 한편으로는 일본인이 한국인보다는 덜 다혈질이기 때문일 것이다.

그러나 여기서 중요한 어떤 징후에 주목할 필요가 있다. 최근 일본에서 가장 큰 인기를 끈 영화 중 하나가 바로 일본을 2차 대전으로 몰고 간 전범으로서 유죄판결을 받고 사형당한 도조 히데키(東條英機)를 미화한 〈프라이드 Pride〉였다. 그 영화를 만든 가세 히데아키(河瀨英明)는 최근 자신이 집필한 가미가제 특공대에 관한 책에서 이런 말을 했다.

도조는 영웅이었고 지금도 마찬가지다.[41]

그리고 일본에서 최고의 인기를 누리고 있는 작가 고바야시 요시노리(小林よしのり)는 최근 도쿄에서 나와 함께 커피를 마시면서 "일본

에게 2차 대전은 서구의 식민주의로부터 아시아를 해방시키기 위한 전쟁이었다"고 주장했다. 그중에서도 가장 주목해야 할 인물은 소설가이자 도쿄 시장인 이시하라 신타로(石原愼太郎)다. 소니 사의 전직 회장 모리타 아키오(盛田昭夫)와 공저한 베스트셀러 『NO라고 말할 수 있는 일본』에서 국가주의를 표방한 이시하라는 비록 조심스럽기는 하지만 강경론적인 견해를 펼치고 있다. 그는 이 책에서 일본의 무역장벽에 대한 미국의 불만에 대응하여 일본 첨단 기술제품의 대미수출을 중단해야 한다고 주장했다. 미국의 지원을 등에 업은 자민당의 타락과 무능이 초래한 국가적인 병폐 속에서 바야흐로 일본에서 가장 인기 있는 유일한 정치지도자로 부상한 그의 이름은 차기 수상 후보로까지 거명되고 있다. 그가 수상에 선출된다면 일본은 한창 미군 철수를 외치고 있는 남한과 매우 유사한 행보를 보일 것이다.

나는 일본의 텔레비전에 출연하여 그와 토론을 벌인 적이 있는데, 그때 그는 미군의 일본 주둔을 분명히 반대한다고 강조했다. 주일미군을 감축하라는 요구가 점증하고 있는 상황과는 별개로, 일본의 외무장관 가와구치 요리코(川口良子)는 2003년 2월 2일 오키나와 주둔 미군의 감축을 위한 노력을 경주할 것이라고 발표했다.[42]

미군과 미군주둔지의 역할에 대한 일본인의 견해가 대다수 미국인과 커다란 차이가 있다는 사실을 이해하는 것은 중요하다. 미국인은 자신들이 일본을 지켜주고 있으므로 일본인이 그것을 고마워해야 한다고 생각하는 반면에, 일본인은 미군기지를 유지하는 데 드는 비용을 '공감을 위한 예산(sympathy budget)'이라고 부른다. 즉 일본의 정치지도자들은 중대한 공동 임무를 위해 동맹국으로서 이 예산을 지불하는 게 아니라, 미국인에게 베푸는 호의로서, 미국의 패권적 야심을 충족시키기 위한 선물로서 지불하는 것이다.

다시 한 번 말하지만, 주목해야 할 것은 바로 이러한 관점의 차이다. 물론 일본인들은 미국인을 좋아한다. 모든 여론조사 결과와 내가 40여 년간 일본과 관계하면서 겪은 경험이 이런 사실을 분명히 증명한다. 그러나 미국인은 태국 주재 일본 대사를 역임하기도 한 나의 일본인 친구 같은 사람들의 견해도 무시하지 말아야 한다. 그 친구는 나에게 "미국은 자국의 지속적인 경제발전을 위해 분쟁을 원한다"고 말했다. 일본이 어쩌면 앞으로도 영원히 대놓고 미국을 비난하는 일은 없을지 모르나, 일본을 미국의 '전략적 파트너'로 삼아야 한다고 주장하는 미국 정부 요인들은 견디기 어려운 실망감을 맛볼지 모른다.

중국

미러관계와 마찬가지로 미중관계도 9·11사건 이후 확연히 호전되고 있다. 이런 추세는 1972년 닉슨의 '중국 개방 정책' 이후 숱한 우여곡절을 거치면서도 지속되어 왔다. 레이건의 대통령 재임기간 동안 미중 양국은 중국의 경제발전과 소련의 봉쇄라는 두 가지 목표를 공유하고 있었다. 나는 레이건 정부에서 일하면서 초기에는 대중(對中) 경제협상단에 참가하기도 했다. 나는 그 과정에서 미국 기업들이 중국 시장에서 막대한 이득을 볼 수 있다는 것을 증명할 수 있었다.

냉전의 종식과 1989년 천안문사태는 첫 번째 부시 행정부로 하여금 좀더 광범위한 전략적 관심과 기업계의 압력에 결정적으로 타협하게 만듦으로써 냉기류를 몰고 왔다. 또 1992년 선거운동 기간 동안 빌 클린턴은 부시 행정부의 중국에 대한 '지나친 저자세'를 비난하면서 좀더 강력한 태도를 취하겠다고 공약했다. 대통령에 당선된 클린턴은 처음에는 인권문제를 비롯한 여러 현안과 관련하여 중국에 강경한 태도를 보였지만, 이내 경제발전 논리에 뜻을 굽히고 중국을 '전략적 파트너'라고 부르며 '연대' 정책을 추진하기 시작했다. 이런 추세는 미국의 '전략적 파트너'는 일본이라고 생각했던 일부 일본인과 여전히 중국 공산주의자들을 증오하고 있던 공화당의 여러 우파 의원들을 화나게 만들었다.

2001년 두 번째 부시 행정부가 들어서면서 미국은 다시 대중 강경 노선을 채택한다. 중국은 미국의 '전략적 경쟁국'으로 바뀌었고, 미군의 중국 감시활동도 빈번해졌다. 많은 중국인이 이런 변화를 소련을 대신할 적국이 필요해진 미국이 중국을 선택한 결과라고 생각했다. 따라서 베이징의 입장에서 볼 때 오사마 빈 라덴은 뜻하지 않은 선물이었다. 그들은 재빨리 애도의 뜻을 표하면서 워싱턴에 협력하겠다는 뜻을 피력했고, 그 이후 미중관계는 눈에 띄게 호전되었다. 그러나 중국인들은 일단 테러의 공포가 가시고 나면 미국이 다시 자신들을 적개심의 표적으로 삼지 않을까 하는 우려를 떨쳐버리지 못하고 있다.

미중관계를 가장 복잡하게 만드는 문제는 바로 대만 문제다. 앞서도 살펴본 바 있듯이, 중국 본토인들의 입장에서 대만의 중국 복속은 19세기 아편전쟁으로 상실한 중국의 주권과 통합성 회복을 위한 최후의 발걸음을 상징하는 것이었다. 따라서 대만에 대한 미국의 후원은 엄중한 내정간섭처럼 보였을 뿐 아니라, 중국을 약화시키고 봉쇄하여 미국이 얻을 이익이 없다는 견지에서 보더라도 도무지 납득할 수 없는 기이한 행동으로 보였다. 중국인에게는 대만의 지도자가 미국의 지도자를 만나는 것이, 나아가 부시 대통령이 대만을 지키기 위해서 '우리는 무슨 일이든 할 것'이라는 투의 발언을 하는 것이 재통일을 위한 중국의 노력에 맞서 대만의 지도자들이 저항할 수 있는 용기를 부추기는 것처럼 보였을 뿐 아니라, 좀더 강경한 노선을 취하는 베이징의 지도층에게 가하는 강력한 압박처럼 보였다.

중국인들은 거의 확실히 전쟁을 유발할 수 있는 원인이 한 가지 있다면, 그것은 바로 대만이 독립을 선언하는 것임을 관심이 있는 누구에게나(그리고 그런 사실을 믿는 전문가들에게) 강조해 왔다. 대만을 목표로 한 중국의 군사력 증강을 미국의 반응을 이끌어내려는 위협이라고 여기는 미국의 견해처럼, 중국인들도 대만을 후원하는 미국의 제스처를 그것에 반응할 수밖에 없는, 즉 다른 선택권이 없는 위협으로 이해하고 있다. 중국인들은 미국이 대만 문제를 처음 유발했다고 생각하며, 대만의 분리 독립에 대한 미국의 지원을 날이 갈수록 커져가는 중국의 힘과 영향력을 봉쇄하고 축소시키기 위한 대대적인 노력의 일환으로 이해한다.

그런 문제는 패권 경쟁이라는 두 번째 퍼즐에 대한 우리의 관심을 촉구한다. 그 출처가 어디든 간에, "우리 중국은 150년간 수난의 역사를 걸어왔음에도 지금 다시 그 길로 돌아가려 하고 있다"고 논평한 어느 중국인 교수가 들려준 이야기는 매우 설득력이 있다.

대만에 관한 논의에 이어 중국의 엘리트들이 관심을 기울이는 두 번째로 중요한 주제는 중국의 미래가 과연 밝은가, 어떻게 세계 일류 국가로 다시 등극할 것인가 하는 것이다. 중국인이 아니고서는 지난 세기 중국인이 겪은 처절한 역사적 굴욕감을 완전히 이해하기는 어려울 것이다. 반면에 현재 중국이 성공가도를 달리기 시작했다는 행복감과 기대감에 부풀어 있는 것도 분명하다. 물론 아직도 중국에는 미국이 중국의 성공을 두려워하여 이를 저지하려 한다는 불안감이 존재하고 있기는 하지만 말이다.

여기에서 양국이 상대에 대해 품고 있는 거울의 이미지를 다시 주목할 필요가 있다. 예를 들어 2001년 초 미국의 EP-3정찰기가 하이난섬(海南島)에 불시착한 사건을 되짚어보기로 하자. 미국인들은 이 사건을 미국이 중국을 경계해야 하는 이유를 더욱 확실히 증명한 사건으로 여김과 동시에 타당한 근거가 없는 중국의 적대적 행동의 결과로 간주했다. 그러나 중국인들은 미국의 정찰기들이 끊임없이 중국 해안지역을 정찰하면서 교묘하게 방어 시스템을 자극하여 중국의 방위력을 측정하려는 이유를 밝히라고 주장했다. 중국인들은 자신들이 미국과 같은 정찰기를 보유하고 있지도 않을 뿐 아니라, 미국의 해안지대는 물론 아시아의 인접국들에 대해서조차 정찰활동을 수행한 적이 없다고 강조했다. 중국인들은 미국이 패권국가로 등극하여 이익을 취하고, 경쟁국의 부상을 강력하게 저지하여 패권을 유지하려 애쓰고 있다고 보았다. 물론 미국 대통령의 웨스트포인트 연설, 예방전쟁을 주장하면서 미국과 경쟁할 수 있는 어떠한 세력의 등장도 허락하지 않을 것이라는 미국 고위관리들의 발언 같은 미국의 행동이 이런 감정을 강하게 부추겼다.

반면에 중국인들이 바라보는 세계는 미군과 미군 함대가 태평양을 장악하고, 미국이 대만에 우수한 무기들을 제공하며, 미국과 러시아가 화해하고, 아프가니스탄 분쟁의 결과 중국과 국경을 맞대고 있는 중앙 아시아의 몇몇 비민주적인 국가에 사상 처음으로 미군이 주둔하는 등 미국이 중국을 포위하는 형국으로 재편되고 있었다. 중국인들은 미국의 국가미사일방어 계획 실행을 위한 노력이 겉보기에는 북한과 같은 '불량국가'들을 목표로 한 것처럼 보이지만, 중국의 핵미사일을 무용지물로 만들려는 의도를 담고 있다고 여긴다. 그뿐만 아니라 그러한 노력이 이라크에서 UN의 지원 없이 일방적으로 활동하면서 강력한 첨단무기들을 비축하기 위한 노력의 일환이라는 것이다. 중국인들은 그런 미국의 행보를 두렵게 느낄 뿐 아니라 미국인들이 중국인들을 위협적인 존재로 생각하고 있음을 암시하는 것으로 여긴다. 중국인들은 중국이 확대 지향적인 강대국이 아니며, 또 그런 강대국이었던 적도 없을 뿐 아니라, 미국이 공치사를 늘어놓을 만큼 경제적으로 미국과 경쟁할 만한 처지도 못 된다고 주장한다. 실제로 중국인들은 미국이 한창 경제발전을 위해 투입해도 모자랄 중국의 자원을 국방비로 낭비하게끔 강제한다고 불평한다. 많은 중국인이 미국의 위협을 중국의 경제성장을 억제하기 위한 전략의 일환이라고 의심하고 있는 것이다.

미중관계가 제기하는 세 번째 퍼즐은 자부심, 존경심, 문화적 붕괴, 궁극적인 의도와 관련된다. 중국인은 다른 어느 나라 사람보다 미국에 대해서 이중적인 감정을 가지고 있을 것이다. 만약 어느 미국인이 중국의 한 대학에서 강의를 한다면, 미국의 패권주의와 군사주의, 대만 문제 개입에 대해 날카로운 질문과 신랄한 비판을 감수해야 할 것이다. 그러나 강의가 끝나면 강의를 들은 학생의 절반 정도는 강연자에게 몰려들어 MIT나 스탠퍼드 대학에 입학하는 방법이나 미국에서 일할 수 있는 방법 따위를 물어댈 것이다. 중국인들은 미국의 첨단기술, 산업과 생산성, 민주정부와 민주주의 정신에 대해 끝없는 환상을 가지고 있다. 중국인은 또한 미국인이 자신들처럼 공식적이고 자유롭게 의사를 표현할 것이라고 생각한다. 그런 한편으로 중국인들은 중국 문화에 드높은 자부심을 품고 있을 뿐 아니라, 중국이 미국과는 다른 방식으로 통치되어야 한다는 것을 굳게 믿고 있으며, 중국이 세계화의 기본 틀에 부응해야 한다는 믿음도 견지하고 있다.

그러나 거듭 말하건대, 중국의 관리와 학자, 학생들은 미국이나 서구의 방식이 세상에서 가장 좋은 방식이라고 장담하는 미국인에게는 유감을 표할 것이다. 중국인들은 미국의 기준만으로 세계를 운영할 수 없으며, 중국의 기준도 고려되어야 한다고 거듭 주장한다. 이런 논지에 따라 중국인들은 어떤 나라에 대해서도 중국이 위협적이지 않다는 것, 그리고 자신들만의 기준을 강요하려는 욕심이 전혀 없다는 것을 강조한다.

　중국의 이런 주장은 아시아권 다른 나라들의 복잡한 반응을 자아냈다. 물론 대만을 제외하면 중국의 군사적 공격에 두려움을 느끼는 아시아 국가는 극소수에 불과하다. 하지만 많은 이들이 중국이 힘이 강해질수록 위계적이고 권위적인 중국의 체제를 세계의 구조에 반영하려 할 수 있다며, 그런 상황에 두려움을 느낀다고 내게 말했다. 그런 사람들은 차라리 미국이 가까이 있으면 더 편안한 느낌이 든다고 한다. 나는 그들이 그런 느낌을 갖는 이유 중 한 가지를 2001년 베이징의 칭화(淸華) 대학 경제통일연구소 학생 및 교수들과 함께 한 장시간의 대화를 통해서 확인할 수 있었다. 미국의 오만과 서구적인 기준의 결함에 대해서 여러 차례 질타를 받은 후에 나는 중국이 미래의 정치적·지정학적 재편을 위해 어떤 기준이나 체계를 갖고 있는지 분명히 말할 수 있느냐고 물었다. 그들은 아무 대답도 할 수 없다는 것을 솔직히 시인했다.

　바로 여기에서 중요한 문제가 제기된다. 중국은 강대국이 되고 싶어하고 미국의 용인과 존경을 간절히 원하면서도 향후 미국에 대해서 커다란 영향력을 행사하기를 염원한다. 그러나 중국은 아직 체계적이고 예측 가능한 형태로 쉽게 변경할 수 있는 제도를 갖고 있지도 않을 뿐 아니라, 그런 변화를 위해서는 필연적으로 위험을 감수할 수밖에 없는 처지다. 중국은 오늘날 분명 미국의 적은 아니지만, 미국의 행동을 어떻게 해석하느냐에 따라 적이 될 소지도 있다. 바꿔 말하면, 미국이 중국의 적개심을 자기 달성적인 예언으로 이해할 수도 있다는 말이다. 그래서 가장 중요한 문제는 미국이 중국의 지속적인 발전과 자유화를 돕기 위해 얼마나 신중하게 최선을 다하느냐 하는 것이다.

　이 문제는 경제라는 마지막 퍼즐에 대한 관심을 촉구한다. 1982년 초 내가 무역협상단으로 중국에 간 이래 중국은 변화의 물결이 요동치고 있다. 중국은 아직 완전한 시장경제는 아니지만 급속도로 시장경제 체제를 수용하고 있으며, 그런 추세는 중국의 사회와 정치에 극적인 변화를 가져왔다. 중국은 아직 민주주의와는 거리가 멀지만, 일반인들이 보기에 오늘날 중국은 그 어느 때보다도 자유로운 곳으로 바뀌었다. 이러한 발전을 강력하게 뒷받침한 것은 미국 정부와 산업계의 막대한 투자와 기술이전이었다. 이런 투자와 기술이전은 평화롭고 우호적인 미래의 미중관계를 보장하는 최선의 방편이었다.

그런데 여기에는 실제로 커다란 아이러니가 존재한다. 미국은 중국을 '전략적 파트너'니 '전략적 경쟁국'이니 하며 오락가락하는 동안 두 가지 위험한 방식으로 중국에 대한 경제적 의존성을 높여가고 있었다. 우선 주목할 사항은 페인트용 붓에서부터 휴대폰에 이르기까지 거의 모든 제품의 생산비가 저렴한 까닭에 미국 업체들의 중국에 대한 의존성이 점증하면서 미국의 대중 무역적자가 850억 달러에 달했다는 점이다.[43]

그보다 더 중요한 것은 중국이 엄청난 양의 달러를 준비금으로 비축하면서 미국의 공채에 대한 투자를 늘리고 있다는 사실이다. 앞서 살펴본 바대로 미국의 경제가 외국자본의 지속적인 유입에 크게 의존하고 있는 상황에서 중국이 갈수록 외국자본의 거대한 공급원이 되고 있기 때문에, 미국은 점점 더 중국에 의존하게 될 것이다. 베이징의 고위 관리들은 앞으로 오사마 빈 라덴이 제거되는 시점이 오면 미국이 다시 중국을 적으로 보지 않게 되기를 고대하고 있다.

라틴아메리카

"미국의 남쪽 국경 바로 너머엔 엄청난 대량살상 무기가 존재하고, 그것은 막 폭발하기 직전입니다. 그 대량살상 무기는 라틴아메리카라고 불립니다."

이것은 멕시코의 전직 재무장관 앙헬 구리아(Angél Gurría)가 2002년 가을 나와 함께 아침식사를 하면서 내게 던진 말이다. 그 당시 아르헨티나는 MIF에서 빌린 차관을 갚지 못하고 있었고, 멕시코의 실업률은 상승하고 있었으며, 콜롬비아의 끝없는 내전은 격화되고 있었고, 적어도 미국이 묵인하던 베네수엘라의 쿠데타는 실패로 돌아갔으며, 브라질 경제는 좌파정권에게 유리하게 돌아가는 대통령 선거전의 와중에 국제투기꾼들이 자금을 회수하면서 벼랑 끝에 몰려 비틀거리고 있었다. 구리아는 라틴아메리카의 상황을 거의 모르는 워싱턴의 '시장 근본주의자들'이 IMF의 원조를 지연시키고 갈수록 커져만 가는 전체 체계의 붕괴위험에는 전혀 관심을 기울이지 않은 채 위험한 도덕적 주사위놀이만 고집하고 있다며 개탄했다. 그런 주사위놀이는 본질적으로 단기적인 만족을 위해 장기적으로 어리석은 정책들을 수립하게 만들 수 있다는 것이다. 또 그는 이렇게 말했다.

"브라질은 민주적인 선거를 치러낸 서민들이 아니라 투기꾼들 때문에 궁지에 몰려 있습니다. 그런 상황에서 과연 라틴아메리카 사람들이 민주주의를 수호할 수 있을 것 같습니까?"

나아가 그는 워싱턴 여론이 개발도상국이 처한 현실은 고려하지 않은 채 교과서적인 정책만 추구한다고 분통을 터뜨리며 "미국은 '라틴아메리카 전략'이란 것을 필요로 하고 있지만, 하나도 실현된 적은 없습니다"라고 일갈했다.

그것은 라틴아메리카에서도 미국과 좀더 친하다는 나라가 내리는 평가였다. 미국이 지금까지 그 지역에 보여준, 간섭과 무관심으로 일관된 주기적인 변덕을 고려하면, 미국에 대한 냉소주의와 미국의 동기에 대한 의심이 그 지역에 그처럼 널리 퍼져 있다는 사실은 전혀 놀랄 일이 아니다. 미국은 지금 그 지역에서 이익은 추구하면서도 우방국들은 저버리고 있다는, 물질적인 이득과 권력에만 사로잡혀 있다는 인상을 널리 퍼뜨리고 있는 중이다. 실제로 또다른 라틴아메리카 국가의 한 대사는 미국에 대해서 이렇게 물었다.

"평화를 사랑한다고요? 당신들은 어린애들입니까? 라틴아메리카에서 그런 난센스를 믿는 사람은 아무도 없어요."

세계의 다른 지역과 마찬가지로 이 지역에는 미국의 이중잣대에 대한 비판적인 태도가 널리 퍼져 있다. 하지만 이 지역 사람들 역시 미국이 이룩한 경제적인 성공과 미국의 명문대학과 발달된 제도에 대해서만큼은 존경심을 갖고 있으며, 미국의 그런 모습을 라틴아메리카가 추구해야 할 유일한 희망으로 널리 인정하고 있다. 그러나 후벤스 바르보사 미국 주재 브라질 대사는 "라틴아메리카는 전혀 안정되지도 않았고, 위협적인 핵무기도 보유하고 있지 않기 때문에, 그리고 그 결과 워싱턴에서도 꿔다놓은 보릿자루 취급을 당하고 있기" 때문에 그런 희망을 실현하기가 점점 어려워지고 있다고 설명했다.

그런 취급은 특히 비센테 폭스 대통령에게 절망감을 안겼다. 그는 자신의 친구이자 동료 목장주인 조지 W. 부시가 미국-멕시코 관계의 형식과 내용 전반에 걸쳐 극적인 변화를 추진할 것이라는 데 대통령직의 성패를 걸고 있었다. 하지만 그런 변화가 이루어지지 않을 것처럼 보이자 폭스는 괴로워하기 시작했다. 그러나 내가 만나 이야기를 나누어 본 라틴아메리카의 지도자들은 여전히 부시가 미 행정부의 정책에 무역과 경제개발, 마약 밀무역 관리, 민주주의의 후원과 같은 중요한 현안들을 반영할 것이라는 희망을 가지고 있었다.

경제개발은 가장 절박한 현안인데도 그 지역 사람들은 워싱턴이 저지르고 있는 가장 큰 실책의 하나로 꼽고 있다. 미국의 접근법은 그 지역 경제의 자유화와 탈규제를 동반하는 자유무역 협정을 제안하는 것이었다. 그러나 문제는 NAFTA가 미국과 멕시코 간의 무역량을 급증시켰음에도 또다른 기대와 예상을 만족시키지는 못했다는 것이다. 예컨대, 멕시코 근로자들이 받는 임금은 1994년 이래 눈에 띄게 줄어들었다. 실업률과 불완전 고용률이 상승하면서 극빈자 수도 늘어났다. 그 때문에 멕시코인 사이에서는 미국에서 일자리를 구하려는, 불법이민에 대한 유혹도 여전히 강하게 남아 있었다.

그러나 문제가 오로지 NAFTA에만 있는 것은 아니다. 1995년의 금융위기와 들쭉날쭉한 유가도 한몫 했다. NAFTA만으로 이 문제를 해결하기에는 역부족이었고, 자체적인 문제도 늘어나고 있었다. 설탕 같은 1차 상품이나 운송용역 등으로 미국 시장에 접근하려는 멕시코의 노력은 한계가 있을 수밖에 없었다. 그와 동시에 멕시코의 농산물 시장이 막대한 정부보조금을 바탕으로 생산된 옥수수 같은 미국의 농산물에 개방되면서 멕시코 농가들은 고사당할 위기에 직면했다.

그런데 유럽연합은 달랐다. 유럽연합은 새로 가입한 스페인과 포르투갈에 실질적인 조정지원금을 제공했고, 완전한 시장 접근을 보장했으며, 새로운 농업 인프라 구축을 위한 자금도 지원했다. 그에 비해 NAFTA체제하의 미국은 오로지 무역만이 다른 필요사항들을 보충할 수 있는 수단을 제공할 것이라고 억측했다.

NAFTA에 가입하지 않은 나머지 라틴아메리카 및 남아메리카 국가들이 안고 있는 문제는 훨씬 더 심각하다. 다각적인 자유무역 협정이 제안되었지만, 오직 칠레만이 협정에 참여했다. 남아메리카 최대의 경제대국 브라질은 수출품목의 절반 이상이 미국 시장에서 일정한 제약을 받는다는 것을 알았다. 무엇보다도 가장 큰 문제는 중국의 도전이었다. 처음 미국에서 멕시코로 이전된 공장들이 지금은 멕시코보다 임금이 훨씬 싼 중국으로 빠져나가기 시작했다. 멕시코가 다른 지역보다 임금수준이 높은 것도 사실이었다. 중국이 세계무역기구에 가입하면서 리오그란데 강 이남 국가들에게는 NAFTA가 종말을 맞이하기 시작한 것처럼 보였다. 하지만 워싱턴에서는 이 문제에 신경을 쓰는 사람이 아무도 없는 듯이 보였다.

그보다 훨씬 더 심각한 문제는 마약 밀무역 문제다. 미국은 이 문제에 대하여 석유수입과 관련하여 보이는 행태와 비슷한 행태를 보인다. 값싼 가스에 중독된 미국은 결국 위험한 중동정치에 휘말리고 말았고, 그것은 뜻밖에도 미국에 상처를 입히게 된 이슬람 근본주의자들과 테러리스트들의 활동자금을 제공하는 꼴이 되어버렸다. 그와 똑같은 방식으로, 코카인을 비롯한 마약류에 중독된 미국은 라틴아메리카 마약 카르텔들의 활동자금과 페루, 콜롬비아, 파나마, 멕시코 등 여러 중남미 국가의 사회적 타락과 부패를 위한 자금을 제공하는 우를 범했던 것이다.

미국에서는 2,000만 내지 2,500만 명이 마리화나를 피우고, 600만 명이 정기적으로 코카인을 복용하며, 약 50만 명의 헤로인 중독자가 있다. 이러한 미국인들이 매년 사용하는 마약류 구입비는 640억 달러에 달한다.[44] 1909년 이후 미국은 "마약 밀수업자, 밀매인, 중독자들의 무조건 복종"을 요구하는 유력한 마약류금지법을 채택하고 있다. 그러나 시장의 규모 면에서 볼 때 그런 복종은 이루어지지 않았고, 1985년부터 1996년 사이에 전세계 아편과 코카인 생산량은 정확히 두 배로 증

가했다.[45)]

　마약류에 대한 미국 정부의 대응방식은 복잡할 뿐 아니라 부도덕하기까지 했다. 소련이 아프가니스탄을 침공했을 때 CIA는 무자헤딘의 조직을 지원하는 과정에서 게릴라들이 아편을 팔아서 자금을 마련한다는 사실을 알게 되었다. 1980년 미국 시장에 반입된 헤로인의 60%가 아프가니스탄에서 생산 가공된 것들이었다.[46)] 파나마의 전직 대통령 마누엘 노리에가(Manuel Noriega)는 여러 해 동안 CIA 공작원으로 활동하면서 동시에 콜롬비아의 메델린(Medellín) 카르텔을 오랫동안 합작 운영했다. 1989년 첫 번째 부시 행정부는 파나마를 침공하여 노리에가를 체포했다. 노리에가는 마약을 밀거래했다는 죄목으로 40년형을 선고받고 지금은 미국의 어느 감옥에서 복역 중이다. 그러나 파나마는 여전히 돈세탁과 코카인 유통의 중요한 거점으로 남아 있다.

　미국은 마약류 밀무역에 대하여 금지주의와 더불어 준군사주의와 고도의 개입주의적인 대응을 동시에 취해왔다. 미국의 법정과 감옥이 마약사범들로 골머리를 앓고 있음에도 미국은 치료를 통해 마약 수요를 줄이려는 중요한 노력을 결코 실질적으로 이행한 적이 없다. 미국은 단지 마약류 생산의 중단과 밀수 금지를 위한 노력에만 집중해 왔을 뿐이다. 미국은 페루와 콜롬비아 농부들이 정글과 농지에 조성한 코카인 농장들을 파괴하기 위해 비행기로 약을 살포하기도 했다.

　그러나 이런 살포법은 흔히 코카인뿐 아니라 합법적인 농작물까지 죽였고, 토질마저 오염시키고 말았다. 대체농작물을 심으려는 농부들을 돕는 것은 확실히 필요한 것이었지만 성공을 거두지 못했다. 무엇보다도, 미국이 라틴아메리카 마약통제 요원들을 대상으로 실시한 훈련은 게릴라 소탕훈련과 극히 유사했는데, 따라서 그 훈련이 마약단속과는 전혀 무관하게 그 지역을 무대로 활동하는 게릴라들과 전쟁을 치르기 위한 목적으로 전용될 것은 불을 보듯 뻔한 일이었다.

한 가지 중요한 문제는 백악관이 매년 작성하는 외국 정부들에 관한 검증자료들이었다. 백악관은 외국 정부들이 마약 단속을 위한 미국의 노력에 충분히 협력하고 있다는 사실을 미 의회에 매년 보고해야만 했다. 미 의회는 미국의 노력에 부응하지 못하는 나라들에 대해서는 원조를 중단하고 무역제재 조치를 가했다. 이러한 특이한 정책은 결정적으로 동맹국들과 협조 분위기가 아니라 적대적인 분위기 속에서 수행된다는 것을 의미한다. 미국은 멕시코나 페루가 마약류의 미국 유입을 막기 위해 올바르게 노력하고 있는지 여부를 판단하는 검사·판사·배심원처럼 행동하고 있다. 이처럼 위선으로 가득 찬 미국의 태도는 라틴아메리카 우방국들에게 굴욕감을 주고 미칠 듯이 분노하게 만든다. 멕시코의 한 관리는 나에게 이런 쓴소리를 했다.

"미국은 자국의 은행을 마약을 처분한 돈으로 운영하고 있습니다. 마약을 실은 트럭들은 미국 국경을 넘을 수 있지만, 일단 미국의 관할권에 들어간 트럭들은 어찌된 일인지 자취를 감추고 마는 거죠."

거의 모든 라틴아메리카 사람은 미국이 어떻게 마약 수요를 감당할 수 있는지 의문을 제기한다. 미국의 마약 수요가 그처럼 많고, 그만큼 밀거래를 통해서 큰 이익을 남길 수 있는 한, 마약 밀무역업자들은 다양한 공급 루트를 찾아낼 것이다. 그 결과 라틴아메리카의 경찰, 검찰, 군대, 심지어 일반인까지도 그들 사회를 와해시킬 수도 있는 불법 자금에 탐닉하고 있는 것이다. 하지만 그들은 마약에 대한 미국인의 탐욕스런 수요를 통제하기 위해 자신들이 얼마나 노력하는지 증명할 기회조차 얻지 못하고 있다.

그것은 우리로 하여금 민주주의의 문제를 돌아보게 만든다. 지난 50년간을 되돌아볼 때, 그래도 긍정적으로 평가할 수 있는 것은 라틴아메리카가 민주화되어 왔다는 것이다. 그렇지만 라틴아메리카 민주화의 미래에 대한 의문도 커져가고 있다. 한 지도자는 "정책이 결과를 증명하려면 시간이 필요하지만, 민주주의는 어떤 시간도 주지 않습니다"라고 말했다. 또다른 지도자는 "보시오. 싱가포르나 대만, 칠레 같은 국가들은 성공적인 발전을 구가하는 동안에도 민주화를 이룩하지 못했습니다"라고 꼬집었다. 이 지도자들은 온 나라에 마약자금이 넘치는 판국에 어떻게 민주화가 지속될 수 있는지 의아해했다.

그러나 그들을 가장 의기소침하게 만드는 것은 미국이 라틴아메리카의 민주화에 실제로 별 관심이 없는 것처럼 보인다는 사실이다. 당연하게도 그들은 모두 과거 미국이 독재자들의 편의를 봐주고 도움을 제공했다고 주장했다. 그런 주장을 뒷받침하듯이, 최근 2002년 4월 베네수엘라에서 선거로 당선된 우고 차베스 대통령을 축출하기 위한 쿠데타가 발생했을 때 미국의 관료들은 쿠데타 세력에 도움을 제공했다. 물론 워싱턴은 손사레를 치며 쿠데타 연루설을 부인했지만, 라틴아메리카 사람들은 아무도 그 말을 믿지 않았다. 여기서 미국의 정책들은 다시 한 번 신뢰를 잃고 말았다.

중동

라틴아메리카가 미국을 거의 믿지 않는다면 중동, 남아시아, 동남아시아의 이슬람 국가들은 사실상 미국을 전혀 믿지 않는다. 이런 불신역시 미국의 커다란 패배를 반영한다. 이 독실한 종교국가들이 공산주의 독트린을 거부한 것은 물론 자연스러운 일이었다. 따라서 이들 국가들은 이스라엘을 후원하는 미국을 불편하게 여기고 있었지만, 냉전기간 동안에는 대부분 미국과 동맹관계를 유지했다. 이 책 4장에서 설명했듯이, 사우디아라비아는 특히 영국을 비롯한 다른 나라의 사우디 진출은 완강히 거부하면서도 미국인이 사막에서 처음 석유를 발견하자 그때부터 미국과 우호적인 관계를 유지했다. 중동의 또다른 핵심 국가인 이집트는 미국과 훨씬 더 파란만장한 관계를 맺어왔으나, 1973년 욤키푸르 전쟁(4차 중동전쟁)이 끝나면서 미국의 확고한 우방이 되었다. 요르단과 레바논 역시 비록 작은 나라이긴 하지만 미국을 지지하는 우방국으로서 핵심적인 역할을 수행했다. 특히 후세인 왕이 통치하는 요르단은 과격한 중동정치의 폭발력을 완화하는 데 상당한 영향력을 발휘했다.

퓨 연구소의 여론조사에 따르면, 오늘날 미국에 대한 이 지역의 우호적인 감정은 완전히 사라졌다. 그 직접적인 원인은 이라크 문제이지만, 좀더 심층적이고 장기적인 원인은 팔레스타인을 적대시하는 이스라엘을 미국이 편애하고 있다는 인식이다. 또 근대화를 추진하기에는 아직 힘이 부족한 많은 중동국가들이 좌절감과 자괴감을 느끼는 이유 역시 의심할 바 없이 미국 때문이라고 여겨진다. 그러나 내가 여기서 특히 사라졌다고 말하는 우호감과 존경심은 미국과의 우호관계를 바탕으로 경제발전을 추진하고 삶의 조건을 구축하려는 중동 사람들의 우호감과 존경심이다.

사우디아라비아는 이런 점에서 특히 중요한 나라다. 왜냐하면 사우디아라비아의 많은 엘리트들이 미국에서 공부하고 생활하고 있을 뿐아니라, 사우디아라비아가 전세계적인 미국의 활동을 암암리에 지지해왔고 유가 안정에도 기여함으로써 미국에 상당한 도움을 제공해 왔다는 견해를 가지고 있기 때문이다.

9·11테러가 발생하면서 그때까지 사우디에 우호적이었거나 거의

무관심했던 미국의 언론들은 19명의 여객기 납치범 중에서 15명이 사우디 국적을 가진 사람이라는 이유로 갑자기 사우디아라비아에 험악한 눈길을 보내기 시작했다. 오랫동안 사우디 왕국에 무관심했던, 미국을 위한 일이라면 거의 언제나 강력한 지지를 보내던 〈월스트리트 저널〉 같은 일간지들은 사우디 왕국에서 어떤 우호적인 점도 발견하지 못했다. 그들은 이슬람교의 율법, 여성에 대한 억압, 관대한 자선기관들, 학교제도, 비민주성, 팔레스타인에 대한 지지 등 사우디 왕국의 모든 것을 야만적이고 봉건적이며 반미적인 것으로 심하게 매도했다. 물론 그렇게 비판당하는 문제 중에는 사우디 국민들이 국내적으로 해결하기 위해 고심하고 있는 실질적인 현안도 있었다. 하지만 이전에 미국이 보이던 우호적인 태도의 돌연한 반전과 격심한 긴장은 사우디아라비아가 제공한 도움을 미국인들이 잊어먹었거나, 어쩌면 그런 사실조차 몰랐거나 관심을 가져본 적조차 없다는 것을 확실히 증명하는 셈이 되었다.

나는 미국의 이런 태도가 자아낸 더욱 심각한 대미감정을 사우디 언론계를 주도하는 한 신문사의 사장이 내게 해준 설명을 통해서 확인할 수 있었다. 그는 오랫동안 미국에서 공부하고 생활하면서 미국에서 대학을 졸업한 사람으로 미국을 제2의 고향으로 여길 정도였다. 그는 늘 친구로 생각하던 미국인이 어느날 갑자기 모든 사우디 국민을 의심의 눈초리로 바라보기 시작한 것에 충격을 느낀다고 설명했다.

특히 그가 묘사한 21살 된 그의 아들의 반응은 훨씬 심각했다. 9 · 11 이전에 그 젊은이는 미국의 대학 예비학교를 수석으로 졸업한 후 미국의 대학에 입학하여 우수한 성적으로 학교생활을 하고 있었다. 그는 미식축구와 농구의 골수 팬이었고, 미국 음악을 즐겼으며, 미국식 정크푸드를 먹고, 컴퓨터 게임을 즐겼고, 미국 여자와 연애를 했다. 정치문제나 이스라엘-팔레스타인 분쟁에 대해서는 무관심했다. 나의 친구이기도 한 그 신문사 사장의 설명에 따르면, 그의 아들은 모든 면에서 실용적인 목적을 추구하는 전형적인 미국인이었다.

그러나 미국인의 태도가 돌변한 지금 그의 아들은 다니던 미국의 대학교를 자퇴하고 미국에 가기를 거부할 뿐 아니라, 심지어 사우디아라비아에 있는 미국인들조차 만나기를 꺼린다고 했다. 그 사장을 더 걱정하게 만든 것은 아들이 정치에 강한 관심을 가지고 정치적·종교적으로 급진적인 인사들과 정기적으로 만나면서 이젠 반미주의자를 넘어서 반이스라엘주의자로 변해버렸다는 사실이었다.

그런 예는 비단 그 청년에만 국한되지 않는다. 그것은 이미 미국을 오만하다고 느끼는 사람들이 늘어나고 있다는 것을 암시한다. 사우디의 위대한 술탄 왕의 성지에 건설된 미국의 공군기지는 미국이 페르시아 만에 대한 감시활동을 지속하기 위해 조성한 핵심적인 기지다. 그러나 최근 몇 달 동안 진행된 이라크와 미국의 전쟁이 끝나는 즉시 사우디의 지도자들은 부시 대통령에게 사우디 왕국에 주둔한 모든 미군 전투병의 철수를 요구하게 될 것이다. 실제로 많은 사우디 국민들은 미국과 이라크의 전쟁이 가져올 최선의 결과는 사담의 대량살상 무기의 폐기가 아니라 사우디아라비아에 주둔한 미군의 철수라고 생각하는 듯하다. 그에 따라 오사마 빈 라덴은 사우디-미국의 동맹관계를 와해시키려는 오랜 숙원을 달성할 기회를 계속 엿볼 수 있게 되었다.

사우디아라비아와 마찬가지로 요르단과 이집트도 미국과 관련된 고민을 안고 있다. 나는 요르단의 지도자들을 만나면서 중동지역에서 발생하는 사건들을 오해하는 워싱턴에 실망감을 표현하는 그들에게서 깊은 인상을 받았다. 이집트 카이로에 있는 알아흐람 정치전략연구센터 소장 압델 모넴 사이드(Abdel Monem Said)도 그들의 견해에 공감했다. 그는 "미국인들은 이라크, 이란, 근본주의, 테러, 이스라엘-팔레스타인 분쟁을 별개의 문제로 간주하여 따로따로 해결하려고 합니다. 하지만 아랍인들은 이 모든 문제가 서로 연관성을 가지고 있다고 생각합니다"라고 설명했다. 그는 특히 중요한 것은 이라크 문제가 아니라 팔레스타인 문제라고 주장했다. 그는 이라크를 치는 것은 실제로 중동의 상황을 악화시키는 일일 뿐이라고 말했다. 그것이 사태를 완화시키기는커녕 근본주의를 자극하고 아랍과 이스라엘 간의 폭력사태를 부추기게 되리라는 것이다. 그는 미국인이 자신들이 이해할 수 없는 일로 모든 아랍인에게 심하게 불공평하다는 감정을 각인하고 있다고 강조했다. 아랍인들은 이렇게 반문한다.

"이스라엘은 핵무기를 보유하고 있는데 아랍 국가들은 왜 핵무기를 보유하면 안 되는가? 이스라엘이 유엔 결의안을 무시할 때는 가만히 있다가 사담이 그랬을 때는 왜 즉각 공격을 감행했는가? 1967년 미국의 해군 함정 리버티(Liberty) 호를 격침시키고, 지금은 감옥에 갇혀 있는 조너선 폴라드(Jonathan Pollard) 같은 미국인들을 스파이로 이용하기도 한 이스라엘에게는 책임을 묻지 않으면서, 미국에 거주하는 아랍인들이 테러리스트들의 행동을 비판하는 정상적인 시위를 벌였을 때는 단지 그들이 아랍인이라는 이유만으로 처벌했는데, 그래도 되는가?"

무엇보다도 그는 "아랍인들은 사담의 위협이 얼마나 큰지는 모르지만 적어도 테러의 위협보다는 크지 않다고 생각한다"고 역설했다. 이라크 문제로 한창 열을 올리던 그는 "미국은 이라크의 수도를 폭격할 수 있다는 이유로 문제를 너무 쉽게 생각하고 있다"고 평가했다. 이어서 그는 "반세기에 걸쳐 온건한 아랍 국가들과 미국 사이에 유지된 연대는 이란혁명의 여파를 등에 업은 공산주의 세력의 확장을 봉쇄하는 데 기여했을 뿐 아니라 1991년 걸프전을 일으킨 사담의 위협을 종식시키는 데도 이바지했다"고 말했다. 그러면서 그는 "지금 아랍인들은 중동지역에 불안을 야기하는 주범으로 미국을 지목하고 있다"고 강조했다.

그런 견해는 말레이시아의 마하티르 수상의 기본적인 견해에도 반영되고 있다. 마하티르 수상은 2003년 2월 세계 116개국이 모여 개최한 비동맹회의에서 미국은 테러에 대한 전쟁을 당장 중단해야 한다고 주장했다. 그는 미국이 주도하는 테러에 대한 전쟁은 차라리 세계 지배를 위한 전쟁이나 다름없다고 말했다. 그는 미국이 이스라엘-팔레스타인 분쟁에 대한 이슬람 세계의 좌절감을 무시하고 있다고 강조하면서 이슬람교도들을 격분하게 만드는 미국의 뻔뻔스런 이중잣대를 비난했다. 또 그는 최근 미국이 주도하는 일련의 시도들은 미국과는 다른 윤리적인 원천과 색깔을 지닌 사람들에 대한 부당한 처우와 탄압을 초래하고 있다고 주장했다. 하지만 1년 전만 해도 마하티르 수상 역시 테러와의 전쟁을 주창한 미국을 적극 지지하고 나서면서 백악관의 성대한 만찬에 초대받았었다.

남아시아

1947년 인도에서 분리되어 나온 파키스탄의 독립과 미소냉전은 테러에 대한 전쟁과 더불어 남아시아에 가공할 혼란을 초래했고, 그것은 오늘날 남아시아 지역을 어쩌면 세계에서 가장 위험한 지역으로 만들고 있다. 인도와 파키스탄의 혹독한 분리전쟁은 카슈미르 귀속문제를 둘러싼 비극적인 분쟁과 함께 수백만 명을 죽음으로 몰아갔다. 50여 년이 지나는 동안 인도와 파키스탄은 세 차례 전쟁을 벌였고, 두 나라 모두 가난했음에도 막대한 비용이 소요되는 무기 개발 경쟁을 멈추지 않았다. 냉전을 주도하고 있던 미국도 이 모든 전쟁에 휘말리게 되었다.

인도는 늘 민주적이었지만, 파키스탄은 대체로 인도보다는 군사독재적인 성격이 강했다. 사회주의 경제체제를 채택한 파키스탄은 전 식민지제국 영국과 연관이 깊은 미국을 의심하면서 냉전 초기에는 소련을 지지하는 편이었다. 그에 따라 미국은 1950년대에 중부아시아조약기구(CENTO: Central Treaty Organization)라든지 동남아시아조약기구(SEATO: Southeast Asian Treaty Organization)의 창설을 후원하면서 발빠르게 파키스탄의 환심을 사기 위해 노력했다.

그러나 미국과 파키스탄의 관계는 불과 얼음의 관계와 다름없었다. 냉전 초기에 미국이 아시아와 동맹을 추진하는 동안 미국과 파키스탄의 관계는 잠시 달아올랐다. 그러나 1962년 중국이 인도를 공격했을 때 워싱턴이 인도에 상당한 도움을 제공하면서 인도와 미국의 관계가 잠시 해빙기를 맞았다. 그러자 파키스탄은 1960년대 후반부터 1970년대 초반 닉슨이 개방시키기 위해 진력하던 중국과 동맹을 맺었다. 파키스탄의 지도자들은 베이징과의 끈을 놓지 않으면서 미국과의 관계를 좁히기 위해 노력했다.

그러던 워싱턴이 인도가 최초로 핵실험에 성공한 1974년까지 그 지역을 다소 잊은 듯했다. 미국은 인도의 과학자들을 훈련시키고 위험한 핵물질을 제공했고, 인도는 그것을 핵무기 제조에 사용하지 않겠다고 약속했다. 하지만 미국은 인도가 핵실험에 성공하자 핵연료 공급을 중단해 버렸고, 그것이 인도와 소련의 관계를 돈독하게 만드는 계기가 되었다. 그 결과 소련은 인도에 점점 더 많은 중수로를 공급하게 된다.

하지만 파키스탄은 1972년 인도와 전쟁을 치른 후 자체적으로 핵무기 개발을 추진하기 시작했다. 캐나다와 독일이 위험한 장비를 파키스탄에 공급하는 한편에서 미국은 파키스탄의 모호한 핵무기 개발 계획에 대한 반대의 표시로 경제적·군사적 원조를 중단했다.

그러나 1981년 파키스탄은 소련의 아프가니스탄 침공을 계기로 워싱턴의 주목을 받기 시작했다. 무자헤딘을 훈련시키고 무기를 보급하기에 적합한 장소를 물색하던 미국에게 파키스탄은 완벽한 조건을 갖추고 있었다. 파키스탄은 이슬람 국가로서 아프가니스탄에서 이주해 온 종족이 다수 거주하고 있었을 뿐 아니라 같은 아프가니스탄 말을 사용하는 사람들도 많았다.

레이건 행정부는 파키스탄으로 2톤의 지르코늄(zirconium, 원자로의 재료로 사용되는 원소의 하나)을 반입하려던 밀수업자들을 체포하는 한편, 파키스탄에 대한 경제·군사 제재조치를 해제하고 무자헤딘에게도 지원될 풍부한 군사적·재정적 원조를 재개했다. 1983년에는 중국이 파키스탄에 핵폭탄 설계도를 제공했다는 소문이 들려왔다. 이에 대응하여 미국 의회는 백악관이 파키스탄의 핵무기 개발 프로그램의 실행을 중지시킬 수 있다는 보장을 하지 못하는 한 경제제재 조치 수정요구안을 통과시키겠다고 주장했다. 백악관은 향후 5년 동안 파키스탄이 핵무기를 개발하지 못하게 만들겠다고 장담했지만, 인도와 전쟁을 재개하는 것을 두려워한 파키스탄이 1990년 핵무기 관련 핵심기술을 개발하자 곧장 제재조치를 강행하고 말았다.

그러나 핵무기 개발 프로그램은 인도와 파키스탄 양국이 연이어 핵무기실험을 실시한 1998년까지 중단되지 않았다. 워싱턴은 여기서 또다시 특유의 난폭한 태도를 드러내고 말았다.

소련이 해체되고, 실리콘밸리에서 부를 축적한 수많은 인도인 기업가들이 인도로 귀국하여 새로운 회사를 설립하면서, 미국과 인도의 관계는 호전되기 시작했다. 더구나 신부시 행정부가 2001년 중국을 '전략적 경쟁국'으로 선포하면서 인도-미국 관계는 더욱더 호전되었다. 그것은 인도와 미국의 대대적인 군사협력으로 이어졌고, 그런 협력은 중국이 미국에 포위당했다는 신호로 여겨졌다. 그러는 사이 탈레반이 파키스탄의 후견하에 아프가니스탄의 정권을 장악했지만, 미국은 1989년 소련군이 철수하면서 아프가니스탄을 방치한 채 잊어버렸다. 탈레반 정권이 아프가니스탄 여성들을 차도르로 감싸고 직장과 학교는 물론 병원 출입마저 통제하면서 명실상부 봉건체제를 구축하는 한편 오사마 빈 라덴에게 각종 편의와 도움을 제공하는 동안에도 미국은 저 9·11사건이 발생하기 전까지 침묵으로 일관했다.

그러던 미국이 또다시 느닷없이 파키스탄을 필요로 했다. 파키스탄의 무샤라프 수상이 미국과 '더불어' 테러에 대한 전쟁에 임할 것이라고 서약하면서 미국의 경제·군사 원조금이 다시 파키스탄으로 유입되기 시작했다. 실제로 무샤라프는 이 서약을 통해서 자신이 용감한 사나이란 것을 증명했다. 파키스탄의 여론, 그중에서도 특히 아프가니스탄 접경지역의 여론이 오사마 빈 라덴을 지지하는 가운데 그는 파키스탄의 군인이자 비밀경찰로서 이슬람 과격파들과 탈레반을 지원하는 데 깊이 관여했다. 따라서 무샤라프 역시 군사독재로 치달았고, 그런 만큼 그가 암살되거나 쿠데타가 발생할 가능성은 상존했고, 또 지금도 상존하고 있다.

그러나 무샤라프가 용감했다면 그만큼 표리부동하기도 했다. 파키스탄의 알 카에다 지지자들이 〈월스트리트 저널〉의 기자 대니 펄(Danny Pearl)을 납치하여 살해했을 때 파키스탄의 국가보위부 대원들이 살인에 가담했을 가능성이 매우 농후하다는 것은 누구나 짐작할 수 있었다. 무샤라프는 2002년 워싱턴을 방문할 당시 이 사실을 거의 확실히 알고 있었지만, 미국의 대중들에게 자신은 대니 펄이 아직 살아 있다고 믿는다고 역설했다. 아마도 그는 자신의 생명을 부지하기 위해서라도 그렇게 말해야 했을 것이다.

어쨌든 오늘날 무샤라프는 여전히 미국이 후원하는 파키스탄의 대

통령이긴 하지만, 파키스탄의 서부지방 또는 이른바 그의 출신 부족이
장악하고 있는 지역에 대해서는 통제력을 제대로 발휘하지 못하고 있
다. 더구나 그는 카슈미르 테러리스트들의 활동에 대한 지원을 계속하
고 있는 일부 국가보위대원들마저 제대로 통제하지 못하는 듯 보인다.
이들 테러리스트의 활동이 인도와의 전쟁을 야기할 수 있음에도, 미국
은 아프가니스탄 정책의 수행을 위해 무샤라프가 필요하다는 이유로
인도인들에게 냉정하기만을 촉구하고 있다.

　　그러나 이라크와 이스라엘-팔레스타인에 대한 미국의 정책이 파
키스탄을 과격하게 만들고 있다. 왜냐하면 파키스탄의 한 저명한 출판
인이 내게 해준 말에 따르면, 탈레반과 같은 집단이 무샤라프를 암살하
고 핵무기와 탄도미사일을 보유한 파키스탄을 장악할 가능성이 매우
농후하기 때문이다. 그것은 정말 위험한 일일 것이다.

새로운 세계질서

　　새로운 세계질서의 구체적인 형태는 아직 확실히 드러나지 않고
있지만 상황은 갈수록 나빠지고 있다. 나의 말레이시아인 친구의 관측
에 따르면, 미국은 아직 세계와 정면으로 대결하고 있지는 않다. 그러
나 남한, 유럽, 일본, 동남아시아, 라틴아메리카의 오랜 우방국들과 미
국 사이의 긴장은 갈수록 커져 위험수준에 다다르고 있다. 러시아, 인
도, 중국과 같은 이전의 적대국들과 미국의 관계는 현실적으로 개선되
긴 했지만 미래를 예측하기는 여전히 어렵다. 세계 전체의 질서는 실로
예측 불가능하고 불안정하다. 여기에서 미국이 스스로에게 물어야 할
것은 '미국은 진정 무엇을 원하는가?' 하는 물음일 것이다.

주(註)

1. Fukuyama, Francis. *The End of History and the Last Man.* New York: Avon, 1993.

2. Friedman, Thomas. *The Lexus and the Olive Tree: Understanding Globalization.* New York: Farrar, Straus and Giroux, 2000, p.99.

3. Population Action International Fact Sheet. "Why Population Matters to Natural Resources"; www.populationaction.org/resources/factsheets/factsheet_13.htm.

4. 1999 figures from "The EU's Relations with the United States of America"; Europa, www.europa.eu.int/comm/external_relations/us/intro/index.htm.

5. Pew Research Center for the People & the Press. "What the World Thinks in 2002"; http://people-press.org/reports/files/report165.pdf.

6. Daalder, Ivo and Philip Gordon. "Euro Trashing." *Washington Post.* May 29, 2002, p.A17.

7. Kagan, Robet. *Of Paradise and Power.* New York: Knopf, 2003, p.3.

8. Moisi, Dominique. "Real Crisis over the Atlantic." *Foreign Affairs.* July/August 2001, p.152.

9. O'Sullivan, Jonathan. "Why the U.S. Should Beware of the E.U." *National Review.* August 6, 2001.

10. Fukuyama. "The West May Be Cracking Europe and America." *International Herald Tribune.* August 9, 2002, p.4.

11. Mandel, Michael J. "The Rich Get Richer, and That's O.K." *Business Week.* August 26, 2002, p.88.

12. "Statistical Illusions." *The Economist.* November 8, 2001.

13. Barcellan, Roberto. "Gross Domestic Product 2001." Statistics in Focus: Economy and Finance; Theme 2-53/2002, November 11, 2002, Chart T5; and The Economic Report of the President, February 2003, p.60.

14. The E.U.'s 1990~1999 trade balance registered an average annual deficit of $2.63 billion (at current price). See *Eurostat Yearbook* 2002.

15. Davenport-Hines, Richard. *The Pursuit of Oblivion: A Global History of Narcotics.* New York: W. W. Norton, 2002, p.443.

16. Pew Research Center for the People & the Press. "What the World Thinks in 2002," p.53.

17. Quoted by Rifkin, David. "Europe in the Balance." *Policy Review.* June 1, 2001, pp.41~53.

18. Reid, T. R. "EU Leaders Convene to Design Global Superpower." *Washington Post.* December 16, 2001, p.35.

19. Casey, Lee A. and David B. Rivkin. "The Alarmingly Undemocratic Drift of the European Union." *Policy Review.* June 1, 2001, p.41~53.

20. Ibid.

21. Burke, Al. "A Doubtful Referendum." Nordic News Network. January 1, 2001.

22. Smith, Dan. "Europe's Peace Building Hour." *Journal of International Affairs.* Spring 2002, p.41.

23. Speech by Prime Minister Tony Blair to the Polish Stock Exchange, October 6, 2000.

24. Sciolino, Elaine. "European Union Acts to Admit 10 Nations." *New York Times.* December 14, 2002, p.A7.

25. Solana, Javier. "The Transatlantic Rift." *Harvard International Review.* January 1, 2003, Vol.24, No.4, p.62.

26. Richburg, Keith. "Europe, U.S. Diverging on Key Policy Approaches." *Washington Post.* March 4, 2002, p.A13.

27. Wallace, William. "Europe, the Necessary Partner." *Foreign Affairs.* May/June, 2001, Vol.80, No.3, p.16~34.

28. Quoted in Wawro, Geoffrey. "U.S. Strategists Should Welcome the 'Euro Army.'" *Los Angeles Times.* December 31, 2000, p.M5.

29. Ibid.

30. Brzezinski, Zbigniew. "Living with a New Europe." *National Interest.* Summer 2000, p.18.

31. O'Sullivan, Jonathan. "The Curse of Euro-Nationalism." *National Review.* August 6, 2001, p.33~36.

32. Ibid.

33. Kagan, Robert. "Power and Weakness." *Policy Review.* June/July 2002, No.113.

34. Department of Defense, Directorate for Information Operations and Reports. "DOD Top 100 Companies and Category of Procurement—Fiscal Year 2002"; www.dior.whs.mil/peidhome/procstat/procstat.htm.

35. Latham, Andrew. "China in the Contemporary American Geopolitical Imagination." *Asian Affairs.* Fall 2001, Vol.28, No.3, p.140.

36. "Agreed Framework Between the United States of America and the Democratic People's Republic of Korea." Geneva, Switzerland, October 21, 1994, provision I.3.

37. Ibid., provision II.

38. Ibid., provision III.1.

39. Johnson, Chalmers. "The 1955 System and the American Connection: A Bibliographic Introduction." Japan Policy Research Institute. Working Paper No. 11, July 1995.

40. Schaller, Michael. "America's Favorite War Criminal: Kishi Nobusuke and the Transformation of U.S.-Japan Relations." Japan Policy Research Institute. Working Paper No. 11, July 1996.

41. Nakao, Annie. "Battle for History." *San Francisco Chronicle.* April 28, 2002. p.A3.

42. Pilling, David. "Japan Calls for Fewer U.S. Troops on Okinawa." *Financial Times.* February 3, 2003.

43. International Trade Administration, U.S. Foreign Trade Highlights; "Top 50 Deficit Countries in U.S. Trade in 2001." www.ita.doc.gov/td/industry/otea/usfth/aggregate/Ho1T13.html.

44. *What America's Users Spend on Illegal Drugs.* Executive Office of the President, Office of National Drug Control Policy, December 2001, p.3, Table 1.

45. Davenport-Hines, Richard. *The Pursuit of Oblivion: A Global History of Narcotics.* New York: W. W. Norton, 2002, p.15.

46. Ibid., p.428.

10

언덕 위의 도시

"밤하늘의 달이나 별, 또는 햇살을 흩뿌리는 한낮의 태양을 갖고 싶어하는 사람은 아무도 없다. 그러나 새로운 예루살렘은 영원할 것이다."

— 웨덜리 & 애덤스(성스러운 도시 중에서)

　이 책이 출간될 즈음 이른바 '자발적인 협력국가'들이 명분상 파병한 부대들을 비롯한 미영 연합군이 곧 이라크를 점령할 것이 확실해 보였다. 아마도 그것은 이라크 국민들에 대한 공공연한 탄압을 지속하면서 유엔 안전보장이사회를 무시하고 그 권위에 도전하는 사담 후세인을 방치하는 것보다는 나은 처방이었을지도 모른다.

　하지만 내가 보기에 미국은 옳은 일을 한다는 명분하에 최악이라 할 만한 수단을 사용함으로써 스스로 잘못된 선택을 했을 뿐 아니라 사태를 돌이킬 수 없을 정도로 악화시켜 버린 것처럼 보였다. 왜냐하면 미국이 너무 서둘렀든, 사담의 심경을 바꿀 마지막 기회를 포착했든, 공격을 연기했든, 아니면 아무런 행동도 취하지 않았든 상관없이 이미 미국은 막대한 손실을 입고 있었기 때문이다. 또 선례에 따라 정확히 점령절차를 이행했다 하더라도, 5년이라는 장기간의 시나리오에 따라 모범적인 민주주의를 이라크에 정착시킨다 하더라도, 미국은 마찬가지 손실을 입었을 것이다. 이라크와 북한의 상황을 별개의 문제로 보지 않고 전체적으로 고려해 보면 이런 사실은 더욱 분명해질 것이다.

　여기서 한 가지 주목할 것은, 워싱턴이 핵무기를 하나도 보유하지

않은 이라크와는 대대적인 일전을 벌이면서도 핵확산금지조약에서 탈
퇴한 북한의 위협에 대해서는 미온적인 태도를 보임으로써 '만일 당신
이 미국의 적이 될 수도 있다는 생각이 든다면 당장이라도 핵무기를 보
유하는 것이 나을 것'이라는 뜻을 온 세계에 전달하고 만 셈이 되어버린
것이다.

좀더 근본적으로, 미국은 미국의 국가적인 이익과 힘의 기반을 처
음부터 오해함으로써 미국의 이익과 힘을 손상시켜 왔다. 예컨대 거대
한 시장 이상의 의미를 갖고 있는 유럽연합은 고질적인 적대감을 불식
하고 유럽의 안전을 보장하는 수단의 역할을 하고 있다. 나아가 유럽연
합은 미국과 동등한 파트너로 등극할 수 있는 부의 생산자이자 분배자
로 거듭남과 동시에 유럽 전체는 물론 일부 아시아 국가에까지 민주주
의, 평화, 안정을 확산시킬 수 있는 보증인의 역할까지 맡게 되었다.

그런데 역사적으로 미국에 커다란 이익을 가져다줄 것으로 기대하
며 조성한 미국의 거대한 자산인 유럽연합은 이라크 처리문제와 대미
정책 때문에 불거진 불화와 반목으로 인해 내부적으로 심각한 상처를
입었다. 여기에 더하여 유럽연합 및 핵심 유럽 국가 대부분과 미국의
관계도 악화되어 왔다. 미국을 등에 업은 지도자들이 실력을 행사하던
영국과 같은 나라들마저 여론이 압도적으로 미국을 반대하고 나서면서
대미관계가 악화되었다. 여기서 '구유럽-신유럽'이라는 수사에 속을
필요는 없다. 신유럽은 어떤 부대도 파병하지 않고 어떤 부담도 내지
않을 참이었다. 워싱턴과 함께한 덕분에, 또 구유럽의 옷을 스스로 벗
어던진 덕분에 신유럽은 어쩌면 향후 발전의 가능성을 상당 부분 상실
했는지도 모른다.

NATO는 또다른 예가 될 수 있을 것이다. 미국인들은 흔히 미국이
유럽을 보호하기 위해 NATO를 결성하고 유럽에 미군을 주둔시키는 것

으로 알고 있다. 하지만 사실 소련이 해체되면서 유럽은 어떤 군사적인 위협도 받지 않게 되었다. 다른 한편으로 미국은 NATO의 군사기지를 이용하고 그들의 협력에 얻지 못하는 한 중동이나 아프리카에 대해 제 실력을 행사할 수 없게 되었다. 진실을 말하자면, NATO는 어쩌면 유럽 인보다 미국인에게 더 절실히 필요할 것이다.

하지만 이미 유럽에서는 미국이 군사기지나 영공을 마음대로 사용 할 수 없게 하거나 제한해야 한다는 말이 나오고 있다. 사우디아라비아 가 가까운 미래에 미군기지의 철수를 요구하게 되리란 것은 이미 확실 하다. 또 남한은 물론 일본도 앞으로 그런 요구를 할 가능성이 있을 것 으로 보인다. 여기서 대두되는 커다란 아이러니는 미국의 일방주의가 그 주창자들이 한창 확대하기 위해 애쓰고 있는 헤게모니의 근본적인 토대를 무너뜨리고 있는 듯하다는 사실이다.

실현될 수도 있었던 꿈

꿈은 실현되지 않았고, 또 실현되지 않고 있으며, 다만 실현되어야 할 것으로 남아 있다. 또다른 시나리오가 있을 수 있었고, 또 있을 수 있 다. 1991년 걸프전이 막바지로 치달을 즈음 미국도 유엔도 휴전협정이 그토록 심각한 사태를 야기할지 몰랐다. 실제로 그 당시 이라크군은 완 패했고, 연합군은 전투를 중단하면서 이라크 지휘관들에게 휴전협정 체 결을 요구했다. 연합군 사령관 노먼 슈워츠코프(Norman Schwarzkopf) 장군은 사전지침도 거의 받지 못한 채 1991년 3월 휴전협정 조인을 위 해 이라크군 장성들과 회동했다. 그러나 미국은 휴전회담에서 사담에 대한 어떤 요구사항도 제시하지 않았다. 사담의 대표단이 서명해야 할 항복문서 같은 것도 없었으며, 이라크군의 무장해제나 대량살상 무기의 해체 또는 연합군의 고무에 힘입어 사담 정권에 반대하여 봉기한 이라크의 시아파와 쿠르드족에 대한 보호조치를 요구하는 조항들도 언급조차 되지 않았다. 그 결과 사담은 면죄부를 받은 셈이 되었고, 슈워츠코프는 이라크에게 미군기지 부근에서 항공기의 비행을 금지하라고 요구하면서도 헬리콥터의 비행을 제한하는 어떤 조항도 요구하지 않았다. 그 덕분에 시아파와 쿠르드족이 연합군의 염원대로 봉기하자 이라크 군부가 헬리콥터를 동원하여 학살극을 벌일 수 있었던 것이다.

워싱턴은 훗날 이 사건을 두고 시아파에 대한 사우디 사람들의 두려움을 고려할 필요가 있었다고 땅을 쳤다. 하지만 당시 현지에 있었던 미국과 사우디의 고위관리들이 나에게 말하기로는 사실 사우디 국민들은 시아파를 돕기를 원했다고 한다. 하여간 미국은 결국 이라크 남부지역에 비행금지 구역을 설정했지만, 시아파 사람들을 구하기에는 너무 늦은 조치였다. 그 후 한 달이 지난 4월에 유엔은 사담에게 모든 대량살상 무기의 파괴를 요구하는 결의안 687항을 발의한다. 이라크의 외무장관은 결의안을 수용한다는 입장을 밝혔지만, 결정적인 순간은 지나가버린 뒤였다. 이미 고양이 쥐잡기 놀이로 전락해 버렸던 것이다.

미국과 동맹국들(그 당시에는 진정한 동맹국들이었다)은 휴전협정을 체결할 당시 이라크군의 무장해제를 강제하고, 사담에게도 현실적인 조건들과 강제력 있는 절차들을 명시한 공식문서에 서명할 것을 요구했어야 한다. 미국은 자신을 압도적으로 지지하는 세계 여론을 등에 업고 지금 하고 있다고 말하는 일을 그 당시에도 할 수 있었다. 현지에 있던 미국의 고위 실무자들 역시 미국과 연합군이 사담에게 그런 요구만 했더라도 사담은 몰락하고 말았을 것이라는 말을 내게 한 바 있다.

하지만 미국은 그러기는커녕 사담에게 군사적인 패배를 정치적 승리로 전환할 수 있는 전화위복의 기회를 제공하고 말았다. 당시에 미국을 이끌던 지도자 대부분이, 그러니까 체니, 파월, 월포위츠, 페이스, 하스 같은 인물들이 지금도 미국을 이끌고 있다. 오늘날 그들은 미국 의회와 유엔만이 이라크에게 쿠웨이트에서 철수하라는 명령을 할 수 있다거나, 바그다드를 향해 진격하기만 하면 그들을 산산조각 내버릴 수 있다는 주장을 펴기도 한다. 일견 진실처럼 들리는 그런 주장들은 사실 바그다드로 진격할 필요성이 전혀 없으며, 단지 승자의 조건들만 강요하면 된다는 점을 교묘히 얼버무리고 있을 뿐이다. 이런 미국의 지도자들을 환대하고, 맨해튼에서 열리는 각종 기념행사장 테이프 절단용 가위를 그들에게 맡기고, 제3세계 군대를 무찔렀다며 으스대는 그들에게 미국 의회 표창장을 수여하는 것이 다름 아닌 미국인이라는 사실을 명심해야 할 것이다. 그러나 아쉽게도 우리가 베푼 환대와 명예와 표창장을 내팽개친 그들에게 우리가 줄 것은 이제 비웃음과 조롱밖에 없는 듯하다.

그들은 대량살상 무기를 접수할 수 있었을 때 접수하지 못한 실수를 저질렀다. 또 그들은 쿠르드족과 시아파를 부추겨 반란을 조장했으면서도 사담이 헬리콥터를 이용하여 반군을 학살할 수 있게 만드는 실수를 저질렀다. 그들은 또한 전후 재건 계획을 세우지 못한 실수를 저질렀을 뿐 아니라 이라크가 진정한 국가라는 사실을 무시하는 우를 범했고, 그 지역이 무주공산이 될 것을 두려워한 미국의 동맹국들도 비슷한 우를 범하기는 마찬가지였다. 그들은 당시 사담이 이라크 국민들에게 독가스를 사용했다는 것과 그가 잔인한 독재자였다는 것을 잘 알고 있었다. 분명히 그들은 사담 정권의 관리들이 쿠데타를 일으킬 것을 기대했고, 또 심지어 쿠데타가 발생할 것이라고 믿기도 했을 것이다. 하

지만 그들은 사담이 패배했고 다시는 위협이 되지 않을 것이라는 생각
에 그의 목숨만은 기꺼이 살려두었을 것이다.

모든 정황을 고려할 때 미국이 사담을 살려둔 것은 그 당시 많은
이에게는 옳은 처사로 보였다. 그러나 미국은 그러는 대신에 자신이 처
음 제안했던 원안에 거의 근접한 교토 의정서 최종안을 비준했어야 하
고, 국제형사재판소 창설에 동의하거나 최소한 반대운동을 삼갔어야
하며, 대인지뢰 금지협약과 소형무기 거래규제협약에 서명했어야 하
고, 화학무기 금지협약도 무산시키지 말았어야 하며, 대량학살 금지협
정과 여성인권협약도 지지했어야 한다. 또 미국은 NATO와 유엔을 비
롯한 냉전시대의 국제기구들과 유럽연합의 관계 재편 및 재구성을 위
한 노력을 주도했어야 한다. 나아가 미국인들은 "뻔뻔한 겁쟁이들에게
자유 그 자체가 공격을 받았다"거나 "그들은 우리의 가치관과 우리의
자유를 증오한다"고 말하는 대신 이렇게 말했어야 한다.

"미국을 공격한 자들은 우리의 가치관과 정책을 오해하면서 이슬
람 세계를 걸고넘어진 종교적 광신도들이다. 그들은 과거 기독교 정신
을 훼손한 십자군과 비슷한 인간들이다. 그들은 자신들의 사회가 현대
화 과정에서 겪는 난관들, 우리가 그런 난관들을 극복하기 위해 노력하
는 나라들을 돕는 과정에서 부딪히는 난관들과 깊은 관계가 있는 추측
의 오류들을 정당화하기 위해 애쓴다."

그뿐만 아니라 미국인들은 이스라엘의 아리엘 샤론을 '평화의 인
간'이라고 불러서는 안 된다. 아랍 국가들은 물론이려니와 이스라엘에
서조차 샤론을 평화의 인간이라고 부르는 사람은 없을 것이다. 그 대신
미국인들은 압둘라(Abdullah) 평화계획을 실천에 옮기겠다고 약속했어
야 한다. 더구나 9·11테러가 발생했을 때 미국 대통령은 "우리에게는
아군 아니면 적군밖에 없다"고 말하기보다는 미국에 쏟아진 엄청난 애

도와 동정의 이점을 살려 파리, 베를린, 모스크바, 베이징, 카이로, 테헤란, 서울, 도쿄, 이슬라마바드에 고맙다는 감사의 말을 아끼지 말았어야 한다. 그는 또 전세계의 지도자들에게 테러리스트들을 상대하고 테러리즘의 자원들을 처리하기 위한 정보와 조언을 구하기 위해 특별 회담을 개최하자고 제의했어야 한다. 나아가 미국은 자신의 우월한 패권에 도전하는 어떤 세력의 발호도 예방한다는 목표로 선제공격론이라는 새로운 전략을 발표하지 말았어야 한다.

그런 맥락에서 미국은 유엔 안보리 결의안의 타당성이 침해당하지 않도록 이라크 문제를 유엔 안보리에 넘겨 충분한 토론이 이루어지도록 했어야 한다. 그랬다면 국제공동체가 그토록 큰 이견을 보였을까? 아무리 강하게 반대하는 국가가 있었다 해도 미국의 입장을 지지하는 국가가 훨씬 많지 않았을까? 그리고 끝내 미국 혼자 단독행동에 나서야 했더라도, 그런 행동이 최후의 수단이 아닌 이례적인 일방주의적 행동으로 비쳤을 것이기 때문에 미국이 활동하는 데 위험이 훨씬 줄어들지는 않았을까? 미국이 불량국가 후보국이 아닌 선량한 국제시민으로 대접받고 싶다면 지금 당장 과거보다 훨씬 더 선량한 선택을 해야 한다고 믿는다.

그렇다면 한국에 대해서는 어떻게 했어야 할까? 김대중 대통령을 윽박지르는 대신 그를 워싱턴에 초빙하여 북한을 어떻게 상대해야 할지 조언을 구했어야 한다. 부시 대통령은 북한을 '악의 축'으로 규정하는 대신 북한의 김정일 위원장과 접촉을 유지하면서 그가 갈구한 발전소 설비를 애초의 약속대로 제공하겠다는 보장을 해주었어야 한다. 미국은 진정으로 한국전쟁을 마감하는 평화협정 체결을 위한 협상을 제의했어야 하고, 우리의 약속대로 북한을 외교적으로 승인해 주었어야 하며, '북한과 같은 불량국가들'을 방어하기 위한 국가미사일방어 체계를 전개하는 식의 도박은 하지 말았어야 한다. 미국이 나서서 한국의 위기를 해결할 수 있었는가? 핵무기와 장거리를 미사일을 보유하고 확충하기 위해 노력하고 있다는 북한이 왜 사담보다 덜 위협적인지 그 이유를 설명하느라 쩔쩔매는 미국 행정부의 꼴은 왜 그리도 우습게 보이는 걸까? 그리고 다시 한 번 묻지만, 미국이 예방전쟁 전략을 발표하지 않았다면 북한이 미국에게 그처럼 확연히 위협적인 국가가 될 수 있었을까? 나는 그렇지 않다고 생각한다. 미국은 지금 미친 듯이 눈앞의 악수만 골라서 두고 있을 따름이다.

'새로운 독트린'의 논리

이처럼 당면한 위기들보다 더 중요한 문제가 있다. 그것은 미국이 세워야 할 국가전략이 무엇이냐 하는 훨씬 커다란 문제다. 그리고 그 문제 뒤에 자리한 더 커다란 문제는 미국인들은 진정 어떤 국민이 되기를 원해야 하고, 미국이 어떤 국가가 되기를 원해야 하는가라는 문제다. 전략문제부터 생각해 보자.

2차 대전이 끝나고부터 냉전이 종식될 때까지 미국은 봉쇄정책과 경제적 세계화라는 서로 맞물린 두 가지 전략을 추구했다. 미국이 동맹국들에게 제시한 요구한 사항은 '미국의 투자는 물론 발달한 미국의 기술과 거대한 미국 시장에 접근하는 대가로 미국을 늘 패권적인 파트너처럼은 아니지만 우월한 국가로 대우하는 지정학적 협력체계를 수용하라는 것'이었다. 존 이켄베리(John Ikenberry)는 "미국은 공지되고 공인된 공통적인 규칙을 스스로 준수했기 때문에 미국이 행사하는 힘이 세계질서를 불안하게 하지는 않았다"[1]고 설명했다. 달리 말하면 미국이

“힘을 안전하게 행사했기” 때문에 다른 나라들이 자국의 이익과 미국의 이익을 동일시할 수 있었다는 것이다. 벤저민 슈워츠(Benjamine Schwarz)와 크리스토퍼 레인(Christopher Layne)은 〈애틀랜틱〉 2002년 10월호에 기고한 글에서 이것을 '재보험 전략'[2]이라고 불렀다. 이 글에서 설명한 다른 나라들의 소외감·두려움·배신감을 유발한 것은 무엇보다도 극적으로 성장한 미국의 상대적인 국력이었다. 옥스퍼드 대학의 티모시 가턴 애시(Timothy Garton Ash) 교수는 자신의 글이 〈뉴욕타임스〉에 실린 것은 다행이라며 이렇게 말했다.

나는 이 나라(미국)를 사랑한다……. 많은 유럽인이 생각하는 것과는 반대로 미국이 보유한 국력의 문제는 미국인들과는 상관이 없다. 문제는 국력 그 자체에 있을 뿐이다. 아무리 선량한 천사라 하더라도 그처럼 막강한 힘을 휘두르면 위험할 수 있다……. 심지어 민주주의조차 초강대국에서 이루어지면 강력한 유혹이 된다.[3]

이러한 가턴 애시의 견해가 옳을 수도 있겠지만, 지난 시절 미국과 나머지 국가들의 격차는 그의 설명과 같은 결과를 이끌어내지 못했다. 하지만 지금은 그의 견해가 설득력을 얻고 있다. 왜냐하면 나는 무엇보다도 그런 격차가 동반하는 미국의 신조의 변화가 세계인들의 눈에 미국의 국력을 갈수록 '위험하게' 보이도록 만들고 있다고 믿기 때문이다.

그런 변화는 첫 번째 부시 행정부가 마감되면서부터, 그러니까 체니가 결성하고 월포위츠가 주도한 스터디그룹이 모든 도전세력의 등장을 사전에 방지하기 위한 전략을 촉구하는 (〈뉴욕타임스〉가 특종으로 보도한) 정책초안을 처음 작성했을 때부터 시작되었다.[4] 그 당시 몇몇 공상가들의 헛된 꿈으로 치부되었던 그 독트린은 대통령이 웨스트포인트 연설에서 발표하면서 미국의 공식적인 전략으로 부상하게 되고, 2002년 국가안보전략(NSS) 문서로 작성되기에 이른다. 대량살상 무기를 점점 더 쉽게 사용하고 운반할 수 있게 된 적들의 죽음도 불사하는 정신이 선제공격 불가 전략을 유지할 수 없게 만들었던 것이다. 그에 따라 등장한 새로운 독트린은 "우리는 위험이 무르익을 때까지" 혹은 "버섯구름"이 피어오를 때까지 "기다리지 않을 것이다"라는 의지를 표명하고 있었다. 그리하여 미국은 용인할 수 없는 위험이 무르익고 있는 것으로 판단되면 언제 어디서나 선제공격과 예방전쟁을 감행할 참이었다.

이러한 독트린은 미국의 기대에 어긋나는 국가들과 '불량국가들'이 야기한 불안정에 대처한다는 구실과 명분의 옷을 입고 나타난다. 또한 국가안보 전략초안에는 주요 강대국들이 서로 협력해야 한다는 언급도 나온다. 그런 협력을 통해서 강대국들이 서로에 대해서 느끼는 두려움을 가라앉힐 수 있다는 것이다.[5]

그러나 독트린의 두 번째 조항은 "미국은 어떤 나라도 감히 미국에 도전할 엄두조차 낼 수 없도록 나머지 국가들과의 국력의 격차를 유지할 것이다"라고 주장함으로써 이런 재보험의 기조를 스스로 침해하고 말았다. 이 독트린은 군사력의 압도적인 우위를 통해서 절대적인 안정을 도모하겠다는 말이다.

미국에 알맞은 다른 독트린은 얼마든지 있다. 인적 자원, 제도적 자원, 자연자원, 기술적 자원을 모두 구비한 나라는 미국밖에 없다. 그런 사실은, 미국은 천부적으로 무너지지 않는 나라라는 의식과 우수한 무기에 대한 미국인의 습관적인 믿음을 오랫동안 발전시키는 데 일조했다. 그것은 또한 미국인이 자신을 다른 인종과는 다른 예외적이고 특별한 존재로서 책임과 의무를 면제받을 만한 자격이 있기 때문에 면책

특권을 누릴 수 있는 선택받은 사람들일 뿐 아니라, '진리'를 하사받았기 때문에 세계의 다른 나라 사람들이 두려워할 필요가 없는 존재로 생각한다는 사실을 반영한다. 그리고 그 진리는 그들을 자유롭고 선하게 만들어준다는 것이다. 그에 따라 미국의 대통령조차 "과거의 모든 적을 무찌른 자유의 영광"[6]이라는 참으로 유치하기 그지없는 마니교도와 같은 수사를 구사할 수밖에 없었던 것이다.

이러한 새로운 독트린은 명백히 제국주의적인 것이다. 이 독트린은 최근 '보수주의'라는 부정확한 입장을 자처하며 미국이 "백인의 부담을 덜어주어야" 한다고 주장하는 〈월스트리트 저널〉을 비롯한 여러 우익 출판물에 일련의 글을 기고한 러디어드 키플링(Rudyard Kipling) 일당이 선도했다. 〈월스트리트 저널〉의 전직 편집자 맥스 부트(Max Boot)는 『아메리카 제국을 위하여』에서 9·11테러 공격은 "미국의 개입과 야심이 불충분했기 때문에 발생한 사건이므로 미국이 앞으로 그런 일을 당하지 않으려면 우리의 목표를 더욱 확대하고 행동을 더욱 단호하게 해야 할 것이다"[7]라고 주장했다. 부트는 나아가 "오늘날 아프가니스탄을 비롯하여 곤란에 처한 나라들은 과거 한때 승마바지에 차양모를 쓰고 자기 확신에 가득 찬 영국인들이 제공했던 개명된 외국의 위임통치를 바라마지 않고 있다"[8]고 말했다.

〈워싱턴 포스트〉의 칼럼니스트 세바스찬 말라비(Sebastian Mallaby)도 이와 비슷한 주장을 펼친다. 그는 "신제국주의 논리는 반박할 수 없을 만큼…… 너무 강력하다"고 말하면서, 미국이 이끄는 질서정연한 사회들은 "미국식 제도와 기관들을 무질서한 사람들에게 강제할 것"[9]이라고 역설한다. 〈애틀랜틱 먼슬리〉의 필자 로버트 캐플란(Robert Kaplan)이라고 해서 더 나을 바 없다. 그는 "미국의 부드러운 제국주의가 영향을 미치는 곳이라면 세계의 어디든 미국의 번영을"[10] 전파해 주어야 한다고 주장한다.

이런 논리는 두 가지 면에서 유혹적이다. 첫째는 지금은 부적절할 수도 있는 과거의 억지력을 훼손할 새로운 불균형의 위협이 존재한다는 사실이다. 둘째는 현대적이고 세속적이며 물질만능주의적인 서구의 에토스(ethos, 윤리정신) 속에서 살아가는 사람이라면 누구나 미국이 주도하고 관리하는 질서와 경제발전이 혼란을 부를 가능성이 분명히 존재한다고 본다는 사실이다. 비록 세속화된 서구 에토스의 옹호자가 그런 혼란의 가능성을 부정한다고 해도, 이런 견해는 필리핀을 아메리카 제국에 첨가하기로 결심한 매킨리가 "필리핀 사람들을 계몽하여 기독교도로 만들" 필요가 있다고 강조하면서 염원한 것과 동일하다. 물론 대부분의 신제국주의자들은 '기독교화'에 대한 어떤 협력은 꺼리는 대신 '미국화'는 선호할 것이지만, 사실 양자는 별 차이가 없다.

새로운 독트린의 논리는 무제한적인 확장의 논리다. 세계화 시대에 대두될 수 있는 위협은 매우 광범위하고, 이라크 문제와 같은 위험을 통제하기 위한 시도는 우리를 새로운 위험에 빠뜨리는 일밖에 할 수 없을지도 모른다. 우리는 아프가니스탄에서 이미 이런 사례를 목격한 바 있다. 새로운 위협에 대처하기 위해서는 새로운 영역과 새로운 존재들에 대한 통제력을 확보할 필요가 있을 것이다. 요컨대 안전만이 어디서나 여러분의 활동범위를 보장해 줄 수 있다는 말이다.

이것은 다소 부담스런 과제처럼 보일 수 있다. 전통적인 국제관계 이론은 일단 제국주의 국가가 등장하면 다른 국가들은 그 제국의 영향력을 약화시키기 위해 자연스럽게 동맹이나 협력체를 결성할 것이라고 주장한다. 그 결과 제국은 지나친 세력 확장과 긴장으로 인해 최종적으로 붕괴하기 전까지는 새로운 동맹국들을 상대하기 위한 노력을 배가할 것이다.

그러나 신제국주의자들은 또다시 미국은 예외라는 믿음을 강조할 것이다. 왜냐하면 미국은 민주국가이고, 영토 확장에 대한 열망도 없으며, 미국의 주권은 매력적이고 사용하기 쉬우며 부드럽고 유혹적이기까지 할 뿐 아니라 강력하기 때문이라는 것이다. 그러면 모두 미국의 방식을 환영할 것이기 때문에 견제와 균형을 위한 활동도 할 필요가 없을 것이라고 말한다. 그들의 말처럼만 된다면, 그리고 그들이 그렇게 할 수만 있다면, 누가 미국인이 되고 싶지 않겠는가? 그리하여 미국의 선남선녀들은 세계가 염원하고 갈구하는 미국의 교리를 전파하기 위한 십자군처럼 지구의 구석구석까지 파견될 것이다.

하지만 그런 일은 생기지 않을 것이다. 그 이유는 다음과 같다.

첫째, 절대적인 군사안보 같은 것은 존재하지 않기 때문이다. 우리의 레이저 유도 폭탄들과 핵미사일들과 첩보위성 사진들이 과연 저 9월 11일 여객기를 납치한 테러리스트들의 사제 폭탄과 죽음도 불사하는 광신주의로부터 우리를 보호할 수 있었던가? 우리의 첨단 군사장비와 치밀한 군사훈련이 과연 북한을 복종하게 만들고 있는가? 우리 미군의 해외주둔 기지의 확충이 과연 미국이 겪는 위험을 감소시키고 있는가? 답은 모두 '그렇지 않다' 다. 해외 미군기지의 확충은 오히려 미국을 더 큰 위험에 빠뜨릴 수도 있다.

둘째, 미국인들이 아무리 큰 자부심을 갖고 있더라도, 다른 나라 사람들은 미국인들이 자신을 보듯이 미국인을 보지도 않고, 우리에게는 좋은 일일 수도 있는, 우리처럼 되기를 반드시 원하는 것도 아니며, 오래 전부터 미국의 국력에 대한 견제와 균형을 위한 활동을 벌여왔다. 이러한 움직임은 미국과 좀더 대등한 지위를 확보하려는 유럽연합의 노력, 러시아와 중국의 친선관계 재개, 주요 컴퓨터 운용체계인 마이크로소프트에 대항하여 리눅스 운용체계를 보급하려는 여러 나라들의 적극적인 노력을 통해서도 엿볼 수 있지만, 유엔 안보리가 이라크 문제를 처리하는 과정에서 가장 분명하게 드러난다. 여기에는 근본적으로 인간적인 요인이 작용하고 있다. 미국인들은 이 점을 이해하기 어렵겠지만, 미국의 역사를 고려하면 무엇보다도 먼저 이 점을 이해해야 한다.

국가는 개인과 매우 흡사하다. 개인과 국가는 물질적인 욕심이나 두려움이나 사랑보다도 다른 개인이나 국가만큼 가치 있는 존중과 배려를 받고 싶은 열망에 따라서, 정당하게 인정받고자 하는 욕구에 따라서 움직인다. 터키의 소설가 오르함 파무크(Orham Pamuk)는 이스탄불의 한 노인이 테러리스트들의 세계무역센터 공격을 용서하거나 파키스탄의 한 젊은이가 탈레반을 칭찬한 이유를 아느냐는 질문을 받고 이렇게 대답했다고 한다. "그것은 좌절감에서 비롯된 무력감, 이해받지 못한 열패감, 그리고 자신들의 목소리를 제대로 내지 못하는 사람들의 무기력함 때문입니다."[11] 다른 나라 사람들은 미국인을 좋아하고 존경하는(그리고 내가 말해왔고, 그리 하고 있는) 만큼 존중받기를 원하는 그들만의 고유한 전통, 방식, 가치들을 가지고 있다.

세계화가 이런 사실을 바꾸지는 못할 것이다. 프랑스인은 프랑스인이기를 포기하지 않고, 맥도널드 햄버그를 먹는다고 해서 데카르트를 저버리지 않을 것이다. 나이키 운동화 공장에서 일하며 기숙사에서 생활하기 위해 고향마을을 떠난 인도네시아의 젊은 여성은 낯선 세계에서 자신의 가치관을 지키기 위한 방편으로 머리에 두르는 스카프에 이전보다 더 고집스럽게 집착하거나 심지어 복장마저 더 이슬람식으로 고집하려 들지도 모른다. 우리는 이런 고집을 무시할 수 없고, 또 무시하려고 해서도 안 될 것이다.

셋째, 미국의 십자군전쟁은 성공하지 못할 것이다. 왜냐하면 그것은 미국인들을 점점 편의주의적인 태도나 무자비한 행동에 물들게 만들어 결국 미국의 고유한 특성과 제도들을 서서히 파괴하면서 우리의 삶을 교란시키고 말 것이기 때문이다.

넷째, 경제적 세계화와 미국의 낭비는 이미 미국의 경제적 주권을 무너뜨리고 있으며, 우리가 지배한다고 여기던 것들에 대한 우리의 의존성을 더욱 크게 만들고 있다. 미국이 석유를 확보하고 통제하려는 욕심에 이라크를 침공했다는 비난은, 물론 많은 미국인들에게는 착오로 들리겠지만, 다른 많은 나라 사람들은 정확히 그렇게 믿고 있다. 그들은 미국 경제의 취약성을 잘 알고 있을 뿐 아니라, 미국의 안식처로 자본을 투입하고 이른바 '미스터 부바식' 생활양식을 유지하는 데 필요한 연료자원의 가격을 통제하기 위한 의도로 미국이 군사력을 과시한다고 생각한다. 미국의 경제는 현재 불안한 경로를 걷고 있다. 미국 경제의 성장은 끝없이 증가하는 부채를 기반으로 한 소비에 거의 전적으로 의존하고 있다. 하나의 국가로서 미국은 우리가 생산하는 것보다 점점 더 많은 것을 소비하고 있으며, 바야흐로 외채에 의존하지 않고서는 더 이상 그런 소비를 감당할 수 없는 지경에 이르렀다. 세계의 안보를 지키고 주요 준비통화를 공급한다는 이유로 미국의 달러는 여전히 강세고, 우리는 실질소득을 상회하는 생활수준을 향유할 수 있다. 그러나 유로화가 대체 준비통화를 공급하기 시작하면서 미국이 필요로 하는 국제부채는 채권국들을 점점 더 불안하게 만들 만큼 늘어나고 있는 중이다. 만약 우리가 당장 필요한 돈을 빌리지 못하고 깡통만 차게 되는 처지에 놓인다면 어떻게 세계의 카이사르가 될 것이라고 장담할 수 있겠는가?

그러나 미국의 십자군전쟁이 성공하지 못할 마지막 결정적인 이유가 있다. 미국인들은 고대 로마인도 대영제국의 국민도 아니다. 미국은 때때로 어리석은 짓을 하거나 심지어 나쁜 짓마저 하고 있는지 모른다. 그러나 미국인들은 영예로운 용기의 상징인 자신들의 신체의 용량을 고려하지도 않고 그들의 손자손녀들에게 식민지의 특혜를 물려주고 싶은 마음도 없다. 제국에 대한 반역으로 삶을 시작한 미국인들은 제국의 관습과 결단코 타협하지 않았고, 단순히 선량한 제국주의자들도 아니다. 문제는 우리는 사람들이 우리를 좋아해 주기를 너무도 갈구한다는 사실이다.

미국의 신보수주의는 보수주의가 아니다

그렇다면 무엇을 할 것인가? 그것은 정말 간단한 일로, 조지 W. 부시도 진심으로 받아들일 수 있는 그런 일이다. 사실 부시는 대통령선거 연설에서 "미국이 겸손한 국가라면 그들도 미국을 겸손하게 바라보고 존경할 것입니다"[12]라고 말했을 때 그것을 처음으로 인정한 셈이었다. 우리에게 필요한 것은 진정한 보수주의로 회귀하는 것이다. 이른바 신보수주의라고 불리는 제국주의 프로젝트는 결코 보수주의가 아니다. 그것은 전통적인 애국주의 수사학이 뒤섞인 급진주의, 이기주의, 모험주의에 불과하다. 진정한 보수주의는 메시아주의나 교조주의와는 전혀 다르다. 신보수주의자들도 쉼 없이 떠들어대듯이, 보수주의의 진수는 제한된 정부에 있다. 하지만 신보수주의자들이 제기하고 있는 제국주의 프로젝트는 국내외적으로 정부의 역할을 엄청나게 증대시킬 것이다. 우리는 이미 압도적인 군사무기들을 확충하고 국방부를 사상 최대의 국가 관료조직으로 팽창시키기 위해 연방예산을 폭발적으로 증가시켰다. 이것은 보수주의가 아니다. 그것은 거대한 정부다. 전통적인 보수주의자들은 항상 예산을 균형 있게 편성하고 시민들이 각자 맡은 바 시민의 의무를 이행할 수 있도록 하는 데 관심을 기울인다. 그러나 신제국주의자들은 예산을 늘리면서도 조세는 줄일 것을 요구하고 있다. 거기에는 어떤 타협이나 희생도 없으며, 그나마 시민의 의무를 언급하는 대통령마저 경제를 살리기 위해 온 국민에게 소비에 힘쓰자고 애원하는 지경에 이르렀다.

이것은 보수주의는커녕 자유주의도 아닌 그냥 단순한 무책임주의에 불과하다. 위대한 보수주의 철학자 에드먼드 버크(Edmund Burk)는 대영제국의 강대한 힘에 대해서 이렇게 말한 적이 있다. "나는 우리의 존재가 너무나 큰 두려움을 자아내기 때문에 두렵다." 권력은 위협들을 끌어모으는 자석과 같고, 그런 위협들에 대한 반응은 급진적인 계획들을 다그칠 수 있다. 윈스럽 주지사는 '행복한 언덕 위의 도시'를 그 도시가 보유한 권력이 아닌 미덕 때문에 매력적인 것으로 보았다. 존 퀸시 애덤스는 우리는 "죽여야 할 괴물을 찾기 위해 해외로 나가지 않아도 된다"며 기뻐했다. 바로 이런 사람들이 미국의 미래전략을 조언할 수 있는 선량한 보수주의의 안내자들이다.

사람들은 흔히 고대 로마와 대영제국이 다른 나라들의 질투와 불평의 제일 표적이 되었듯이, 미국에 대한 비판도 그리 심각하게 받아들일 필요가 없다고 말한다. 그러나 이런 태만한 권고는 심각한 문제를 유발할 수 있다. 미국이 로마제국이나 대영제국처럼 되기를 원하는가? 우리는 틈만 나면 미국은 리더가 되어야 하고 "절대 없어서는 안 될 국가"라고 말한다. 그러나 멕시코의 한 친구는 "왜 그래야 하지? 미국이 왜 모든 걸 책임져야 하는 거야? 누가 그렇게 시켰어?"라고 반문한다. 물론 이 모든 정황에는 오랜 역사적 배경이 자리하고 있다. 하지만 그 친구의 반문은 우리로 하여금 미국에게 약속과 책임을 포기할 것을 요구하지 않을 또다른 대안전략이 존재한다는 사실을 깨닫게 한다. 세계적인 사안들에 깊이 연루된 미국은 그것들로부터 발을 뺄 수도 없고,

또 빼려 해서도 안 된다. 미국은 그 동안 저지른 모든 실책을 명심함과 동시에, 퓨 연구소의 여론조사가 보여주듯, 미국이 여전히 상대적으로 안정된 패권국으로 간주되고 있다는 사실도 잊지 말아야 한다. 그러나 모든 점을 고려할 때, 미국의 패권은 최초의 수단보다는 최후의 수단으로 요청되는 것이 미국에게도 바람직할 것이다. 그러면 여기서 그런 전략이 도출할 수 있는 몇 가지 대안에 대해서 생각해 보기로 하자.

이 시점에서 미국이든 동맹국들이든 사담을 축출하고 이라크를 점령하는 것말고는 선택할 수 있는 대안은 거의 없다. 그렇게 하는 것이 그렇게 하지 않는 것보다는 훨씬 비용이 적게 들 것이다. 그러나 미국은 점령기간을 최대한 줄이는 데 모든 역량을 집중해야 할 것이다. 미국은 점령국이 되지 않을 수 있다. 또 미국은 유엔의 중요성을 재확인하고, 새로운 이라크 창조를 감독할 수 있는 말레이시아, 요르단, 스위스, 캐나다와 같은 국가들의 협의회 구성을 유엔에 의뢰함으로써 최근의 상처들을 치유하는 데 도움을 줄 수 있을 것이다. 미국은 주요 관계국이 되어 상당한 비용을 부담하게 되겠지만, 고립되거나 비난을 받지는 않을 것이다.

물론 유엔의 미래도 고려할 필요가 있다. 윈스턴 처칠이 민주주의를 "가장 덜 나쁜 체제"라고 말했듯이, 유엔도 비록 문제는 있지만 계속 존재할 필요가 있다. 미국은 유엔을 해체하기보다는 재활성화하고 재구성해야 한다. 어쩌면 인도와 브라질, 아니면 일본과 사우디아라비아도 영구 안전보장이사국에 포함되어야 할지 모른다. 그와 동시에 영국과 프랑스도 단일한 유럽연합 대표로 대체되어야 할 것이다. 또 주기적으로 순환하는 안전보장이사국 선출을 위한 조건도 확립되어야 하고 거부권의 범위도 재검토되어야 할 것이다. 이것은 어떻게 보면 실현 불가능한 유토피아처럼 보일 수도 있겠지만, 장기적인 관점에서 자생력 있는 유엔은 미국의 힘을 약화시키기보다는 오히려 강화시킬 것이다.

미국이 이라크에서 펼치는 어떤 활동도 이스라엘-팔레스타인의 난제를 해결하기 위한 새로운 노력들과 병행해야 할 것이다. 이런 활동에는 이스라엘이 요르단 강 서안지역과 가자 지구에서 군대를 철수시키고, 이주민 정착지 확장을 위한 모든 활동을 중단하며, 캠프데이비드 회담과 타바 협상을 통해서 임시로 인정된 곳을 제외한 모든 이주민 정착지를 폐쇄하는 데 도움을 제공하기 위한 노력도 포함되어야 할 것이다. 결렬된 타바 협상의 개요는 요르단 강 서안지역과 가자 지구에 NATO군을 파견하여 그 지역의 치안을 유지하는 강제조치를 취할 수 있는 여지를 가지고 있었다. 하지만 어떤 협상도 모든 폭력을 종식시킬 수 있는 조건을 제공하지 못한 채, 쌍방의 극단주의자들에게 거부권만 부여하고 만 셈이 되어버렸다.

북한과 관련하여, 미국은 북한의 안전을 보장하고 충분한 전력 및 식량 공급을 보증함으로써 북한과 새로운 협상에 임할 필요가 있다. 미국은 또한 한국전쟁의 종결을 명시하는 평화협정을 체결하고, 북한을 공식적으로 승인하며, 북한과의 무역과 대북투자를 늘려 경제발전을 도모하려는 남한의 노력을 지원해야 할 것이다. 김정일 정권의 변화는 외부적인 위협보다는 북한 내부의 경제발전을 통해서 훨씬 더 효과적으로 이루어질 수 있다. 이런 노력들이 있을 때 비로소 북한은 핵무기 개발 계획을 단념하고 유엔의 핵사찰 및 확인절차에 순순히 응하게 될 것이다.

'어른의 보호감독(adult supervision)'이라는 말은 유럽 및 일본과 미국의 관계를 묘사할 때 흔히 사용되어 왔다. 한편 케이건과 같은 관측자들은 유럽이나 일본과 같은 나라들은 지금 공허한 허세와 유아적인 응석에 몰두할 수 있는 인공적인 낙원에서 살고 있다고 주장한다.

왜냐하면 그런 나라들은 현실세계를 상대해야 하는 자신들의 부담을 미국에게 지우고 있기 때문이라는 것이다. 이런 논리에는 진실이 담겨 있으며, 흔히 자신을 건사하는 데 필요한 일들을 하기 싫어하고 꺼리는 유럽인과 일본인들을 모욕하는 데 사용된다. 여기서 혹자는 처음 들을 수도 있는 내 생각을 말해보자면, 미국은 우월한 입지를 유지하기 위해서 그런 나라들을 미성년 상태로 유지시키려 하는 듯이 보인다. 불행히도 미국이 이런 우월함을 유지하는 데 드는 비용은 점점 증가하고 있다. 미성년자와 같은 또다른 선진국들은 미국의 보호·감독에 불만을 품고 갈수록 반항적인 태도를 보이고 있다. 그와 동시에 그들의 석유수송로 보호와 그들과의 친선관계 유지를 위해 미국이 사용해야 할 비용은 날로 늘어나고 있다.

그렇다면 미국은 왜 그런 나라들이 진정한 어른으로, 다시 말해서 오자와가 말한 '정상적인 나라'로 성장하게 놓아두지 않을까? 즉 미국은 왜 독립적인 유럽 방위군의 창설을 환영하고 후원하기보다는 오히려 반대만 하는 것일까? 미국은 유럽에 대한 군사기술 유출입을 제한하기 위한 엄격한 규제를 완화하고, 유럽과 일본의 군수업체들이 펜타곤의 무기 조달에 실제로 참가할 수 있도록 문호를 개방하며, 방위산업체들의 국가간 인수합병을 장려해야 할 것이다. 물론 유럽연합은 코소보나 보스니아의 미래와 관련하여 주변 국가들의 질서 유지에 전적인 책임을 지는 데 동의해야 할 것이다. 동시에 미국은 NATO를 좀더 세계적인 현안들을 다룰 수 있도록 개편하는 것도 고려해야 할 것이다. 석유수송로와 걸프만의 순찰과 감시를 NATO에게 맡길 수도 있지 않을까? 미국만 그 일을 전담할 필요는 없을 것이다. 미국은 심지어 유럽인들에게 소규모 수송부대를 임대받을 수도 있을 것이다. 거기서 더 나아가 미국은 유럽의 방위나 정책문제와 관련하여 오로지 유럽연합 당국과만 협상에 임할 것이라고 선언함으로써 진정한 유럽연합의 공동외교와 방위정책을 육성할 수 있을 것이다. 이런 미국의 노력은 오랫동안 강대국의 권좌를 노려온 프랑스의 자부심을 사라지게 만들 것이고, 단일한 유럽연합 당국은 미국의 이익 전반에 대해서 훨씬 더 좋은 인상을 갖게 될 것이다. 또 유럽연합은 그토록 갖기를 염원하던 실질적인 강대국의 특권뿐 아니라 책임도 짊어져야 할 것이다.

극동아시아에서 북한이 일단 미국의 통제권에 놓이게 되면 미국은 한국인들이 원할 경우 명목상의 숫자만 남기고 주한미군을 철수시키거나, 한국인들이 원치 않더라도 완전히 철수시켜야 할 것이다. 한국 군대의 모든 작전지휘권은 한국에 이양되어야 하며, 한미주둔군지위협정은 한국의 법체계에 대한 전적인 존중을 보장하는 형태로 변경되어야 할 것이다. 일본에서도 그와 똑같은 변화가 이루어져 한다.

국가미사일방어 계획으로는 북한과 같은 불량국가들이 야기할 수 있는 문제를 예방할 수 없다는 것이 증명되었다. 그것은 중국의 군사력 증강만 초래했을 뿐, 어떤 면에서 미국에는 전혀 이익이 못 된다. 따라서 미국은 극동아시아 지역에 배치된 미군을 당장 철수시킴으로써 막대한 자금을 아낄 수 있을 것이다.

미국은 일본에 대해서도 유럽처럼 정상적이고 성숙한 어른이 될 것을 요구해야 한다. 이런 요구는 무엇보다도 미일안보조약을 개정하고 냉전을 종식시킴으로써, 일본의 안보를 일방적으로 보장한 미국의 힘으로·창조한 환상의 땅이라는 환경을 종식시킨다는 의미를 담고 있다. 새로운 협정은 쌍방이 동시에 책임을 지고 정책을 결정하는 상호협정이 되어야 할 것이다. 일본은 2차 대전의 동기, 책임, 결과에 대한 일본의 견해를 표현한 최종적인 입장을 밝히는 공식적인 위원회를 발족시킴으로써 2차 대전의 종식을 서둘렀다. 이런 입장 표명은 모든 교과서와 해설서의 기초가 될 수 있고, 야스쿠니 신사 참배에 대한 논란을 잠재울 수 있었다. 무엇보다도 일본은 2차 대전 당시 일본군에게 성적인 희생을 강요당한, 한국을 비롯한 아시아 국가들의 '위안부' 중 생존자에게 마땅히 사죄하고 보상해야 한다. 피해 당사국에게도 사죄하고 보상해야 할 것이다.

일본 헌법은 미국인이 만들었다. 그처럼 부자연스러운 헌법 제정 과정은 국내적으로나 국제적으로나 일본의 정치적 생명력을 부정직하고 왜곡된 방향으로 이끌고 말았다. 미국은 일본에 대해서 일본 헌법을 재고하도록 고무해야 할 것이다. 주한미군은 물론 주일미군의 지위도 과감히 낮추어야 할 것이다. 미국은 진정으로 오키나와를 일본에 반환해야 할 것이다. 서태평양 순찰활동과 관련하여 미국은 중국을 비롯한 동아시아 지역의 주요 국가들에 대해서 각국의 요소들을 결합한 지역 순찰 임무를 제안할 수도 있을 것이다.

미국은 대만의 어떤 독립선언도 반대해야 하고, 그런 독립선언이 초래할 불상사로부터 대만을 보호하지 않을 것이라는 의사를 분명히 밝혀야 할 것이다. 미국은 또한 본토의 중국에 대해서 대만의 독립선언과는 별도로 중국이 대만을 공격할 경우 개입할 수도 있음을 분명히 밝혀야 하지만, 동시에 대만에 대한 무기 판매와 군사협력 활동을 삼가야 할 것이다. 미국은 대만과 베이징이 서로 잠정적인 합의를 이끌어낼 수 있는 일련의 토론에 임할 수 있도록 고무해야 할 것이다. 중국과 관련하여 미국이 고려해야 할 또다른 사항은 중국이 염원하는 인정과 존중을 보여줄 모든 기회를 이용해야 한다는 것이다. 가령 세계 경제를 주도하는 선진 7개국 정상들이 정기적으로 모여 세계의 경제전략을 구상하는 G-7은 러시아를 포함시키면서 G-8으로 바뀌었다. 그런데 중국의 경제규모나 외환보유고는 러시아를 훨씬 능가한다. 그렇다면 중국도 포함해야 하지 않을까? 실제로 중국과 인도를 포함하여 G-10으로 만들자는 제안이 나올 가능성은 없을까?

미국은 당장 교토 의정서, 대인지뢰 금지협약, 국제형사재판소 협약에 서명을 해야 한다. 미국은 또한 앞서 거론된 다른 협정들에 대한 입장을 신중히 재검토하고 가능하다면 그 모든 협정에 서명하기 위해 진지하게 노력해야 할 것이다. 나아가 미국은 회원국으로 참여하고 있는 유엔과 같은 모든 국제기구에 부담금을 지불해야 할 것이다. 이런 노력은 온실가스 배출량과 에너지 사용량을 줄이기 위한 진지한 노력들과 병행되어야 할 것이다. 이미 다른 산업국가들도 적용하고 있는 이런 많은 기준들을 미국이라고 해서 적용하지 못할 이유는 전혀 없다. 수소 에너지 개발 연구를 위해 10억 달러 이상의 자금을 투여하자는 법안을 제출한 부시 행정부의 선택은 정확했다고 볼 수 있다. 하지만 미국이 터키에 미군기지를 건설하는 데 300억 달러를 투입할 여력을 갖고 있다면, 걸프전과 같은 전쟁을 필요하다고 생각하는 에너지 공급자들에게 미국이 의존하지 않아도 된다는 보장을 할 수 있을 만큼의 비용을 따져보는 것이 오히려 타당할 것이다. 하지만 대체 에너지 개발을 위한 맨해튼 프로젝트는 오랫동안 지연되고 있다.

미국 다음으로 국방비를 많이 사용하는 다른 15개국의 국방비보다도 많은 국방비를 미국이 사용하고 있다는 사실을 고려하면, 이러한 국력의 확연한 집중은 다른 나라들이 군사비를 늘리도록 부추기는 압력으로 작용할 수밖에 없다. 미국은 군사비 부담을 점점 다른 나라들에게 이전시킴으로써 국방비 부담을 줄여가야 할 것이다. 일본은 국방비를 GDP의 1%까지 끌어올리라는 미국의 간절한 요구에 따라 몇 년간 국방비를 늘리기 위해 노력해 왔다. 어쩌면 미국은 장기적으로 국방비를 GDP의 2~2.5% 정도까지 줄일 수 있을 것이다. 그리고 그렇게 절약한 돈을 해외 원조, 질병 통제, 기타 국제적인 활동을 후원하기 위한 비용으로 전용함으로써 1948년 당시의 균형을 회복할 수 있을 것이다.

'세계가 원하는 미국'으로 가는 길

미국은 외교정책 절차도 심각하게 재검토할 필요가 있다. 충분한 여론의 지지가 없는 상황에서도 의회 분과위원회 위원장 한두 명이 미국의 정책을 좌우할 수 있다는 것은 심각한 문제를 초래할 수 있다. 그보다 더 심각한 문제는 그런 작자들이 전말을 확실히 알고 넘어갈 필요가 있는 전쟁에 미국을 무리하게 참전시킬 수 있다는 사실이다. 그런데도 의회는 거의 아무런 책임도 지지 않으려는 듯한 태도를 보인다. 하지만 미국은 한두 명의 독재자가 좌지우지할 수 있는 나라가 아니다. 미국이 이런 점을 명심하여 지금까지 내가 제안한 모든 일을 실행에 옮긴다면 세계의 주요 지역들과 관련하여 미국에 강요되는 시간과 비용을 획기적으로 줄일 수 있을 것이다. 그것은 당장 눈에 띄진 않지만 고려할 필요가 있는 두 가지 위기에 대해 미국인들이 관심을 기울이게 만들 것이다. 그렇지 않다면 그런 위기들은 20세기의 폭력조차 한낱 유치원생들의 다툼 정도로 보이게 만들 가공할 재앙을 불러올지 모른다.

첫 번째 위기는 바로 세계화다. 세계화가 불가사의할 정도로 대환영을 받고 있지만, '황금의 구속복'이 제대로 기능을 못하거나, 적어도 구속력을 강조하는 교범의 역할조차 못하고 있다는 것은 분명한 사실이다. 세계화를 위해 모든 노력을 기울이고 있는 멕시코 같은 나라들일수록 사정은 오히려 점점 악화되고 있다. 보수주의 정부라면 정부보조금 지급을 거부해야 마땅하다. 미국 정부도 서아프리카 면화 농부들을 파산으로 몰아가는 미국의 면화농장주들에 대한 정부보조금 지급을 중단할 필요가 있다.

다른 개발도상국들에 대한 중국의 충격파는 신중히 분석할 필요가 있으며, 멕시코나 인도네시아 같은 나라들이 중국의 발전에 희생되지 되지 않도록 보호할 적절한 안전조치를 개발해야 할 것이다. 문제 해결을 위해 단순히 시장만 개방하거나 자유무역이 실현되기를 기다리기만 해서는 사태만 더욱 악화시키고 말 것이 분명하다. 미국은 한창 발전 중인 주요 지역의 경제적 기반, 인적 자원, 적응의 욕구에 대해 진지하게 관심을 기울여야 한다. 다른 지역의 경제발전이 제대로 이루어지지 못한다면 세계 곳곳에 배치되어 있는 유도탄과 미사일 방어체제도 우리를 보호하지 못할 것이다. 그것은 특히 세계화가 자동적으로 경제발전을 이끌진 못해도, 누구나 세계화 덕분에 다른 나라 사람들이 어떤 삶을 영위하고 있는지 알 수 있게 될 것이기 때문이다.

심지어 미국은 세계화를 위해 고군분투하고 있을 때조차 좀더 근본적인 현안들에 대해 더욱더 깊은 관심을 보일 필요가 있다. 최근 대통령 연두교서에서 부시 대통령은 아프리카의 에이즈 퇴치를 위해 150억 달러를 투입하겠다고 밝힘으로써 세인들을 놀라게 만들었다. 아프리카를 강타하고 있는 에이즈가 세계의 관심을 얻기 시작한 것은 아프리카의 어떤 나라 국민의 40% 이상이 에이즈에 감염되고 사하라 사막 이남의 아프리카에서 에이즈로 인한 사망자가 연간 200만 명을 넘기기 시작하면서부터였다.[13] 하지만 그보다 훨씬 더 불길한 뉴스들은 거의 관심을 끌지 못했다. 서아프리카의 거의 모든 사람이 심하든 약하든 말라리아를 앓고 있다는 사실을 아는 사람은 과연 몇이나 될까?[14] 또 결핵이 에이즈보다 훨씬 더 많은 사람이 감염된, 세계적인 유행병이라는 사실을 과연 몇 사람이나 알고 있을까?

　　식수 오염, 산림 벌채, 사막화, 토질 오염, 인구과잉 같은 문제들은 또 어떤가? 유엔 안전보장이사국 중에서 미국의 동맹국인 터키와 이스라엘이 식수쟁탈전을 벌일 가능성이 있다는 점을 예감하고 있는 사람이 있을까? 가까운 장래에 터키의 아타튀르크 댐은 터키의 산악지역에서 발원하여 터키 남쪽의 국가들로 흘러가는 엄청난 양의 용수를 통제하기 시작할 것이다. 댐 관리자의 말에 따르면, 최장 8개월 동안이나 시리아와 이라크에 물 공급이 중단될 수 있다고 한다.[15) 2025년이 되면 세계 인구의 3분의 1이 물 부족에 시달릴 것이라는 사실에 대해서 심각하게 고민하는 사람이 지금 몇 명이나 있을까?

　　탈레반과 같은 요소들의 영향을 점점 더 크게 받는 인종집단들의 집결장인 동시에 그들에게 분배될 수 있는 핵폭탄과 탄도미사일까지 보유함으로써 이미 지구상에서 가장 위험한 국가 중에 한 나라가 되어버린 파키스탄을 보라. 파키스탄 인구 중 거의 3분의 2는 확대되는 산림 벌채와 폭발적인 인구 증가로 인해 갈수록 운영이 어려워지고 있는 관개시설로부터 용수를 얻고 있는 실정이다. 파키스탄은 인더스 강으로부터 대부분의 용수를 얻고 있지만, 인더스 강 역시 넓게 보면 정확히 터키와 같은 문제로 골머리를 앓고 있다. 카슈미르가 언제든 핵무기 공격을 받을 수 있는 상황에서 인더스 강의 발원지를 막아버린다면 이 두 나라 사이에 어떤 일이 발생할까?

　　서아프리카 시에라리온의 60%를 차지하던 밀림은 남벌(濫伐)로 인해 6%로 급감했고, 중국 역시 산림 벌채로 인해 갈수록 홍수가 빈발하고 농토의 유실이 심화되며 우물이 마르고 있다. 그에 따라 1인당 농경지면적도 급감하고 있다. 중국의 내륙에서 해안지역으로 몰려가는 중국인들의 대규모 인구 이동도 이미 중국의 주요 사회문제가 되고 있다.[16) 워싱턴에 이러한 중국의 문제를 해결하는 데 도움을 주어야 한다고 생각하는 사람이 과연 몇 명이나 있을까? 그 해답은 원조금과 경제 개발 지원금을 꾸준히 줄여 168억 달러밖에 배정하지 않은 채 펜타곤의 예산은 500억 달러나 증액한 미국의 예산안[17]을 통해 극적으로 드러난다.

때로는 정말 더 작은 것이 더 좋고, 더 적은 것이 더 많은 것을 가져다준다. 미국인들은 이런 개념을 낯설게 여기겠지만 나는 잘 알고 있다. 다른 나라에 행사하는 미국의 힘을 안정시키는 전략, 심지어 우리의 상대적인 힘을 약화시키는 전략, 다른 나라들을 어른처럼 대접하면서 존중하는 전략, 협력하고 책임을 분담하는 전략은 다양한 방면에서 미국에 이익을 가져다줄 것이다. 그런 전략은 튀어보이는 미국의 월등함을 희석시켜 유일한 표적이 아닌 다양한 표적들 가운데 하나로 만들어줄 것이다. 그것은 다른 나라들로 하여금 미국과 같은 정도의 책임을 지게 만듦으로써 우리의 관점을 이해하게 만드는 힘을 발휘할 것이다. 그것은 다른 나라들에게 좀더 큰 평등성을 부여함으로써 미국에 대한 질투와 원한을 감소시키게 될 것이다. 그것은 또한 미국이 만사를 관리하고 비용을 지불하지 않아도 되므로 훨씬 더 적은 비용을 사용하게 됨을 의미한다. 그것은 일정한 권력을 공유한다는 의미를 갖게 될 것이지만, 한편으로 미국의 독립선언이 권력 추구가 아니라 자유와 행복을 추구하기 위한 것이었다는 사실, 미국 헌법이 권력을 통제하고 제한하기 위한 것이었다는 사실을 명심해야 할 것이다. 미국은 제국으로 구상된 나라가 아니었기 때문이다.

미국이 이처럼 우리의 지정학적 권력을 축소하는 유례 없는 전략을 채택하고자 한다면, 마지막 한 가지 문제, 즉 미국의 신조를 되짚어보아야 한다. 미국인들은 자신을 신의 은총을 타고난 사람으로 생각하는 경향이 강하다. 미국은 훌륭한 민주주의를 채택하고 있지만, 그것만으로 민주주의를 달성할 수는 없으며, 언제나 최선의 민주주의를 달성할 수 있는 것도 아니다. 미국은 경제적으로 커다란 성공을 이루었지만, 다른 나라도 그만큼 성공할 수 있으며, 우리가 채택하는 모든 방식이 다 최선도 아니다. 미국은 극히 존중해야 할 정의라는 훌륭한 가치 체계를 갖고 있지만, 다른 나라들도 그럴 수 있으며, 우리의 정의만이 늘 최선은 아니다.

나는 오랫동안의 독서와 체험을 거쳐 이런 견해에 도달하게 되었다. 따라서 나는 그만큼 독자 여러분(특히 미국인 독자들 — 옮긴이)이 나의 견해를 받아들이기 어려울 것이라는 것을 짐작할 수 있다. 그러나 나는 미국이 가야 할 유일한 길은 미국의 궁극적이고 진정한 자아가 진실을 알고 인정하는 길이라고 생각한다. 그리하면 진실은 미국을 자유롭게 하고 미국이 마땅히 가야 할 길을 제시해 줄 것이다. 다시 말해서 미국 예외주의를 재고할 필요가 있다는 말이다.

9 · 11테러의 충격은 '나쁜 일은 다른 나라 사람들에게만 생긴다'는 신화를 박살내 버렸다. 세계가 테러의 충격을 공유했다. 그것은 미국인들이 숙명론자가 되어야 한다는 것을 의미하지 않는다. 그것은 세계화 시대에 다른 나라들의 문제가 곧 미국의 문제라는 것, 우리가 모든 해답을 갖고 있는 것은 아니라는 것을 인정할 필요가 있음을 의미한다. 특히, 나는 나의 동료 기독교인들에게 올리버 크롬웰(Oliver Cromwell, 1599~1658, 영국의 정치가 · 군인 · 청교도)의 말을 상기시키고 싶다. 어느 날 크롬웰은 스코틀랜드 교회에 이런 경고의 편지를 보냈다고 한다.

그대들이 그리스도의 창자 속에 있다 해도 그대들이 틀릴 수 있다는 사실을 부디 믿기 바라노라.[18]

　　장로파 교회의 한 장로처럼 나도 '그리스도는 국가나 권력에 관심이 없었을 뿐 아니라 자신의 복음을 억지로 전파하려 들지도 하지 않았다'는 것을 강조하고 싶다. 그리스도는 세금에 관한 질문을 받고 "카이사르의 것은 카이사르에게, 황금의 것은 황금에게 돌려주라"고 말했다. 그리스도는 개인들의 영혼 하나하나를 소중히 여겼다. 미국의 교회를 살린 것은 교회와 국가의 분리정책이었다. 유럽의 교회들이 국가와 너무 깊이 연루되면서 퇴락했다는 점을 고려하여, 미국의 기독교도들은 미국에서만큼이라도 교회와 국가의 관계를 가깝게 만들기보다는 더욱 멀게 만들어야 할 것이다. 신을 정치활동의 버팀목으로 이용하는 정치가들은 "신은 조롱받지 않는다"는 사실을 명심해야 할 것이다.

　　미국이 강제력보다는 관용을 강조하고, 미국적 생활방식보다는 열린 탐구의 전통을 강조하며, 미국인들에게만 국한됨 없이 세계 모든 사람들에 대한 신의 가호를 구한다면, 세계는 그런 미국을 오히려 필사적으로 원하게 될 것이다. 그밖의 일들도 마찬가지다. 나는 이탈리아의 성 프랜시스의 고향 아시시(Assisi)를 처음 본 순간을 결코 잊지 못할 것이다. 황혼이 질 무렵 고갯길을 돌아가던 내 앞에는 행복한 언덕 위의 하얀 도시가 아련히 빛나고 있었다.

주(註)

1. Ikenberry, John G. "America's Imperial Ambition." *Foreign Affairs*. September/October 2002, p.48.
2. Schwarz, Benjamin and Christopher Layne. "A Grand New Strategy." The Atlantic Monthly. January 2002, Vol. 289, No. 1, p.36~42.
3. Ash, Timothy Garton. "The Peril of Too Much Power." *New York Times*. April 9, 2002, p.25.
4. The National Security Strategy of the United States of America. September 2002, p.15.
5. Ibid., preface.
6. Bush, George W. "Securing Freedom's Triumph." *New York Times*. September 11, 2002, p.A33.
7. Boot, Max. "The Case for American Empire." *Weekly Standard*. October 15, 2001, p.27.
8. Ibid., pp.28~29.
9. Mallaby, Sebastian. "The Reluctant Imperialist: Terrorism, Failed States, and the Case for American Empire." *Foreign Affairs*. March/April 2002, pp.2~3.
10. Kagan, Robert. *Warrior Politics: Why Leadership Demands a Pagan Ethos*. New York: Random House, 2002. pp.152~153.
11. "When Empires Strike Back." *Financial Times*. December 8, 2001.
12. Second Presidential Debate, Wake Forest University. October 11, 2000.
13. "HIV infections down in sub-Saharan Africa, up worldwide"; www.cnn.com/2000/health/aids/11/28/hiv.africa.
14. Kaplan, Robert. "The Coming Anarchy." *Atlantic Monthly*. February 1994, p.48.
15. Ibid., p.68.
16. Kaplan, p.60.
17. Turnoff, Curt and Larry Nowels. *Foreign Aid: An Introductory Overview of U.S. Programs and Policy*. CRS Report to Congress. Updated April 6, 2001.
18. Letter to the General Assembly of the Church of Scotland. August 3, 1650.

참고문헌

Acheson, Dean. *Present at The Creation: My Years in the State Department.* New York: W. W. Norton, 1987.

Alagappa, Muthaiah (ed.). *Asian Security Order: Instrumental and Normative Features.* Stanford, CA: Stanford University Press, 2003.

Avineri, Shlomo. *The Making of Modern Zionism: Intellectual Origins of the Jewish State.* New York: Basic Books, 1981.

Bacevich, Andrew. *American Empire: The Realities and Consequences of U.S. Diplomacy.* Cambridge, MA: Harvard University Press, 2002.

Bandow, Doug. *Tripwire: Korea and U.S. Foreign Policy in a Changed World.* Washington, D.C.: Cato Institute, 1996.

Barber, Benjamin R. *Jihad vs. McWorld: How Globalism and Tribalism are Reshaping the World.* New York: Ballantine Books, 1996.

Bix, Herbert. *Hirohito and the Making of Modern Japan.* New York: Perennial, 2001.

Boniface, Pascal (ed.) *Les leçons du 11 septembre.* Paris: IRIS_PUF, 2001.

Boot, Max. *The Savage Wars of Peace.* New York: Basic Books, 2002.

Brackman, Arnold C. *The Other Nuremberg: The Untold Story of the Tokyo War Crimes Trials.* Tokyo: John Hawkins & Associates, Inc., 1987.

Carson, Rachel. *Silent Spring.* Boston: Mariner Books, 2002 (first published in 1962).

Chesterton, G. K. *What I Saw in America.* New York: Dodd, Mead & Co, 1992.

Christianson, Gale E. *Greenhouse: The 200-Year Story of Global Warming.* New York: Penguin Books, 2000. Originally printed by Walker Publishing Company, 1999.

Christison, Kathleen. *Perceptions of Palestine: Their Influence on U.S. Middle East Policy.* Berkeley, CA: University of California Press, 1999.

Clawson, Patrick L. and Rensselaer W. Lee III. *The Andean Cocaine Industry.* New York: St. Martin's Griffin, 1996.

Colombani, Jean-Marie. *Tous Américains? Le monde après le 11 septembre 2001.* Paris: Fayard, 2002.

Dasquié, Guillaume and Jean Guisnel. *L'effroyable mensonge—Thèse et foutaises sur les attentats du 11 septembre.* Paris: La Découverte, 2002.

Davenport-Hines, Richard. *The Pursuit of Oblivion: A Global History of Narcotics.* New York: W. W. Norton, 2002.

De Toqueville, Alexis. *Democracy in America.* New York: Vintage Books, 1990.

De Villiers, Marq. *Water: The Fate of Our Most Precious Resource.* New York: Houghton Mifflin, 2000. First published in Canada in 1999 by Stoddart Publishing Co. Limited.

Dickens, Charles. *American Notes: For General Circulation.* New York: Penguin USA, 2001 (Reissue).

Dinan, Desmond. *Ever Closer Union—An Introduction to the European Community.* Boulder, CO: Lynne Rienner Publishers, 1999.

Eisendrath, Craig, Melvin A. Goodman, and Gerald E. Marsh. *The Phantom Defense: America's Pursuit of the Star Wars Illusion.* Westport, CT: Praeger Publishers, 2001.

Friedman, Thomas L. *Longitudes and Attitudes: Exploring the World After September 11.* New York: Farrar, Straus, & Giroux, 2002.

Friedman, Thomas L. *The Lexus and the Olive Tree: Understanding Globalization.* New York: Anchor Books, 2000.

Fritsch-Bournazel, Renata. *L'Allemagne depuis 1945.* Paris: Hachette, 2002.

Fukuyama, Francis. *The End of History and the Last Man.* New York: Avon

Books, 1993.

Gelbspan, Ross. *The Heat Is On: The Climate Crisis, the Cover-up, the Prescription.* Boston: Perseus Publishing, 1998.

Gingrich, Newt. *To Renew America.* New York: Harper, 1996.

Gore, Al. *Earth in the Balance: Ecology and the Human Spirit.* New York: Plume, 1993.

Graham, Bradley. *Hit to Kill: The New Battle Over Shielding America from Missile Attack.* New York: Public Affairs, 2001.

Haass, Richard. *The Reluctant Sheriff: The United States After the Cold War.* New York: Council on Foreign Relations, 1998.

Harding, Harry. *A Fragile Relationship: The United States and China since 1972.* Washington D.C.: The Brookings Institute, 1992.

Harrison, Selig S. *Korean Endgame: A Strategy for Reunification and U.S. Disengagement.* Princeton, NJ: Princeton University Press, 2002.

Harrison, Selig S. and Prestowitz, Clyde. *Asia After the Miracle.* Washington, D.C.: The Economic Strategy Institute, 1999.

Howell, Thomas, William A. Noellert, Jesse G. Kreier, and Alan W. Wolff. *Steel and the State: Government Intervention and Steel's Structural Crisis.* Boulder, CO: Westview Press, 1988.

Huntington, Samuel P. *The Clash of Civilizations and the Remaking of the World Order.* New York: Simon and Schuster, 1996.

Hutton, Will. *The World We're In.* London: Little, Brown, 2002.

Jentleson, Bruce W. *With Friends Like These: Reagan, Bush, and Saddam, 1982~1990.* New York: W. W. Norton, 1994.

Johnson, Chalmers. *Blowback: The Costs and Consequences Of American Empire.* New York: Metropolitan Books, 2000.

Kagan, Robert. *Of Paradise and Power: America and Europe in the New World Order.* New York: Knopf, 2003.

Kagan, Robert. *Warrior Politics: Why Leadership Demands a Pagan Ethos.* New York: Random House, 2002.

Kellogg, William and Margaret Mead. *The Atmosphere: Endangered and*

Endangering. Castle House Publications, 1977.

Kissinger, Henry. *Does America Need a Foreign Policy? Toward a Diplomacy for the 21st Century.* New York: Simon & Schuster, 2001.

Kojima, Noboru. *Tokyo Saiban Vol.1 and Vol.2* [Tokyo war crimes trial]. Tokyo: Chuko shinsho, 1971.

Kupchan, Charles A. *The End of the American Era.* New York: Knopf, 2002.

Kwitny, Jonathan. *Endless Enemies: The Making of an Unfriendly World.* New York: St. Martin's Press, 1984.

Lampton, David M. *Same Bed, Different Dreams: Managing U.S.-China Relations 1989~2000.* Berkeley and Los Angeles, CA: University of California Press, 2001.

Laqueur, Walter and Barry Rubin. *The Israel-Arab Reader.* New York: Penguin Books, 1976.

Laurence, Ed. *Small Arms Survey 2002.* Oxford, England: Oxford University Press. September 2002.

Leebaert, Derek. *The Fifty-Year Wound: The True Price of America's Cold War Victory.* Boston, Mass.: Little, Brown and Co., 2002.

Lewis, Bernard. *The Middle East: A Brief History of the last 2000 years.* New York: Scribners, 1996.

Lipset, Seymour Martin. *American Exceptionalism: A Double-Edged Sword.* New York: W. W. Norton, 1996.

Lomborg, Bjørn. *The Skeptical Environmentalist: Measuring the Real State of the World.* Cambridge: Cambridge University Press, 2001.

Marsh, George Perkins. *Man and Nature.* Cambridge, MA: Harvard University Press, 1973.

McDougall, Walter. *Promised Land, Crusader State: The American Encounter with the World Since 1776.* New York: Houghton Mifflin, 1997.

Mead, Walter Russell. *Special Providence: American Foreign Policy and How it Changed the World.* New York: Knopf, 2001.

Meyssan, Thierry. *11 septembre 2001—L'effroyable imposture.* Paris: Carnot, 2002.

Mikuni, Akio and R. Taggart Murphy. *The Japan Policy Trap.* Washington, D.C.: The Brookings Institute, 2002.

Minear, Richard H. *Victors' Justice: The Tokyo War Crimes Trial.* Princeton: Princeton University Press, 1971.

Morita, Akio and Shintaro Ishihara. *The Japan That Can Say 'No.'* Jefferson Educational Foundation, Washington, D.C., 1990.

Murakami, Hiromi, Steven Clemons and Clyde Prestowitz, eds. *Japan and the United States Reconsidered: Evolution of Security and Economic Choices since 1960.* Washington, D.C.: Economic Strategy Institiute, 2002.

Niebuhr, Reinhold. *Moral Man and Immoral Society: A Study of Ethics and Politics.* New York: Scribners, 1932.

Nuttal, Simon. *European Political Cooperation.* Oxford: Clarendon Press, 1992.

Nye, Joseph S. Jr. *Bound to Lead: The Changing Nature of American Power.* New York: Basic Books, 1991.

Nye, Joseph S. Jr. *The Paradox of American Power.* Oxford: Oxford University Press, 2002.

Oberthür, Sebastian and Hermann E. Ott. *The Kyoto Protocol: International Climate Policy for the 21st Century.* Berlin: Springer, 1999.

Ohmae, Kenichi. *The Borderless World: Power and Strategy in the Interlinked Economy.* New York: HarperBusiness, 1999.

Ohnuma, Yasuaki. *Tokyo saiban kara Sengo Sekinin no shisou he* [From Tokyo Trial to War responsibility]. Tokyo: Yushindo, 1985.

Oren, Michael B. *Six Days of War and the Making of the Modern Middle East.* New York: Oxford University Press, 2002.

Ozawa, Ichiro. *Blueprint for a New Japan.* Tokyo: Kodansha International Ltd, 1994.

Patterson, Thomas G. and Dennis Merrill. *Major Problems in American*

Foreign Relations. New York: Houghton Mifflin, 1999.

Pells, Richard. *Not Like Us: How Europeans Have Loved, Hated, and Transformed American Culture Since World War II.* New York: Basic Books, 1997.

Phythian, Mark. *Arming Iraq: How The U.S. and Britain Secretly Built Saddam's War Machine.* Boston: Northeastern University Press, 1994.

Pyle, Kenneth B. *The Japanese Question: Power and Purpose in a New Era.* Washington D.C.: The American Enterprise Institute Press, 1992.

Revel, Jean-François. *L'obsession anti-américaine: Son fonctionnement, ses causes, ses inconséquences.* Paris: Plon, 2002.

Roger, Philippe. *L'ennemi américain: Généalogie de l'anti-américanisme français.* Paris: Seuil, 2002.

Schaller, Michael. *The American Occupation of Japan: The Origins of the Cold War in Asia.* Oxford: Oxford University Press, 1985.

Schonberger, Howard B. *Aftermath of War: Americans and the Remaking of Japan, 1945~1952.* Kent: The Kent State University Press, 1989.

Schoultz, Lars. *Beneath the United States: A History of U.S. Policy Toward Latin America.* Cambridge, Mass.: Harvard University Press, 2001.

Segev, Tom. *One Palestine, Complete: Jews and Arabs Under the British Mandate.* New York: Henry Holt (An Owl Book), 1999.

Servan-Schreiber, Jean-Jacques. *Le Défi Américain.* Paris, Denoël, 1967.

Shipler, David K. *Arab and Jew: Wounded Spirits in a Promised Land.* New York: Penguin, 1986.

Sigal, Leon V. *Disarming Strangers: Nuclear Diplomacy with North Korea.* Princeton: Princeton University Press, 1998.

Smith, Tony. *America's Mission: The United States and the Worldwide Struggle for Democracy in the Twentieth Century.* Princeton: Princeton University Press, 1994.

Stiglitz, Joseph. *Globalization and Its Discontents.* New York: W. W. Norton, 2002.

Suzuki, David and Holly Dressel. *Good News For A Change: Hope For a

Troubled Planet. Toronto: Stoddart Publishing Co., 2002.

Thoreau, Henry David. *The Maine Woods.* New York: Penguin USA, 1988.

Todd, Emmanuel. *Après l'empire-Essai sur la décomposition du système américain.* Paris: Gallimard, 2002.

The World Bank. *The East Asian Miracle: Economic Growth and Public Policy.* Oxford: Oxford University Press, 1993.

Tuchman, Barbara W. *Stilwell and the American Experience in China, 1911~45.* New York: Grove Press, 2001.

Turner, Frederick Jackson. *The Frontier in American History.* New York: Henry Holt, 1921.

Victor, David G. *The Collapse of the Kyoto Protocol and the Struggle to Slow Global Warming.* Princeton: Princeton University Press, 2001.

Vogel, Ezra F. (ed.) *Living with China: U.S.-China Relations in the Twenty-First Century.* New York: W. W. Norton, 1997.

Warburg, James P. *Faith, Purpose and Power: A Plea for a Positive Policy.* New York: Farrar, Straus, & Giroux, 1950.

White, Theodore. *In Search of History.* New York: Harper Row, 1978.

Woodard, Colin. *Ocean's End: Travels Through Endangered Seas.* New York: Basic Books, 2000.

Yergin, Daniel. *The Prize: The Epic Quest for Oil, Money & Power.* New York: Simon & Schuster, 1991.

Yergin, Daniel. *Shattered Peace: The Origins of the Cold War.* New York: Houghton Mifflin, 1977.

Zimmermann, Warren. *First Great Triumph.* New York: Farrar, Straus, & Giroux, 2002.

깡패국가

초판　1쇄 인쇄 _ 2004년 6월 10일
　　　1쇄 발행 _ 2004년 6월 15일

지은이 _ 클라이드 프레스토위츠
옮긴이 _ 김성균
펴낸이 _ 고희범
펴낸곳 _ 한겨레신문사

등록 _ 1988년 9월 2일 제1-803호
주소 _ 서울시 마포구 공덕동 116-25 우편번호 121-750
전화 _ 영업 관리 710-0563, 기획 710-0568~9
팩시밀리 _ 710-0566
홈페이지 _ www.hanibook.co.kr
전자우편 _ book@hani.co.kr
ISBN 89-8431-122-7　03300